中华现代学术名著丛书

中国文法要略

吕叔湘 著

商务印书馆
创于1897
The Commercial Press

2014年·北京

图书在版编目(CIP)数据

中国文法要略/吕叔湘著．—北京：商务印书馆，2014
(中华现代学术名著丛书)
ISBN 978-7-100-10009-0

Ⅰ.①中… Ⅱ.①吕… Ⅲ.①汉语—语法 Ⅳ.①H14

中国版本图书馆CIP数据核字(2013)第121333号

本书据《吕叔湘文集》第一卷商务印书馆2010年版排印

中华现代学术名著丛书
中国文法要略
吕叔湘 著

商 务 印 书 馆 出 版
(北京王府井大街36号 邮政编码 100710)
商 务 印 书 馆 发 行
北京瑞古冠中印刷厂印刷
ISBN 978-7-100-10009-0

2014年1月第1版 开本880×1240 1/32
2014年1月北京第1次印刷 印张22 插页1

定价：62.00元

吕叔湘

(1904—1998)

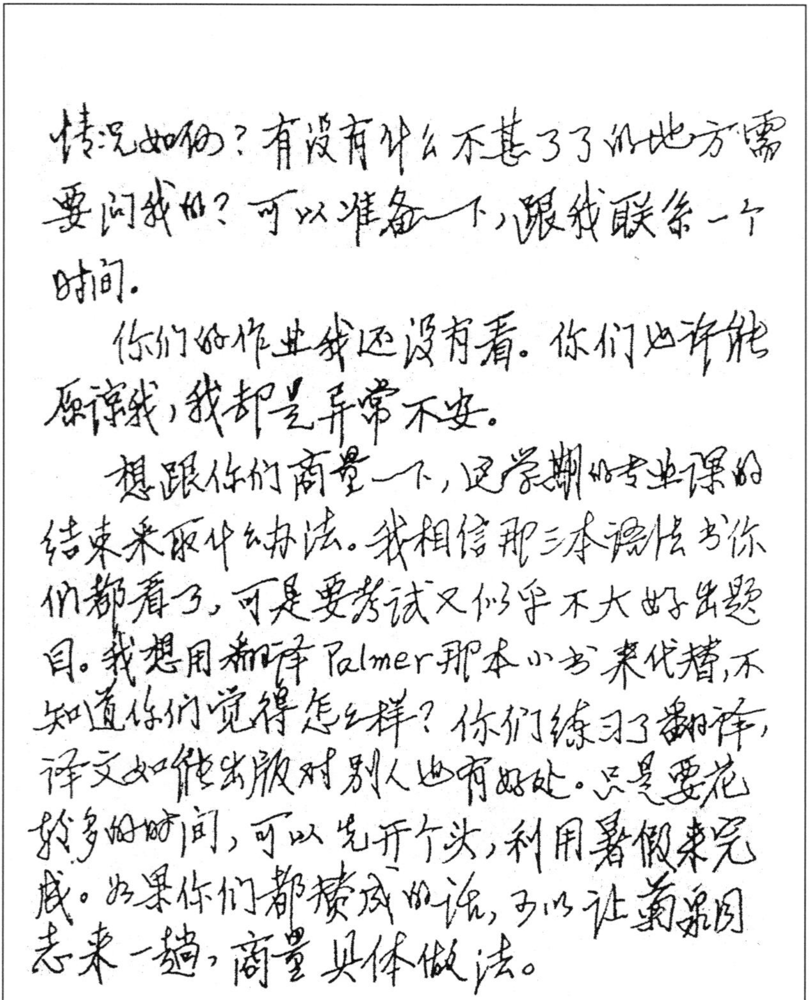
情况如何？有没有什么不甚了了的地方需要问我的？可以准备一下，跟我联系一个时间。

你们的作业我还没有看。你们也许能原谅我，我却是异常不安。

想跟你们商量一下，这学期的专业课的结束采取什么办法。我相信那三本语法书你们都看了，可是要考试又似乎不大好出题目。我想用翻译Palmer那本小书来代替，不知道你们觉得怎么样？你们练习了翻译，译文如能出版对别人也有好处。只是要花较多的时间，可以先开个头，利用暑假来完成。如果你们都赞成的话，可以让菊荣同志来一趟，商量具体做法。

作者手迹

出版说明

百年前，张之洞尝劝学曰："世运之明晦，人才之盛衰，其表在政，其里在学。"是时，国势颓危，列强环伺，传统频遭质疑，西学新知亟亟而入。一时间，中西学并立，文史哲分家，经济、政治、社会等新学科勃兴，令国人乱花迷眼。然而，淆乱之中，自有元气淋漓之象。中华现代学术之转型正是完成于这一混沌时期，于切磋琢磨、交锋碰撞中不断前行，涌现了一大批学术名家与经典之作。而学术与思想之新变，亦带动了社会各领域的全面转型，为中华复兴奠定了坚实基础。

时至今日，中华现代学术已走过百余年，其间百家林立、论辩蜂起，沉浮消长瞬息万变，情势之复杂自不待言。温故而知新，述往事而思来者。"中华现代学术名著丛书"之编纂，其意正在于此，冀辨章学术，考镜源流，收纳各学科学派名家名作，以展现中华传统文化之新变，探求中华现代学术之根基。

"中华现代学术名著丛书"收录上自晚清下至20世纪80年代末中国大陆及港澳台地区、海外华人学者的原创学术名著（包括外文著作），以人文社会科学为主体兼及其他，涵盖文学、历史、哲学、政治、经济、法律和社会学等众多学科。

出版“中华现代学术名著丛书”，为本馆一大夙愿。自 1897 年始创起，本馆以“昌明教育，开启民智”为己任，有幸首刊了中华现代学术史上诸多开山之著、扛鼎之作；于中华现代学术之建立与变迁而言，既为参与者，也是见证者。作为对前人出版成绩与文化理念的承续，本馆倾力谋划，经学界通人擘画，并得国家出版基金支持，终以此丛书呈现于读者面前。唯望无论多少年，皆能傲立于书架，并希冀其能与“汉译世界学术名著丛书”共相辉映。如此宏愿，难免汲深绠短之忧，诚盼专家学者和广大读者共襄助之。

商务印书馆编辑部

2010 年 12 月

凡　　例

一、“中华现代学术名著丛书”收录晚清以迄20世纪80年代末，为中华学人所著，成就斐然、泽被学林之学术著作。入选著作以名著为主，酌量选录名篇合集。

二、入选著作内容、编次一仍其旧，唯各书卷首冠以作者照片、手迹等。卷末附作者学术年表和题解文章，诚邀专家学者撰写而成，意在介绍作者学术成就，著作成书背景、学术价值及版本流变等情况。

三、入选著作率以原刊或作者修订、校阅本为底本，参校他本，正其讹误。前人引书，时有省略更改，倘不失原意，则不以原书文字改动引文；如确需校改，则出脚注说明版本依据，以“编者注”或“校者注”形式说明。

四、作者自有其文字风格，各时代均有其语言习惯，故不按现行用法、写法及表现手法改动原文；原书专名（人名、地名、术语）及译名与今不统一者，亦不作改动。如确系作者笔误、排印舛误、数据计算与外文拼写错误等，则予径改。

五、原书为直（横）排繁体者，除个别特殊情况，均改作横排简体。其中原书无标点或仅有简单断句者，一律改为新式标点,专名号从略。

六、除特殊情况外,原书篇后注移作脚注,双行夹注改为单行夹注。文献著录则从其原貌,稍加统一。

七、原书因年代久远而字迹模糊或纸页残缺者,据所缺字数用“□”表示;字数难以确定者,则用“(下缺)”表示。

目　　录

上卷　词句论

下卷之上　表达论：范畴

中国文法要略上卷
初版例言(1942)

一、这是一本供中学教师作教学上参考的书,叙述虽力求正确,解说却无法详尽。至于中国文法上的种种问题,自然更不宜在此地讨论。

二、现行中学课程,国文一科兼习语体和文言,本书势须兼顾,挂漏自所不免;倘能借此引发读者研究的兴趣,于愿已足。

三、书中举例,文言较多,因白话较易收举一反三之效也。例句尽可能引用通行教科书中选文,并且为节省篇幅计,各篇著者姓名皆从略,篇名亦往往节去数字,书后附有篇目表以备检查。

四、要明白一种语文的文法,只有应用比较的方法。拿文言词句和文言词句比较,拿白话词句和白话词句比较,这是一种比较。文言里一句话,白话里怎么说;白话里一句话,文言里怎么说,这又是一种比较。一句中国话,翻成英语怎么说;一句英语,中国话里如何表达,这又是一种比较。只有比较才能看出各种语文表现法的共同之点和特殊之点。假如能时时应用这个比较方法,不看文法书也不妨;假如不应用比较的方法,看了文法书也是徒然。谨以此语献于读者。

六版题记(1953)

这部书出版已经十多年了。十多年,一个人的见解不可能不有些变动。起初是想局部修改,后来又决意全部重写。一九四九年春天,已经商得出版人同意,旧版售完之后不再印,等改写之后重排。四年以来一直忙于别的工作,改写云云,竟成虚愿。前年应出版人之请,抽换了一些例句,再版了一次,现在又要再版,不能不说几句话。这部书讲中国语法,兼及古今,比勘同异,除黎锦熙先生的《比较文法》外,同类的书还不多见。又,中下两卷,罗列事例,牵涉理论之处不多,作为资料,还有点用处。从这两点看,再版一次也还不是毫无意义。书里有的术语,有一部分比较生疏,但也并不难懂;立论有不妥处,除改写外,也无法补苴。至于第一章里讲到的文言和语体的应用,那是十多年以前的情况,现在已成陈迹,删除则书有缺页,只能留着当历史叙述来看了。总之,希望读者了解这部书的性质,在里面找着他所能找着的东西,而不求全责备,这是我诚恳的愿望。个别字句蒙商务印书馆编审处代为订正,附志谢忱。

修订本序(1956)

本书问世已经十多年了(上卷 1942 初版,中卷、下卷 1944 初版),早就感觉有修订的必要,尤其是上卷,简直非重写不可。1949 年已经商得出版人同意,可是老没能着手,一再迁延,直到现在。去年出版人准备重排,问我是否乘这个时机修改一下,我反而踌躇起来了。六年前以为只需要有一定的时间,现在才知道更重要的是需要有一定的主意。关于汉语的语法结构,有许多还没有解决的问题。虽然自己也常常思考这些问题,也有一些不很成熟的看法,但是调查研究的工作做得很不够,不敢轻易下结论。[①] 考虑了许久,决定只作小范围的修改,主要是删除一部分例句和一些多余的枝节,全书的内容基本上没有改动。可是我愿意借这个机会指出本书的一些缺点,对读者可以有些帮助,我自己也可以心安些。

首先,古汉语和近代汉语在语法结构上是有些出入的。本书把文言和白话放在一处讲,就下卷(原中、下两卷)而论,以范畴统摄表达形式,这样比较古今同异也还有一定的用处。上卷论词句结构,虽然也作了些比较,但是采用了同一个间架,这就不能反映汉语的历史发展,不能使读者得到正确的认识。这个缺点特别表现在构词法和

① 因此,在我写《语法学习》以及和朱德熙同志合写《语法修辞讲话》的时候,在许多还没有定论的场合,宁可迁就点通行的说法。要说是彼愈于此,那倒也不一定。因为有些读者来信问我为什么要有这样的改变,在这里说明一下。

词类的处理上。汉语的词的构成古今颇有差异,词类体系也不尽相同,本书都是笼统说去,没有好好分辨。例如2.1节说:“又如‘健’和‘康’原来都是形容词,‘涵’和‘养’原来都是动词,可是‘健康’和‘涵养’都是用作名词的时候多,用作形容词和动词的时候少,我们究竟把他们划在哪一类呢?这个很不容易,或者也无须。”其实这里第一句话的前半句是指文言说,后半句是指白话说,如果分别对待,又何至于在划分词类上为难呢?如果分别对待,正可以用来说明历史的发展:“健康”是白话里采取文言的两个形容词合成一个兼属形容词和名词两类的词,“涵养”在文言里是由两个动词合成的复合动词,在白话里只用作名词。但是我没有这样分辨。我不但没有这样分辨,还有意把词类分别说成无关重要。因为汉语的词本身没有形式上的特征,我就沿用旧说,用意义做分类的标准,并且有“种种分类都无非是方便说法,不可看死”之说。这样对待词类问题是不严肃的。①

在词类问题上以及句法问题上我还犯了一个很大的错误,就是无批判地采用了叶斯丕孙的词级说(三品说)和词组、词结说。我第一次看到叶氏的著作是二十年前在中学教英语的时候。那时候叶氏的《英语语法要义》新出版,偶然看到,觉得比《纳氏文法》之类的书高明得多,于是不但用来做教学上的参考,并且费了不少时间把它译出来交给书店出版。(我始终没有见到译本,但是有人告诉我,是出版了的,就在“八一三”前几天。)在我写《要略》的时候,我开始研究

① 关于我对于词类问题的最近的意见,请看我所写的论文《关于汉语词类的一些原则性问题》,载《中国语文》1954年9月号和10月号,又收入《汉语词类问题》(《中国语文丛书》,多人论文集),略有补充。

汉语语法还不久,胸中并无成竹,处处遇到困难。因为词类活用问题不好处理,认为叶氏的词级说可以渡过难关,就拿来用上。其实词级说并不能解决汉语的词类问题,而本身的缺点极其严重。第一,在修饰关系(限制关系)的结构中,词是可以分等级的;把主谓结构中的主语定为甲级,谓语定为乙级,把动宾结构中的动词定为乙级,宾语定为甲级,那就是牵强傅会,完全是唯心的理论了。其次,汉语里词类和句子成分的关系错综复杂,断断不是词级说所能概括,本书在"词的等级"(今删)一节之后不能不再来一节讲"词类的活用"就是明证。但是我当时却不加批判地接受了。叶氏语法学说的另一要点是把词和词的关系归结为组合(修饰)和结合(主谓)两种。这两种句法关系是重要,这是可以承认的,但是这决不足以概括句法上的一切关系。可是我在讲"词的配合"的时候就采用了这个说法(2.31—2.42),只加上联合关系,共为三种,把动词和宾语的关系勉强塞在结合关系里边(今删),至于动词或形容词和补语的关系就根本没有提到。

在《要略》上卷出版之后不久,《国文杂志》上有严伯常君的一篇书评就谈到这两个问题。① "……(二)作者分别语词入句时有甲乙丙三级,这也是根据叶斯丕孙之说。……但笔者觉得三级说最适用于作者所谓'词组'的场所,在'词结'里,如'马逸','马'和'逸'似乎地丑德齐,何以'马'要算是甲级,'逸'要算是乙级?在'马之逸'里不就成了'马'乙而'逸'甲了吗?(三)词组和词结的分别当然很有用,如上所说。但"骑牛'的格式是词组还是词结,作者没有详细讨

① 《国文杂志》,桂林,一卷三期(1942年11月),27—30页。

论。又如'快走'是附加关系,'走快些'是否仍是附加关系,抑或和'飞得不高'及'王之好乐甚'一样,是一种特殊的词结,作者也没有说明。"这个评论可说是击中了要害。

以上是本书的主要缺点,次要的当然还有不少。如果这本书的重点是在讲构词和词类,实在不该重印了。但是这一部分在全书只占极小的篇幅。这本书至今还有人愿意翻翻,我想主要该是因为在下卷里搜集的用例还相当多,安排得还有些条理,就是上卷讲句法的部分(第三章起),虽然不见得都妥帖,对于读者也还可以有些启发。关于后者,上面所引书评中也提到。"作者把'主语'和'起词'分为两件事,一个就句子讲,一个就对动词关系讲……颇有意放宽主语的观念,打算用来包涵前置的止词等等,也颇合汉语的心理……余如第六章讲'词和句的转换',特别是讲'者'和'所'的作用,第七章讲'致使句'和'意谓句',第八章讲有无句式和判断句式的利用,也都时有新意……"书评还说是本书例句与讨论并重,不仅以罗列例句为已足,白话和文言并列,于两者句法歧异处都有较详的说明,认为这些都是本书的优点。这倒使我有点惭愧,我虽然的确是朝这个方向努力,可是并没有很好地做到。

总之,这是一本不很成熟的书,并没有能够建立一个严密的语法体系,主要还是类集用例,随宜诠释,稍加贯通,希望对于读者的理解和运用各种语法格式能有一些帮助。这也就是前人写书讲虚字和句读的精神,在书成十年之后我才觉察自己无意之中继承了这个传统,虽然在全书的组织上比前人多费了点心思,因而面貌很不相同。还用 1953 年重印时候所写"题记"里边的话来说,"希望读者了解这部书的性质,在里面找着他所能找着的东西,而不求'全'责'备',这是我诚恳的愿望。"

这本书讲的是汉语语法,却以“中国文法”命名,这也是当时通例,现在也不去更改,免得误会是另外一本书。写这本书的时候,《马氏文通》以次讲语法的书,当时手头有的,都曾参考,解说和例句都有所采择,难于逐处注明,补记于此。又,当初写书为供中学教师参考,取例于课本为多(特别是上卷),对于今日的读者反而是一种不便,也很觉得歉然。

吕叔湘

1956.2.10,北京

重印题记(1982)

这本书出版在四十年代之初,现在收入《汉语语法丛书》;借这个机会说几句话——关于这本书的撰写和修订经过。

这本书是受当时的四川省教育科学馆的嘱托,作为中学语文教师的参考书来写的。当时的中学语文课是语体文和文言文都要学习,这就决定了这本书也得二者兼顾。《要略》出版之后,有人赞同这种写法,有人不以为然。我不准备为这种写法辩护,只是说明这是由于客观的需要。

其次,关于这本书的组织。语法书可以有两种写法:或者从听和读的人的角度出发,以语法形式(结构,语序,虚词等)为纲,说明所表达的语法意义;或者从说和写的人的角度出发,以语法意义(各种范畴,各种关系)为纲,说明所赖以表达的语法形式。这两种写法各有短长,相辅相成,很难说哪一种写法准比另一种写法好。一般语法书都是采取前一种写法,只有 F. Brunot 的大著 La Pensée et la langue (1922)是按后一种写法写的。后来 O. Jespersen 写 Essentials of English Grammar (1933),折衷于二者之间,按照他自己的理论,用“功能”来综合形式和意义,也跟通常的语法书不很一样。我写《要略》的时候考虑到写法问题,最后决定分成词句论和表达论两部分。不但是因为觉得综合起来写有不少技术性的困难,也因为自己当时对汉语的语法结构没有成熟的见解,分开来写便于将来修改。

修改的打算是有过的,那是在1949年。计划是上卷重写,下卷作必要的订补。由于种种原因,改写的计划没能实现,只在1956年印了一个修订本,删除一些枝节和例句,把原来的分订三册改为合订一册。经过请参阅1953年的题记和1956年的序。那篇序里有一段提到叶斯丕孙的理论,说是采用叶氏的三品说是犯了一个很大的错误。这是当时的风气让这么说的。要是给叶氏的理论一个实事求是的评价,也只能说是“不解决问题”,谈不上有多大害处。

修订本出版也已经四分之一个世纪了,改写的愿望至今未能实现,实在愧对读者。修订本里有些错字,凡是已经发现的都改正了,其中有些是俄译本主编鄂山荫先生提供的,于此致谢。此外还有些词语上的小修改,并删去个别例句。

吕叔湘

文集自序(1990)

自从我在1940年写成第一篇语言研究的论文以来,已经过去半个世纪,我也已经年届耄耋,很难再有多少作为。因此当商务印书馆建议给我出文集的时候,我也就欣然同意了。

回顾我从事语言研究的过程,五十年来颇多曲折。四十年代我主要是研究近代汉语,计划要写一本近代汉语语法史。由于当时的生活环境,未能全力从事,分出不少时间写了些"为稻粱谋"的文章。

1949年以后,又应当时的需要,为了帮助广大群众提高文字水平,跟朱德熙先生合写了一本《语法修辞讲话》。这是一本颇有影响,同时也引起不少议论的书,是非功过只好留待后人评说。这本书的出现引起讨论语法问题的高潮,也引出了中学里教语法的问题,我也不由自主的牵连进去,说了一些话,写了一些文章。在这个期间,由于职务上的原因,我又参加了《现代汉语词典》的编辑工作。从1951年到1965年这十五年里,我不能不说是相当的忙,可是在传统意义的学术研究上做的工作真是少而又少。

十年动乱期间,我也跟大多数人一样,只能无所作为。从七十年代后期到现在的十多年,一半由于客观环境的要求,一半出于"收之桑榆"的愿望,又写下了不少东西。这一时期所写可以称之为论文的东西也没有多少,主要是写了些札记性质的短篇。读书看报,乃至枕上随想,偶有所得,就欣然命笔,应时发表。后来印成《语文杂记》,得到一部分读者谬许。八十老翁所能做的恐怕也就只有这类事情了。

这次编文集,并没有把所有写过的文字一概收入。有些散篇,有些单刊,出于这样或那样的考虑,没有收进去。文集共有六卷。第一卷是《中国文法要略》,第二卷是《汉语语法论文集》,这两卷都是已经出过单行本的。第三卷是《汉语语法论文续集》,收进去的是原来已经作为单行本刊行的《近代汉语指代词》和1980年以后写的语法论文。第四卷是《语文散论》,以1983年印的《吕叔湘语文论集》为基础,又加进去1983年以后的非专门性质的文章,同时也做了些增删分合的变动。第五卷包含四种语文单刊,就是《语文常谈》、《语文杂记》、《古书标点评议》、《中国人学英语》。第六卷是《译文集》,就是1983年出版的《吕叔湘译文集》。

末了,我也跟大多数作者一样,希望读者能从我的书里得到一些多少有益而不是全然无用的东西。这是我的虔诚的愿望。

商务印书馆张万起同志对全书做了大量校勘工作,山东大学蒋维崧教授为本书题写书名,在此一并致谢。

吕叔湘

1989年1月1日

上卷　词句论

第一章　字和词

语言和文字

1.11　语言是什么？就是我们嘴里说的话。说话是我们日常生活中极普通的事情，跟走路一样的普通。平常人很少有话而不说的，有些人无说话的必要也要说话。可是，我们想想看，一个人独自说话不说话？不。间或也有这种情形，我们就说那个人在那儿“自言自语”，仿佛有点儿反常。这是什么道理呢？原来说话和走路不同，不是一种个人的行为，是一种社会的行为。说得明白些，要有人听着，我们才说话。我们说话或是报告一个消息，例如“今天放假”；或是发表一种意见，例如“我说咱们可以上武侯祠去喝茶去”；或是要求对方有所行动，例如“文才，这回该你的东道了”；或是表示一种感情，例如“Hm！他呀！”——总之，你要把你的心中的意思和情感传达给别人你才说话。

说话的效用受两重限制，空间和时间。这两种限制都可以拿文字来突破。你在学校里短了零用，要你家里寄钱，你说话家里人听不见，你得写信，信是文字。你买了一个表，钟表店保你一年不坏，坏了免费修理，恐后无凭，保单为证，保单是文字。大多数文字的目的在于传达远方，却意外地保存到后世；但也有打头儿就拿流传后世做目的的，例如哲学家或诗人，把他们的思想形之于文字，情感发之于诗歌，不但给同时的人看，并且还希望千百年后有更多的人能了解他们。可是一般地说起来，文字只是语言的代替品，只是语言的记录。因此文字和语言常常相当一致，这是对的。可是不会绝对一致，因为语言是一边想着一边说着的，文字却是思索了一道才写下的，比较更有条理。几乎和平常语言一致的是戏剧文字，不如此就不成为好剧本；距离平常语言最远的是说理的文字，那可不能像平常说话那样啰嗦，那样随便。语言和文字的关系既然这样密切，好些语言里头就用一个字来代表，如英语里的language，假如要表示语和文的区别，他们加用"说的"和"写的"作形容词，好比说一个是"口语"，一个是"笔语"。汉语里恰恰相反，一向把"语"和"文"分成两件事，要表示这个整个的事情，反而要用"语文"这个联合词。有时为省事单用"语"字，如"英语"，这是仿他们的例子；有时单用"文"字，如"英文"，实在不很妥当，因为文字既然只是语言的一种形式，"语"可概"文"，"文"不可概"语"。

文法

1.12 普通人的想法，两种语言不同，是因为所用的字眼不一样，比如汉语说"书"，英语说 book，两个字的声音全不相同，所以说汉语和英语不同。这个话是对的，可是汉语和英语的区别不全在这一点上。汉语说"两本书"，还是这个"书"字，英语就得说 two books，books 和 book 就不一样。汉语说"书的封面"，英语说 the cover of the book，英语的 of 似乎和我们的"的"字相当了，然而不同,我们把"书"字装在"的"字的前头,他们把 book 装在 of 的后头。即使有这么一种语言,——当然不会有,不过姑且这样假设——用的字眼儿全都跟汉语相同,还是可以不一样。比如我们说"我的马",他们也许非说"马我的"不可。又比方我们说"你吓了我一跳",他们也许要说成"你我吓了一跳"。"你我吓了一跳"的说法,在汉语里意思不明白,究竟谁吓谁呢?必得说"你吓我"或"我吓你",意义方才确定。这就是说,必得把吓人的和被吓的,一个搁在"吓"字头里,一个搁在"吓"字后头。不错,我们也可以把"你"和"我"全搁在"吓"字头里,可是那就得加个字,比如说"你把我吓了一跳","我让你吓了一跳"。甚至我们可以说"让你把我吓了一跳",但是我们不说"把我让你吓了一跳"。可是我们不能说别种话里没有别种说法。这一类差别,就是文法上的差别。文法就是语句组织的条理。文法不管单字的意义,除了极少数和语句组织有关的。

白话和文言

1.2　一个社群有一个社群的语言,"汉语"是汉族人民的语言,这种语言写成文字习惯上称为"中文"。语言是不断的变化的,几十年不觉得,几百年就可观;汉语自从有纪录已有三千多年,当然经过了相当的变化。这个变化表现在三方面:一是语音,例如"文法"二字,隋唐以前的人说起来,有点像"门拔普"。二是"词汇",例如"电灯、铁路"是现代的事物,古人的语言里决不会有;"干、戈、节、钺"今人已经不用,现代的语言里也就舍弃了这些字。

甚至同一物件同一动作，古语今语也可以用不同的字来表示，例如古人说“目”，今人说“眼”，古人说“足”，今人说“脚”，古人说“卧”，今人说“躺”，古人说“呼”，今人说“叫”。第三是语句的组织，例如春秋时人说“尔何知？”现在的人说“你知道什么？”宋朝人说“吃不得这酒成”，现代的人说“吃不成这席酒”。语音的变化虽然也不小，但是因为我们用的不是拼音的文字，古今字音虽变，不妨用同一字形，所以单从文字方面看，古今语音的差异竟不大显露。可是后面两种变化是可以在文字上清清楚楚反映出来的，假如我们认真用文字作语言的纪录。

倘若每个时代的文字都跟着语言走，周秦时代的人说周秦语，也写周秦文；唐宋时代的人说唐宋语，也写唐宋文；到了现代，只说现代语，只写现代文，问题也就简单了。无奈周秦以后，中国的文字和语言就脱了节，写文章的人老要模仿周秦文，这就是所谓“文言”；通常又称为“古文”。至于现代语写在纸上，那就称为“语体文”或“白话文”。

为了求容易懂，话就说得太简单了一点，需要略为修正。在二千多年里头，文言自身也有了相当的变化，时代的变迁怎么样也得留下他的痕迹。最明显是在词汇方面，这不用说，就是在文法方面也略略有些变化。周秦时代的文字还和语言相当联络，时代的先后，地域的东西，都显示在文字上，就以文法而论也相当庞杂。后来人模仿周秦的文章，无意之中加了一番选择和陶熔，取出一个最大公约数来做他们自己的规律；不，连最大公约数都够不上，有些周秦时代的文法条例，后来人不很能了解，也就不遵守了。

对于时代变迁的影响，可以有两种态度。一种是竭力仿效古人，用古语代今语，例如不说“军长”而说“将军”，不说“学生”而说

"生徒",结果,虽然有时还是不免露马脚,可是他们至少是拿周秦文做他们的理想的(唐宋以后的文人又常常拿唐宋古文家改造过的古文做他们的理想),他们的作品表面上也做得很像,我们可以称这一派为"正统文言"。

但是很早已经有人对于口语的影响采取较宽容的态度。他们虽然沿用文言的架子,却应合当前的需要,容纳许多口语的成分。随笔和书札里面有很多例子,公文、契约等等应用文字更是如此,这一类文言可以称为"通俗文言"。

口语成分较多的通俗文言,也就可以算做语体,最显著的是由和尚们开始而宋明理学家继踪的"语录体",和由唐五代的"变文"开始,后来流为弹词和鼓儿词,以及由宋词元曲开始,后来衍为旧剧的戏词以及小曲的种种语体韵文。这些里面都还搀杂许多文言成分。比较纯粹的语体是宋人的平话,我们可以称之为"平话体"。旧小说一直沿用这个文体,从前所说白话一般也就指的这个。

三四十年以前,白话文只应用于通俗文学,在其他方面还不能跟文言争天下。可是近百年是中国社会变动得最剧烈的时代,主要的原因是和西洋文明的接触,这个接触在语文上也发生了影响。这个影响有直接和间接两方面。间接的影响是西洋的语文相当一致的情形促起我们的语文合一运动。要语文合一,当然没有让语言去迁就文字的道理,只有扶起白话来夺取文言的位置。经过三十多年的斗争,这个运动已经取得完全的胜利。西洋文明的接触同时直接在我们的语文上发生了影响,最重要的是词汇的改造,新的词语跟着新的物件和新的思想像潮水一样的涌进来;其次是文法方面,也增加了好些新的语句组织的方式。

我们讲文法,很显然,白话有白话的文法,文言有文言的文法。

但是因为究竟同是汉语(古语和今语)的文法,当然有很多共同之点。(不但文言和白话有共同之点,就是汉语和别种语言又何尝没有共同之点。)有人把白话文法称为语法,文言文法称为文法,这也未尝不可。但是假如我们需要说明白话和文言相同的那些条理的时候,没有一个双方通用的名称也不方便。所以我们将就"文法"这个现成的名词,有必要时分别称为白话文法和文言文法。

我们为什么要学习文法?本来,学习文法只是在学习外国语的时候最为重要。汉语是我们从小学会了的,他的文法条理已经不知不觉的印在我们脑筋里面,无须再学习了。但这只是理论上的说法。事实上,假如我们小时学会的是一种方言,我们学习标准语就得注意标准语的文法。文言现在虽然已经不用来写文章,可是我们的丰富的文学遗产和历史记载绝大部分都是用文言写的,我们要阅读这些作品,还是得学一学文言的文法。文言和我们的口语除了单字的读音差不多一致外,在联字造句的条理方面是有相当距离的。我们学习文言固然不及我们学习一种外国语的困难,但是至少也可以和意大利人学西班牙语相比。所以本书讲文法,在文言方面说得比较多点。

字和词

1.3　我们平常说话,是一句一句的说的,所以"句"可以说是语言的通常的独立表现单位。究竟怎么样是句,怎么样不是句,留在以后讨论。现在要讨论比句更小的单位。假如有这么一句话:

yuànzi　lǐtou　yǒu　yīkē　pípashù
院子　里头　有　一棵　枇杷树

这句话可以从三方面来分析：嘴上说出来是一串声音，纸上写出来是好些个字，同时这句话包含好些意义。

从声音方面讲，这一句话可以分成若干“音缀”（或音组），yuàn 是一个，zi 是一个，一共有十个。何以称为音缀呢？因为这些还不是语音的最小单位，语音的最小单位是一些辅音（b，p，m，f 等）和一些元音（a，i，u 等）。可是这些音素单独应用的时候较少，通常是配合成组发出来的，如 yuàn，lǐ 等等，所以称为音缀或音组。

光有声音，没有意义是不成为语言的。声音和意义怎么样配合呢？上面这一句话如果从意义方面分析，有五个段落，上面例句里分开写。每个这样的段落称为一个词，一个词可以只有一个音缀，如 yǒu，也可以有两个以上的音缀，如 pípashù，但就汉语而论，大多数的词是两个音缀，如 yuànzi，lǐtou，yīkē。一个音缀的词称单音缀词，两个或更多的音缀的称复音缀词。

然则“词”就是语言的最小意义单位了？对的，可是不完全对。比如“院子”是一个词，他的意义似乎都集中在“院”上，同时我们有“戏院”，“法院”，“院长”等词，可以证明“院”这个音缀的本身就是一个意义单位，“子”只是一个附属品。可是我们通常不单说“院”，而说“院子”。所以我们这样分别，“院子”是最小的表现单位，这个单位称为“词”；“院”是最小的意义单位，称为“词根”；“子”的本身没有丰富的意义，只有帮着造词的作用，称为“词尾”。换一个词来看，“枇杷树”，这个词由“枇杷”和“树”这两个词合成；“枇杷”这个词两个音缀，拆开来“枇”也没有意义，“杷”也没有意义，所以这个词同时是表现单位也是意义单位，“树”只有一个音缀，更不用说。这样看来，词有单纯性和复合性两种：单纯的词同时兼为意义单位和表现单位，复合的词只是最小的表现单位，不是最小的意义单位。

再从文字方面看，上面这句话写成十个字，一个字和一个音缀相当。所以就文字方面讲，单音缀词可称单字词，复音缀词可称复字词。为兼顾语文两方起见，以后就用“单词”和“复词”这两个名称。综合以上所说，列为一表：

```
单词{单音缀 / 单　字}——树…………          } 单纯性
复词{复音缀 / 复　字}{枇杷…………          }
                     {院子（词根加词尾）………  } 复合性
                     {枇杷树（词加词）…………  }
```

由上面所说，“字”和“词”是很有分别的，每个字只代表一个音缀，可以成一个词，可以不成一个词。这个区别在语体文和常用文言里都很显明。因为多数的词不止一个字。但在正统文言里这个区别就不很明显了，因为正统文言里多数的词就只一个字。例如上面那句话，可以写作“庭有枇杷树”，只有“枇杷”是两字合成的词，其余都可以算一字一词。

衍声复词：联绵

1.4　复词的逐渐增多是近代汉语里的一贯趋势；在现代的口语里，甚至在现代的文言里，复词的数目都比单词更多。我们要研究一下复词的组成方式，照上面所说，复词的一部分是以义相合的（如“枇杷树”），这一类留在后面讨论。其余的复词有些是古代固有的，有些是后来产生的，总之不外乎“衍声”的原则，现在分三类来讲。第一类是我们上节所说单纯性的复音缀词，也就是前人所说“联绵字”。这类词从前人给它下的定义是“合二字而成一语，其实犹一字也”，照我们现在的说法就是“合两个音缀（写成两个字）成一个词，具有单一的意义”。所谓单一的意义，就是不能再分析。这类词往往是双声（声母相同）或叠韵（韵母相同），但也有非双声非叠韵的。例如：

双声——踊跃、参差、黾勉、匍匐、踟蹰、流离、溟濛、玲珑、伶俐、嘹亮、含胡、留连、恍惚〔以上容状〕；鸳鸯、鸺鹠、蚰蜒、蜘蛛、辘轳、秋千、瘌痢〔以上物名〕。

叠韵——窈窕、逍遥、扑簌、荒唐、蹒跚、婆娑、混沌、曚眬、莽撞、腌臜、腼腆、啰唆〔以上容状〕；葫芦、芍药、蟋蟀、玫瑰、蜻蜓、橄榄、碌碡、旯旮〔以上物名〕。

非双声叠韵——鹦鹉、芙蓉、蔷薇、蝴蝶、蚱蜢、螺蛳、窟窿、胡同、疙瘩、笤帚〔以上物名〕。

叠字

1.51　叠字就是前人所谓“重言”。这类复词以形容词为最多，又可分成两类：不叠不能用的是一类，不叠也能用的又是一类。前一类的例子：

翩翩、盈盈、巍巍、累累、喋喋、津津、孜孜、喃喃、诺诺、谔谔、熙熙、攘攘。

河水洋洋，北流活活，施罛涉涉，鳣鲔发发，葭菼揭揭，庶姜孽孽，庶士有朅。（诗·卫风·硕人）

关关雎鸠；采采卷耳；赳赳武夫；习习谷风；悠悠我思；桃之夭夭；其叶蓁蓁；其鸣喈喈；忧心忡忡；忧心惙惙；河水浼浼；彼黍离离。（诗）

第二类的例子：

老残从鹊华桥往南，缓缓向小布政司街走去。（老残）

却有一丛芦苇，密密遮住。（同）

老残暗暗点头道，“真真不错”。（同）

只见门口轿车渐渐拥挤多了。（同）

1.52　从上面的例子可以看出，第一类的例子是文言里很多的，当然白话里也沿用了一部分，并且还创造了好些。这一类词以模拟事物的容状声音为主，单字的本身或是无意义，或是另有意义，而用在此处却纯是标音的作用。第二类的例子就不同了。单字原来有意义，重叠起来还是这个意义，所以要重叠，为的是要增多一个音缀，所以多数是白话独有的用法，在文言里只用那些单字。例如白居易的诗句“轻拢慢捻抹复挑”，用白话说就是“轻轻的拢”，“慢慢的捻”了。

但是主要的目的虽然是为增多一个音缀，却产生了副作用。

第一,有一些词,叠和不叠,似乎略有强弱之分,如“真不错”和“真真不错”;“一个大人情”和“大大的一个人情”。第二,形容事物的本身往往采用不叠的形式(如“暗号”,“密码”),形容事物的行动和情态,大率采用叠字的形式(如“暗暗”,“密密”)。这就是利用叠与不叠来分别词的用途。

1.53 另有一类叠字复词是把原来的一个复词上下都重叠起来的。这也是白话里通用的。这一类词可以叠可以不叠,但是不能截下半截来用(除非那个单字原来可以重叠)。我们可以说“糊涂”或“糊糊涂涂”,但不能说“糊糊”或“涂涂”。例如:

有话就大大方方的说,别这样鬼鬼祟祟的。

一个人这样懒懒散散,这个人便没了前途。〔“懒懒”可以单用〕

偌大个戏台,空空洞洞,一无他物。(老残)〔“空空”可以单用〕

河里的水草都有一丈多长,被那河水流得摇摇摆摆。(同)

前面的冰,插得重重叠叠的。(同)

愿新春以后,吉吉利利,百事都如意。(宋人词)

现在举一个例子,里面包含前面说过的三类叠字(还包括别的种类):

我则见黯黯惨惨天涯云布,万万点点潇湘夜雨。正值着窄窄狭狭沟沟堑堑路崎岖,黑黑黯黯彤云布,赤留赤律潇潇洒洒断断续续出出律律忽忽鲁鲁阴云开处，霍霍闪闪电光星注。正值着飕飕摔摔风，淋淋渌渌雨。高高下下凹凹答答一水模糊，扑扑簌簌湿湿渌渌疏林人物，却便似一幅惨惨昏昏潇湘水墨图。（元曲·货郎旦）

1.54　还有一类叠字复词是在一个单字形容词后面另外重叠一个字的，如"冷清清"，"闹轰轰"。这重叠的部分，有的本来就没有意义；有的本来也有意义，但是到了这类复词里面也就以衍声为他的作用。例如：

静悄悄、热腾腾、直挺挺、光堂堂、好端端、忙叨叨、甜蜜蜜、酸溜溜、涩巴巴、红通通、白篷篷、绿阴阴、黑洞洞。

〔雁儿落〕　绿依依墙高柳半遮，静悄悄门掩清秋夜，疏刺刺林梢落叶风，昏惨惨云际穿窗月。〔得胜令〕惊觉我的是颤巍巍竹影走龙蛇，虚飘飘庄周梦蝴蝶，絮叨叨促织儿无休歇，韵悠悠砧声儿不断绝。痛煞煞伤别，急煎煎好梦儿应难舍，冷清清的咨嗟，娇滴滴玉人何处也？（西厢记）

1.55　以上所有例子都是形容物态的。用叠字的复词做物名，在普通话里不很发达，较普通的是一些亲属称呼，此外很少。文言里更不容易看见。

爸爸、妈妈、哥哥、姐姐、叔叔、姑姑、舅舅、姥姥。〔以上亲属称呼〕

娃娃、饽饽、馍馍、蛐蛐儿（蟋蟀）、蝈蝈儿（纺织娘）、嘎嘎儿(一种玩具)。

燕燕于飞。(诗·邶风)

但在各地方言里,叠字各词相当发达。四川话里就有不少,例如瓶瓶(瓶子)罐罐(罐头)、盒盒(盒子)、盖盖(盖子)、抽抽(抽屉)、包包(包儿)、本本(本子)。

词尾

1.61　有一类复词,是在一个词根后头附加一个词尾的。先拿物件的名称来说,常在本字的后面加"子"、"儿"、"头"等词尾。例如:

屋子、院子、桌子、椅子、银子、帖子、刀子、梳子。

花儿、桃儿、字儿、圈儿、亮儿、檐溜儿、字条儿、相貌儿、筋节儿。

石头、木头、舌头、指头、罐头、苦头、甜头。

"子"和"儿"原来都带有"小"的意味,可是现在已经不很明显,尤其是"子"字。

关于这三个词尾有几件事情值得注意:(一)这三个词尾里头,"头"字最固定,要加"头"的必需加"头"。"子"字也相当稳定,加"子"字的名词大率常加"子",间或有例外,如"车"或"车子"。"儿"字比较自由些,常常可以随便,如"字"或"字儿","窟窿"或

“窟窿儿”；而且我们往往口头说“儿”，写在纸上的时候却把他省了，为的是省事。（二）有些名词可以在“子”字后面再加“儿”字，如：孩子儿，铜子儿。（三）有些名词，加词尾或不加词尾意义不同，如：书（书本），书子（书信）；门，门子（串门子）；哥，哥儿；老家，老家儿（老人家）；马，马儿（纸马），马子（便桶）。（四）有些名词加“子”或加“儿”，意义无甚分别，如：格子＝格儿，框子＝框儿。有些有分别；或是分大小，如瓶子（大），瓶儿（小）；或是竟是两样东西，如座子（钟座子），座儿（座位）；底子（白底子红花），底儿（茶壶底儿）；帽子，笔帽儿；片子（名片、影片、留声机片），片儿（鸡片儿，片儿汤）；板子（打人的，印书的），板儿（木板儿墙）；包子（吃的），包儿。

1.62　形容词后面常加“的”字，例如“聪明的孩子”，“轻轻的说话”。这个“的”字似乎也可以算是个词尾。但是在“我认识的孩子”这类语句里面的“的”字可不能算是词尾，因为“我认识”不能算是一个词，而“的”字并非专属于“认识”的。这两个“的”字声音相同（de），作用相同，应该认为一个字。现在有一种趋势，把“的”字写成三个形式：我们底，我认识的，轻轻地，可以略示分别，这也是很好的。这里面“地”字已经很通行，可是“底”和“的”的分别还没有得到一般公认。同时我们不要忘记，在口语里只是同一个 de。

1.63　文言里却有明显的形容词尾，就是“然”、“焉”、“乎”、“尔”、“如”等字。例如：

> 天油然作云，沛然下雨，则苗浡然兴之矣。（孟子）
>
> 凌万顷之茫然。（赤壁赋）

其兴也浡焉，其亡也忽焉。（左传）〔比较上面“浡然”及今通用之“忽然”〕

郁乎苍苍。（赤壁赋）

飘飘乎如遗世独立。（同）

子路率尔而对。（论语）

夫子莞尔而笑。（同）

子之燕居，申申如也，夭夭如也。（同）

外来语

1.7 一个语言常常从别的语言里输入许多词语，尤其是事物的名称；汉语里也很多这样的例子。译语有两种，译意的和译音的。译意的词，因为利用原语言里固有的词或词根去凑合，应归入合义复词，而且也不能算是严格的外来语。译音的词，浑然一体，不可分离，属于衍声的一类。这里略举几个例：

咖啡、可可、香槟、加利、吐司、雪茄。〔食物〕

德律风、开麦拉、梵哑铃、莎发、司的克。〔用具〕

打（十二个）、磅、吨。〔数量单位〕

部分译音的：

冰淇淋、摩托车、珂罗版、米达尺、金鸡纳霜、卡片、卡车。

以上都是现代的外来语。还有好些外来语，时代较久，一般人都不觉察了，如：

葡萄、苹果、玻璃、琵琶、佛、菩萨、僧、和尚、塔、鸦片。

译音的外来语绝大多数是名词，一度盛行过的“浪漫”和“摩登”是仅见的形容词的例子。

合义复词

1.8　合义复词可分两类：一类我们称之为“联合式”，一类称之为“组合式”。联合式的例子如：

道德、法律、文章、图表、方面、地位、城市、户口、亲戚、儿女。

组合式的例子如：

鸡汤、粉笔、茶杯、风灯、后门、晚饭、飞机、捐款、望远镜、中立国。

这两式的分别在于一个复词的两个（或多个）部分之间的文法关系不同，这些关系我们在第二章要讨论。

我们在这里只提出几件和合义复词有关的事情来注意：第一，

两个意义很具体的词，合成联合式复词以后，往往含有比较抽象的意义，例如：

骨肉（亲属）、水土（与健康有关的自然环境）、领袖（领导者）、尺寸（长度）、斤两（重量）。

其次，有一些常用来组成组合式复词的成分（近似词尾），虽然意义相近，却各有适用的处所，这是应该随时留意的，现在举两类的例：一是表示各种职业的从业员的：

医士、医生、医师、护士、伶人、庖人、学者、园丁、门丁、车夫、马夫、木匠、缝工、石工、教员、会员、店员、海员。

这里面只有"员"字比较活些，可以供制造新词之用。另一类的例子是表示处所的，如：

米店、布厂、染坊、酱园、茶馆、图书馆、戏院、医院、药房、天文台、洗衣作、跳舞厅。

简称

1.91 和复词相反的是"简称"，例如"川"就是"四川"。简称和复词的趋势虽似相反，实际上简称却是复词发达的结果。因为复词多了才需要简称，而且倘若没有复词，一词一字，要简也无从简起。简称的例子：

北大＝北京大学；教部＝教育部；校委会＝校务委员会；苏联＝苏维埃社会主义共和国联盟。

文言里面的物名复词重叠起来用的时候不多，因此简称较少，通常限于人名和地名，例如：

韩文＝韩愈的文；苏诗＝苏轼的诗；程门＝程颢程颐的门下；川督＝四川总督。

孔曰成仁，孟曰取义。（文天祥）

但两个复词并举的时候，常常应用简称，仍以人名地名为多，例如：

孔孟、老庄、程朱、班马。

京汉、津浦、川康、陕甘。

论孟（论语、孟子）；学庸（大学、中庸）；翰詹（翰林院、詹事府）；科道（六科给事中、诸道监察御史）。

地名有时有特定的简称，如闽、赣、粤、桂、滇、黔、蓉、渝。云南和贵州合称的时候，可以说“云贵”，也可以说“滇黔”，但福建和江西合称便只能称“闽赣”。

1.92　还有一种简称，用于人的姓名，就是在开头已经说过一个人的姓名，以后再提起他，就只称他的姓或名。如《大铁椎传》里面：

> 大铁椎，不知何许人；北平陈子灿省兄河南，与遇宋将军家。宋，怀庆清华镇人……宋弟子高信之……长子灿七岁，少同学，故尝与过宋将军。

这里面的“宋”和“子灿”，就是一种简称。一般说来，简称用名多于用姓。

口语里面，普通是连姓带名重说一遍，只有说起很熟习的人才只说名字。

第二章　词的种类和配合

词类

2.11　一种语言里，词的数目少则几千，多则几十万，文法书上常把它们分成多少类，比如一般欧洲语言的词通常分成八类或九类。汉语里的词没有它们那么容易分类，因为它们的词往往可以从形式上分辨，可是汉语的词在形式上无从分辨。但是要讨论文法就非把词分类不可。现在按意义和作用相近的归为一类，暂时分为下面的几类：

（1）名词：

孔子、父、子、官、兵、友、敌等。〔人物〕
猫、犬、桃、李、耳、目、书、画、山、川等。〔物件〕
水、火、米、布、铁、空气等。〔物质〕
念头、苦头、战争、睡眠、经济、道德、法律等。〔无形〕

（2）动词：

来、去、飞、跳、说、笑、吃、喝等。〔活动〕

想、忆、爱、恨、怨、悔、感激、害怕等。〔心理活动〕

生、死、睡、等候、盼望、忍耐、遗失等。〔不很活动的活动〕

为、是、有、无、似、类、值（值一千）、加（二加二）等。〔简直算不上活动〕

（3）形容词：

红、白、大、小、富、贵、忙、闲、谨慎、悠悠、寥寥等。

以上三类，总称为实义词，因为他们的意义比较实在些。这三类词，拿极端的例子来说，“桃”和“跳”和“红”显然是不同的。但是如“战争”、“睡眠”这些词的构成部分都是动词，“大小”、“长短”等词的构成部分都是形容词，但是这些个复词习惯上已经作名词用了。又如“健”和“康”，原来都是形容词，“涵”和“养”原来都是动词，可是“健康”和“涵养”都是用作名词的时候多，用作形容词和动词的时候少。

2.12　凡是意义不及名词、动词、形容词那样实在的，我们一概称为辅助词。凡是实义词，至少是那些标准的名词，动词和形容词，都能在我们脑筋里引起具体的形象，比如我说“猫”，我闭上眼睛仿佛看见一只猫；我说“跳”，我可以想象一个孩子或是一只蚱蜢的跳的形状；我说“红”，我就想起桃花或国旗的颜色。但是“极”、“又”、“如何”这些词能在我们脑筋里引起什么形象呢？不能。他们不是没有意义，只是那些意义比较空虚。但是他们可以帮助实义词来表达我们的意思，所以我们把他们称为“辅助词”。同属辅助词，这里面还有虚实之分。比如“你”、“那”、“什么”、“三”等词

的意义还是比较具体,作用也和实义词差不多;其次,"极"、"又"等词,意义也还容易把握;到了"所"、"所以"、"者"、"乎"、"呢"等,那就虚透了。下面把辅助词的种类列出来:

(4) **限制词(副词):**

(a) 方所限制:这里、那里、到处等。

(b) 时间限制:今、昔、先、后、久、暂、一会儿等。

(c) 动态动相限制:来、去、上、下、起、住、已、方、将、着、了等。

(d) 程度限制:颇、甚、略、仅、极、太等。

(e) 判断限制:能、得、会、可、必、足等。

(f) 否定限制:不、勿、未、莫、休、别等。

(g) 一般限制:也、亦、又、正、竟、且、即、就、还等。

(5) **指称词(称代词):**

(a) 三身指称:我、尔、其、之、他等。

(b) 确定指称:彼、此、这、那等。

(c) 无定指称:谁、何、什么等(通常表疑问,有时不表疑问);或、莫等。

(d) 数量指称:一、二、百、千、数(以上数词);多、些、每、各等。

(e) 单位指称(简称单位词):斤、挑、块、枝、个、只、件等。

(6) **关系词:**

之、的、所、者；与、于、以、为、把、被、给、和；而、则、因、故、虽等。

(7) 语气词：

(a) 语中：岂、宁、难道、其、尚等。

(b) 语尾：乎、哉、也、耳、了、呢、吗等。

(c) 独立：噫、呜呼、哎哟等。

除了以上的分类，为叙述便利起见，还要添列一些名称，如"方所词"，包括方所限制词以及表示方所的名词（室内、书中、国外、地下）；"时间词"，包括时间限制词以及表示时间的名词（今天、明年）以及日期（正月、十五）等等。

词的配合：联合关系

2.21　词和词相遇，就会发生种种关系。大多数辅助词的作用在于表示关系和语气，这里讨论的以实义词为主。实义词相互之间的关系有三种：联合关系，组合关系，结合关系。联合关系最简单，"牛马"就是"牛和马"。两个同类的词连系起来，最普通的关系就是这种关系。例如：

〔名词联合〕姊妹、妯娌群中。（寄小读者）

子不语怪、力、乱、神。（论语）

吴家桥岁致鱼、蟹、饼饵。（先妣事略）

〔形容词联合〕丰满红润的面庞。（寄小读者）

而世之学佛者徒求卓诡、变幻、可喜、可愕之迹。（李龙眠画罗汉记）

思得高爽虚辟之地，以舒所怀。（苏舜钦：沧浪亭记）

〔动词联合〕你若同他拱手作揖，平起平坐，这就是坏了学校规矩。（儒林外史）

右胁夹大铁椎……饮、食、拱、揖不暂去。（铁椎）

相将相扶而去。（斗牛）

2.22　联合关系，假如很密切，就使两个词合作一个复词，就是联合式的复词。如上面的“姊妹”和“妯娌”两词之间是联合关系，而这两个词的本身又是联合式的复词。其余如“饼饵”、“丰满”、“卓诡”、“变幻”也都是联合式复词。

2.23　联合关系也常常加用关系词来连系。有时似乎比不用关系词的要松懈一点，有时也不见得。例如：

双喜所虑的是用了八公公船上的盐和柴。（社戏）

阴以兵法部勒宾客及子弟。（史记·项羽本纪）

世之攻文艺与诗与禅者，什伯为社。（守望社题词）

文言里联合的形容词，往往用“而”、“且”来连系；白话里多用“又……又”连系。

此四君者皆明智而忠信，宽厚而爱人。（过秦论）

老妪惠且慈，白发被两耳。（赵孟頫：题耕织图诗）

又短又粗的两个小辫子。（寄小读者）

以上的联合诸词都属于同一类。动词和形容词性质有很相近的地方，所以也可以有联合关系，上面的"宽厚而爱（人）"就是一个例子。

组合关系

2.31　倘若两个词里面有一个是主体，一个是附加上去的，这个关系便和联合关系不同。我们称这个为"组合关系"，也可以称"附加关系"。我们称这些主体词为"端语"，称附加的词为"加语"，这样配合的词群称为"词组"。组合关系可以分成两类：第一类的端语是名词，加语或为形容词，或为动词，或仍为名词。组合关系有时用关系词来表示，有时不用（组合式复词一概不用）。表示这类组合关系的词，白话用"的"，文言用"之"。现在就三种加语，分别用关系词与否，各举数例：

〔形加名〕甘草、小说、香烟、大门、洋芋、公债、散座、干娘、三牲、四书。〔复词〕

水红绸子；大红帽子。

此地有崇山峻岭，茂林修竹。（兰亭集序）〔以上不用关系词〕

田田的叶子；渺茫的歌声；薄薄的青雾；淡淡的云。（荷塘

月色)

谬悠之说,荒唐之言。(庄子)〔以上用关系词〕

〔动加名〕飞机、顾客、委员、捐款、卧室、笑话、中立国、不倒翁。〔复词〕

飞鸟;落花;流水;行人。〔不用关系词〕

讨论的题目;出版的刊物。〔用关系词〕

〔名加名〕墨水、毛笔、油画、手巾、牙粉、瓜子脸、瓜皮帽、电影院。〔复词〕

紫毛大衣;黑布大马褂;深青布棉袍。(背影)〔不用关系词〕

父亲的差使;月台的栅栏外。(背影)

诵"明月"之诗,歌"窈窕"之章。(赤壁赋)〔以上用关系词〕

表组合关系的"之"和"的",有些地方非用不可,有些地方可用不可用,要说明白,非三言两语可了。主要的原则是结合得紧就不用(所以复词内一概不用),结合得松就要用,例如"水红绸子"要比"渺茫的歌声"结合得紧些。文言里还有一个原则,是合起来的字数最好要成双,所以"崇山峻岭","飞鸟","行人",这里面都不加"之"字;"谬悠之说","荒唐之言"乃至"千金之裘","犬马之劳"的"之"字都不能省。又如"初习木工,未几改习金工,又未几而改习制革之工"(有恒),假如说"革工",就不要"之"字。这个字数甚至计及词组本身以外,例如"寡人之妻,孤人之子,独人父母"。"人父母",本来是极不合式的,该说"人之父母",但因为上面有个"独"字,就把"之"字去了。又如"驾一叶之扁舟"(赤壁赋),也因为有个"驾"字才加一个"之"字。

有时一个端语上面有几个加语。这时候就要看这些加语是并立的呢，还是一层一层加上去的。如果是并立的，文言里绝对只能用一个“之”字，而白话里却可以用一个或几个“的”字（这也表示“之”字是个独立的关系词，“的”字已渐有词尾性）。各举一例：

> 徵天下举方正、贤良、文学、材力之士。（汉书）
> 体会最细微最神妙的春信。（康桥）
> 参差的斑驳的黑影。（荷塘月色）

如果是层次的几个加语，大率不全加“之”或“的”，要省去一部分。这里的原则仍然是和端语在意义上结合得密切的加语不用“之”或“的”，并且紧接端语。但这里面很有主观的出入，例如：

> 小的红花此时已皱了拢来。（叶绍钧：母）

作者觉得“红”比“小”更和“花”密切相关，他的心里是先有“红花”，然后有“小的红花”，但在另一处：

> 冷冷凉露中，泛满浅紫嫩红的小花。（苏梅：秃的梧桐）

这里，作者心里先有“小花”，后有红紫等颜色。

2.32 第二类组合关系的端语是动词，加语是形容词。这一类加语在白话里可以在后面加“的（地）”字，但在文言里却不能用“之”字。因此这个“的”字就和前面一类的“的”字不很相同，词尾的性质较显。文言里对于这附加关系常用“而”来表示，但以附加的词是叠字式或有词尾“然”的为限。举例如下：

暗笑；明说；白吃；瞎摸。

见藐小微物，必细察其纹理。（记趣）

婉贞率众急逐之……西将知不敌，弃炮仓皇遁。（冯婉贞）

又嘱茶房好好照应我。（背影）

不禁簌簌地流下眼泪。（背影）

施施而行，漫漫而游。（柳记）

拂然而怒，悠然而逝。

形容词和形容词也可以发生附加关系，如“悠然而虚；渊然而静”（柳记）。但形容词上面的附加词以程度限制词为最普通。

2.33 限制词和指称词也和别的词发生组合关系。限制词一般只用作动词或形容词的加语，例如：

颇好；略佳；甚难；仅见。

能说会道；可欺；必败。

且去；即来；不卜；未知。

这里坐；一会儿来。

方所和时间限制词可以作名词的加语，例如：

这里的天气；一会儿工夫。

指称词一般只用作名词的加语，例如：

我的文章;大家的问题。

此时此地;这么个人;怎么回事。

六万万人一条心。

一部分也用作动词或形容词的加语,例如:

你先这么转一下,再那么转两下,就开开了。

拔剑割肉,壹何壮也!(汉书·东方朔传)

三已之,无愠色。(论语·公冶长)

结合关系

2.41 结合关系又可以称为造句关系。现在要辨明,怎么样是句子,怎么样不是。我们在第一章里说过,"词"是语言的最小表现单位,"句"是语言的通常的独立表现单位。现在有"鸟"和"飞"这两个词,连系起来可以有"飞鸟"和"鸟飞"两式。倘若我说"飞鸟"(飞着的鸟),你不会觉得满足,一定等着我说下去,如果我就此不说下去,你一定说"你这个人怎么的?话只说半句!那飞鸟到底怎么样啊?"我一定要说"飞鸟尽",或"飞鸟归林",才能让你满意。如果我一开头就说"鸟飞"(鸟飞了),你就觉得我的这句话完了,不会有悬在半空中的感觉。这就是句和非句的分别。最简单的句子有这几种:

〔名加名〕牛,偶蹄类。〔不用系词〕

牛是偶蹄类的动物。〔用系词〕

〔名加动〕水落，石出；鸟语，虫吟；龙飞，凤舞；石破，天惊；风吹，草动。

蝼蝈鸣，蚯蚓出。

〔名加形〕山高，月小；月明，星稀；柳暗，花明；情长，纸短；风调，雨顺。

芳草鲜美，落英缤纷。（桃源）

从上面的例子可以明白怎么样是一个句子。一个句子必得有个"什么人"，或"什么东西"，然后还得说明这个人或这个东西"怎么样"，这两部分缺一个就不成句(特殊情形又当别论)。我们给这两个部分定个名称：表示"什么人"或"什么东西"的部分称为"主语"，表示"怎么样"的部分称为"谓语"。主语和谓语的关系是结合关系。

上面说，句是独立的表现单位，可是以结合关系相配合的词群有时不独立成句，例如"你看见过鸟飞？"这里面的"鸟"和"飞"之间是结合关系，"鸟飞"本可独立成句，但在这句里不独立。凡是主语和谓语的结合，不论独立与否，可以总称为"词结"。句子是独立的词结。

2.42　词结里的主语一般是名词，谓语可以是名词、动词或形容词，例子已见上节。此外，指称词也可以作主语或谓语，例如：

〔主语〕尔为尔，我为我。

此一时，彼一时。

二五等于一十。

〔谓语〕“春”者何？岁之始也。

你找的是不是这个？

我想走了，你怎么样？

词类的活用

2.51　一个词可以分别本用和活用，例如名词是用作词组里的端语，词结里的主语，动词的止词或补词（止词见第三章，补词见第四章）的时候多，动词是用作词结里的谓语的时候多，形容词是用作词组里的加语或词结里的谓语的时候多，限制词是用作词组里的加语的时候多，这样用法就是他们的本用，无须特别注意。此外的用法就算是活用，有些很值得讨论。现在挑几种活用举例说明。

形容词和动词用作名词。——这又得分两层说。普通，名词化的形容词和动词是抽象的（所以有人称之为抽象名词），就是说，还是泛指那种状态或事情。这在文言里是极普通的，几乎个个形容词和动词都可以这样用。举几个例子：

宁武子……其知可及也，其愚不可及也。（论语）

夫心之精微，口不能言也；言之微妙，书不能文也。（汉书）

吾资之聪倍人也，吾材之敏倍人也。（为学）

吾见师之出而不见其入也。（左传）

这里我们可以注意，这种名词化的形容词和动词常用在“……之”

或“其”之后,那个“……”和“其”所代表的人物就是具有那些形容或作出那些动作的人或物,现在反而退为加语了。(这是一种看法,还有一种看法见6.71)在现代口语里面,这类活用不十分普通,但通行语体文受了文言的影响和外国语的影响,也尽多这种例子。

至于用形容词和动词来指具体的事物,那就比较别致些。但文言里这一类例子也常见,如“食”字本动词,但“有酒食”(论语)的“食”就等于“食物”,“动”、“植”也是动词,但白居易的诗“动植一时好”,就是说的动物植物。余如:

> 摧枯拉朽;乘坚策肥;欺贫爱富;骄上凌下。
>
> 老吾老,以及人之老,幼吾幼,以及人之幼。(孟子)
>
> 君之民老弱转乎沟壑,壮者散而之四方者几千人矣。(同)

这些例子都是。最后一例“老弱”不加“者”字,而“壮”加“者”字,在这里当然是因为上面是两个字,下面只有一个字,要凑整齐的缘故,可是由此可知这些例子里面的“老”、“幼”、“老弱”等就等于“老者”、“幼者”、“老者弱者”。白话里便以加“的”字为正常的说法。

还有可以注意的是:许多意义相近或相对的形容词和动词,合成联合式复词往往就不能再作形容词或动词用,必须认为正式的名词了。例如:

> 〔义近〕纪念、经济(经时济世)、算计、见识、讲究、着落、乞丐。〔动词合成〕
>
> 玄虚、正经、孝廉。〔形容词合成〕

〔对待〕往来、进退、交通、履历、得失、消息、因革。〔动词合成〕

是非、好歹、深浅、大小、长短、寒热、始末。〔形容词合成〕

2.52　名词用作动词的加语。——这在文言里也是很普通的，例如：

席卷天下……囊括四海。（过秦论）

周有天下，列上田而瓜分之……履布星罗，四周于天下。（柳宗元：封建论）

豕人立而啼。（左传·庄八）

入则心非，出则巷议。（史记·秦始皇本纪）

天下之患，在于土崩，不在于瓦解。（史记·主父偃列传）

天下之士，云合雾集。（史记·淮阴侯列传）

十九人相与目笑之。（史记·平原君列传）

范氏中行氏皆众人遇我，我故众人报之；至于智伯，国士遇我，我故国士报之。（史记·刺客列传）

白话里除表时间和处所的名词外不能随意用作动词的加语。可是有许多成语从文言里传下来，如上面的“瓜分”，“土崩瓦解”等等。

2.53　名词用作动词。——这也是文言里常见的。例如：

衣冠而见之。（冯谖）

客初至时不冠不袜。（铁椎）

但观之，慎勿声。（铁椎）

故为之文以志。(柳记)

曹子手剑而从之。(公羊·庄一三)

父曰"履我"。(史记·留侯世家)

老仆尝衣敝衣,星出月入,以事司徒公……及司徒公出视师,乃以老仆为军官,冠将军冠,服将军服,以见姚氏。(郭老仆)

甚而至于有活用人名作动词的,真是别致得很。例如:

今者无故诱致虏使,以诏谕江南为名,是欲臣妾我也,是欲刘豫我也。(胡铨:上宋高宗疏)

而这句有名的句子又是本于左传(定一〇)的:

尔欲吴王我乎?

白话里间或也有名词用作动词的,但很不普通,不像文言里差不多的名词都可以这样活用。白话的例:

要礼貌他。(郑书)

不怕你笑话。这总是我们的一点小小意思。

原来姑娘天不怕,地不怕,单怕膈肢他的膈肢洼。(儿二七)

与其说是活用,不如说是这里"礼貌"、"笑话"、"膈肢"等词就是普通的动词,因为我们可以说"礼貌他",却不能说"法律他",可以说"膈肢他",却不能说"巴掌他"。真正的活用只用"不茶不烟,一言

不发”（儿四）之类。

2.54　形容词用作动词。——文言里也普通，如：

渔人甚异之。（桃源）

皆苦其身，勤其力。（郑书）

最是暖老温贫之具。（郑书）〔“老”和“贫”又是形容词用作名词〕

正其衣冠。（论语）

是以君子远庖厨也。（孟子）

白话里的例子，和上一节相同，限于少数形容词，如：

老弟，你想人家好看咱们，咱们有个自己不爱好看的吗？（儿一五）

这件事情又得辛苦你一趟了。

我告诉你一个巧的儿，你越冷淡他，他越舍不得你。

这些也都可以算是已经具有形容词和动词两种性质的词。

第三章　叙事句：(1)起词和止词

起词和止词

3.1　上面两章都是讲的词，现在要讲句子了。句子是个什么，上文已经约略说了一点，现在最好拿一种句子来实地观察。句子，按照他们的构造，可以分成好几类，现在挑一类叙述事情的句子来开始，比如说“猫捉老鼠”。这里说的是一件事情，猫捉老鼠；这件事情的中心是一个动作，“捉”。何以呢？光有猫和老鼠不成一件事情，必得要“捉”。所以这一类句子的中心是一个动词，可是光说“捉”也不行，知道是“捉”这么一回事了，究竟是谁捉谁呢？所以要把一件事情说清楚，必须说明这个动作起于何方，止于何方，如图解：

动作起点（猫）——动作（捉）——动作止点（老鼠）

我们在句法上把动作的起点称为“起词”，如“猫”，把动作的止点称为“止词”，如“老鼠”。这两个名称都是跟着动词来的，没有动作，就无所谓起和止。现在我们知道，像“猫捉老鼠”这类句子的格局是：

起词——动词——止词。

上面所举例子里的起词和止词都是名词，但是事实上并不限于名词。可以是指称词，例如“我认识他”，也可以是动词，如“我爱早起，早起养身”。

本章要讨论的是(1)是否凡是叙说事情的句子(简单些称为叙事句)里面都有起、动、止这三个成分；(2)这三个成分的次序是否都是“起——动——止”。

省略起词

3.2　有些句子里没有起词，不是说那些动作没有起点。起点是有的，没有说出来罢了。起词在三种情况之下可以略而不说。如下：

(甲)当前省略。——当面说话，“你”和“我”往往可以不说。例如：

谢谢(=我谢谢你)；再会(=咱们再会)。〔以上套语〕

几时来的？(=你几时来的？)才来不久(=我才来不久)。

兄见之，惊问：“将何作？”答云：“将助樵采。”(张诚)〔以上问答〕

快来(=你快来)；别动(=你别动)。

食之,比门下之客。(冯谖)〔以上命令〕

通信也是一种对话,所以信札里面常有“近读何书”?“昨晤令兄,备悉佳况”等等语句,就等于说“你近来读些什么书?”“我昨天会见令兄”。日记游记之类的性质也相近。这里面倘若填满了“我……我……我”,非但写的人腻烦,看的人也觉得讨厌。

得西山后八日,寻山口西北道二百步,又得钴鉧潭。(柳记)

〔癸亥五月〕二十二日,丁卯,晴。下午小雨,凉。阅湖海文传,手录汪容甫自序一篇……二十三日,戊辰。子正三刻十分小暑节。晴,剃头。午间出访芝友,硕卿,俱不值。作片致伯寅,德甫,晓舟,惺斋……(李慈铭:越缦堂日记)

(乙)承上省略。——下面的起词和上面的起词相同,也就可以不再说。例如:

老残到了济南府,进得城来……到了小布政司街,觅了一家客店,名叫高升店,将行李卸下,开发了车资酒钱,胡乱吃点晚饭,也就睡了。(老残)

停数日,辞去……既出,得其船,便扶向路,处处志之。及郡下,诣太守,说如此。(桃源)

(丙)概括性省略。——有时候,一个动作的起词是“任何人”,那也就不必说出。例如:

不登高山，不见平地。

学而时习之，不亦说乎？（论语）

本校欢迎参观。（=任何人参观）

起词虽不是任何人，但是难于说定或不必说出的例：

室内禁止吸烟。〔自然有禁止的人，可是很不方便说出，而且何必说出；"吸烟"的起词是"任何人"。〕

打钟了，吃饭去罢。

其院为一大圆室，以巨幅悬之四壁，由屋顶放光入室。（巴黎油画）

无起词

3.3 但是确有些句子里动词是没有起词的：第一类是表自然现象的，如：

下雨；刮风；出太阳。〔也说"天下雨"等等〕

城门失火，殃及池鱼。

第二类是一些动词，在意义上不容许有起词的，如：

只剩第九个习题了。

现在轮到你做主人了。

今儿个可不兴吃饭哪。(儿二七)

尝使人读汉书,闻郦食其劝立六国后,大惊曰:"此法当失,何得遂成天下?"至留侯谏,乃曰:"赖有此耳"。(晋书·石勒记)

第三类是关系词化了的动词,如:

依我的主意,现在就去;等天黑下来,路上就不好走了。

看起来,他不但知道这件事,说不定还帮着出主意来着呢。

要说冬天比夏天好,缩手缩脚可真不好作事;要说夏天比冬天好,蚊子苍蝇又受不了。

总而言之,天下无难事,只要努力干。

省略止词

3.4 止词的省略,也可以分当前、承上、概括性三类:

(甲)当前省略:——上面讲起词当前省略的时候,已经有"谢谢(你)"的例子,又如:

别骂,是我。(别骂人)

改日奉扰。(扰你)

(乙)承上省略:

什么东西都有母亲:虾儿有,鱼儿有,螃蟹有,鳌蜞有,杨

梅有，桃子有，荸荠有，甘蔗有。（小蚬）

管你一见（这个人）就认得（他），还是你们个亲戚呢。（儿一七）

其善射亦天性，虽子孙他人学习莫能及（之）。（汉书·李广传）

日出，乃遣（之）入塾。（课诵图）

不如早为之所，无使（之）滋蔓。（左·隐元）

特别是文言里，在动词后面接着“以……”，当中的止词多半不写出，略举数例（参阅4.84）：

先泡一大碗炒米送手中，佐（之）以酱薑一小碟。（郑书）

四壁琢大小佛无数……多施（之）以采色。（云岗）

又留蚊于素帐中，徐喷（之）以烟。（记趣）

在文言里，这一类省略当然是为求简洁，同时也受整齐律的支配。上面的例句都可以体会此意，下面是更明显的例子：

为之，则难者亦易矣；不为，则易者亦难矣。（为学）

（丙）概括性省略：

只要埋头学，不怕学不会。〔学任何事〕

一天不吃还可以，三天不吃受不了。〔吃东西〕

唱罢，唱罢，我们等得不耐烦了。〔唱歌〕

一箪食，一瓢饮。（论语）

无止词:内动和外动

3.51 上面说过,无起词的动词只有很少数,可是无止词的动词就多了。随便举个例:

孟夏之月,蝼蝈鸣,蚯蚓出,王瓜生,苦菜秀。(礼记·月令)

这句里有四个动词,都只有起词没有止词。这是因为许多动作只和一个人或物发生关系,因此可以说是有起无止(也不妨说是无所谓起和止)。例如水的流,花的开和谢,以及行、止、坐、卧、来、去等等动作,都是只有一个方向,没有两个方向的;说得更确切些,这些动作都是停留在起词身上,不投射到外面去的。所以在文法上这一类动词称为"内动词",而把"猫捉老鼠"的"捉","王小二过年"的"过"等等动词称为"外动词"。外动词原则上要有止词,没有止词的时候是省略;内动词原则上就不要止词。

3.52 话是这样说,可不能看得太死。例如"跳",平常不带止词,是个内动词,但是在"跳绳","跳月","鲤鱼跳龙门"这些词语里头不能不算是外动词。同样,"闹"字在"莫闹,莫闹"里头是内动,在"闹新房","孙行者闹天宫"里头,又成了外动。另有许多动词真不容易断定他是内动为主还是外动为主,他们有时带止词,有时不带,但不一定要算省略。例如:

食不言,寝不语。(论语)

夏礼,吾能言之。(同)

子不语怪、力、乱、神。(同)

学而不思则罔,思而不学则殆。(同)

见得思义。(同)

行有余力,则以学文。(同)

再有一些动词,非但有时无止词,有时有止词,而且在甲句里做它的起词的那一类字,到乙句里成了它的止词。例如:

皮球滚进洞去了。

杨柳儿弯,滚铁环。

用之则行,舍之则藏。

君子藏器于身,待时而动。

血流飘杵。

流血五步。

这是个富有理论上的趣味的问题。

3.53 有一点是初学文言的应该注意的:白话里有许多动词常带一定的止词,合起来只抵得文言的一个动词,例如:

〔话〕〔文〕	〔话〕〔文〕
走路=行	招手=招
睡觉=眠	点头=颌
答话=答	怀疑=疑
住家=住	怀恨=怨

道谢＝谢　　　　　　作揖＝揖

道歉＝谢（谢罪）　　送行＝饯

这也是近代汉语里的词多音缀化的一种表现。

变次：起——止——动

3.61　具有三个成分的叙述句的正常次序是：起——动——止，这是无须再说什么的。但是这个次序不是普遍的，白话和文言里都有"变次"的情形。现在先讨论第一种变次，就是止词倒在动词之前，但仍在起词之后。在文言里有两个重要地方要应用这种变次：一是疑问词作止词的时候，一是句内有"不"、"莫"等否定词而止词为指称词的时候。分别举例：

（甲）疑问词作止词：

吾谁欺，欺天乎？（论语）

子何恃而往？（为学）

（乙）句内有否定词，止词为指称词：

古人不我欺也。

吾未之前闻。

每自比于管仲乐毅，时人莫之许也。（三国志·诸葛亮传）

（丙）此外，在文言和白话里含有"虽……"，"连……"，"任什么……"等等语气的时候，也有应用这种变次的，如：

老夫其国家不能恤，敢及王室？（左传）

臣死且不避，卮酒安足辞？（史记·项羽本纪）

你这个孩子，书不念，专门淘气！

你别怪我，我可一点儿消息也不知道。

问了半日，他言也不答，头也不回，只顾低了头洗他的菜。（儿一四）

他什么都要管，可是一样也没管好。

止——起——动

3.62　另一类变次是把止词一直提到起词之前。在白话里，有种种语气应用这种变次，全是因为着重止词的缘故。举例如下：

（甲）含有"至于"，"要讲"，"凡是"，"无论"等语气：

文法，我何尝不读，只是作文的时候帮不了忙，有什么办法？

家里的事情，你不用管，你干你的正经事去。

别看她才二十一岁，什么事情她都懂。

（乙）两事对比：

干他的事他也作，不干他的事他也作，作得来的他也作，作不来的他也作。（儿一六）

干的我管不得，你是我自己生出来的，难道也不敢管你不成？（红五九）

（丙）止词带有特指词：

这件事我记得，而且很清楚。（寄小读者）

这个话你打哪儿听来的？

那个我不要，也不知道是那个腌臜老婆子的。（红一九）

文言里应用“止——起——动”变次，一部分由于类此的语气，就是要着重止词，一部分是因为止词字数较多。文言里把止词提前之后，往往在原处用一“之”字，白话里也有这个办法，但比较少见。文言里的例子：

俎豆之事，则尝闻之矣，军旅之事，未之学也。（论语）

死马且买之千金，况生马乎？（国策·燕策）

胜者，亲友欢呼从之，若奏凯状。（斗牛）

其真正儿女亲家，亲之不若与牛亲家之亲。（斗牛）

服岭以南，王自治之。（汉书·汉文帝赐南粤王赵佗书）

此，中知以上乃能虑之，臣料虞君中知以下也。（穀梁传·僖二）

是疾也，江南之人常常有之。（祭十二郎文）〔以上有“之”字〕

亲兄弟在真定者,已遣人存问。(赐南粤王赵佗书)

汝之诗,吾已付梓;汝之女,吾已代嫁;汝之生平,吾已作传;惟汝之窀穸,尚未谋耳。(祭妹文)〔以上无“之”字〕

“把”字式

3.7　白话里有在止词前安上一个“把”字,借此把他提在动词之前的一种句法,即:

起词——(把)止词——动词。

这是现代汉语中应用极广的一种句法。如“他把窗户玻璃打碎了”,这句话的意思其实和“他打碎了窗户玻璃”一样,但是有时候非应用“把”字的说法不可。下面的例句,一部分可以改成不用“把”字的说法,另一部分不能改换。

我把这个秘诀传给你,你可别对外人说。

他把窗户关上,又把窗帘儿放下。

他把那门轻轻敲了两下,只听得一阵脚步声,随即又悄没声儿了。

还不快换双鞋去呢,小心把地毯弄脏了。〔以上可改为不用“把”〕

要不是你说起,我可真把这件事忘得干干净净了。

你把这段布先抽抽水再量量,看到底够不够。

他把银子揣在怀里，掉转身走了。

我昨天下午把三本书都看完了。〔以上不容易改动〕

后面这四句为什么非用“把字式”不可呢？简单点说，是因为（一）动词的后面紧接着一些成分，不容许止词插在中间（例五、六、七），或（二）动词前面有特殊性质的限制词，非安放在止词之后不可（例八的“都”）。前面四句也是因为动词后有类似的成分才可以用“把字式”，假如是个光秃秃的动词，例如“把窗户关”，“把窗帘儿放”，这就不成；戏词儿里尽管常听见，口语里可没有。这是用“把字式”的条件之一。还有两个条件：一是非富有行动意味的动词不能用“把字式”，我们可以说“我把它看完了”，但不能说“我把它看见了”。另一个条件是止词不能是无定性的，例如说“我把那本书看完了”是可以的，但“找把一本书看完了”就不成。总之，“把字式”天天在我们口里和笔下应用，可是条件并不很简单。

文言里除动词直接受词时用“以”字连系止词（见下章）外，不大用“以”字把止词提前。

被动式

3.81　现在要讲一讲普通所谓被动式。我们在前面说过止词是代表动作的止点。就是接受动作的人或物。现在有一类动词，本身的意义就是“接受”，如“受”、“挨”、“让”等等，用在句子里，他们的起词实际上就成了动作的止点。例如“他挨了他哥哥一顿骂”，这句里面的真正动作用一个名化动词(一顿骂)来表现，动作的起点却在一个附加语(他哥哥)上。假如句法再略略改变，“他被他哥哥骂了一顿”，这句里就有了两个动词(“被”原有“受”的意义，如“身被十二创”)，各有一个起词，而第一个起词在意念上就是第二个动词(更重要的一个)的止词。我们为方便起见，就把第一个动词“被”字认为一个关系词，把第一个起词“他”看成直接和第二个动词“骂”相属，认为“骂”有被动的意味；“骂”的起词“他哥哥”退居于一个补词(见下章)的地位。于是“他被他哥哥骂了一顿”的成分分析就成为

起词——(被)主动补词——动词(被动)。

我们要记得这只是一种方便的说法，实际上“骂”字之前紧接着“他哥哥”，并不含有多少被动的意义。我们也未尝不可以说，这只是止词先于起词的一种特殊句法，正如“把字式”是止词先于动词的一种特殊句法一样。照这个看法来分析，就是

止词——(被)起词——动词。

事实上，确也有把“把”和“被”两种句法糅合在一起的时候，如：

我是被一起子听戏的爷们把我气着了。(儿三二)
被这几文钱把这小人儿瞒过。(元人小令)

白话里，除“被”字外还应用“叫”和“让”两字(北京口语里

“让”字最普通）。例如：

好象活人得叫死人管着似的！（老舍：黑白李）
这话偏生又让我听见了。（冰心：姑母）

3.82　文言里也用“被”字，但有一点不同，起词不能插入“被”和动词的中间。我们只能说“被刺”、“被夺”，不能说“被奸人刺”或“被强者夺”。和“被”字的作用类似的有“见”、“受”等字。这里面“见”和“受”的后面可以用“于”字把起词接上去，“被”字后面间或也可以。这三个字因为常常这样直接下面的动词，颇有点儿像一种表被动性的副词或词头，分析起来是：

止词——（见、受、被）动词——（于）起词。

例如：

自度无罪，欲谒上，恐见擒。（史记·淮阴侯列传）
吾常见笑于大方之家。（庄子·秋水）
循法守正者见侮于世。（史记·礼书）
又精绘花卉虫鸟之形于其上，而后见重于时。（有恒）
吾不能举全吴之地，十万之众，受制于人。（赤壁）
受托于人而中道弃之乎？
以万乘之国被围于赵。（史记·鲁仲连传）

3.83　不用这些字，单在动词后面加一个“于……”也有同样

的作用。句式是

止词——动词——(于)起词。

例如:

善战者致人,不致于人。(孙子)

兵破于陈涉,地夺于刘氏。(汉书·贾山传)

人之思想,不缚于宗教,不牵于俗尚,而一以良心为准,此真自由也。(自由)

无论用"见"、"受"等字与否,因为动词直接在止词之后,不被起词隔开,动词的被动意味就浓厚多了。

文言里的另一句法,表示被动之意的,是应用

止词——(为)起词——(所)动词。

的公式。这里的"为"字原来应该认作一个"系词"(见5.4),上面的分析只是权宜的说法。例如:

吾悔不用蒯通之计,乃为儿女子所诈。(史记·淮阴侯列传)

始月氏居敦煌祁连间……及为匈奴所败,乃远去。(史记·大宛列传)

羸兵为人马所蹈籍,陷泥中死者甚众。(赤壁)

也有单用“为”不用“所”的，如：

不为酒困。（论语）
身客死于秦，为天下笑。（史记·屈贾列传）
吾为多子苦。（先妣）

以上是白话和文言里表示被动的种种句法。有一点要注意，被动式的应用是很受限制的。不是每个有外动词的句子，都可以采用这些个方式。采用被动式，不外三种情况：(1)起词很泛，不是一个特定的人和物，不宜占据句首的重要位置，上面的“见侮于世”，“受制于人”等句属于此类。有些根本把起词略去的，当然更是由于这个理由。(2)随顺上下文的句法；如“见擒”一例，倘若改为“欲谒上，恐上擒之”，就不及原句一贯而下的通畅。又如“月氏”一例，倘若改为主动式“始月氏居敦煌祁连间……其后匈奴败之，乃远去”，句子的气势也便不流畅。“被围于赵”，“为人马所蹈籍”等句都属于这一类。(3)简短的指称词（如“吾”）以放在句首为宜，如“多子苦我”，“大方之家笑我”都不及原句稳定。

两成分句的词序

3.9　我们上面已经说过，好些句子并不具备起、动、止这三个成分。动词是一定有的，但起词和止词可以有一个缺一个；缺了的那个成分，或根本没有（内动词，无属动词）或虽有而以种种原因被省略。大多数这样的句子已经举过例。此地要讨论的是两种特殊的二成分句，(甲)是只有起词和动词而起词在后的，(乙)是只有动词和止词的。分别举例如下：

(甲) 女儿愁，绣房里钻出个大马猴。(红二八)

东隔壁店里午后走了一帮客。(老残)

正冲着一条宽广的大道，过来了一大群羊。(康桥)

寺踞岩顶，丛绿中隐隐出殿檐。(记翠微山)

然烛入小洞，中坐头陀象。(同)

风凄露下，走磷飞萤。(祭石曼卿文)

玉楼天半起笙歌。(顾况诗)

(乙) 殿前放着个大铁香炉，又砌着个大香池子，殿门上却拦着栅栏，不许人进去。(儿三八)

每个船上点了一个小灯笼。(老残)

树根安二巨石。(课诵图)

壁悬巨画，作烟雨溪山状。

四壁琢大小佛无数，及浮屠幡幢宝盖等种种形式。(云冈)

这两类句子，就(甲)类而论，那动词后面的名词分明是他的起词，就(乙)类而论，分明是他的止词。两类相同的一点，就是句子的头上都有一个处所词(只有"走磷飞萤"句是例外)。所以(甲)类的词序是"处——动——起"，(乙)类的词序是"处——动——止"。然而这两类句子，我们感觉是属于一个类型的。又如下面的例句，同句之内，(甲)(乙)两式混和一起，我们丝毫不感觉句式的变易，这也是一种证明(甲式的动词加"。"，乙式的动词加"·"表之)。

离门约有一箭多远，横着一道溪河，河上架着个板桥。（儿一四）

忽见马台石边站着一个人……靠马台石还放着一个竹箱儿合小小的一卷铺盖，一个包袱。（儿一八）

山坳插一城……城巅具层楼……松下凿双户……核侧出浮屠七级……近滩维一舟。（核工）

这应该如何解说呢？这个时候我们就要在起词和止词以外另找一个观念来应用，这就是“主语”。我们可以说这两类句子的动词后成分对于动词虽有起词和止词的分别，对于句子则同为主语，这就是我们的同一类型之感的由来。到了不以动作为中心的句子里，这主语的观念就更加重要了。第五章就要讨论这些句子。

第四章　叙事句:(2)补词

受词:间接式

4.1　一件事情(一个动作)往往牵涉到多方面,所以一个动词除起词止词外,还可以有各种补词代表与此事有关的人或物。补词里最重要的一种是“受事补词”,简单些称为“受词”。例如:

我姑姑前天送一枝钢笔给我。

这句里面,“姑姑”是起词,“钢笔”是止词,可是送给谁呢?送给我。“我”就是受词。含有“给与”或“告诉”等意义的动词,通常都需要有“受词”。

一句之中又有止词又有受词的时候,可以有三种表现方式:或是受词用关系词来连系,或是止词用关系词来连系,或是两个都不用关系词。上面的例句就是受词用关系词连系的例。连系受词的关系词,白话用“给”,文言用“于”。这种句式我们称为间接式。同样一个间接式,白话里还可以有好几种变化,如:

(甲)我要得到什么消息就写信给你。

《春》已经看完了,请你再寄两本巴金的小说给我。

(乙) 不妨,我教给你个法儿。(红四六)

再卖给我们两个柿子。(冰心:冬儿)

(丙) 我把这个话照实说给他,他倒也罢了。

我已经把那本字典还给我哥哥了。

(丁) 我们冬儿给我送棉袄来了。(冰心:冬儿)

二年前他父母给他娶了个媳妇。(红二一)

这八句里面,(甲)组两句的受词在止词后。(乙)组两句的受词在止词前,实际的位置和直接式(甲)相同,所差的是多一个"给"字(比较此处第一例和4.21第四例)。但这两式的止词和受词全都在动词之后,(丙)组的句子就把止词用"把"字提在动词之前,和直接式(乙)很相近了(比较此处第一例和4.22第一例)。(丁)组把止词留在动词之后,把受词提在动词之前,和"关切补词"(见下)很相近,但是不同的是受词可以改在止词之后,如(甲)组的句法,而关切补词却不能。

文言里的间接式就只能用(甲)式这一个词序,关系词用"于",例如:

天之将降大任于斯人也……(孟子)

王之臣有托其妻子于其友而之楚游者。(同)

先君之所为不与臣国而纳国乎君者……(公羊传·隐三)〔乎 = 于;上半句用直接式甲〕

直接式

4.21　受词不用关系词连系的，我们称为直接式。这里面又分为甲乙两种，直接式（甲）是受词和止词都不用关系词的，受词的位置在止词前，例如：

凭你送他什么，他一概不收。

加他几文还不卖吗？

情人许下我把红纱扇，情人许下我根白玉簪。（霓裳续谱）

你既不愿意，我教你个法儿。（红四六）〔比较上节乙组第一例〕

袭人也帮着抢白我，说了我许多不知好歹的话。（红四六）

是时曹操遗权书曰……（赤壁）

舟尾一小童，拥炉嘘火，盖供客茗饮也。（核工）

子哙不得与人燕。（孟子）

公语之故，且告之悔。（左传·隐元）

乐羊返而语功，文侯示之谤书一箧。（国策）

君不如借之道而示之不得已。（同）

4.22　受词直接动词，用关系词把止词提开的，我们称之为直接式（乙）。这个关系词，白话用"把"，文言用"以"。例如：

你可别把实话告诉他，他不安好心。〔比较上节丙组第一例〕

先以书遗操，诈云欲降。（赤壁）〔比较（甲）式“曹操遗权书”〕

天子不能以天下与人。（孟子）〔比较（甲）式“子哙”句〕

秦亦不以城予赵，赵亦终不予秦璧。（史记·蔺相如传）〔下半句用（甲）式〕

上面例句里，用“把”或“以”提开的止词，都提在动词之前，但是文言里的“以”字带止词也可以移在受词之后，例如：

投我以木瓜，报之以琼琚。（诗·卫风）

天生物而赋之以自捍自保之良能。（权利）

贻人以口实；予人以难堪。

这一式省去“以”字就变成（甲）式了。

受词和止词

4.3　从上面直接间接各式例子看来，受词和动词的关系相当密切，简直有点像是止词。“我姑姑送一支钢笔给我”，送的动作起于“姑姑”，止于“钢笔”，可是没有完全停止，拐个弯儿又到了我的身上，“我”也可算是止词不是？在直接式（甲）里，止词和受词都不用关系词，而且受词还和动词更接近。再拿直接式（乙）来说，受词可以直接动词，止词反而要用关系词连结，格外显得受词和动词的关系更密切似的。

此外还有一点可以注意：有些句子里省去止词，只留受词，受词就很像止词。我们可以比较下列各例：

你要我教你，我就教你。〔当然也可以说“教给你”。〕

得饶人处且饶人（仅有受词）；饶他一顿板子（兼有止词）；饶命（仅有止词）。

敢告叔父（仅有受词）；且告之悔（兼有止词）；卫人来告乱（仅有止词）。（皆左传）

因此，有些文法书上把受词也认为一种止词，把止词和受词合称“双宾语”。

照上面所举各例，已有直接间接三式，而每一式内还有变化（如“给……”可以有三个位置；“以……”可以有两个位置；“以”字后面的止词可以省略，见4.8）。这些句法往往可以交换，例句里已经指出几处，此外还可以自己试验。但是我们务必要记住：不是每句都可以任意变化的。这里有两个关键：

第一，在直接式（甲）里假如止词和受词字数有多寡之分，总是字数少的在前，因此三身指称词作受词自然常在止词前。

第二，是动词的性质，例如“教”字在文言里决不能采用“教（止）于（受）”（间接式），“示”字也是这样。不同的动词有不同的用法，可以根据这个再分小类。

第二类受词

4.41　上节的例句里的动词是含有"给、与"或"教、示"等意义的,在这些句子里面,受词从起词那儿得到点儿什么。和上面那些意义相反,即有"夺、取"或"学、问"等义的动词后面也可以跟一类补词,这类补词和起词的关系恰恰和普通受词相反:不是补词因这个动作而有所失,就是起词因此而有所得。这一类补词假如要另外起个名目,可以称为"反受词",为简单起见,也可以仍称受词。一部分这类受词取直接式,例如:

到底他前后借过你多少钱,现在还欠你多少钱?

谁要犯了,就罚他二十两银子的东道。(红二四)

不知赚了我们多少东西。(红五九)

牵牛以蹊人之田,而夺之牛。(左传·宣一一)

珍兄之臂而夺之食。(孟子·告子下)

欲见贤人而不以其道,犹欲其入而闭之门也。(孟子)

晋饥,秦输之粟;秦饥,晋闭之籴。(左传)〔"输之粟"的"之"是第一类受词〕

一夫不耕,或受之饥;一女不织,或受之寒。(汉书·食货志·贾谊论积贮疏)

4.42　但另有一部分只能用间接式。白话里常用的关系词是"和","跟"等等,和"交与补词"所用的一样,所以在白话里这些受

词未始不可归入交与补词一类。例如:

叫我和老太太讨去……就怕老太太不给。(红四六)

我跟人一打听,才知道走错了路。

紫鹃欲向侍书打听消息。(红九〇)

这可是"仓老鼠问老鸹去借粮",守着的没有,飞着的倒有?(红六一)

文言在这儿用的关系词,却和第一类受词一样,用"于"字,如:

是犹弟子而耻受命于先师也。(孟子)

子之不得受燕于子哙。(同)

孔子适周,将问礼于老子。(史记·老子传)

请奉命求救于孙将军。(赤壁)

假绘术书于朋友而读之。(有恒)

布氏初学于乡之画工。(同)

有省去"于"字的:

巨闻之胡龁。(孟子)

叩之寺僧,则史公可法也。(左公逸事)

也有用"从"字的,和白话的"从"字意思全不相同。例:

从昆弟假贷,犹足为生,何至自苦如此?(史记·司马相如传)

关切补词

4.51　关切补词代表与一事有利害关系的人物(物件极少见)。就是起词对于补词有一种“服务”的关系。普通是补词因句中动作而有利的,因此在意义上和第一类受词很接近,并且在白话里,表现的形式也很相近,同用“给”字作关系词。如:

> 你画个画儿给我,我就给你磨墨。
> 请你给我看着坐位,我去买两个橘子。
> 这是我给你们打算的万无一失的一条出路。(儿三八)

“给……”有时只有“顺某人之意而为之”的意思,这也是关切补词,例如:

> 快给我进来罢,外面风大得很。

4.52　关切补词也有因句子里的动作而蒙不利的,犹如受词之有第二类一样。这样的例子如:

> 你再这样给我到处宣传,我可不答应你。
> 待要不接,又怕给他掉在地下,惹出事来。(儿三八)
> 他自己说,她要把博士与教授的尊严一齐给他毁掉了。(老舍:牺牲)

4.53　还有一些句子里表示起词替代补词去作一件事,这当然也是一种"服务",所以那个补词也可以算在关切补词里头。这里所用关系词原来多用"替",但现代北方话里用"给"的也不少,本来在意义方面这两类就不容易分(所以方言里有凡是关切补词都用"替"的)。例句:

你若见了三妹妹,替我问候一声罢。(红八九)〔现在也可以说"给"〕

大娘只管留下罢;我娘不应,我替他老人家应了。(儿二四)

结结实实的替我给他写一封书子。(儿三)〔这儿倘若不因为底下有"给他"(受词),也未尝不可说"给"〕

这些"给……"或"替……"不能移在动词(或止词)之后,这就是关切补词和受词不同之处。在文言里这个区别更容易看出,因为用的关系词不同。

4.54　连结关切补词的关系词,文言用"为",例如:

善为我辞焉。(论语)

为长者折枝。(孟子)

为之驾,比门下之车客。(冯谖)

谁习计会,能为文收责于薛者乎?(同)

当横行天下,为汉家除残去秽。(赤壁)

今为君计,莫若遣腹心自结于东。(同)

故为之文以志(柳记)。("文"动词)

姑慰之曰:天方雨,雨止,为母访之。(杜环)

有时补词省略了，只留一个“为”字，例如：

先生不羞，乃有意欲为收责于薛乎？（冯谖）〔比较上面“谁习计会”句〕

巫行视人家女好者……则娉取洗沐之，为治新缯绮縠衣……为治斋宫河上……为具牛酒饭食。（西门豹）

即解貂覆生，为掩户。（左忠毅公逸事）

余思粥，担者即为买米煮之。（记趣）

“为”字还有连系“目的补词”及“原因补词”的功用，以后另有讨论。

交与补词

4.6　交与补词代表和起词共同动作的人物。受词和关切补词虽然不能说是置身事外，可并没有积极行动，而交与补词却是积极参加动作的。无论文言或白话，都把这类补词放在动词前，都应用普通表示联合关系的关系词，白话用“和”或“跟”，文言用“与”。分别举例，先是白话的：

你爱和那个姐姐、妹妹、哥哥、嫂子顽，就和那个顽。（红二〇）

有一件为难的事……我不得主意，先和你商议。（红四六）

你跟我们说话，少用那些酸字眼儿。

他跟我们定了合同的,他不能依时完工,我们可以跟他打官司。

文言的例:

与其妾讪其良人,而相泣于中庭。(孟子)
遂与外人间隔。(桃源)
与曹操共争天下。(赤壁)
则清冷之状与目谋,漕漕之声与耳谋。(柳记)

这类补词也可以省去,单留个"与"字,如:

则宜抚安,与结盟好。(赤壁)〔"抚安"下亦省止词〕
北平陈子灿省兄河南,与遇宋将军家。(铁椎)
客不得已,与偕行。(铁椎)

凭借补词

4.71 这一类补词和以上几种又不同,指人为少,指物为多,是代表赖以完成动作的事物。这类补词的关系词文言用"以",白话用"用"、"拿"、"凭"等等。最具体最容易明了的凭借补词是工具之类,如:

两个人见了面,只得用浮言劝慰,真真是亲极反疏了。

（红八九）

你拿毛笔写，我拿钢笔写，看谁先写完。

在文言里，凭借补词的位置可以在动词前，也可以在动词后，动词前的例：

以白纸糊窗。（记趣）

迨以手扪之，始知其为壁也画也。（巴黎油画）

动词后的例：

杀人以梃与刃，有以异乎？（孟子）

楚子弗从；临之以兵，惧而从之。（左传）

二牛并峙，互相注视良久，乃前斗，斗以角，乘间抵隙，各施其巧。（斗牛）

4.72　比较抽象一点的，就是"使用"之意少，而"凭借"之意多了，如：

就凭你那阵花言巧语，就能说服他吗？

以坚毅不挠之精神与民贼相搏。（黄花冈）

久之，能以足音辨人。（项脊）

苟遇强迫，拒之以死，彼强迫亦无所用。（说自由）

4.73　再引申便有凭了某种标准的意，大部分的"以"字有

“依”字的意义，白话里便索性用“依”，例如：

事情要依次序做，不要乱。

这些书可以照大小分三排。

余船以次俱进。(赤壁)

大小石窟以数百计。(云冈)

自环以下皆以母事之。(杜环)

而以余所闻，或死或遁，不以姓名里居示人者颇多。(画网巾先生传)

“以”字又用作原因补词的连系词，另有讨论。

“以”字的省略、“以”字前后的省略

4.81 文言里连系补词的关系词最重要的是“于”、“以”、“为”、“与”四字。这里面，“为”字和“与”字后面的补词往往因见于上文而省去(我们可以说是省去一个“之”字)，上面4.54和4.6两节已经有例。“于”字后面的补词不能省去(“于之”可以用“焉”字来代)，但是“于”字本身却常常省去(例见十二章)。只有“以”字，有时可以本身省去，有时可以省去后面的补词，有时还可以省去“以……”前面的字，分别说明如后。因有受词而用“以”字连系止词时(4.2)，止词的地位和补词相同，现在也合并在此举例。

4.82 省去“以”字的例甚多，有许多作动词的加语用的名词(2.52)可以在前面加一“以”字，如：

乃效女儿呫嗫耳语。(史记·魏其传)

目挑心招,出不远千里,不择老少者,奔富厚也。(史记·货殖列传)

好读书,或手自抄写。(晋书·纪瞻传)

群臣后应者,臣请剑斩之。(汉书·霍光传)

又如:

陈人使妇人饮之酒。(左传)

客闻之,请买其方百金。(庄子)

以蓝手巾裹头,足缠白布。(铁椎)

第三例上下两小句,构造不同,若互换句法,作"头裹蓝手巾,以白布缠足",也是可以的。

又4.21所说直接式(甲),也可以作为省去"以"字看,如"示之谤书一箧",也未尝不可以作"示之以谤书一箧"。

4.83　略"以"字后补词(或止词),可以说是省用一个"之"字。如:

民所上书皆以与相国。(史记·萧相国世家)

陈胜起山东,使者以闻。(史记·叔孙通列传)

古之为关也,将以御暴;今之为关也,将以为暴。(孟子)

以攻则取,以守则固,以战则胜。(论积贮疏)

贫者自南海还,以告富者。(为学)

以四事相规，聊以答诸生之意。（示龙场诸生）

4.84　因有“以……”而省去上面的止词（也可以说是省“之”字）。上文3.4已有几个例，余如：

乃合父老子弟，刑牲而盟，授以器，申以约，课以耰耝，齐以步伐，导以和睦。（守望社题词）

有食瓜者，见孝子立于侧，与以余，持之去。（哑孝子）

余告以故，众咸叹服。（记趣）

其畜牛也，卧以青丝帐，食以白米饭，酿最好之酒以饮之。（斗牛）

文采双鸳鸯，裁为合欢被，著以长相思，缘以结不解。（古诗）

无论省“以”字或省“之”字，都不完全是为求简洁，也为的求整齐。拿“临之以兵”，“余告以故”，“公语之故”这三句一比较，第一句用“之以”二字，第二句留“以”去“之”，第三句留“之”去“以”，都无非要以四字成句，就知道求整齐也是很重要的一个动机了。又如《汉书·东方朔传》有一句“失之毫厘，差以千里”，现在通作“差以毫厘，失之千里”（如“理性与迷信”篇所用），全式应是“失之以毫厘，差之以千里”，也是一省“之”字，一省“以”字，凑成两个整齐的四字句。

“以”字的位置

4.85　“以”字又可以位于补词之后，如：

礼以行之，逊以出之，信以成之。（论语）〔=以礼行之……〕

楚国方城以为城，汉水以为池。（左传）

其有不合者，仰而思之，夜以继日。（孟子）〔=以夜继日〕

勤以补拙，俭以养廉。

老母在，政身未敢以许人也。（史记·刺客列传）

当其时惟一死以伸吾志耳。（费宫人传）

按照文言的习惯，普通的补词（即非“所”、“何”等字）通常放在关系词之后，所以上面的例句值得注意。这六句的情形不一样，前四句只能说是“变次”，第五第六两句可以说是先有一个停顿，“以”字下省一“之”字，作为

政〔之〕身，未敢以〔之〕许人也。

当其时，惟〔有〕一死，以〔之〕伸吾志耳。

照这个看法，就和上面4.83的省略句法相似了。

有一种句法，把“以”字插在两个动词之间，表示前一动作以后一动作为目的（见21.72），似乎就可以用上面的构造来说明。如上面4.84“酿最好之酒以饮之”这个小句，就可以解为“酿最好之酒，以之饮之”。

补词总说

4.91　除了上面所说几种补词以外，还有方所补词，方面补词，时间补词，原因补词，目的补词，比较补词等等，留着在下卷适当的章节讨论。

我们现在可以说一说到底补词是个什么。拿叙事句来说，既是叙述一件事情，句子的重心就在那个动词上，此外凡动作之所由起，所于止，以及所关涉的各方面，都是补充这个动词把句子的意义说明白，都可称为“补词”。所以起词也可以称为“起事补词”，止词也可以称为“止事补词”，受词也可以称为“受事补词”。可是所有的补词和动词的关系并非同样密切，起词和动词的关系最密切，止词次之，其他补词又次之，如时间补词及方所补词和动词的关系就疏得很，有它不嫌多，无它不嫌少。但是如果没有起词，那个动词就悬在半空，代表很抽象的概念，不成一个具体的动作了。止词有时候也有同样的重要，所以我们才把它们另外提出来，不和其余补词一律看待。

4.92　不但动词可以有补词，形容词也可以有补词。例如：

> 民勇于公战，怯于私斗。（史记·商君列传）

这里的“公战”和“私斗”便是“勇”和“怯”的补词，表示在哪方面勇，哪方面怯。形容词的补词多半是“方面补词”和“比较补词”。

第五章　表态句，判断句，有无句

句的种类；主语，谓语

5.1　叙事句只是句子的一种，虽然是最常用的一种。此外还有三种句子：

表态句。——记述事物的性质或状态，如：

天高，地厚。

月白，风清。

判断句。——解释事物的涵义或判辨事物的同异，如：

项脊轩，旧南阁子也。

鲸鱼非鱼。

有无句。——表明事物的有无，如：

蜀之鄙有二僧。

我有嘉宾。

在表态句和大多数判断句里，通常不用动词。假如有动词，不是性质异常特别（如“是”、“非”），就是用来和形容词一样（一部分表态句里如此，见下）。因为这两类句子的中心不是一个动词，就不适用“起词”、“止词”这两个名称。说明这些句子的时候，我们需要别种名目。这些句子都可以分成两个部分，一个“什么”（如“项脊轩”、“天”、“地”），另一个“什么”或“怎么样”（如“南阁子”、“高”、“厚”）。我们把前者称做“主语”，后者称为“谓语”。其实最好一个称“句头”，一个称“句身”，不过主语和谓语这两个名称现在已经通用，我们也就沿用这两个名称。

叙事句里也可以区分这两个部分。但是主语不一定就是起词。如3.9节里（甲）（乙）两类句子，动词后的名词，对于动词说，一是起词，一是止词，但就句子说，同是主语。又如3.8里的句式，也是拿止词做主语的；3.62里的例句也可以说那前置的止词是句的主语，像4.85节“老母在，政身来敢以许人也”这句，就是拿关系词后的补词做主语的。

有无句的分析留着在以后讨论。

表态句

5.21　典型的表态句用形容词做谓语，如：

> 山清，水秀；柳暗，花明。
> 溪深而鱼肥；泉香而酒冽。（醉翁亭记）

其声呜呜然；余音嫋嫋。（赤壁赋）

其色惨淡；其容清明；其气栗冽；其意萧条。（秋声赋）

5.22　有时用名词做谓语，这些名词在此处表示一种性质或状态，作用和形容词相同。如：

信如君不君，臣不臣，父不父，子不子，虽有粟，吾得而食诸？（论语）

觚不觚。觚哉！觚哉！（论语）

这是文言里的特别用法，用白话说，就是“君不成个君”，“国不成个国”，句法变了。

5.23　有时谓语是个词组（往往已经成为复词），如：

他本来很热心，可是今天有点儿不高兴。

你这个人呀，怎么这样贫嘴！

高祖为人，隆准而龙颜，美须髯。（史记·高祖本纪）

且是人也，蜂目而豺声，忍人也。（左传）

其不能发达者，乡里作恶，小头锐面，更不可当。（郑书）

5.24　有时谓语本身是个表态句。如：

小孩子家，不嘴懒脚嫩就好。（红九〇）

中国地大物博。

四人从太子，年皆八十余，发眉皓白，衣冠甚伟。（史记·

留侯世家）

5.25　甚至是一个叙事句，如：

院子里那棵桂花清香扑鼻。

但是我从吃早饭后到此时水米没沾唇，我可饿不起了。（儿九）

相如因持璧，却立倚柱，怒发上冲冠。（史记·廉蔺列传）

5.26　表态句里的正常词序是先主语，后谓语。倒过来的有赞叹语气，如：

静极了，这朝来水溶溶的大道。（康桥）

快哉，此风！（宋玉：风赋）

动作和状态

5.31　动作和状态是两回事，但不是渺不相关的两回事，事实上是息息相通的。我们现在来看看它们的关系。

（甲）动作完成就变成状态。因此凡是叙事句的动词含有“已成”的意味的，都兼有表态的性质。最明显的是被动意义的动词，换句话说，就是这类表态句的主语是动词的止点（止词）。例如3.83节的一个例句“兵破于陈涉，地夺于刘氏”，假如把“于陈涉”和“于刘氏”省了，只剩下“兵破，地夺”，就成了一种表态句，“破”

是“兵”的状态，“夺”是“地”的状态；这就和史记屈贾列传的“兵挫，地削”的句法一样了。别的例子：

房子呢，卖了；衣服呢，当了。

恩断义绝。

言听，计用。（史记·淮阴侯列传）

农事伤，则饥之本也，女红害，则寒之源也。（汉景帝诏）

（乙）非被动意义的内动词，只要有“完成”的意味，也就近似表态句的谓语，例如：

大势去矣。

水落，石出。

嘉木立，美竹露，奇石显。（柳记）

（丙）还有，假如一个动作连绵下去，也就成为一种状态，如：

雨里一个人立着，不声不响的，也在颤着。（朱自清：秋）

见所制蜡人……或立，或卧，或坐，或俯，或笑，或哭……骤视之，无不惊为生人者。（巴黎油画）

5.32　（丁）同样，形容词做表态谓语，有时不是表示一种无始无终的一瞬间的状态，而是表示一种状态的开始，或是表示一种状态的完成，于是这个形容词也就带有动作的意味。状态开始的例：

说到这里,声音渐渐低了下去,一回儿忽然高了起来。

一到十月,这些树叶便红了起来。

（戊）状态完成的例:

老夫耄矣,无能为也。(左传)

故闻伯夷之风者,顽夫廉,懦夫有立志;闻柳下惠之风者,鄙夫宽,薄夫敦。(孟子)

5.33 （己）从上面的例句看来,许多内动词可以用来像形容词,同时许多形容词可以用来像内动词。而且有好些个字仿佛兼有内动词和形容词的性质,例如“枯”、“朽”、“烂”、“熟”、“饥”、“饱”、“醒”、“醉”等字,用作加语的时候,形容词的性质就明显些,用作谓语的时候就很难断定。例如:

加语	谓语
朽木不可雕也。	死且不朽。
熟铁,熟纸。	瓜熟蒂落。
饥肠辘辘。	臣朔饥欲死。
醉汉。	不醉无归。

这一类字在词类有形式分别的语言里常有一对形式来分别表示形容词和动词,有时由形容词孳生动词,如英语之 ripe 变 ripen(熟),有时由动词孳生形容词,如英语的 rot 变 rotten(朽)。汉语没有形式区别,这类字的归类就有些困难。

另有一类字,表示心理变化的,如“喜”、“怒”、“哀”、“乐”等等,在汉语里,应该认为动词。但如用英语一比较,就可以知道这些字也很有形容词的意味。(英语的 glad, angry, sorry, happy 等字都是形容词。)

5.34　(庚)一种动作没有实际出现,只是一种可能实现的事情,那么也就成为一种性质。所以动词前加“可”、“足”等字或在后面加“得”字(白话),作用和形容词相同。例如:

可怜,可爱,可喜,可恨,可恶,可耻,可悲,可念,可笑,可恼,可怪,可怕,可惜,可叹,可为,可观,可取,可靠。

可溶性;不可分性;可逆反应。

士可杀,不可辱。

黄金可成,而河决可塞;不死之药可得,而仙人可致也。(史记·封禅书)

呜呼,身前既不可想,身后又不可知。(祭妹文)

抑为采色不足视于目欤?声音不足听于耳欤?便辟不足使令于前欤?(孟子)

这匹马骑得;这种鞋穿得;这本书还看得;这个房子住得。

这杯酒可喝不得;这个话信不得;这张票子使不得;这条道儿走不得。

这类句子的主语,在意义上多数是后面的动词的止词,所以这些动词也含有被动意味。“可……”是可能实现的动作所构成的状态(或性质),“……了”便是已经实现的动作所构成的状态。如上面封禅书的例子,假如去了“可”字,成为黄金成而河决塞,不死之药得而仙人致(或至)。

就和5.31(甲)(乙)两类的句子同式了。

5.35 以上所举各项例句,足够表示动作和状态的相关。这些例句的谓语都可以说是兼有叙事和表态的两种作用。然则这些句子算叙事句呢,表态句呢?似乎算是表态句好些,但要说是叙事句也未尝不可。古人诗文里常常把各类谓语错杂起来用,我们虽然不能因此就断定他们没有分别,却也可见在我们的语言心理中这种种谓语具有某种共同的性质。略举数例:

物格而后知至,知至而后意诚,意诚而后心正,心正而后身
甲　乙　乙　戊　戊　戊　戊

修,身修而后家齐,家齐而后国治,国治而后天下平。(大学)
甲　甲　戊　戊　甲　甲　戊

"诚"、"正"、"齐"、"平"四字,本义是形容词,但前三字在原文的上句已用作动词(诚其意……),所以此处这几个字不是表示固有状态(如"居心不正","天下太平"),而是表示完成的状态。"物格"、"身修"、"国治"的谓语都是被动性的外动词。"知至"的"至"却是内动字,原文上句的"致知"的"致"字是致动类的外动词(见7.42)。

狡兔死,良狗烹;飞鸟尽,良弓藏;敌国破,谋臣亡。(史记·
乙　甲　戊　甲　甲　乙

淮阴侯列传)

国破山河在，城春草木深。（杜甫）
　甲　　乙（名）　　（形）

凤去台空江自流。（李白）
　乙　戊　　丙

判断句

5.41　在基本式判断句里，主语和谓语都是名词或指称词。构成一个判断句，白话里必须在主语和谓语的中间加一个系词"是"（否定用"不是"）。文言里，肯定的句子可以用连系词，可以不用；否定的句子非用连系词"非"字不可。肯定句所用连系词有三类：(1)"为"，(2)"乃"、"即"等，(3)"者"（主语后）、"也"（谓语后）。这三类可以单用，也可以合用。但是这些字没有一个是纯粹的系词，可以和白话的"是"字相比——"为"字多少带有普通动词的性质，他的意义有时近于"是"，有时近于"做"；"乃"、"即"都是限制词，意义和白话的"就是"相近；"者"、"也"，更不用说，是语气词——不过这些字用在判断句里都有连系的作用罢了。

判断句有两个用处，一是解释事物的涵义，二是申辩事物的是非。这两个作用是相通的，比如我说"马是一种动物"，我是解释"马"的涵义，但是马既是动物，当然就不是植物了。不过我说"马是一种动物"的时候，并不注重后面的那个意思，假如我注重后面那个意思，我就得把"是"字说得重些，或干脆说"马不是植物"。所以凡否定的判断句都是申辩是非的，肯定的判断句却可以有解释和申辩两种作用。

5.42　解释性的判断句主要的用途是传记式句子，说明某人

是什么人,或注释式句子,说明某物即某物,举例如下:

长江是中国第一大水。

陈婴者,故东阳令史。(史记·项羽本纪)

天下者,高祖天下。(史记·魏其传)

南阳刘子骥,高尚士也。(桃源)

子瑜者,亮兄瑾也。(赤壁)

淑静者,大姊也。(先妣)

“仁”者,“人”也。

吕公女乃吕后也。(史记·高祖本纪)

梁父即楚将项燕。(史记·项羽本纪)

桀溺曰:“子为谁?”曰:“为仲由。”(论语)

尔为尔,我为我。(孟子)

船头坐三人,中峨冠而多髯者为东坡。(核舟)

以上例句里可以看到各种连系词或分或合的应用。

5.43 再说申辩性的判断句。上面已经说过,凡否定的判断句都有申辩的作用,如:

春天不是秋天,可是春天里可以有两天像秋天。

鲸非鱼也,而其形类鱼;蝠非鸟也,而其状类鸟。

惠子曰:“子非鱼,安知鱼之乐?”庄子曰:“子非我,安知我不知鱼之乐?”(庄子)

肯定的判断句也有带申辩口气的,尤其是拿指称词做主语的,如:

我子瑜友也。（赤壁）

鲁肃对诸葛亮说："我子瑜友也"，等于说"我不是外人，是令兄的朋友啊"。

此外，"此"、"是"、"这"等字做主语，也多数有申辩的作用，如：

这是纪念邮票。
无伤也，是乃仁术也。（孟子）
是造物者之无尽藏也。（前赋）
此国之大事也；臣驽下，恐不足任使。（史记·刺客列传）
乃歌夫长铗归来者也。（冯谖）〔主语"此"省〕

第一句"这是纪念邮票"，含有"不是普通邮票"的意思。第二句，孟子对齐宣王说，"没关系啊，你这件事情确是仁术啊。"第三句的上文有"天地之间物各有主"的话，然后说到清风明月，接上所引的一句，有"这可不是谁的私囊了"的口气。第四句等于说"这不是小事啊"。第五句"这不是别人，就是那位弹剑把子的朋友啊"。

假如叠用肯定句和否定句，那个肯定句的申辩口气也就特别清楚，例如：

这是红土啊，哪里是什么朱砂！
此天之亡我，非战之罪也。（史记·项羽本纪）
故王之不王，非挟太山以超北海之类也；王之不王，是折

技之类也。(孟子)

文言里这一类“是”字,虽然和“非”用在上下句里,也仍然是指称词,和“此”字相同,不是连系词。但白话的系词“是”字就是从这个“是”字化出来的。(参阅王力《中国文法中的系词》,载清华学报十二卷一期。)

5.44　白话里有一类判断句,在整个一句话的头上用一个“是”字来肯定,或用“不是”来否定,也有正反叠用的,如:

是我疏忽了,请你原谅。
不是我挑眼儿,你看这也叫做墨吗?
不是我不想来,是事情多分不开身啊。

这类句子就是从文言里“此……”,“此非……也”的句法脱化来的,不过省去指称的主语了。

准判断句

5.51　上节所说是真正的判断句。另有一类句子,地位在判断句与叙事句之间,所用的动词,性质在普通动词与纯粹系词(白话的“是”,文言的“非”)之间。我们称这类句子为“准判断句”,这几个动词为“准系词”。准系词有以下几类。

“作为”义。——“为”字已见上节,但下面的“为”字在白话里不能说做“是”,只能说做“做”,所以只算是准系词。例如:

是当为河伯妇。(西门豹)

山树为盖，岩石为屏。(冷泉亭记)

轩东故尝为厨。(项脊)

白话的“做”，有时也可以认为准系词，但“做”字的动词力量似乎又比“为”字强些。

5.52　“变化”义。——这一类动词如“化”、“成”、“变”等，本是普通动词，但是他们常和“为”字合用，我们不妨把“化为”、“变为”乃至“化成”等词认为准系词。例如：

仲春之月……鹰化为鸠。(礼记·月令)

丝体变为缕体，缕体即是丝体。(范缜：神灭论)

有三奇树，鼎足立，忽至半空凝合为一。(峡江寺飞泉亭记)

拔剑斩蛇。蛇分为二，道开。(汉书·高帝纪)

有时单用“为”字也有变化的意思，如：

高岸为谷，深谷为陵。(诗·小雅)

季夏之月……腐草为萤。(礼记·月令)

橘逾淮而北为枳。(周礼·考工记)

踞地即为小儿，执杖即成林木。(抱朴子)

5.53　“称谓”义。——“谓”字本是外动词，但有一种特别用法，如：

宫中之门谓之闱，其小者谓之闺，小闺谓之阁。（尔雅）

这些句子省略起词，止词在前成为主语。如果把"之"字再省去，"谓"字即有被动意义，也就有了近乎系词的性质。"曰"字也有近似的用法。例如：

醉而不出，是谓伐德。（诗·小雅）〔伐，悖也〕。

太守谓谁？庐陵欧阳修也。（醉翁亭记）

室有东西厢曰庙，无东西厢有室曰寝，无室曰榭，四方而高曰台，陕而修曲曰楼。（尔雅）

五行：一曰水，二曰火，三曰木，四曰金，五曰土。（书·洪范）

林觉民字意洞，号抖飞，又号天外生，闽之闽县人。（林觉民）

上面例句在白话里有时用"叫做"，有时就简直用"是"字，如：

喝醉了还不走，这就叫做没道理。

第一是水，第二是火……

5.54　"犹若"义。——"犹"、"如"等字本是普通动词，"同"本是形容词，但有时用来很像系词，所以也不妨列入准系词。如：

"曰"犹"为"也，"谓之"也……家大人曰："谓"犹"为"也。（经传释词）

兵犹火也；弗戢，将自焚也。（左传）

名词如“天”、“地”，动词如“来”、“去”。
“亻”同“人”；“刂”同“刀”；“忄”同“心”。

如“曹公，豺虎也”是正式的判断句，但是这句里面实有比喻之意，无妨加一“犹”字，“曹公犹豺虎也。”又如“以为无益而舍之者，不耘苗者也；助之长者，揠苗者也。”（孟子），这在形式上是无疑问的判断句，但是也含有“犹如”的意思。所以我们把“犹若”义的句子归在准判断句内。但“犹”、“如”等字连结两个词结时，如“人之视己，如见其肺肝然”等句，可以认为关系词。

有无句

5.61 有无句可分两类：有起词的和没有起词的。先说：（甲）无起词的有无句。例如：

你老可要我作甚么呀？有跑堂儿的呢。（儿四）
你走罢，没你的事。
岂有此理！
有人于此。

这一类有无句单纯表示事物的存在，也可以称为“存在句”。这些句子里面的“理”、“人”等词，是“有”的起词呢，还是它的止词呢？是止词。何以见得？假如我问：“有此言乎？”你可以回答“有之”，这个“之”字照例只当止词用，这是一个证据。又如说“所有的书”，这个“所”字照例也只指示下面的名词原来是止词或补词（见6.6），这又是一个证据。所以我们不必模仿英语，把这些词当作起词，但是就这种无起词的句式而论，却不妨当作句子的主语。

这些止词，有时可以倒在“有”字之前，如：

晚饭有了，可送不送？（红五八）

只怕逛腻了的日子还有呢。（红六〇）

苗而不秀者有矣夫，秀而不实者有矣夫。（论语）

可是仍然不能认为“有”的起词。文言里通常要在“有”字后面补一个“之”字，这就表示那个名词虽然用作句子的主语，可是对于“有”字还是个止词。例如：

苗而不秀者有之，秀而不实者亦有之。

甚且身死而父母兄弟妻子不免冻馁者亦有之。（林觉民）

“无之”不很用，大率用“未之有”。例如：

其家不可教而能教人者，无之。（大学）

不好犯上而好作乱者，未之有也。（论语）

所藏乎身不恕，而能喻诸人者，未之有也。（大学）

5.62　其次，我们要谈谈有起词的有无句。有无句里的起词，按性质可以分为三类：时地性的，分母性的，领属性的。

（乙）时地性起词的有无句——很多有无句是拿方所词做起词

的，例如：

蜀之鄙有二僧。（为学）
座上有健啖客。（铁椎）
此地有崇山峻岭，茂林修竹。（兰亭集序）
北冥有鱼，其名为鲲。（庄子）

这些“蜀之鄙”之类的词语，意义上是“方所补词”，表示事物存在于何处。“有人于此”的“于此”，位置在“有”字之后，显然是补词。“于传有之”（孟子），“于我心有戚戚焉”（孟子），这两句里的补词就移在“有”字之前，但是还有一个“于”字表示他们的性质，假如删去这个“于”字（例如“传有之”），就变成“蜀之鄙有二僧”的句法了。

但是“蜀之鄙”之类的词语既然占据了起词的位置，又可以和“我有嘉宾”〔（丁）类有无句；这里面的“我”字公认为“有”的起词〕式的句子混列在一起，如：

庖有肥肉，厩有肥马，民有饥色，野有饿莩。（孟子）

这里一、二、四这三小句是“蜀之鄙有二僧”一类，“民有饥色”是“我有嘉宾”一类，但是四句联立得很调和，可以推见他们确是同一类型。因此我们无妨把“蜀之鄙”也认做起词，或称为“准起词”，和（丁）类的起词分别。有了方所性准起词以后，间或把“有”字省去，如：

户内一僧……对林一小陀……舟尾一小童。（核工）

时间词有时也可以做准起词，如：

一九三一年有一次大水灾。

盖上世尝有不葬其亲者。（孟子）

5.63　（丙）分母性起词的有无句。——又有两小类。第一类的例：

船有两种，普通坐的都是乌篷船，白篷的大抵作航船用。（叶绍钧：乌篷船）

不孝有三，无后为大。（孟子）

玫瑰花有红的，有白的。

这种句子用来列举事物的种类；普通在下面逐一说明，但也有接着只说意思所在的一种的，如第二句。这类句子的起词也是假性的，我们可以把他取销，改为“有两种船”，“有三种不孝”，“有红的玫瑰，有白的玫瑰”等，就和（甲）类句法相同了。

还有一类是只就一类人或物的一个或一部分说话，不理会别的，例如：

宋人有闵其苗之不长而揠之者。（孟子）

客有吹洞箫者，倚歌而和之。（赤壁赋）

京绥铁路既辟，中外旅行家渐有齿及斯窟者。（云冈）

这类句子的起词的形式有点儿近似方所性起词,“宋人”、“客”这些词的底下都可以加“之中”两字。但是骨子里是不同的,因为这里的起词并不代表另一概念,他和止词是一而二,二而一的,揠苗助长者就是宋人,吹洞箫者就是客。虽然宋人等所指甚广,其实作者只就着其中一人或一部分人有话说。这是文言里常用的句法,白话里就干脆说“有一个宋人……”“有一个客人……”“才有些旅行家……”,就和前面的(甲)类句法相同。第一句也可以说成“宋国有个人……”,就是(乙)类的句法。

5.64　(丁)领属性起词的有无句。——这就指“我有一本书”等等句子。很有人认为这一类句子里的“有”表所有权,是普通动词,另外那些“有”表存在,只能称为“同动词”,意思就是“准动词”。这个话有一部分真理,“我有一本书”的“有”和“蜀之鄙有二僧”的“有”确是有点儿两样,可是我们也不要把它们当中的距离看得太大。也有些句子仿佛可以两属,例如“村有村长,乡有乡长”,“此书有序有跋”。“村有村长”可以解为一村之中有一人为长,也可以解为村长为村所有,属于此村。

真正只表示“存在”而不参加别的概念的,只有上面的(甲)类和(丙)类。(乙)类例句除表示一人一物的存在外,兼表示此人此物与某地某时有关系,例如“蜀之鄙有二僧”,表示两个和尚的存在,同时表示这两个和尚跟四川地方有关系。而(丁)类的句子,也无非表示事物的存在,同时表示此物与某人有关系而已;例如“我有一本书”,同时表示两件事,一是表示有一本书存在,其次是此书与一个人(我)有关系。这种关系通常称为“领属关系”,其实这个关系也是很活动的。“我有一个朋友”和“我有一个敌人”,

我们能说我跟这两个人的关系相同吗？“我有一块钱”，这块钱可以随我怎样化；“我有一个哥哥”，我可不能随便处置他。“上星期我有一封信，收到没有？”这封信是我写的；“我有信没有？”这是人家写给我的。

第六章　句子和词组的转换

表态句和形容性加语

6.1　我们在第二章里讨论过，词和词的配合，可以有组合关系（即附加关系），结果是“词组”，又可以有结合关系（即造句关系），结果是“词结”，独立的词结就是“句子”。由此可见词组和句子的分别是配合的方式不同，并不是说词组里头包含的意义一定比句子少些。比如

我前天在少城公园无意之中遇到的那位北京来的朋友。

虽然包含许多概念，只是一个词组；而

山高；水深；人来；客去。

却是四个句子，虽然每句只包含两个概念。

大概说来，相同的几个概念，可以配合成句子，也可以配合成词组；所以一句现成的句子大概可以改换成一个词组；大多数的词组也可以改换成句子。例如上面的那个词组，可以改成

我前天在少城公园无意之中遇到一位北京来的朋友。

这就成了句子了。又如那四个短句,如改成

高山;深水;来的人;去的客。

便都成了词组。本章就要讨论这种转换关系。可是句子和词组虽然可以转换,却不可误会他们的作用相同。无论怎样复杂的词组,他的作用只等于一个词;造句的时候,他只能做句的一个成分。

同时我们也可以借此考查一下一个词组的加语和端语之间的关系。这个关系有时隐藏在内,有时用“的”或“之”来表示。我们在第二章里只泛概的称这种关系为“附加关系”,其实这个隐藏着的,或由“的”或“之”表示的关系并不单纯,“附加关系”只是从形式方面着眼的一个总名称而已。

我们拿上面的两个例子来看:“高山”,“深水”这两个词组里的加语都是形容词,我们称之为“形容性加语”。这两个词组转换成“山高”,“水深”,这两个句子都是表态句。所以我们可以得一结论,由表态句转成的词组,他的加语是形容性的。一部分表态句的谓语是动词(5.3),所以动词用作加语也是形容性,这个下文还要讨论。现在再把5.21里的例句找两个来试变词组,如:

深溪;肥鱼;香泉;冽酒。

呜呜之声,嫋嫋之音。

惨淡之色,清明之容;栗冽之气;萧条之意。

凡是“形加名”的复词，里面所隐藏的关系就是这种关系，不过整个词组的意义往往特殊化了，例如“甘草”不是任何“甜的草”（参阅2.31）。

我们翻翻5.2各节的例句，应该注意到一件事：“他本来很热心”，不能转成“很热心的他”。尽管现代语体文里也不乏其例，如“落在这样生疏的甚至还有些敌意的环境中的他们俩”（大泽乡），口语里是绝对没有的。同样，假如有“这个干净”这么一句表态句，也不能转成“干净的这个”。因此我们可以得出结论：凡是指称词都不受修饰，即不能做词组的端语。这条规律适用于以下各节。

以上讨论的是拿主语做端语的例。我们是否还可以拿谓语做端语呢，例如“溪之深”，“鱼之肥”？也可以，下面6.7各节要讨论。

有无句和领属性加语

6.2 只有止词没有起词的有无句，即所谓纯粹的“存在句”，是不能改变成词组的，例如“有两个和尚”不能改成“有的两个和尚”。

有无句的另一极端是有起词，有止词，类似叙事句形式的“领属句”，如“我有一本书”。“我”和“书”这两个概念，如果配合成词，就是“我的书”。和一般的叙事句不同，这里无需保留原来的动词。“我读书”改成词组是“我读的书”，但是“我有书”不必说“我有的书”，是因为“有”字实在和普通动词的性质不同，本质上是个关系词。

“我的书”和“红的书”同用“的”字,因为“我”和“红”同是加语。可是虽然同用一个“的”字,表示的关系可不完全一样,“我的书”的“的”表示一种领属关系。

有些领属句也可以拿起词做端语,改成词组,例如“那些人有钱”可以转成“有钱的那些人”,这里的“有钱的”是形容性加语。同样,“这本书有二百页”可以转成“二百页的一本书”,加语也是形容性,但是不带“有”字。这一式含数量的加语,在许多复词里可以见到,如:

独幕剧;双眼井;三角板;三家村;三脚猫;三联单;四腮鲈;五线谱;七弦琴;八角亭;八行书;九头鸟;百叶窗。

如“独幕剧”,转成句子就是“这个剧本只有一幕”,余例同此。

但是这种转换很有一点儿限制,例如“人有两条腿”,转成“(有)两条腿的人”,也不能说是不通,可是事实上用不着,除非在“坐在轿子里的也是一个有两条腿的人”这一类话里。

拿方所词做起词的有无句转成词组以后,那些加语(方所词)又像是领属性,又像是形容性,例如:

蜀鄙之僧;北冥之鱼;黔之驴;中国的桐油。

都可以有两种看法,但如不用“之”或“的”,则加语的形容性就特别明显,如:

蜀僧;黔驴;中国桐油;烟台苹果。

这个区别，有时很有关系，例如“我有几个广东朋友”（形容性）和“广州是广东的省会”（领属性）。

判断句和同一性加语

6.3　注释式的判断句，如“马，动物也”，“仁者，人也”这类句子，不能转成词组。我们不能说“动物马”或“马动物”或加“之”字成“动物之马”或“马之动物”。但传记式判断句却有转换可能，如：

> 中国第一大水长江；故东阳令史陈婴；大姊淑静；南阳高士刘子骥。（参阅 5.42 例句）

这种加语是一种头衔式的加语，“中国第一大水”就是“长江”，所以称为同一性加语。

以上的转换是拿主语做端语的，下面的例子是拿谓语做端语的。

> 吕公女吕后；梁父燕。

何以这两个词组不能取“吕后吕公女”和“项燕项梁父”的形式呢？我们只要和前面的例子比较，就知道这一类头衔式的加语是不能拿人名地名来充当的（虽然在判断句里人名地名尽可以做谓语）。

因此,“子瑜者亮兄瑾也”这一句不好安排成一个词组的道理也就不难明白,因为两头都是人名啊。(“亮兄瑾”这个词组里,“亮兄”是同一性加语。)

形容性词组和领属性词组都不大用人名地名做端语,而同一性词组常拿人名地名做端语,这很可以表示这种词组和前两种的性质不相同。

还有一点也可以表示这种词组和别种词组不同,就是不能在加语和端语之间加“之”字。但是另有一类同一性词组里面可以加“之”字或“的”字,例如:

> 来到“省亲别墅”的牌坊底下。(红四一)
>
> 诵“明月”之诗,歌“窈窕”之章。(赤壁赋)

这些词组的加语也是同一性的,“省亲别墅”就是那座牌坊。

上面第一个例子的“的”字还可以省去,但第二例的“之”字就不可少。以下词组里的“的”字也差不多都是非用不可的。

> 建国的事业;战争的威胁;沙漠旅行的经验;明日开船的消息;迁地为良的主张;赤壁之战的故事。

这里面加语对于端语的关系是同一性,不是领属性(如“我的事业”),也不是狭义的形容性(如“伟大的事业”);“建国”就是“事业”,所以是同一性。

叙事句转成词组

6.41　叙事句转成词组和句法变化最有关系，情形也比别种句子来得复杂。把一个叙事句改成词组，可以用谓语动词做端语，如“国之将兴”，下面6.7要讨论，这里只讲拿叙事句里的起词、止词、补词做端语的词组。

（甲）我们先看有起词无止词的句子，就是动词为内动词的句子，我们在5.33节里已经说过，内动词和形容词很相近，改造成词组以后，这种性质尤其明显。

句子	词组
水流。	流着的水；流水。
事情已成。	已成之事；成事。
客健啖。	健啖客。
将军百战死，壮士十年归。	百战而死之将军，十载归来之壮士。
眼终夜常开，眉平生未展。	（惟将）终夜长开眼，（报答）平生未展眉。

有许多“动加名”式复词，就是这一式词组，如：

书家；画士；游子；旅客；歌童；舞女；中立国；不倒翁；自鸣钟；高射炮；未亡人；流行病。

6.42　（乙）其次，有起词兼有止词的句子，如果拿起词做端语，其例如下：

句子	词组
人看人。	看人的人。
力拔山兮气盖世。	拔山之力，盖世之气。
乱石奔云，惊涛裂岸。	奔云乱石，裂岸惊涛。
浪淘尽千古风流人物。	淘尽千古风流人物的大浪。

复词的例：

售票员；编剧人；缝衣妇；浣纱女；生发油；除虫菊；记事诗；指南针；食蚁兽；吐蚊鸟；教书先生；注音字母。

有些本来该属这一式的复词，省去止词，就和上面（甲）项的复词相同，如：

缝妇；牧童；渡船；搭客；剪刀；扫帚；鼓吹手；研究员；发起人；保护色。

照汉语的习惯，在词组里也是要先动词后止词的，但是现在有如下的例子：

日报读者；电影演员；飞机乘客；汽车修理厂；卫生展览

会;学习辅导员。

这些例子多半是因为下半截已经成为一个复词,上半截是外加的,所以也可以在当中加一个“的”字,如“日报的读者”,“电影的演员”。不过多少也受了点外国语的影响,如英语的 newspaper readers 之类。假如这些复词解散了,成为普通的词组,仍然应该守通常的习惯把止词搁在动词后面,如“看报的人”,“演电影的人”。

6.43 (丙)如果拿止词做端语,其例如下:

句子	词组
朱先生教英语。	朱先生教的英语。
老牛拉车。	老牛拉的车。
美人卷珠帘。	美人卷起的珠帘。
余游巴黎蜡人馆。	余所游巴黎蜡人馆。〔“所”字用法详 6.6〕

句子里的起词可以省略,词组里也可以,如:

哑子吃黄连,说不出的苦。

扶不起的阿斗。

未完成的交响曲。

复词的例:

人造丝;天落水;脚踏车;手提箱。

大多数的复词是省去起词的，这个时候附加的动词有显明的被动意味。例如：

佩刀；插图；提琴；拉面；熏鱼；烧酒；白切肉；精装本。

上面所说种种转换都是有限制的，尤其是（丙）式。如“眇者不识日”，如果拿起词做端语，改成词组“不识日之眇者”，已经勉强；如果拿止词做端语，成为“眇者不识之日”，简直不成话。余如“锣鼓喧天”，“呼声震耳”，“行人避路”这些句子都只能变成（乙）式词组，不能转成（丙）式词组。如“大哥回家”之类，同样不能转成（乙）式词组。

6.44　（丁）如果拿句子的补词做词组的端语，白话里对于人和物是分别看待的。凭借补词多数指物，转成词组的例：

用话激他。	用来激他的话。
拿纸糊窗。	拿来糊窗的纸。

假如补词指人（受词，关切补词，交与补词），照例在关系词后仍然还得用个“他”字，如：

你送花给一个人。	你送花给他的人（我认得）。
我就向一位老人家问路。	我向他问路的老人家（偏偏是个聋子）。
你替你的朋友买票。	你替他买票的朋友（早已走了）。

文言在这些词组里都要应用“所”字，和止词作端语的词组一样。

方所补词和时间补词作端语的例：

他把书插在书架上。　　他插书的书架。

他那天看见王胖。　　他看见王胖的那天。

许多“动加名”式复词，那里的端语对于加语（动词）处于补词的地位，大率都是工具补词（凭借补词），例如“望远镜”本是“以此镜望远”。余如：

磨刀石；穿衣镜；习字帖；敲门砖；

发刊词；疑问号；计算尺；救护车。

照相机；留声机；纺纱机；……机。

测音器；瞄准器；听诊器；……器。

复词里面工具补词和起词很难分，例如“磨刀石”的“石”也可以算起词，“剪刀”的“刀”也可以算工具补词。方所补词作端语的例：

游泳池；藏书楼；签到簿；人行道；

积谷仓；会客室；办公厅；问询处。

其余补词做端语的例就不大看见了。

“者”字的作用

6.51　**表态句和叙事句改造成词组，常在加语和端语之间加用“的”字或“之”字，上面已经说过。我们应用这种词组，有时把端语省去，比如上文刚说过，就无须重说。例如：**

三十二个学生里头考在甲等的五个。

刚才看见三个骑马的人过去，后面跟着一个骑驴的。

这是化钱买来的书啊，别把他当捡来的。

有钱的和尚没去成，穷的倒去了来了。

以上都是白话的例子。我们知道白话里用“的”字的地方，文言里多用“之”字，但是这些地方却不能用“之”字，要用“者”字。

三十二人中考列甲等者五人。

富僧不能至，而贫者至焉。

桃花不名一色……与梨花间植者，尤有殊致。（看桃花记）

旁皆大松，曲者如盖，直者如幢，立者如人，卧者如虬。（新城游北山记）

天下事有难易乎？为之则难者亦易矣；不为，则易者亦难矣。（为学）

看七月半之人……名为看月而实不见月者……身在月下而实不看月者……亦在月下，亦看月而欲人看其看月者……月亦看，看月者亦看，不看月者亦看，而实无一看者……看月

而人不见其看月之态，亦不作意看月者。（陶庵梦忆）

这些句子里如果用“之”字，那个词组就缺点儿什么似的，非用“者”字站不住。所以我们可以说这个“者”字有一种“完形作用”。

6.52 这个“者”字的完形作用，常常可以利用来改变加语和端语的次序。例如白话里说“有钱的和尚没去成，穷的倒去了来了”，文言里仿佛觉得这种把端语放在两个加语的一个的后面不大整齐似的，就把端语索性放在前面，两个加语后头都用“者”字衬住，就成了

僧富者不能至，而贫者至焉。（为学）

其余的例子：

儿女大者攀衣，小者乳抱。（先妣）
佛像大者数丈，小者数寸。（云冈）
以土砾凸者为丘，凹者为壑。（记趣）

有时在端语之后加个“之”字使它处于一种分母地位，如：

大夫之忠俭者从而与之，泰侈者因而毙之。（左传）
牛之佳者不大胜亦不大败；次者虽败犹能好整以暇……下者则苍黄牴触……不可牵挽。（斗牛）

这可以和分母性起词的有无句比较，如“玫瑰花有红的有白的”，改

成词组就是“玫瑰红者……白者……”或“玫瑰之红者……其白者”。

但是这实在是一种把加语移在端语之后的手法，一看下面的例子就明白了。

> 使吏召诸民当偿者悉来合券。（冯谖）
> 请益其车骑壮士可为足下辅翼者。（史记）

这都是因为加语太长了，放在端语之前不方便，所以移在后面的。

也有在这种句子里加一个“之”字的，大率端语若是一个单字就非加不可。如：

> 其石之突怒偃蹇，负土而出，争为奇状者，殆不可数。（柳记）
> 此亦理之不可信者。（市声说）
> 此又势之必不可者矣。（同）
> 况其他学术之较为复杂者乎？（有恒）

有了“之”字，俨然像是有分母分子的关系，其实下面只举一事，并非真的分述式（比较“客有吹洞箫者”式的句子），仍然是为了要把加语挪后。而且连挪后加语也不一定有必要，第一句的加语确是太长，其余无非利用这种格式而已。白话里就可以而且只能说在前，如“不能叫人相信的道理”，“办不到的事情”，“其他比较复杂的学术”。但是经过这一番挪动以后，词组成分的形式上的关系变了，加语变成端语，端语变成加语了（参阅8.8）。

6.53　有时词组的端语并没有见于上文，只是因为不言而喻，也就无须说明，尤其是泛指“人”的时候。这个办法，文言里比白话里更常用，在下面的例句里有许多“者”字，翻成白话，不能单用一个“的”字，要加一个“人”字。

看戏的比唱戏的多。

这样说来，出门的倒比在家的安逸了。

一个巴掌拍不响，老的也太不公些，小的也太可恶些。（红五八）

自恃其聪与敏而不学，自败者也。（为学）

负者歌于涂，行者休于树，前者呼，后者应……射者中，奕者胜。（醉翁亭记）

适燕者北其辕……适越者南其楫。（辨志）

知者不惑，仁者不忧，勇者不惧。（论语）

不指人而指“物”或“地”的，例如：

君子务知大者，远者，小人务知小者近者。（左传）〔大事，小事〕

逝者如斯夫！（论语）

西望夏口，东望武昌……此非孟德之困于周郎者乎？（前赋）〔困于周郎之地〕

百年老屋，尘泥渗漉，雨泽下注，每移案，顾视无可置者。（项脊）〔无可置案之地〕

在复词里面，白话和文言一样，也常用“……的”代替“……的

人”，例如：

当家的；看门的；打更的；掌柜的；卖糖的；算命的；打铁的。

文言里“……者”复词之例：

瞽者；瘖者；跛者；骏者；狂者；贤者；智者；长者；弱者；健者；老者。

骑者；耕者；门者；主者；从者；行者；卜者；作者；读者；歌者；学者；旁观者；当局者。

这可以看出“者”字比“的”字应用更广，例如“瞽者”、“跛者”，白话里只能说“瞎子”、“瘸子”。

还有一类复词，隐藏一个“者”字，如：

主席；主笔；司令；司书；司机；推事；录事；将军；屏风；惊闺；紧身；戒指。（以上动词带止词）

教授；警察；监督；经理；传达；书记；看护；买办。（以上动词不带止词）

6.54　以上说明“……的”在白话里可以独立作名词用，“……之”在文言里不能独立，要把“之”字改成“者”字才行。可是这“者”字上面只许用形容词或动词，不能用名词或指称词。换句话说，连系形容性的加语的“之”可以改用“者”，连系“领属性”的加语的“之”字不能改用“者”；当然也不能就用“之”，干脆就是不能独立，例如我们在白话里可以说：

> 尊敬咱们的老辈，也就得尊敬人家的。

但是文言只能说：

> 老吾老，以及人之老。（孟子）

不能说“以及人者”，更不能说“以及人之”。

“所”字的作用

6.61　“所”字有两个作用，一是指示，二是完形。

怎么样是“所”字的指示作用呢？比如说“猫捉老鼠”，这是个句子，改变成词组，可以拿“猫”做主体，也可以拿“老鼠”做主体。拿“猫”做主体词，“捉老鼠的猫”，用文言说，是“捕鼠之猫”，只是把个“的”字换成“之”字就完了。拿“老鼠”做端语，白话是“猫捉的老鼠”，文言可不能照样换个“之”字，作“猫捕之鼠”就完结，要加个“所”字在动词之前，“猫所捕之鼠”。这个“所”字的作用就是指示这个词组的端语“鼠”。

在古书里间或有“所”字指示原为起词的端语，但是照通常的用法，只有端语原为止词或补词时才用这个“所”字。以下是止词做端语的例句：

仲子所居之室……所食之粟。(孟子)

天所立大单于敬问皇帝陛下无恙。(史记·匈奴列传)

视驼所种树,或移徙,无不活。(郭橐驼传)

故拯幼时,每朝入塾,所读书乃熟于他童。(课诵图)

复至飞来峰下,寻前所见村落而歇焉。(游西湖记)

从上面例句里可以看出:(一)用了“所”字以后,动词下面就可以不用“之”字,而白话里的“的”可不能不用;(二)动词的起词已见上文,可以省去,如《课诵图》及《游西湖记》二例,白话里也可以省去。

现在的口语里面是不用“所”字的(除少数成语),但一般白话文里常常看见,这是从文言里吸收过来的。

6.62　这类词组,假如省去端语,在白话里无须特殊表示,如:

你写的字比我写的好。

街上卖的哪有树上现摘下来的新鲜。

在文言里有“所”字的词组,假如省去端语,可以用“者”字来完成词组的名词性,但多数可以不用“者”字。我们可以说“所”字本身也兼有完形的作用。我们又常在原来的起词之下加一个“之”字,仿佛表示起词处于一种领属性的地位。

这种“所……者”或“所……”,假如省去的端语并未见于上文,那就是泛指事物,指人的例子较少,读者可以在下边的例句里试为辨别。

用"所"字兼用"者"字之例：

视吾家所寡有者。（冯谖）

然则吾所求者无不可乎？（左传）

叔孙所馆者，虽一日必葺其墙屋，去之如始至。（左传）

所爱者，挠法治之；所憎者，曲法诛灭之。（史记·酷吏列传）

单用"所"字不用"者"字的例：

仲子所居之室，伯夷之所筑与？抑亦盗跖之所筑与？（孟子）

舟车所至，人力所通，天之所覆，地之所载，日月所照，霜露所坠，凡有血气者莫不尊亲。（中庸）〔所至、所通……之处〕

令我日闻所不闻。（陆贾传）〔"所"上隐"吾"字〕

闻所闻而来，见所见而去。（晋书·嵇康传）

吾不忍为公所为，公所为不合古。（史记·叔孙通传）

非骚人之事，吾所不取。（黄冈竹楼记）

但愿常如此，躬耕非所叹。（陶潜诗）

鬻百货于市者，类为曼声高呼，诗所挟以求售。（市声说）

以吾所长，攻敌所短，徼天之幸，或能免乎。（冯婉贞）

6.63　以上各例，词组的端语原来是动词的止词。但不是只有止词需要"所"字，各种补词（假如能用作端语）都要用"所"字，只有起词通例不用。以下举补词作端语的例；说出端语的较少，大多数单用"所"，或"所……者"。

揖所与立。(论语)〔交与〕

其妻问所与饮食者,则尽富贵也。(孟子)〔交与〕

其在东所与游者,率皆赤心人。(林觉民)〔交与〕

梁乃召故所知豪吏,谕以所为起大事。(项羽本纪)〔目的〕

陛下所为不乐,非为赵王年少,而戚夫人与吕后有郤邪?(史记·张丞相列传)〔原因〕

所以饰后宫,充下陈,娱心意,悦耳目者必出于秦然后可。(史记·李斯传)〔凭借〕

臣恐侍御之不察先王之所以畜幸臣之理,而又不白于臣之所以事先王之心。(国策·乐毅报燕王书)〔上原因,下凭借〕

夫江湖所以济舟,亦所以覆舟。(袁宏:三国名臣序赞)〔上凭借,下原因〕(此二例可以表示原因补词和凭借补词很相近,所以用同一个关系词"以"字。)

见渔人,乃大惊,问所从来。(桃花源记)〔来由〕

自古至今,所由来远矣。(史记·三王世家)〔来由〕

以上各例,如用白话说,"和"、"跟"、"给"等字之后一定还要有个"他"字(参阅6.44)。所以不用"所"字而用个"之"字在"与"、"为"、"以"等字之后,也可以帮助明了意义,但是这些句子便不合文言习惯了,因为这两个字性质大异,不可通用。例如"江湖,所以济舟,亦所以覆舟",如果说"江湖,以之济舟,亦以之覆舟",是不很通顺的。

方所补词的情形,又跟别的补词两样些。比如说"马生于某地",倘若拿某地做主体而改成词组,照上面"所与"、"所为"、"所以"、"所从"等例子,应该是"马所于生之地",但是通常不用这个

"于"字,如:

冀北之土,马之所生。(左传)

殽有二陵焉……其北陵,文王之所辟风雨也。(左传·殽之战)

市者,声之所聚;京师者,又市之所聚也。(市声说)

予以罪废无所归。(沧浪亭记)

下面用"于"字的例句,反而是例外,可以和上面最后一例比较:

以官为家,罢则无所于归。(韩愈:送杨少尹序)

我们还可以用白话来比较,"他把书插在书架上"变成词组是"他插书的书架",不说"他插书在上的书架"。

应用"所"字构成的复词远不及应用"者"字为多,下面是几个常见的:

所得;所有;所在;所天;所欢。

组合式词结

6.71　句子化为词组还有一个方式,上面已经提起过,就是把谓语做端语,把主语改做加语。办法很简单,只在主语和谓语之间加个"之"字就行,分类举例如下:

（甲）叙事句转成组合式词结：

三子之不迁其业，非保守而不求进步之谓也。（有恒）

旁观者徒艳羡其功之成。（毅力）

例如比之受攻于德，比人奋勇而御敌，虽死无悔。（舍己为群）

以上例句里的“……之……”，形式上是一个词组，“三子之不迁其业”和“三子之业”是同一形式。但是就内容而论，“三子之不迁其业”实在是一个词结，和“三子不迁其业”是同一个意义。我们称这一类词组为“组合式词结”，当然也不妨称之为“结合性词组”。不管名称如何，反正只要知道，这些原来是句子，现在不是句子了。这里所加的“之”字，可说他的作用是取消句子的独立性。至于这些“组合式词结”在句子里头有什么作用呢，我们七八两章都要讨论，现在单注意他们的形式。以下是表态句等等转成的例子：

（乙）表态句转成组合式词结：

吾资之聪，倍人也；吾材之敏，倍人也。（为学）

忘路之远近。（桃源）

虽不若市声之哓哓然，而无声之声，震于钟鼓矣。（市声说）

（丙）判断句转成组合式词结：我们要注意，这个时候不但否定性句子要有系词“非”，肯定性句子也非有系词“为”不可了。

今三世以前，至于赵之为赵，赵主之子孙侯者，其继有在

者乎？（国策）〔此“为”有“成为”之意，“赵之为赵”即“赵始建国”。〕

汉之为汉几四十年矣。（论积贮疏）

是第知盲者之为盲，而不知不盲者之尽为盲也。（盲者说）

言之津津，几忘我之为牛，牛之为我焉。（斗牛）

今夫弈之为数，小数也。（孟子）

（丁）有无句转成组合式词结（无起词的有无句不能转成组合式）：

象之有鼻犹人之有手也。

故士大夫之无耻，是谓国耻。（顾炎武：廉耻）

6.72　在文言里，“三子之业”之前，假如已经说过“三子”，就可以拿“其”字来代“三子之”，成为“其业”。这个原则同样适用于组合式词结，“三子之不迁其业”也可以作“其不迁其业”。下面是应用“其”字造成的组合式词结之例，仍为四类。甲类的前两例都是先用“……之”，后用“其”。

（甲）大夫之许，寡君之愿也，若其不许，亦将见也。（左传）

孟子，吾见师之出而不见其入也。（左传）

既共出，则或咎其欲出者，而予亦悔其随之而不得极夫游之乐也。（游褒禅山记）〔“其”指“予”〕

比其反也，则冻馁其妻子。（孟子）

（乙）宁武子……其知可及也，其愚不可及也。（论语）

及其老而病也，曰……（有恒）

不学者以艰深文其浅陋。

（丙）迨以手扪之，始知其为壁也，画也，皆幻也。（巴黎油画）

又四围幽邃深林，不类人境，惧其为虎豹之窟穴，因返。（游西湖记）

（丁）人之有是四端也，犹其有四体也。（孟子）

6.73　组合式词结，一般说来，是文言所特有，白话里本不大见。但是近来的语体文，一方面是受方言的影响，一方面受外国语的影响，也常有这种形式出现了。如：

她的质问和我的羞愧都是一点理由没有的。（寄小读者）
我心里暗笑他的迂。（背影）
我辨认了星月的光明，草的青，花的香，流水的殷勤。（康桥）

这些词组的加语原是端语（谓语）的主语，这是合于文言的惯例的。但另有一类的加语是端语（动词）的止词（即动词有被动性），如：

校舍的修建；园地的开辟；国语的学习；革命的完成；条约的订定；诺言的履行；一个人的毁灭；一个剧本的演出。

从前的文言里虽然间或也有这种例子，可是不多。现代的广泛应用，不能不说是主要由于外国语的影响。

词组代句

6.8　词组不是句子，但是有时可以拿来代句子用，在诗词里很普通，如有名的元人小令《天净沙》：

> 枯藤老树昏鸦，小桥流水人家，古道西风瘦马，夕阳西下，断肠人在天涯。

除"夕阳西下"和"断肠人在天涯"各成一句外，其余十八字每两字成一词组，放在这里不能不说是有句子的功用，我们可以说是一种变相的"存在句"。这一类例子很多，如：

> 绿蚁新醅酒，红泥小火炉。晚来天欲雪，能饮一杯无？（白居易）
>
> 秦时明月汉时关，万里长征人未还。（王昌龄）
>
> 恻恻轻寒剪剪风，杏花飘雪小桃红。（韩偓）
>
> 西塞山前白鹭飞，桃花流水鳜鱼肥；青箬笠，绿蓑衣，斜风细雨不须归。（张志和）
>
> 玉钗斜簪云鬟重，裙上缕金双凤。八行书，千里梦，雁南飞。（温庭筠）
>
> 其一，楼船箫鼓，峨冠盛筵，灯火优傒，声光相乱……其一，小船轻幌，净几暖炉，茶铛旋煮，素瓷静递。（陶庵梦忆）

白话里没有这一类用法，但赞叹的句子也常常取词组的形式，如：

多么热的天啊！

渔阳——好一个顺口的名儿！（茅盾：大泽乡）

第七章　繁句

繁句和复句

7.1　句子可以分为"简句"和"繁句"：只包含一个词结的是简句，含有两个或更多的词结的是繁句。我们从第三章起所讨论的句法，都是拿简句做对象的；虽然例句里头已经有了不少繁句，可始终没有拿它们做讨论的题目。

在讨论繁句的构造以前，我们要先解决一个问题，词组在句子里面的地位。由表态句、判断句和有无句转成的词组，都很简单，把它当一个词看好了；但是由叙事句转成的词组往往显得很重要，仿佛另叙一件事似的，是不是也把它当一个词呢？是的，也把它当一个词，不管它多复杂，例如：

> 我将他给我做的紫毛大衣铺好坐位。（背影）
> 我最不能忘记的是他的背影。（同）

这两句里面的"他给我做"和"我最不能忘记"这两个词结，只抵两个词用，这两个句子也只算简句。

但是"组合式的词结"的性质要两样些。例如：

我心里暗笑他的迂。（背影）

这一句里头，“他的迂”虽然形式上和普通词组如“他的心”没什么分别，但是以内容而论，确是一个词结。假如取去“的”字，

我心里暗笑他迂。

“他迂”就是一个普通词结。所以我们仍然把“他的迂”当一个词结看待，把含有这种组合式词结的句子放在繁句里讨论。可是这一点值得我们注意：这里词结既取词组的形式，就是接近单个的词的形式；句子里应用这样的词结，就是把繁句化为简句。

两个词结的配合方式很多，有两个以上的词结更不用说，所以繁句的句法几乎可说是变化无穷。上面说，凡含有两个或更多词结的句子都称为繁句，现在为讨论方便起见，可以再分一分。词结与词结相合，可以是“构造的结合”，例如一个词结是另一个词结的主语；也可以是“关系的结合”，即词结与词结凭因果、比较、并时、先后等关系相结合。说得粗浅一点，就是有一种句子，里头的词结一个套住一个，是拆不开的，假如拆开，一定有一个词结站不住；另有一类句子，里头的词结是拆得开的。我们给后面这一类另外起个名词，叫“复句”，把“繁句”缩小范围，专指前面的一类。现在就先打这狭义的“繁句”讨论起。

表态和判断繁句

7.21　两个词结合在一起，可能是有一个词结做另一词结的一个成分。我们先看表态句和判断句。这里的主语（以及谓语）可能是一个词结（但是这些词结里头的主语往往省去——概括性省略）。判断句的例：

说谎不一定是使坏，比如医生对病人。

知之为知之，不知为不知。（论语）

宽柔以教，不报无道，南方之强也；衽金革，死而不厌，北方之强也。（中庸）

世俗所谓不孝者五：惰其四支，不顾父母之养，一不孝也；博弈好饮酒，不顾父母之养，二不孝也；好货财，私妻子，不顾父母之养，三不孝也；从耳目之欲，以为父母戮，四不孝也；好勇斗狠，以危父母，五不孝也。（孟子）

表态句的例：

贫而无怨，难；富而无骄，易。（论语）

由俭入奢，易；由奢返俭，难。（司马光：训俭示康）

见兔而顾犬，未为晚也；亡羊而补牢，未为迟也。（国策）

文言里这一类做主语的词结，往往取“组合式词结”的形式，就

是利用"之"字和"其"字,使一个词结化成一个词组。如:

民之服焉,不亦宜乎?(左传)

水之就下,性也。

其至,尔力也;其中,非尔力也。(孟子)

尤其是在用"犹""若"等字的准判断句(5.54)里头,主语和谓语假如是词结,多数取组合式词结的形式,如:

民之归仁也,犹水之就下,兽之走圹也。(孟子)

夫贤士之处世也,譬如锥之处囊中。(史记·平原君列传)

孤之有孔明,犹鱼之有水也。(蜀志·诸葛亮传)

7.22　词结做主语,无论取词结或词组的形式,文言往往在后面加一个指称词"是"做句子的形式上的主语。

知之为知之,不知为不知,是知也。(论语)

既欲其生,又欲其死,是惑也。(同)

德之不修,学之不讲,闻义不能徙,不善不能改,是吾忧也。(同)

故王之不王,是折枝之类也。(孟子)

以不教民战,是谓弃之。(论语)

好人之所恶,恶人之所好,是谓拂人之性。(大学)

白话里的判断句系词"是"就是从文言里这种用法蜕化来的。

叙事繁句

7.31　词结作叙事句起词的例：

饭后散步可以帮助消化。

天天吃茶，也费好些钱呢。

好学近乎知，力行近乎仁，知耻近乎勇。（中庸）

存亡决于几微，生死定于俄顷。

词结作叙事句起词，在白话里也不多，在文言里更少。但词结作止词，在文言和白话里都很普通。

7.32　词结作叙事句的止词，最常见的是在两类动词的后面：（甲）闻，见，知，述等；（乙）喜，惧，愿，欲等。这些词结的主语往往省去，或为概括性省略，或因和句的起词相同。文言里这一类词结往往取词组的形式：

（甲）你猜他还来不来？

我早知道他不会来。

今人乍见孺子将入于井。（孟子）

小弟闻姊来，磨刀霍霍向猪羊。（木兰辞）

同行十二年，不知木兰是女郎。（同）

度楚王不足事，而六国皆弱，无可为建功者。（史记·李斯列传）

大宛闻汉之饶财，欲通不得。（史记·大宛列传）

公与语，不自知膝之前于席也。（史记·商君列传）

见其生，不忍见其死。（孟子）

子灿又尝见其写市物帖子，甚工楷书也。（铁椎）

（乙）宝玉只恐他睡出病来。（红一九）

小马儿乍行嫌路窄。

矢人惟恐不伤人，函人惟恐伤人。（孟子）

今七年不饮酒，此后愿日夜倍饮酒以偿之。（郭老仆）

民又益喜，惟恐沛公不为秦王。（汉书·高帝纪）

未知明年又在何处？岂惧竹楼之易朽乎？（黄冈竹楼记）

又冀幸君之一悟，俗之一改也。（史记·屈原传）

哀吾生之须臾，羡长江之无穷。（赤壁赋）

余亟叹其技之奇妙。（巴黎油画）

吾不忍其觳觫，若无罪而就死地。（孟子）

孟尝君怪其疾也，衣冠而见之。（冯谖）

嫌其暗，以白纸糊壁，遂亮。（记趣）

7.33　词结作止词，和名词作止词一样，常常可以提在句子头上作为一顿（3.62），文言常在动词之后用一“之”字代他，这可以和7.22节插一“是”字的句法比较。例如：

路远我不怕，我只怕路上不太平。

当时父母念，今日尔应知。（白居易）

巧言令色，足恭，左丘明耻之，丘亦耻之；匿怨而友其人，左丘明耻之，丘亦耻之。（论语）

7.34 可是也有止词词结在动词之后，而插一“之”字在中间的，如：

> 吾闻之也，君子不以其所以养人者害人。（孟子）〔比较“吾闻君子不以其所以养人者害人”〕
>
> 记有之，观于乡而知王道之易易也。（守望社题词）
>
> 呜呼噫嘻，我知之矣，畴昔之夜，飞鸣而过我者非子也耶？（后赤壁赋）

最后一例的下半句变了问句，但按意思说，仍是“知”字的止词。

致使句

7.41 这一类句子的标准动词文言里是“使”和“令”，白话里是“叫”（教）等字，这些动词都有使止词有所动作或变化的意思，所以后面不但跟一个止词，还要在止词后面加一个动词。这个止词合上后面的动词也构成一个词结。例如：

> 我刚叫他买柴去了，你要差他做什么？
>
> 你只照着我的话做去，包管叫你满意。
>
> 使眇者御眇者，使跛者御跛者，使偻者御偻者。（穀梁传）
>
> 比夜，则姊恒执女红，篝一灯，使拯读其旁。（课诵图）
>
> 君第重射，臣能令君胜。（史记·孙武传）

为诸君决战，必三胜之……令诸君知天亡我，非战之罪也。（史记·项羽本纪）

太守即遣人随之往。（桃源）

命人迹之，则老仆……饮于鹿邑之城门楼。（郭老仆）

“劝”、“请”等动词也是有影响止词的行为的力量的，“禁”、“阻”等字是反面的“致使”，“任”、“从”等字，表示不禁不阻，是中立性的“致使”，句法都和上面的例子相似。

我劝你过两天再去找他。

辛苦了这半天，你也该让我休息一会了。

王请无好小勇。王请勿疑（孟子）。〔此“请”字用法和白话不同，要注意。“王请”不妨从权当作等于“请王”，但实际上这种顺当的词序是后起的。〕

于是家人延画工画。（先妣）

余窃面，倩邻妇为之；但食，勿言也。（张诚）

乞众圣冥加，使往还无梗。（慧立：慈恩法师传）

孺人中夜觉寝，促有光暗诵孝经。（先妣）

汉果数挑楚军战。（史记·项羽本纪）

沿堤植柳，禁人采伐。

濒卒，诫子必丐謇为其墓志。（刘叟墓碣）〔此句致使之中又有致使〕

汝又虑戚吾心，阻人走报。（祭妹文）

但使龙城飞将在，不教胡马度阴山。（王昌龄）〔不教=不让〕

然往往任其辱身贱行，贻父母羞。（哑孝子）

此外又有些动词，本身虽不作"致使"讲，但可兼带有致使之意，如：

你这一高兴，又要带累我们挨骂了。
全都走了，也不留一个人看屋子！
你要能领我见一见，我是求之不得。
愿借明驼千里足，送儿还故乡。（木兰辞）
天黎明辄呼拯起，持小几，就园树下读。（课诵图）

这些动词后面所跟的止词加动词，既然也构成一种词结，那么和上节所说的止词词结有什么分别没有呢？白话里是没有什么分别，文言里略略有点不同。上节所举止词词结的例子，假如词结的主语已见上文，就用"其"字来代（合下面的动词成一组合式词结），不用"之"字，而致使句内则常常用"之"。例如：

使之逐鱼盐商贾之利。（史记·货殖列传）
遂散六国之从，使之西面事秦。（史记·李斯传）
故裂地而封之，使之得比乎小国诸侯。（国策）
助之长者，揠苗者也。（孟子）
于是速之归。（张诚）

只有"求"、"任"等少数几个动词用"其"。至于"使"字后面用"其"，那简直是例外。更普通的是省去这个词结的主语，这也是"知"、"见"、"喜"、"恐"等动词后面办不到的，因为"之"字可省，"其"字不能省。例如：

无使滋蔓，蔓难图也。（左传）

寡人有弟不能和协，而使糊其口于四方。（左传）

使樵，日责柴一肩。（张诚）

勿令入山，山中虎狼恶。（同）

司徒公尝遣视南圃之墅，久之，所司皆荒失。（郭老仆）

今而后吾将再病，教从何处呼汝耶？（祭妹文）〔“教”下省“我”〕

吏来而呼曰：“官命促尔耕，勖尔植，督尔获。”（郭橐驼）〔“命”下省“我”字，此句致使之中又有致使。〕

7.42　文言里表示“致使”之意还有一个办法，就是不用“使”、“令”等字，直接把止词后面的动词翻到前面去使他具有“致使”的意思，这种用法称为“致动用法”。例如：

龙蛇之蛰，以存身也。（易）

小子，鸣鼓而攻之，可也。（论语）

华元登子反之床，起之，曰……（左传）

君三泣臣矣。（左传）〔三使臣泣〕

然嬴欲就公子之名，故久立公子车骑市中。（史记·魏公子传）〔欲使公子之名成就，故使公子车骑久立市中〕

吾欲辅重耳而入之晋，如何？（韩非子）

进不满千钱，坐之堂下。（史记·高祖本纪）

舞幽壑之潜蛟，泣孤舟之嫠妇。（赤壁赋）（使蛟舞，使妇泣）

感时花溅泪，恨别鸟惊心。（杜甫）

也有把两个动词都保留，但第二动词也安在止词之前，也就有致动的意味，其实“致使”的动作仍在第一动词。如：

今夫水，搏而跃之，可使过颡；激而行之，可使在山。（孟子）〔＝搏之使跃，激之使行〕

白话里有一种类似的句法，就是应用“把”字，例如：

他昨天又来过，我把他回走了。〔＝回他走〕
就这样一句话，把他吓退了。〔＝吓他退〕

7.43　“使”、“令”这一类动词不但可以使止词有所作为，也可以使他有所变化，所以后面可以跟一个形容词，合成一个词结，如：

五色令人目盲，五音令人耳聋，五味令人口爽。（老子）〔爽，差失也〕
橐驼非能使木寿且孳也。（郭橐驼）

“使”字之后的“之”字常常省去，“使”字就直接形容词，如：

孟尝君使人给其食用，无使乏。（冯谖）
吾不得志于汉东也，我则使然。（左传）〔等于说“自己弄得事情如此”〕

7.44　但是真正使止词发生这种变化的动词，大率本身不含有“致使”之意，所以在不很古雅的文言里常常采用“……之使……”的句法，这个“使”字后面也省去一个“之”字。例如：

浚之使深；磨之使平；蒸之使熟；焙之使干。

还有一个办法，就是在动词之后用“而”字接上那个形容词，这个形容词也就当动词用了。如：

推而广之；扩而充之。

匠人斫而小之。（孟子）〔比较“搏而跃之”〕

前面不用动词，单用这些形容词，那就成了正式的“致动”动词，如孟子“人皆有不忍人之心”章，上云“凡有四端于我者，知皆扩而充之矣”，下即云“苟能充之……苟不充之……”。2.54 节“正其衣冠”，“远庖厨”，“暖老温贫”等例都是。余如：

人洁己以进。（论语）

大学之道，在明明德。（大学）

齐其家；正其心；诚其意。（同）

高其闬闳，厚其垣墙。（左传）

晋侯谓庆郑曰，“寇深矣，若之何？”对曰，“君实深之，可若何？”（同）

然吾居乡，见长人者好烦其令。（郭橐驼）

适燕者北其辕……适越者南其楫。（辨志）

白话里表示同样的意思，常常应用“把”字把动词提前。如：

把河开深；把石版磨光；把馒头蒸熟；把茶叶烘干；把木头斫小。〔比较“把他吓退”〕

或者把后面的形容词提在止词之前，和动词合组成一复词，如：

推广教育；扩充事业；抬高物价；关紧大门。〔比较“吓退追兵”〕

7.45　“封”、“拜”、“推”、“举”等字也使止词变化，但跟的不是形容词而是名词，并且差不多一定要带个准系词“为”，所以我们可以说这些动词后面的词结是“准判断式”。如：

我们举你做会长，好不好？
陆生卒拜尉陀为南越王。（史记·陆贾传）
吴起娶齐女为妻。（史记·吴起传）
乃辟地为园，以艺瓜果。
先是，庭中通南北为一。（项脊）

又常常用“以……为”的句法：

陈平用其计，乃以五百金为绛侯寿。（史记·陆贾传）
安息以银为钱，如其王面。（史记·大宛列传）

尽以家资为军费。（文天祥）

及司徒公出视师，乃以老仆为军官。（郭老仆）

以山树为盖，以岩石为屏。

客至不设茶，惟以槟榔为礼。（岭外代答）

筵中以猜枚赢吟轮饮为令。（浮生六记·闺房记乐）

这里面的"以"字应该算是动词，等于说"奉五百金为绛侯寿"，"铸银为钱"，"捐家资为军费"等等。这些句子用白话来说，都用"拿"字代"以"字，不用"把"字，这也是可以注意的。

"以……为"，"举……为"，"拜……为"里面的"为"作"作为"讲，就是5.51节准判断句的"为"。

意谓句

7.51　这一类句子最常用的动词也是"以为"，可以合用，也可以分用。合用的例如：

一心以为有鸿鹄将至。（孟子）

王往而征之，民以为将拯己于水火之中也。（同）

以为李广老，数奇。（史记·李将军列传）

诸儿见家人泣，则随之泣，然犹以为母寝也，伤哉！（先妣）

其意以为天下事固易易也。（毅力）

分用的例如：

市人皆以嬴为小人，而以公子为长者，能下士也。（史记·魏公子传）

始以薛公为魁然也，今视之，乃渺小丈夫耳。（史记·孟尝君传）

如不可见，终此身勿望返也，愿父犹以儿为死。（张诚）

以丛草为林，以虫蚊为兽，以土砾凸者为邱，凹者为壑，神游其中，怡然自得。（记趣）

死事之惨，以辛亥三月二十九日围攻两广督署之役为最。（黄花冈）

凡对于以真话为笑话的，以笑话为真话的，以笑话为笑话的，只有一个方法：就是不说话。（鲁迅：说胡须）

从上面的例子可以看出，“以”和“为”本是拆开的，是“以此为彼”的意思。“以此为彼”如见之于事实，就有“致使”的意思；如只存在心中，就有“意谓”的意思。“以”字和“为”字，在这里都应该认为动词。“以为”合用之后，虽然有些例子还可以分开讲，如“以为李广老”等于“以李广为老”，但如“以为有鸿鹄将至”便不能分讲，只能把“以为”当作混然一体的一个动词了。“以为”的“以”字之后很少接“之”的，所以后面的词结往往只有谓语而无主语。例如：

寓久则溺，以为当然。（沧浪亭记）〔以此为当然〕

积二岁余，以为常。（郭老仆）〔以此为常〕

三保以为难，却其言不用。（冯婉贞）

久之且以为胜不哑子也。（哑孝子传）

7.52　和“以为”的意义相近的，文言有“谓”（=说）字，白话有“当”字；“把……当”连用，等于文言的“以……为”。和“以为”的意义略隔一层的有“称”、“谓”（=称）等字，后面也常常连“曰”字和“为”字。例如：

子谓公冶长可妻也。（论语）
子无谓秦无人，吾谋适不用也。（左传）
管仲，曾西之所不为也，而子为我愿之乎？（孟子）〔=谓〕
你还当他不知道呢，他不说罢了。
〔以上等于“以为”合用〕
你别把我当三岁孩子。
〔等于“以……为”分用〕
谓他人父，谓他人母。（诗·王风）〔=称〕
孝子无姓名，人以其哑而孝也，谓之哑孝子。（哑孝子）
郭橐驼，不知始何名，病偻……故人号之驼。（郭橐驼）
妇人谓嫁曰归。（公羊传）
长妇谓稚妇为娣妇，娣妇谓长妇为姒妇。（公羊传）
指鹿为马；诬良为盗。

这些“谓”、“曰”之类的动词，如果用于被动意义就成了5.53节所讲的准系词了。

7.53　文言里有时不用“以为”等字，直接把形容词倒在上面当动词，可称为“意动用法”，如2.54的“渔人甚异之”的“异”，又如：

不远千里而来。(孟子)〔=不以千里为远〕

登东山而小鲁,登泰山而小天下。(孟子)

民窃为君危之。(国策)

人主自智而愚人,自巧而拙人。(吕氏春秋)〔=自以为智,以人为愚〕

时充国年七十余,上老之。(汉书·赵充国传)〔比较"以为李广老"句〕

有无繁句

7.6　有无句的止词之后常常紧接别的动词,如:

我有一句话奉劝足下。

我在康桥时虽没马骑,没轿子坐,却也有我的风流。(康桥)

这类句子没有多少可以讨论的地方。要讨论的是没有起词的那些,如:

有人敲门呢。

有个乡下人进城逛庙。

有朋自远方来。(论语)

有风飒然而至。(风赋)

有鹏鸟飞入谊舍,止于坐隅。(贾谊:鹏鸟赋)

我又不得闲,又没有别人认得这条路,怎么办呢?

一骑红尘妃子笑，无人知是荔枝来。（杜牧）

我们要问这些句子里的“有”字有什么作用呢？一般地说来，有一种介绍作用，因为主语是上文没有提过的，带有或多或少的无定性质，需要介绍一下。例如第二例可以说是“有这么一个乡下人，他进城逛庙”的紧缩形式。所以从形式方面讲，可以说是一个有无句之后融接一个叙事句。但是我们还可以有另外一种看法。尤其是对于“有人……”式的句子，例如“有人敲门”这句话实在只是一个叙事句，他的意义都在“人”（起），“敲”（动），“门”（止）这三个词上，“有”字只是一个形式词，既然有敲门的事情，其为“有”人，不言而喻，何必再说？所以要这样说，因为不知道是谁敲门。前面有没有这个“有”字就可以表示起词是无定或有定，例如：

有客来了。

客来了。

前句的客人是不速之客，后句的客人是约好了的客。所以，当权宜计，也未尝不可把“有”字作为一个表无定性的指称词，把“有人”当作和文言的“或”字相等（如“或谓孔子曰：子奚不为政？”就可译成“有人问孔子……”）。

“没有人认得这条路”的“没有”，严格说不能相提并论。既然是否定句，不能没有一个表否定的词，正如文言里的肯定判断句可以不用系词，但否定判断句不能不用“非”一样。但是文言里有个“莫”字，可以说“莫我知也夫！”，否定的“莫”和肯定的“或”恰好相对，白话就不能不用“有”和“没有”。但是“莫”和“或”都只能指人,不能指物,指物的时候文言也还是不得不利用“有”和“无”。下面8.2—4各节还要讨论。

这个表示无定性而以介绍为主要作用的“有”字,不但句子的主语是一般名词时可以利用他,甚至是个人名或地名,如表态句或判断句的主语有待于下文的说明时,也就常常利用它,如:

> 有冯三保者,鲁人,素精技击。(冯婉贞)
> 有魏宫人者,年差长于费,亦端丽。(费宫人)
> 齐人有冯谖者,贫乏不能自存。(冯谖)
> 穷发之北有冥海者,天池也。(庄子)

从形式方面讲,上面的“有个乡下人进城逛庙”之例,我们说是一个有无句之后融接一个叙事句,现在的例句可以算是一个有无句融接一个表态句或判断句,例如最后一句可以说本是“穷发之北有冥海,冥海者,天池也。”但如第一句就很难说本是“有冯三保,冯三保者,鲁人”,只能说是相当于白话的“有这么一个姓冯的,山东人”。这就特别显示“有”字的介绍作用。假如这个人名已见上文,或已见于题目(如某某传),通常是不用这个“有”字的。

复句

7.7　前面说过,复句里面的词结和词结是凭着种种关系结合成句的。这种种关系,如离合、对照、时间、因果等等,我们要在下卷里分别提出讨论。所以现在讲复句,可以简单些,单从形式方面着眼。从形式方面着眼，复句往往可以中途停顿，每一个这样的停顿，假如含有一个或一个以上的词结，我们称之为“小句”，假如不够一个词结，我们称之为“顿”，这两个名称不是句法上的名称（如词结、句、简句、繁句、复句等），但是有了这两个名称，述说的时候方便些。

复句是由两个或更多的词结合成的，这些词结的主语可以相同，也可以不同。词结和词结的结合既然凭着种种关系，这些关系也可以用关系词明白表示，也可以含蓄着不言而喻。现在就依此分别举例，并略加解释。

（甲）主语同，用关系词（第二词结以下大多不标主语）：

我要是你，一定不这样干。

（两小句，上假设，下假设结果。）

敌虽屡胜，然皆乌合，不足畏。

（三小句，第一句与第二三句以对照关系相合；第二与第三小句以因果关系相合，不用关系词。）

来就来，不来就拉倒。

（两小句，以选择关系相合；每一小句各有两词结，皆前表条件，后表后果。）

以上例句中第三例四个词结的主语都是“当前省略”。第一第二两例都只有头一个词结有主语，以后就“承上省略”。但是以下的例子就不能用“省略”的说法，因为决不能补一个上去，只能说是两个词结先后相承，合成一个谓语，这种句子是一种紧缩式的复句。

假绘术书于朋友而读之。（有恒）

（不分小句，两词结，以两事相继而合，但也可说以手段与目的关系相合。）

舍己以救群。（为群）

（不分小句，两词结，以手段与目的关系相合。）

弟子入则孝，出则弟。（论语）

（两小句，各为一复句，共一主语，以互相补充关系相合。两复句各有两词结，以并时关系相合，但也带有条件与后果关系。）

（乙）主语同，不用（或不全用）关系词（第二词结以下大多不标主语）：

我们过了江，进了车站。（背影）

（两小句，以时间相继而合。）

回家变卖典质，父亲还了亏空，又借钱办了丧事。（同）

（三小句；一二两小句以手段目的关系相合，但主语不在第一小句，而在第二小句；第三小句两词结，以手段目的关系相合；全句以两事相继而合；"又"字也可认为关系词。）

民扶老携幼，迎君道中。（冯谖）

（两小句；第一小句表第二小句之情境；第一句两词结，联列相合。）

凡长安豪富人为观游，及卖果者，皆争迎取养。（郭橐驼）

（"凡……者"两顿，皆不成小句，共为句之主语；"皆争迎取养"五字含四个词结，"迎"、"取"、"养"各为一事，三事相继而合，微有手段目的关系；"争"表迎取之情境。）

既出，得其船，便扶向路，处处志之。及郡，诣太守，说如此；太守即遣人随之往。寻向所志，遂迷，不复得路。（桃源）

（共三句，十一小句，每一小句含一词结。惟"太守"一小句另有主语，其余皆同为"武陵人"（承上省）。各小句事事相继，以此相合，其中三处用关系词。今定为三句，亦系今人应用"句"之观念分之，前人下笔，犹如流水，胸中只有一个一个小句及整段文字两种观念，未尝预定分成几句。随笔记事之文大率如此，议论文则不然。）

方其破荆州，下江陵，顺流而东也，舳舻千里，旌旗蔽空，酾酒临江，横槊赋诗，固一世之雄也，而今安在哉？（赤壁赋）

（九小句，一气呵成，作者预定其合为一句，与前一例不同。九小句合成三个中句，第一中句含三小句，以三事相继而合（第三小句两词结，用“而”字连系，第一表第二之情境或凭借）；第二中句分四小句，六词结，第一小句为表态句，其余三小句虽为叙事句，亦以表态为其作用，此四小句以并时关系相合；第三中句分两小句，第一小句为判断句，第二小句兼有叙事句和存在句的性质（“在”字性质特别），以对照（擒纵）关系相合。第一中句与第二中句以并时关系相合，以“方”字表之；前两中句又合表第三中句第一小句之理由，言其何以当得“一世之雄”四字也。）

（丙）主语异，用关系词：

你待他好，他自然也就待你好。

（两小句，以条件与后果关系相合。）

事半而功倍。

（两词结，以对照关系相合。）

日出而作，日入而息。

（两小句，结构相同。每句各含二词结，主语不同（第二词结主语省），以并时关系相合，用“而”字连系。两小句以联列关系（略兼互相补充关系）相合，但不用关系词。）

凡事愈大，阻力愈多，欲冲破之亦愈难。（毅力）

（三小句，以比例关系相合。第三小句之主语为一词结，故此小句为一繁句。）

己在群中，群亡则己随之而亡。（为群）

（两小句，第一小句示第二小句之理由。第二小句有三词结，第二词结表第三词结之情境，用"而"字连系，二三两词结与第一词结以条件与后果关系相合，用"则"字连系。）

(丁) 主语异，不用关系词：

我买票，他忙着照看行李。（背影）

（两小句，以并时关系相合。第二小句两词结，第一词结表第二词结之情态；亦可视为"照看"的加语，则第二小句可作为仅有一个词结。）

小敌去，大敌来矣。（冯婉贞）

（两小句，以对照关系相合；时间相继关系在此句内非主要关系。）

是役也，碧血横飞，浩气四塞，草木为之含悲，风云因而变色。（黄花冈）

（一顿之后分四小句，以联列关系相合。一二两小句字数相同，构造相似，三四两句亦然，皆所谓"偶句"也。"是役也"一顿，第一二两小句言，为一表时间之加语；但就三四两小句言，则为句中动词之补词（"为之"即"为是役"，"因而"即"因是役而"）。今提列全句之首，可视为句之主语。）

其本欲舒，其培欲平，其土欲故，其筑欲密。（郭橐驼）

（四小句平列相合；所谓"排句"也，但一二之间及三四之间关系较密，实分两个段落。四小句构造相同，皆表态句，"欲"字可从权当作"可能与必要类限制词"；但四小句之主语，一三为普通词组，"其"字代"树之"；二四为组合式词结，"其培"等于"本之培"，"其筑"等于"土之筑"；然四句平列，颇平匀，则组合式词结之妙用也。此四小句之主语虽为"本"、"培"、"土"、"筑"四字，然其上皆冠以"其"字，此四"其"字所指固不尽同，然皆直接间接与树有关，故四小句之主语，亦可云部分相同。）

复句之内可以包含繁句，上面已有过例子。繁句之内也可以包含复句，下面是两个例子：

我常喜欢挨坐在母亲的旁边，挽住她的衣袖，央求她述说我幼年的事。（寄小读者）

（“挨坐”、“挽住”两小句皆简句，而“央求”一小句为一繁句，此三小句以并时关系相合（亦可云前二表后一之情境），成一复句，为“喜欢”之止词。故从全句说，是一繁句，中包一复句，而复句之内又有一繁句。）

彼能征服此蹇运，利用此幸运，而我不能，即彼成我败所由判也。（毅力）

（全句为一判断繁句，分四小句，前三小句为句之主语，第四小句为谓语。一二两小句为同主语之二词结，联列相合，又共同与第三小句以对照关系相合，成一复句。第四小句为一由叙事繁句“彼成我败由此而判”转成之词组。）

第八章　句法的变化

句式的应用

8.1　句法的变化不外“以繁驭简”和“以简驭繁”两个原则。何谓“以繁驭简”？意念的初步形式多半是（不一定尽数是）一些简句，而且常常是形式不完备的。而略略正式的言谈和文字，尤其是文字，决不采取这种形式，常常组织成许多繁句（包括复句）。例如：

他吃饭，他饱了，他睡，他醒了，他吃饭，他生病。

我们要表达这一串事实，决不会用这六个简句，一定是说：

他吃饱了就睡，睡醒了又吃，终于生病了。

又如：

独乐乐，与人乐乐，孰乐？（孟子）

这三个简句,一个跟一个,虽然可算是一个复句,可是并没有组织起来。假如我们改为:

独乐乐,孰若与人乐乐?

这就是一个有组织的繁句了。这就是"以繁驭简"。这一方面用不着多说。

何谓"以简驭繁"呢?上面这两个例子也就是一种"以简驭繁",用一个句子不比用几个句子简单些吗?但是我们现在要讨论的是一种狭义的"以简驭繁",就是把繁句拿来在形式上简句化。例如我们说"有了机器,那么好些东西,人力不能造,机器就能造","那么"以下是一个复句。假如改成

有机器则人力不能造者机器能造之。(机器说)

从"则"字以下就成了一个简句。又如《晋书·庚旉传》(附见《庚纯传》)里有这么两句:

不答所问,答所不问。

这是两个互相补充的小句,合成一个复句。我们现在通常说:

所答非所问。

这就是一个简句了。又如:

夫世之人，喜为非礼之貌，好为无用之观；事至而不能见，见而不能远；（中节去十小句，六十三字）卒蹈于网罗人于陷阱者，往往而是。（盲者说）

假如说成

世之人往往喜为非礼之貌，好为无用之观……卒蹈于网罗，入于陷阱。

那就是一个由十六个小句合成的复句。作者应用句子转成词组的方法，就把十六个小句全纳在一个词组“……者”里面，句子的骨干就是“……者往往而是”这么一个简句形式，显得很紧凑，虽然字数并没有减少（还多了“者”和“而是”三个字）。

以上就是“以简驭繁”的例子。这一类句法变化，在文言里很重要，白话里没有这么发达。以下讨论的句法变化，不一定全是繁句化简句，但多数合于这个原则。

有无句式的利用：有（无）……者

8.21 我们在上节的两个例句里已经可以看出一件事，在句法的变化里，“所”字和“者”字有绝大的作用。我们现在先看这两个字如何应用于有无句式。“有”和“者”合用有三个型式：

第一，“者”字所指为何无明文。此时的“者”字就等于“的人”，而“有……者”就等于“有人……”。我们在7.6节讨论过“有人敲门”之类的句子，文言里表达同样的意思多用“有……者”，如：

有牵牛而过堂下者。（孟子）

有馈生鱼于郑子产者。（同）

念此外无可与谋者，固属其子趣之。（看桃花记）

用白话说，就是“有个人牵了一头牛，打堂下过去”；“有个人送子产一些活鱼”。但是文言里很少说“有人牵牛而过堂下”；应用一个“者”字就把“牵牛而过堂下”从一个词结的谓语转成一个词组的加语（“者”字可以从权认为代用端语），于是繁句便简句化了。

8.22 其次，假如不只是“有人”二字，而是可以说出是何等人的，通常就把这个名词搁在“有”字之前，成为

（名）有……者

的句式。5.63所说的分母性起词有一部分就是这样的句法，如“宋人有闵其苗之不长而揠之者”，表面上“宋人”是“有”字的起词，事实上是后面动词的起词，假如我们把这些准起词移在“有”字之后，句法虽变，意义相同。结果就和7.6的“有人敲门”同式。如

有宋人闵其苗之不长而揠之。

有客吹洞箫，倚歌而和之。

渐有中外旅行家齿及斯窟。

这样一改造,“有”字的介绍作用就更明显了。当然,这些改造过的句子的“宋人”等等和原句的“宋人”等所指范围大小不同:原句是说“宋人之中有……者”,宋人指全部宋人,而此地的“有宋人……”只是指某一个宋人。可是我们要知道,和句中事情有关系的本来只是这一个宋人,其余的宋人原是没有关系的。其余的例子:

如此则天下忠臣义士将有闻风而起者。(文天祥)

国亡在旦夕,而天下之兵无一人一骑赴救者。(文天祥)〔此例的起词分在“无”字的前后〕

凡四方之士,无有不过而拜且泣者。(五人墓碑记)

以下是不指人而指事,“有”字后多为形容词,如:

后患有不可言者矣。(机器说)〔将有不可言之后患矣〕

先生所处之境,其有与余同者耶?(侍膳图记)

天下之至乐无有逾于此者矣。(同)

8.23　最后,还有一种句法,是把名词放在“有”字之后成为

有(名)……者

的格式,如:

欧阳子方夜读书,闻有声自西南来者。(秋声赋)

己不治,则必有他力焉起而代治之者。(自治)

勇士入其大门则无人门焉者;入其闺,则无人闺焉者。(同)

拿这些例句和7.6的例句一比较,就知道意义的表达是相同的,只多一个"者"字,这个"者"字的作用就是把谓语转成加语(位端语之后),把繁句化成简句的形式。7.6节的例句有一部分可以这样改造,如"有风飒然至者"。

又如桃花源记的第一句是:

晋太元中,武陵人捕鱼为业。

这个"武陵人"是个带有无定性的名词,只是"某一个武陵人";像原文这样直率,不用"有"字介绍,是比较少见的。假如我们应用"有"字和"者"字,我们可以有三种变式:

晋太元中,有武陵人捕鱼为业。(7.6)

晋太元中,有武陵人捕鱼为业者。(8.23)

晋太元中,武陵人有捕鱼为业者。(8.22)

有所,无所

8.3　白话里虽没有专用的无定指称词,但有时可借用疑问指称词来达意。例如:

讨饭讨到点儿什么，一定拿回来孝敬他妈。

翻成文言，就用得到"所"字来帮忙了：

有所得，必持归陈母前。（哑孝子）

其余的例子：

故余虽愚，卒获有所闻。（送马生序）〔听见点儿道理〕
有所借贷，要周全他。（郑书）〔借点儿什么〕
女亦无所思，女亦无所忆。（木兰辞）〔不想什么〕
至暮，果无所遇而返。（杜环）〔没遇见谁〕
伯章若无所闻。（同）〔没听见什么似的〕
皆怡然自得，一无所求。（市声说）〔什么都不求〕
大铁椎外，一物无所持。（铁椎）〔什么都不拿〕

以下"有所"、"无所"之后都有"不"字：

狷者有所不为也。（论语）〔有不为之事〕
所恶有甚于死者，故患有所不辟也。（孟子）〔有不避之患〕
至于穷墟僻巷，无所不到。（市声说）〔哪儿都到〕
小人闲居为不善，无所不至。（大学）〔什么坏事都做得出〕
盖不廉则无所不取，不耻则无所不为。（五代史）〔什么都要；什么事情都干得出〕

有以，无以

8.4　我们在文言里常常遇到“有以”、“无以”这两个熟语，例如：

人各有以事君。（左传）
某生无以答。（盲者说）

这里的“有以事君”就是“有所以事君（之道）”，“无以答”就是“无所以答（之言）”。

这两个熟语里头，“无以”应用较广，例如：

布氏初学于其乡之画工，尽其技，师无以为教。（有恒）
长铗归来乎，无以为家。（冯谖）
得十九人，余无可取者，无以满二十人。（史记·平原君列传）
虽有巧譬善道，亦无以过于桀与烛也。（日喻）
故推恩足以保四海，不推恩无以保妻子。（孟子）
王语暴以好乐，暴未有以对也。（孟子）

这些句子都可以应用上面的分析来解说，如“无所以为教之技”，“无所以为家之资”，“无所以足数之人”等等。这是从形式上着眼，推求何以这里用“以”字之故。我们同时发现这些例句都含有否定可能性的意义，“无以”仿佛就等于“不能”，或者更确切些，等于"没法儿……"。孟子第一例拿"无以"和"足以"相对，尤其足以表示"无以"等于"不能"。

但是这一个例句里不拿"有以"和"无以"相对，也可见"有以"不恰恰等于"可以"或"足以"。如上面的"有以事君"，就不含可能性的意义。又如：

齐有以取之也。（穀梁）

杀人以梃与刃，有以异乎？（孟子）

也只能说是"齐有所以取败之道"，"有所以相异之处"，不能说是"齐足以取之"等等。但如下面的例，就含有可能的意义了：

臣有以知陛下之不能也。（汉书·贾谊传）〔＝我敢断言〕

惟足下有以教之。〔＝盼望你能指教〕

判断句式的利用：者

8.51　判断句式，因为以判别是非为用，一般说起来要比叙事句式沉重些。凡是说话要表示煞断的口气，就常有依循这个原则的转变。这儿所利用的又是"者"字和"所"字，还有借以造成组合式词结的"之"字和"其"字。利用"者"字造判断句分四项举例。

首先是在他式谓语后加"者"字，使化为判断式谓语，例如"此仆当济公于难"，这是一个平平淡淡的叙事句，但如改作

此仆当济公于难者也。(郭老仆)

便有劲多了。此外的例:

弈秋,通国之善弈者也。(孟子)
渤海吴君彦律,有志于学者也。(日喻)
是母是子,岂易得者哉?(哑孝子)
阻力虽亦有大小,而要之无可避免者也。(毅力)
志者,发诸己而非可见夺于他人者也。(立志)

白话句子可以拿来比较的,如:

我认得你,我的拳头是不认得你的。

8.52　第二种格式,把原有的谓语加"者"字再移在前面,成为判断式的主语,这比第一种格式语气还要重些。如:

呜呼!有尽者言词,不尽者伊怨凄楚之情。(祭中山先生文)

这句如改作"言词有尽,哀怨无穷",就平淡了。就是说"言词,有尽者也……",也不及原句能表深厚的感情。

我们还可以比较下面的两句:

或则乘一时之客气,勉过此一关,再遇之而退矣;其较强者遇三四次而退,上焉者遇五六次而退……非强者之人,未有

能坚持到底者也。（毅力）

但见己之过，不见世人之过，但服人之善，不知己有一毫之善者，此上流也；见己之过，亦见世人之过，知己之善，亦知世人之善，因之取长去短，人我互相为用者，其次焉者也……世人但见人之过，不见己之过，但夸己之善，不服人之善者，此下流也。终身流品之高下，其定于此。（示程在仁）

这两句里面，第一句的作者把无毅力的人分成几等，有高有低，然而他并不重视这种五十步与百步的差别（因为都非强毅之人），所以他决不愿用判断句式；假如我们给他改过，那就改糟了。第二句的作者说"终身流品之高下，其定于此"，他当然很重视这些个分别，他采用了判断句式。

"彼"、"此"等指称词通常多作主语。假如把谓语倒上去作主语，把"彼"、"此"等字拉下来作谓语，句子就特别强劲。人名由主语变为谓语也有同样的效果。我们可以比较下面每一例句的三种句法：

沛公必夺项王天下。〔普通叙事句〕

沛公必夺项王天下者也。〔判断甲式〕

夺项王天下者必沛公也。（史记·项羽本纪）〔判断乙式〕

此树经霜作老红色。

此即秋来经霜为老红者也。

秋来经霜为老红者此也。（记翠微山）

又如：

起予者商也。(论语)

生我者父母,知我者鲍子也。(史记·管晏列传)

灭六国者六国也,非秦也;族秦者秦也,非天下也。(阿房宫赋)

这三句如改作“商能起予”,“父母生我,鲍子知我”,“六国自灭而秦白族”,就异常疲弱了。

白话不用“者”字,但也有这种主语谓语互换的句法,如:

专门造谣生事的就是这些人!

想来陈胜倒不是怎样可怕,可怕的是那雨呀!(茅盾:大泽乡)

你如爱花,这里多的是锦绣似的草原。你如爱鸟,这里多的是巧啭的鸣禽。(康桥)

8.53　**主语如有数量词,可利用“者”字析出作谓语,如:**

是役也,男子死于火者数千人。(何伶传)

牛之来也,鸣钲前导,头簪金花,身披红绸,族拥之者数十人。(斗牛)

这两句当然也可以作“男子数千人死于火”,“数十人鸣钲前导……”但显然不像原句的特别注重“数千人”和“数十人”。又如:

天下无田无业者多矣。(郑书)

世之远游而不克顾养者多矣。(侍膳图记)

这两句分析所含成分,和前面两句相同,如第一句包含“多”、“人”、“无田业”三部分。但白话里尽管可以说“天下许多人无田无业”,文言的习惯不是如此,通常是“天下多无田无业之人”。这是谓语倒在主语之前的表态句。因为这是通常的句法,所以虽是倒装式,并不显得语气重。现在把次序改过,虽然合于一般的先主后谓的正常次序,却反而语气加重了。这可以和白话的句法比较,白话里因为“山多水少”式的句法是通常的句法,所以“多的是……”就成了特重的句法了。

8.54　含有条件与后果的关系的复句,常可以利用“者”字使它简句化。例如大学里有一句:

善则得之,不善则失之矣。

可以改成

善者得之,不善者失之。

此外的例:

乐民之乐者,民亦乐其乐;忧民之忧者,民亦忧其忧。(孟子)〔若乐民之乐,则民亦乐其乐……〕

有毅力者成，无毅力者败。（毅力）〔苟有毅力则成……〕

坐而玩之者，可濯足于林下；卧而狎之者，可垂钓于枕上。（冷泉亭记）

是故守不用机器调济贫民之说者，皆饥寒斯民，困阨斯民者也。（机器说）

这种寓条件于加语的句法，底下还要谈到（22.5）。

所

8.61　利用“所”字造成判断句式可分两类。一类是让含有“所”字的词组做谓语，如：

鱼，我所欲也，熊掌，亦我所欲也。（孟子）

王夷甫太解明，乐彦辅我所敬，张茂先我所不解。（世说新语）

夫过者，大贤所不免。（示龙场诸生）

市者，声之所聚；京师者，又市之所聚也。（市声说）

婴碪课诵图者，不材拯官京师日之所作也。（课诵图序）

东谷者，古谓之天门溪水，余所不至也。（登泰山记）

粟者，民之所种。（汉书·食货志）

持之有恒若此，吾所不及也。

“鱼我所欲也”，照最直率的说法就是“我欲鱼”，一个简单的叙事

句。现在因为要着重"鱼"字，就把它提出来做主语，用"所"字把"我欲"组成一个词组做谓语。其余的句子也是如此：如"大贤不免于过"，"声聚于市，市聚于京师"，"拯官京师日作课诵图"。这个变化可以和8.51的例子相比，不同的是那里的"此仆"原来是起词，这里的"鱼"原来是止词，所以一个应用"者"字，一个应用"所"字。

我们还可以把这类句法和白话比较，上面鱼和熊掌这个例句白话里可以有两种说法：（一）鱼，我要的；熊掌，我也要的；（二）鱼，我也要；熊掌，我也要。第一种说法和文言一样，转成判断句；但第二种说法呢？我们起头仍把它放在叙事句里讲（3.62），后来又说过像这样的"鱼"字，虽然是"欲"字的止词，可是句子的主语（5.1）。现在和文言一比较，就知道这一类"止——起——动"次序的句子里头很有一些是带有判断句的意味的。

我们在3.62节里说过，止词居前不外三个条件，（一）比较，（二）特提，（三）止词是（或含）特指词。上面一二两例是比较类，余例是特提类；特提类往往在主语后加一"者"字，这是判断句主语之后常用的。下面是止词是（或含）特指词的例子：

是谋非吾所能及也。（孟子）

此非人力之所能为也。（蒋衡：鞭虎救弟记）

此从前闭关独治之说，非所施于今日也。（机器说）

凡人用物，蕲其质良价廉；此情之所必趋，势之所必至，非峻法严刑之所能禁也，非令名美誉之所能劝也，非善政温辞之所能导也。（机器说）

以下用“所以”、“所由”，因主语原来是谓语里的动词的补词（参阅6.63），前两例原为凭借补词，后二例原为原因补词：

群者，所以谋众人公共之利益也。（为群）

衡所以权权利之轻重，剑所以护权利之实行。（权利）

权利义务之不能平衡，实世事骚扰天下纠纷之所由起也。（权利与义务）〔骚扰纠纷起于（不用“由”字）权利义务之不能平衡〕

四灵不至，君子所为致慨也。（市声说）〔君子为四灵不至而致慨〕

8.62　另一类是让含有“所”字的词组做主语：

狄人之所欲者，吾土地也。（孟子）

臣之所好者道也，进乎技矣。（庄子）

君子之所哀其仅市声也哉！（市声）

但吾人之所以律己者，宁多尽义务而少享权利。（权利与义务）

以上的例句的直率说法是“狄人欲吾地”，“臣好道”，“君子不仅哀市声”，“吾人宁律已以……”。这也是把叙事句的止词（第四例为补词）提出的办法，但是提出来作谓语，和8.52“夺项王天下者必沛公也”等例把起词提作谓语可以相比。

我们可以注意四句例句里有三句用“所……者”。“所”字之后本可用“者”（6.62），但大多数不用，这里因为判断式句子的主语

（尽管是个简单的名词）之后习惯用“者”一顿（5.42），所以多数用“者”。

白话里也有类似的句法，如：

> 我认识的是他的二哥。〔不是他的大哥〕

这句话的基本内容只是“我认识他的二哥”。又如：

> 我最不能忘记的是他的背影。
>
> 深山一住三年，眼睛看的是这个，耳朵听的是这个。（儿三三）

因为白话里没有“者”字和“所”字的分别，这一类句子是可以和8.52的例句合成一类的。

8.63　还有在主语和谓语里都用“所”字的，如：

> 今之所谓良臣，古之所谓民贼也。（孟子）

这句话倘若说成“此等人，今谓之良臣，古则谓之民贼”就是一个繁句。除原文那样上下都改词组外，我们还可以只改去一个小句，如

> 今之所谓良臣，古固谓之民贼也。

或是

古之所谓民贼，今乃谓之良臣。

同样的句式有如：

子之所不乐亦人之所不乐也。
敌之所利即我所不利。

组合式词结的利用

8.71　我们又常利用“组合式词结”造成表态句，如：

夫天之爱人，甚矣！（盲者说）

这句话，平平淡淡地说，是“天甚爱人”。“甚”是动词“爱”的加语，加语照例在句子里不占重要位置。现在我们要着重这个字，只有把他改成谓语，把其余的部分由一个句子缩成一个组合式词结，做句子的主语，就成了例句的形式。白话里也有近似的句法：

老天爷疼人可疼得利害。

这个“得”字也写“的”，因为两个字的轻声同为 de，我们不可误会这个“的”就是文言的“之”的变相。更举几个白话的例：

今儿个天气热得很。

我这两天闷得慌。

飞得不高，跌得不重。

可是我们要注意，白话用“得”的句式只能对翻一部分文言例句，有一部分是不能应用“得”字的。另有一些白话用“得”的句子，和此处讨论的文言句法不相当。

以下是文言里利用“之”字造成组合式词结作主语的例，多数用“也”字作一顿：

王之好乐甚，则齐国其庶几乎！（孟子）

道之难见也，甚于日。（日喻）

天下之无道也久矣。（论语）

二子之不欲战也宜。（左传）

西蜀之去南海，不知几千里也。（为学）

君子之爱人也，以德；细人之爱人也，以姑息。（檀弓）

三代之得天下也，以仁；其失天下也，以不仁。（孟子）

风之积也不厚，则其负大翼也无力。（庄子）

上面最后两例，第一小句用“之”，第二小句即用“其”。

如果特别重视那个加语，把他作成谓语以后，还可以再利用“变次”，如：

甚矣吾衰也！（论语）

甚矣市声之可哀也！（市声说）

宜乎百姓之谓我爱也！（孟子）

异哉此人之教子也！（颜氏家训）

8.72 组合式词结在文言的句法里异常重要。我们已经讨论过的，是作叙事句的起词和止词（7.3），作表态句和判断句的主语和谓语（7.2），现在又看过他的改变句法的作用（作判断句主语）。但组合式词结的功用还不限于此，他又可以把表时间、原因等等小句改变成词组的形式作为补词，因而使繁句在外形上化成简句，这也是白话里没有的。例如：

大道之行也，天下为公。（礼记）〔大道行则天下为公，原为繁句，今将时间小句变补词：（及）大道之行〕

危险之来，若非群中之人出万死不顾一生之力以保之，则群亡。（为群）〔危险来，时间小句，变补词：（方）危险之来〕

昔巴律西之制造瓷器也，积十八年之试验而后成。（有恒）

夫子之至于斯邦也，必闻其政。（论语）

诸葛亮之为相国也，抚百姓，示仪轨，约官职，从权制，开诚心，布公道。（三国志·诸葛亮传）

以岁之非时，献禽之未至，敢献诸从者。（左传）〔因岁尚非时，献禽者未至……；原因小句变补词〕

如有能信之者，则不远秦楚之路，为指之不若人也。（孟子）〔信＝伸〕

凡学之不勤，必其志之尚未笃也。（示龙场诸生）〔学不勤，因志不笃；原因小句变判断句谓语〕

我们现在可以翻开6.71，6.72两节来看看那些例句里的组合式词结在句子里的地位了。无论是做主语或是做谓语,做起词、止词或补词,都是从句降为词,这就是组合式词结的作用。

8.73 有时,我们把谓语里的补词提出,用"之"字和主语合成组合式词结,这也是强调谓语的主要部分的一种方法,可算组合式词结这个方式的极端活用了。如:

寡人之于国也,尽心焉耳矣。(孟子)

君子之于禽兽也,见其生不忍见其死,闻其声不忍食其肉。(同)

口之于味也,有同嗜焉;耳之于声也,有同听焉;目之于色也,有同美焉。(同)

今执事之于仆乃有不然者。(侯方域:与阮光禄书)

献子之于此五人者,友也。(孟子)

外位

8.8 我们在3.62节里看见过止词提前而在原位补个"之"字的例,如"是疾也,江南之人常常有之";又在7.22节看见过主语(词结)之后加一"是"字的例,如"……是知也";又在7.34节看见过动词和止词(词结)当中插一"之"字的例,如"吾闻之……",这种种句法都是语气上有这种需要才采用的。从意念上讲,止词还是止词,主语还是主语;可是在形式上,止词和主语的位置已经让"之"、"是"等字占去,"是疾也"等等反而好像和动词或谓语失去联络似的。我们给这些离开本位的成分立个名称,称为"外位语"。

外位语的原位常有指称词填补,尤其是文言里;但也有让它空着的,白话里大多数是如此。前者固然是外位语,后者也不妨作外位语看待。以下分类举例,以有指称词的为主。

(甲)外位止词(参阅3.62):

险阻艰难,备尝之矣;民之情伪,尽知之矣。(左传)

虽驱世以笑我,胡地中山,吾必有之。(史记·赵世家)

高者抑之,下者举之,有余者损之,不足者补之。(老子)

(乙)外位补词:

这些人你可别再跟他往来了。

是役也……草木为之含悲,风云因而变色。(黄花冈)

(丙)繁句内第二词结的主语:

这人人称他褚一官。(儿一四)

这位将近九十岁的老人家,难道还指望他辛辛苦苦跟了我去不成?(儿一九)

鸟,吾知其能飞;鱼,吾知其能游;兽,吾知其能走。(史记·老庄列传)

杀者亦竟绝莫知(其)为谁。(史记·游侠列传)

青天白日,奴隶亦知其清明。(韩愈)

若夫狂惑丧心之人,蹈河而入火,妄言而骂詈,则有之矣;而愈,人知其无是疾也。(同)

民,可使(之)由之,不可使(之)知之。(论语)

以上例句所以要采用外位的句法,理由不外乎特别重视那个外位语,可参阅3.62的说明,并比较8.61的例句。

(丁)外位主语(参阅7.22):

吝啬,自私,嫉妒,这些都是他的缺点。

富与贵,是人之所欲也;不以其道得之,不处也。(论语)

这一类例句所以采用外位句法,不是因为重视外位语(外位语已经是句的主语了),是因为主语不止一物,"是"和"这些"有总括的作用。至于7.22的外位主语,是因为用词结作主语,不能不有一个停顿。

(戊)外位加语:

回也,其心三月不违仁。(论语)

三军,可夺(其)帅也;匹夫,不可夺(其)志也。(同)

由也,千乘之国,可使治其赋也。(同)〔"由"又为"使"的外位止词〕

人之不廉而至于悖礼犯义,其源皆生于无耻也。(廉耻)

夫十有一月之中,凡富贵之子,慷慨得志之徒,其疾病而死,死而湮没不足道者,亦已众矣。(五人墓碑记)

以上例句所以采用外位句法,不全是因为重视外位语。第一第二两句确是重视外位语,如改作"回之心三月不违仁","三军之帅可夺也,匹夫之志不可夺也”,就显得疲弱。其余三句是因为加语合上端语,如“可使治千乘之国之赋”,“人之不廉……之源”,“凡富贵之子……之疾病而死……者”,未免太长太累赘,所以利用“外位”句法把他们拆开,可以舒缓语气。7.34 的“记有之……”也是由于同一理由。

（己）外位端语：

> 衣服首饰,休穿戴十分好的。(杨继盛:家书)
>
> 一部水浒传,他一天就看了半部。

这里的外位语原是一个词组,做动词的止词,但是只把端语提到句头,把加语留在原位置上。这是白话里特有的句法,文言里大率要在加语上下加用“其”或“者”,如上面两例勉强改作文言就是“衣饰勿御(其)最佳者”,“水浒一书彼一日尽其半”。这个“其”字把端语和加语在形式上倒了个过儿,“衣饰”等字变成外位加语了。这可以和(戊)项最后一例比较,那里面原是一个极长的词组“疾病而死,死而湮没不足道之富贵之子,慷慨得志之徒”,先利用“之……者”把端语和加语对换(6.52),然后又用“其”字代“之”字,使“富贵之子,慷慨得志之徒”成为外位加语,可以作一停顿。

就是6.52节的“儿女大者……小者”,“僧富者……贫者”等例里面的“儿女”、“僧”等,也都是端语变加语,并且也可以当作外位加语看,因为既不用“之”字连接,中间似可认为有一停顿。但这些句子的采用外位句法,可不是因为里面有长的词组,乃是因为一个加语(僧;原来的端语)下面有两个端语(富者,贫者;原来的加语)分承,不用“之”字整齐些。我们可以比较(辛)项一部分例句。

(庚) 外位语为分述之词:

已遂述数行,(其)一以(之)自存,(其)一以(之)与僧。(峡江寺飞泉亭记)

树根安二巨石,(其)一姊氏捣衣以(之)为砧,(其)一使拯坐(之)而读。(课诵图)

(辛) 外位语同时为两个(或更多)词结的成分:

科学上之发明,仁者用(之)以生人,不仁者用(之)以杀人。

若是者,古谓之民贼,今谓之良臣。

古之君子,其责己也重以周,其待人也轻以约。(原毁)

诸侯名士,可下以财者,厚遗结之;不肯者,得剑刺之。(史记·李斯传)〔两“之”字分代两外位语,但“诸侯名士”是共同的外位语。本例可与6.52“大夫之忠俭者”例比较。〕

拱把之梓桐,人苟欲生之,皆知所以养之者。(孟子)

今夫水,搏而跃之,可使(之)过颡;激而行之,可使(之)在山。(孟子)

子路,人告之以有过则喜。(孟子)〔“子路”,在第一词结为外位受词;在第二词结为主语,是否可以算全句的外位主语呢?很不好断定。比较白话“子路这个人呀,你告诉他他做错了事,他就高兴”。下面几句情形相似。〕

青,取之于蓝,而青于蓝;冰,水为之,而寒于水。(荀子)

古之圣人,其出人也远矣,犹且从师而问焉。(韩愈:师说)

虽然，幽远之小民，其足迹未尝至城邑，苟有不得其所，能自辩于县吏乎？（韩愈）

马，（其）蹄可以践霜雪，（其）毛可以御风寒，龁草饮水，翘足而陆——此马之真性也。（庄子）

夫颛臾，昔者先王以（之）为东蒙主，且在邦域之中矣；是社稷之臣也，何以伐（之）为？（论语）〔"颛臾"，在第一小句为外位止词，在第二小句为主语，在第三小句为外位主语，在第四小句为补词的一部分。〕

我们在先曾经说过（5.1），提在句头的止词可以作主语看；其实句子里头任何重要的名词或指称词提到句头，差不多都有变作主语的神气，读者不妨把本节所举各例细细玩味一下，尤其是（辛）项的例。我们很可以说：作者先把他心中认为最重要的一个词提出来做句子的主语，然后把其余的部分照原来的次序说出来做句子的谓语；假如有必要，就在提出来做主语的那个词的原位置填补一个"之"字，"是"字，或"其"字；谓语如包含两个或更多的小句，那就这个小句内补个"其"字，那个小句内补个"之"字也可以，这个小句内补个指称词，那个小句内不补也不妨。（乃至表面上没有外位语的句子，如"弟子入则孝，出则弟……"，"君子不重则不威，学则不固……"等也是依循同样的心理构成的。）西洋语言里不大容许这种句法，他们仿佛觉得除了被动式外，只有动词的起词才有资格当句子的主语，我们似乎没有这种成见。所以像"古之圣人"那个例句，有人讲"其出人也远矣"是后附"形容子句"，"其"字是个"联接代名词"，等于英语的 who，"圣人"直接"从师而问"（同样，"幽远之小民"句的"其"字说是等于 whose），巧则巧矣，但恐不合于说汉语的人的心理。

省略

8.91　起词、止词以及补词的省略(当前及承上)已在第三第四两章内讨论过。承上性省略,在汉语语句的构造上非常重要,尤其在文言里。下面例句中多数是错杂省略的例子,这里面往往先省去一个“甲”,又省去一个“乙”,接着又省去一个“甲”。大体说来,汉语里用三身指称词比西洋语言里少得多;以汉语而论,文言又要比白话少得多。初学文言的学生常常被这种现象迷惑了,尤其是遇到没有标点过的文字。我们先拿两句例句,把省去的词填补出来,可是我们要记好,实际上没有人说话或写文章是那么不怕麻烦的。

我父亲打发(我)来求婶子,上回老舅太太给婶子的那架玻璃炕屏,(我们家)明儿请个要紧的客,(我父亲想借去)略摆一摆,就(把他)送来。(红六)

陈太丘与友期行,(共)期日中,(友)过中不至,太丘舍(之)去,(太丘)去后(友)乃至。(世说新语)

以下例句里,把这份笨活留给好事的读者。

庙里现成的茶饭,干净房子,(　)住一夜,(　)随心布施,(　)不争你的银钱。(儿五)

那婆子……又向平儿道，“(　)说了：(　)使唤你来，你就贪住嘴不去了！(　)叫你少喝钟儿罢。”平儿笑道，“(　)多喝了(　)又把我怎么样？”(红三九)

应箕性暴些，应尾自幼晓得他性儿的，(　)看我面皮，(　)若有些冲撞，(　)担待他吧。(杨继盛家书)

贼为(　)开去镣扣，延(　)坐堂上，假(　)以笔墨。(林觉民)

担者颇不俗，拉(　)与(　)同饮。(记趣)

先是浦口刘大山过余，要(　)与(　)同入燕。(乙亥北行日记)

前年予病，汝终宵刺探，(　)减一分则(　)喜，(　)增一分则(　)忧。(祭妹文)

謇之识叟亦三四十年。往者天日晴煦，(　)时过其家，间从(　)乞果树；亦延(　)至(　)家，属(　)指挥圃事，叟以(　)为乐。(刘叟墓碣)

见渔人，乃大惊。问(　)所从来，(　)具答之。(　)便要(　)还家，设酒杀鸡作食。(桃源)

芸作新妇，初甚缄默，终日无怒容，(　)与之言，(　)微笑而已。(记乐)

郤子至。请伐齐，晋侯弗许；(　)请以其私属，(　)又弗许。(左传)〔以其私属＝以其私属伐之〕

邴夏……射其左，(　)越于车下；(　)射其右，(　)毙于车中。(左传)

多读了文言书籍，涵养在这种习惯里，不必一一推求，自然会明了

哪一个动作属于哪一个人（或物）。但在下面这个例句里：

宝玉笑道，"要象只管这么闹，我还怕死吗？倒不如死了干净！"黛玉忙道，"正是了，要是这么闹，不如死了干净！"宝玉道，"我说自家死了干净，别错听了话又赖人。"（红二〇）

黛玉就故意利用主语的省略来和宝玉扯皮。

8.92　文言里还有一个地方，照例省略，就是对话记录里的"某某曰……某某曰……"。当然一开头得说明谁跟谁说话，但是张一句李一句交代明白以后就只用"曰……曰……曰……"曰下去了；有时候甚至连"曰"字都省去。现在标点符号已经用开了，又有分行写的办法，就一个"曰"字不写也不妨事，但在从前不用标点符号的时代，这未免太经济了一点。

下面是一个标点好了的例子：

左师公曰："父母之爱子，则为之计深远。媪之送燕后也……岂非计久长，有子孙相继为王也哉？"

太后曰："然。"

左师公曰："今三世以前，至于赵之为赵，赵主之子孙侯者，其继有在者乎？"

曰："无有。"

曰："微独赵，诸侯有在者乎？"

曰："老妇不闻也。"

"此其近者祸及身，远者及其子孙。岂人主之子孙则必不善乎哉？位尊而无功，奉厚而无劳，而挟重器多也……"

（国策·触詟见太后）

注意最后换了一个人说话，没有用“曰”字标明。

下面的例子，一句用“曰”，一句不用。

王曰：“骋而左右，何也？”
曰：“召军吏也。”
“皆聚于中军矣。”
曰：“合谋也。”
“张幕矣。”
曰：“虔卜于先君也。”
“彻幕矣。”
曰：“将发命也。”
“甚嚣，且尘上矣。”
曰：“将塞井夷灶而为行也。”
“皆乘矣，左右执兵而下矣。”
曰：“听誓也。”
“战乎？”
曰：“未可知也。”
“乘而左右皆下矣。”
曰：“战祷也。”

（左传·鄢陵之战）

下面是没有标点过的一个例子：

陈相见孟子道许行之言曰(中略)孟子曰许子必种粟而后食乎曰然许子必织布而后衣乎曰否许子衣褐许子冠乎曰冠曰奚冠曰冠素曰自织之与曰否以粟易之曰许子奚为不自织曰害于耕曰许子以釜甑爨以铁耕乎曰然自为之与曰否以粟易之以粟易械器者不为厉陶冶(中略)何许子之不惮烦曰百工之事固不可耕且为也然则治天下独可耕且为与有大人之事有小人之事(下略)

这是孟子里有名的"许行章"一部分,这里面有五个地方省去"曰"字,其中有三处是简短的询问句,很容易和上下文分辨。

再举一个例子,还是孟子,这回是"养气章"。这一章太长了,不能照录。这一章全是问答体,头上标明"公孙丑问曰……孟子曰……"。以下二问二答,各冠"曰"字。以下公孙丑问"敢问夫子之不动心与告子之不动心,可得闻与?"冠以"曰"字;从"告子曰"到"无暴其气",孟子答语,不冠"曰"字;下面从"既日志至焉"起,又是公孙丑问语,也不冠"曰"字(这两个"曰"字省得最没有道理)。以下孟子答,有"曰"字。再以下九问九答,答语皆有"曰"字,问语则冠"曰"字者仅三句而已。总计全章问答各十四次,答语不标"曰"字的只有一次,问语则有"曰"字的和无"曰"字的恰恰各半。这也可见省去"曰"字以问语之前为多。

下卷之上　表达论：范畴

第九章　数量

单位词

9.11　世界上的事物，有可以计数的，有不能计数的。可以十数的，可以直接用数字来表示数量，如：

> 三人行，必有我师焉。（论·述而）
>
> 十目所视，十手所指。（大学）

不能计数的，如各种物质，必须凭依种种度量衡单位，或方便借用的量器，才能计数，如：

> 一尺布，尚可缝；一斗粟，尚可舂；兄弟二人不相容。（史·淮南厉王传）
>
> 一肩行李，两袖清风。

但如抽象的观念，既不可数，也不可量，而有时也可以直接加以数字，如：

彼亦一是非,此亦一是非。(庄·齐物论)

俗传顾恺之有三绝:才绝,画绝,痴绝。(晋书·顾恺之传)

以上是文言的通例。在白话里,不但上面第二类的例子要用单位词,第一第三类也都要用单位词:“三个人”,“十只眼睛”,“十只手”,“一种是非”,“三种过入之处”。换句话说,白话里名词之上不能直接加数字,当中必须插一个单位词。

9.12　这些单位词可以分成几类来看。

(1) 度量衡单位,如尺,寸;升,斗;斤,两等。

(2) 借用器物的名称:

杯:一杯酒,一杯茶。　　盆:一盆水,一盆花。

桌:一桌酒,一桌菜。　　床:一床被,一床毯子。

身:一身新衣,一身汗。　　架子:一架子书。

(以上容器)

刀:一刀纸。　　帖:一帖药。

(以上来源应用之器物)

盘:一盘棋。　　袋:一袋烟。

台:一台戏。　　口:一口茶,一口上海话。

(以上使用时应用之器物)

(3) 借用动词:

挑:一挑水。　　捆:一捆柴。

担:一担礼物。　　盘:一盘香,一盘念珠。

堆:一堆石子,一堆针线。　　把:一把米,一把花。

（4）集合性的单位：

队：一队兵。　　级：一级学生。

双：一双鞋。　　对：一对灯笼。

副：一副牌，一副对联。　　套：一套制服，一套曲子。

（5）与时间有关的单位：

阵：一阵风，一阵雨，一阵香气，一阵心酸。

场：一场病，一场笑话。

顿：一顿饭，一顿骂，一顿打。

以上各类单位词，除（4）类外都用于不可计数的物件，即物质或抽象观念。（4）类虽然常用于可计数的物件，但量词本身包含数量，也可以说是应实际的需要。

9.13　以下三类，大多数用于可计数的物件，可说是为了要有单位词而用的单位词。

（6）取物件部分的名称：

头：一头牛。　　尾：一尾鱼。

口：一口猪，一口锅，一口刀，一口井。

面：一面罗，一面旗，一面镜子，一面琵琶。

（7）略依物件的形状，长的用“根”，用“条”，薄的用“片”，厚实的用“块”，可展开的用“张”，可把握的用“把”，诸如此类。好些个例子没有道理可说，只是习惯如此。这类单位词极多，略举数例：

根：一根竹竿，一根绳子。　　枝：一枝笔。
条：一条狗，一条路。　　幅：一幅布，一幅画。
片：一片云，一片糕。　　段：一段布，一段因缘。
块：一块糖，一块玉。　　朵：一朵花，一朵云。
张：一张纸，一张桌子。　　扇：一扇门，一扇屏风。
把：一把刀，一把壶。　　股：一股香。

（8）几个一般性的单位词：

个：应用最广，人和物都可以用。

位：称人，含敬意，如一位客人。

只：多用于动物，如一只鸡，一只蝴蝶；又用于本来成对的物件，如一只眼睛，一只手，一只筷子。

件：用于物件及事情，如一件布衫，一件陈设，一件案子，一件心事。

9.14　在白话里，数字之后不跟单位词是例外，这些例外多半见于成语，如：

一钱如命。
双拳难敌四手。

又如大单位后面跟着小单位而后面不说名词时，小单位可省，如：

一丈二；二亩三；三块四（但一丈二尺布；二亩三分地；三块四角钱）。

数目字里的十，百，千跟在百，千，万之后也可以省，如：

二百五；三千三；三万六。

9.15　在文言里还有一个习惯，数量是一，可以只说单位词，例如"杯酒"就等于"一杯酒"，又如：

尺布斗粟；只鸡斗酒；片纸只字。

白话里也有类似的现象，如：

倘或来个亲戚，看着不象。（红四〇）

穿着件短布衫儿，拖着双薄片鞋儿。（儿三八）

但只限于在句子中间，我们不能说"杯白干不算什么"。

询问数量

9.21　询问数量，白话用"几"和"多少"。可计数的事物，可用

“几”，也可用“多少”，用“几”则暗示数目不大。用“几”要连带单位词，用“多少”可以不带。不可计数的事物只能用“多少”。例如：

你家有几个人？住几间房子？
你一点钟能写多少字？〔以上可计数〕
点这种灯，一个月得用多少油？〔不可计数〕
这个瓶子能装多少？〔“多少”之后无名词〕

早先的白话文里有“好多”、“几多”等词，现在的方言里还有沿用的。

9.22　物件有多寡，物件的属性也有多寡，后者的询问词也用“多少”，通常只说一个“多”字，例如：

不知片儿该切多薄才合式？
我只不信。那屋子有多大，就能容得下这么多人？
你能活了多大？见过几样东西？就说嘴来了！（红四〇）

9.23　文言里询问数量，用“几”、“几何”、“若干”等词，例如：

将军度羌虏何如？当用几人？（汉·赵充国传）

问士之有田宅身在陈列者几何人？余子之胜甲兵者有行伍者几何人？……问一民有几年之食也？问兵车之计几何乘也？（管子·问）

子年几何矣？（盲者说）

一人每日织布九尺,问三人织八日,共得若干尺?

定量:整数

9.31　确定的数量用数目字来表示。一、二、三、四……十、百、千、万、亿等。对"序数"说,称为"基数",对"分数"说,称为"整数"。

9.32　表示2这个数目的有"二"和"两"两个字。文言里用到"两"字多半有"双"或"对"的意思,如:

叔于田,乘乘黄;两服上襄,两骖雁行。(诗·郑风)〔里面的一对马儿,外面的一对马儿。〕

如天之福,两君相见,何以代此?(左·成一二)〔双方的国君〕

否则多用"二",如:

夫子欲之,吾二臣者皆不欲也。(论·季氏)

见其二子焉。(同·微子)

翻成白话,这些"二"字就都要改说"两"字了:"我们两个","两个儿子"。

白话里用"两"也用"二",这两个字的分别不容易定出一条简单而概括的规则。只能说,"两"字比较家常些,亲切些;寻常的单位词之前都用它。例如:

有两个人骑着两匹马，走了两天两夜，到城里去买了两口袋米，两只鸡，两条鱼，两棵白菜；他们每天吃两顿饭，吃了两个月两星期才吃完。

这里面的“两”字都不能改用“二”。“二”字比较正式些，计算味浓厚些；所以计数时用“二”，如：

二十，二百，二千，二万；二万二千二百二十二。

度量衡的计数也用“二”，如：

二丈二尺；二斤二两；二亩二分；二斗二升。

常用的度量衡单位也可以用“两”，尤其是钱币计数时只能用“两”，如：

两丈，两尺，两寸；两斤；两斗，两升；两亩；两块，两角（两毛），两吊。

但大小单位连用时，“两”字又只限于第一个单位，如：

两丈二尺，两尺二寸；两担二斗；两斗二升；两块二角，两角二分。

9.33　文言里在两位数字中间往往加个“有”字，这个“有”字作“又”字解，如：

李龙眠画罗汉渡江，凡十有八人，一角漫灭，存十五人有半。

白话里只有在多位数的空位上才加一个“零”字（有两个空位也只用一个“零”），早先也用“单”字，如：

这本书有二百零五面。
“天方夜谭”又名“一千零一夜”。
宋江看了众多头领，恰好一百单八员。（水浒六九）

9.34　其次要讨论的是数量词和名词的先后问题。数字可以在名词前，也可以在名词后，加以单位词的有无，就可以有四种格式，即（1）二马，（2）马二，（3）两匹马，（4）马二匹。分别说明如次：

（1）二马。——这是文言里极普通的用法，“十目”，“十手”，“二子”，“二臣”等例都是。白话里这是例外，多半是沿袭文言的习惯。

（2）马二。——这也是文言里常用的格式，和（1）式比较，计算味更重些。例如：

计人凡七：僧四，客一，童一，卒一。宫室器具凡九：城一，楼一，招提一，浮屠一，舟一，阁一，炉灶一，钟鼓各一。（核工）

郑商人弦高将市于周，遇之，以乘韦先，牛十二犒师。

（左·僖三三）〔乘韦＝四张熟皮〕

（3）两匹马。——这是白话里的通常说法，不必举例。文言里也有这种例子，如前引“一尺布，一斗粟”之例。

（4）马二匹。——这也是文言里的通常用法，意味和（2）式相同。例如：

季弟获桃坠一枚。（核工）

因作小楼二间，与月波楼通。（黄冈竹楼记）

成都有桑八百株，薄田十五顷，子弟衣食，自有余饶。（蜀志·诸葛亮传）

白话里只有开账单时用这种格式。

下面这个例子，在一篇之内（1）（2）（4）三种格式，都可以看见：

寺就石窟建四层楼二座（4）……又西，五层楼一（2）……三楼以西，又有五大窟（1）……继复绕出寺外……又有大窟十余（2）。（云冈）

分数

9.41　文言里表示分数有好几种说法，如：

> 一月之日，二十九日八十一分日之四十三。（汉·律历志）
>
> 道中十之六七属坦途，十之一二陟山坡，又十之一二则行河床中。（云冈）
>
> 关中之地，于天下三分之一。（史·货殖传）
>
> 三分天下有其二。（论·泰伯）

这里面，多数都用“之”字，有一例承上用“其”字；多数用“分”字，有一例不用“分”字。名词或在分母前，或在分母后。

现代白话里也用“几分之几”的说法，如：

> 三分之二的房屋已经完工。
>
> 这块地（的）三分之二种粮食，三分之一种蔬菜。

和文言不同的是名词只能说在分母前或分子后（用“的”字连接），却不能插在中间（如“三分日之一”），除非当中有动词（如“三分天下里头已经得了两分”）。“分”以外也用“股”字，从前还有“停”字，如：

> 眼看本钱三股里头已经折了两股。
>
> 检点人马，三停里面倒有两停不堪出阵。

9.42　分母是十的时候，文言和白话都有比较简单的说法。文言里可以既不用“分”，又不用“之”，分母直接分子，“十”常作“什”。这个办法又可用之于“百”和“万”。例如：

候时转物，逐什一之利。（史·越世家）

会天寒，士卒堕指者十二三。（史·高祖纪）

充国奏每上，辄下公卿议臣；初，是充国计者什三；中，什五；最后，什八。（汉书·赵充国传）〔是＝赞成〕

愿归农者十九。（韩愈：平淮西碑）

惟知心之难得，斯百一而为收。（韩愈：别知赋）

冀臣愚直，有补万一。（后汉·刘瑜传）

白话里连“十”字也不说，只在下面用“分”或“成”，就表示是“十分之一”，例如：

不必等他了，八成儿又不来了。

看见这个光景，心里先有三分不愿意。

9.43　“二分之一”用“半”字表示。和整数合用时“半”字说在单位词后，假如整数是“一”，可省。例：

前有半亩花园，后有亩半菜圃。

但“月半”是“月之半”，不是“一月又半”：

到了月半就过了半月。

用作数量称代词，白话说“一半”，文言作“其半”；用作动词或形容词的加语，文言只用一个“半”字，白话说“一半”。如：

你吃一半，我吃一半。

一半儿昏迷，一半儿醒。（元人曲）

卫车当其半，寡人当其半，敌矣。（左·定九）

但引兵少却，使之半渡，我以铁骑蹙而杀之，蔑不胜矣。（通鉴·淝水之战）

约量

9.51　表示不确定的数量，除了在数目上面加“大约”、“无虑”等限制词外，还有种种方法。第一，可以在定量后加用含有“大约”意思的字，如“上下”、“左右”、“来往”；“来”，限于十、百等数字后，并且要说在单位词之前；“把”，江淮官话里用，限于省说“一”的单位词后，意思是一两个，但百、千等字也作单位词看。例如：

三十上下年纪，川东鄂西口音。

约略估计，有三百左右人户。

大门口三丈来往就是一道山溪。

竟认不透两个是甚么人；看去一个有二十来岁，一个有十来岁。（儿四）

这房子待好有百来年没有修理了。

怕不一年要寻千把银子。（儒林外史二）

不是亲的也来认亲，不相与的也来认相与，忙了个把月。

（同，三）

文言里用“所”、“许”二字，如：

良殊大惊，随目之；父去里所，复还。（留侯）
才留三千所兵守武昌耳。（吴志·周鲂传）
转入巴蜀，往来二十许年。（后汉·申屠刚传）

9.52　其次，在定量后加“多”、“余”等字。上项的例句表示在某一数目的两头都有活动余地，现在却有一头有了限制了。例如：

这条鱼足有二斤多。
你别看这本书薄薄儿的，够一千多面呢。
地之相去也，千有余里；世之相后也，千有余岁。（孟·尽心）
顷之，二十余骑四面集，步行负矢从者百余人。（铁椎）

9.53　接近的两个数字合用，也可以表示约量。例如：

一去二三里，烟村四五家，亭台六七座，八九十枝花。
冠者五六人，童子六七人。（论·先进）

不密接的两个数字合用，只有“三五”。“十”和“八”也可以合用，但须各别加单位词。例如：

寻常三五个人休想近得他。

这得常吃，十天八天未必见效。

9.54　数字活用也可以表示约量，例如：

我们都多吃两杯就有了。（红四〇）

这件事情也不是三言两语可了，过两天得闲儿再谈罢。

三番五次的交代了，临时还是弄错！

二三子以我为隐乎？吾无隐乎尔。（论·述而）

近利市三倍。（易·说卦）

虽九死其犹未悔。（离骚）

檀公三十六策，走是上计。（南齐书·王敬则传）

数目字往往不能呆看。清儒汪中有一篇“释三九”，说此意最好。他说：“凡一二之所不能尽者，则约之三以见其多；三之所不能尽者，则约之九以见其极多。”又如“三分人材，七分打扮”，“三分像人，七分像鬼”等话，难道定是三七分，就不会是二八分？这儿的“三分”、“七分”无非是说“小半”、“大半”而已。近人樊演有“释三七”一文，详论此点。至于百、千、万等字，如“百工”、“千里”、“万年”之类，不用说，自然更是约言其多了。曾有人给“十八般武艺”和“三十六策”下注脚，列举十八种兵器和三十六条妙计，岂不可笑？

9.55　还有一个办法，就是直接用表示约量的词。白话里常用“几”字，如：

院子里栽了几棵花树，又疏疏落落布置了十几丛草花。

这一嚷立刻围上了好几十个看热闹的。

文言里和“几”字相当的是“数”字，如：

堂高数仞，榱题数尺，我得志，弗为也；食前方丈，侍妾数百人，我得志，弗为也。（孟·尽心）

“几”字可以有“几十”、“几百”等复合词，又可以有“十几”、“二十几”等复合词，它的用法和一个数字相同，不同的是它的数值不定而已。在这些复合词里，“几”的数值是从二到九，但单说“几”字却不能这样拘泥，例如说“还认得几个字”，不一定就是不满十个。“数”字的数值和“几”字相同，说“几十”，大概是不上百，但如孔子说“假我数年以学”，未必十年以外他就嫌多。但“数”字的复合词只有“数十”、“数百”这一类，“十数”虽然也可以看见，不及“十余”普通，“二十数”、“三十数”就简直没有了。这是“数”字和“几”字不同的地方。

专门用来表示相当多的约量的有“许多”，在中部的官话区域很普通，因此常见于语体文，但在北京话里不及“好些个”常见。

文言里又有“少许”一词，表示相当少的约量，如：

芸用小纱囊撮茶叶少许置花心。（记趣）

“若干”表示不定量，有时是中性，有时有约言其多的意思，如：

例如法国一七八九年之革命，其事前之鼓吹运动而被拘

杀者若干人，临时奋斗而死伤者若干人。（为群）

些，点

9.56 用"几"表约量，限于可计数的物件，不可计数的用"点（儿）"，例如：

外面落着点小雨，越发觉得冷清清的。

你倒是先住在你姨儿家去，给她帮帮忙，学点粗活，日后自然都有用处（冬儿）。

"些"字可以两方通用，如：

琏二奶奶打发平姑娘和玉钏儿姐姐要些玫瑰露。（红六一）〔不可计数〕

台阶儿上也摆着些碎货摊子。（儿三八）〔可计数〕

"些"字和"几"字不同的地方是"几"字必须合上单位词，如"几匹马"；"些"字可以不合单位词，如"养着些马"。假如要合单位词，只有"些个"，并且不限于可计数的。例如：

做些个夹坎肩儿给丫头们穿。（红四〇）〔可计数〕

也作了几日好事，烧了些个冥资。（儿二三）〔不可计数〕

“些”和“点”虽然同表少量，但是“些（个）”前面可以加“好”表示多，正如“好几个”、“好两岁”一样，如：

太太耳房里柜子开了，少了好些零碎东西。（红六一）

而“好点儿”就没有这个说法。还有，前面加了特指词“这（么）”或“那（么）”以后，“点”仍表少量，“些”就表多量。例如：

我看你们这些人都只吃这一点儿就完了，亏你们也不饿！（红四〇）〔少〕

这些酒，吃下去看不受用！（儿三〇）〔多〕

小宝贝啊，你多好，这么些个人疼你！（分）〔多〕

我哥哥家那些个孩子，再加上我，还带着冬儿，我嫂子嘴里不说，心里还能喜欢吗？（冬儿）〔多〕

以上，以下

9.57　还有一种不定量的表示法是在定量之后加“以上”、“以下”等词，例如：

六十分以上为及格。

年八十以上，赐米人月一石，肉二十斤。（汉文帝诏）

今农夫五口之家，其服役者不下二人，其能耕者不过百亩，百亩之收不过百石。（重农贵粟疏）

这和上面所说加“多”或“余”的不同。第一，同样是定下一个界限，但“六十余分”是近六十，“六十分以上”则可到一百（在别的上下文里还可以无限制，如百里以外）。第二，“六十余分”虽然不是定量，却只是一个数量，“六十分以上”则六十一分，六十二分……包括许多个数量。

一和多：们

9.61　现在要略略讨论汉语里有没有从单数变成复数的办法。普通说“们”字是个表复数的词尾。就“我们”、“你们”、“他们”这些称代词来说，有点儿像，但是如果拿名词来看，就不尽然。有三点值得注意。第一，“们”字只适用于人，不适用于物。我们说“先生们”、“孩子们”，但不说“石头们”、“花儿们”。“船舷上的鸬鹚们不再看天了，他们已听见了鲤鱼们的说话”，也只见于童话（叶绍钧：鲤鱼的遇险），那里面的动物已经人格化了。

第二，名词上头有了确定的数量词，底下就不能再用“们”字。我们说“孩子们”，也说“三个孩子”，但不说“三个孩子们”。所以这个“们”字的作用，可说是大致和文言的“诸”、“众”等字相等，是个“概括之词”。

第三，不会有几个的名词，后面却可以加“们”字，例如：

校长们都没在这里。（老舍：大悲寺外）

杨大个儿们一齐叫了声“哥儿们”。（上任）

一个学校不会有几个校长的，杨大个儿自然更不会有第二个，这里的“们”字是指他们的同僚或同伴。这个“们”字的意义是“及其他”，它的作用等于文言的“等”字，是个“连类之词”。

9.62　文言里和“们”字相近的字有“曹”、“属”、“侪”、“辈”、“等”，都可以和“吾”、“尔”、“彼”、“此”等指称词相合，见下章。“辈”、“等”二字又可以和名词合用，例如：

客问之，徐答曰，“小儿辈遂已破贼”。（晋书·谢安传）

我国历史旧分三体：一曰记传体……如《史记》、《汉书》等是也；二曰编年体……如《左氏春秋传》及《资治通鉴》等是也；三曰记事本末体……如《尚书》及《通鉴纪事本末》等是也。（蔡元培：历史）

“等”字接名词，不限于指人；“辈”字限于指人，和白话的“们”字更相近。“辈”字又可以加用数量词，如：

使者十辈来，皆言匈奴可击。（史·刘敬传）

群儿结数十辈攻之，健儿纵拳四挥，或啼或号，各抱头归。（健儿）

这个“辈”字就只等于“人”字或“个”字了。

“们”和“等”都有概括和类及两种意义，因此有时候可能产生歧义。例如“天华、广生、小苓们都来了”，可能只是这三个人，可能还有别人；“贵州、云南、广西等省（区）”，可能只是这三省（区），可能还有别的省份。这只能靠上下文决定。

9.63　一般而论，汉语里的名词本身不显其为一个或多个。例如“马来了”，也许是一匹马，也许是一队马。有表明数量的必要时，可以加用数量词（定量或不定量）。假如要表明是全体，就加用“概括之词”。文言用“凡”、“诸”、“众”、“群”等字。口语里原没有适当的字，语体文里用“所有”和“一切”。

口语里虽没有加在名词前的概括词，却有两个概括词可以加在动词前，“全”和“都”，如：

村子里的人全来了。（或“都来了”，或“全都来了”。）

文言里这类词更多，如“皆”、“咸”、“尽”、“悉”、“毕”、“胥”等，而且常常和名词前的概括词并用。如：

诸秦所徙适戍边者皆复去。（史·匈奴传）
群贤毕至，少长咸信。（兰亭集序）
男女衣著，悉如外人；黄发垂髫，并怡然自乐。（桃源）

次序

9.71　事物的次序用“序数”来表示。序数的构成是在基数的上面加一“第”字，如：第一，第二，第三。文言和白话都通用这个办法。

9.72　文言里又常常用基数表次序，有好些一直留传到现代口语里。略举数例：

(行第)二哥;三姑娘;六郎;秦七,黄九。〔秦观,黄庭坚〕

(年月)一九四〇年九月十三日。

(星期)星期一……星期六。

(书之卷次)卷一,卷二;卷之一,卷之二。

(数事分述)一则……二则;此其一……此其二;一乐也……二乐也……三乐也。

(其他)一年级,二(层)楼,五号字,七重天,九品官。

9.73　在口语里,我们对于第一个还有好些别种称说法,如:

元年,正月,初一。
大哥,大叔;长子,长孙。
首都,首座;头一句话。

9.74　最后一个也有别种说法,如:

末位,末班车,末日,末尾,末了儿。
小叔叔,小儿子,小指头。

9.75　“次”字表相对的第二,如:

奋长子建,次子甲,次子乙,次子庆,皆以驯行孝谨,官皆至二千石。(史·万石君传)

王当歃血而定从,次者吾君,次者遂。(史·平原君传)

这个“次”字有时也作固定的第二讲，例如单说“次子”。正如“第二”有时也可以有相对的第二的意义，如说“谁知第二天他就走了”。

9.76　次序或依空间造成，或依时间造成。前者如“第三家”、“第五教室”；后者如“三哥”、“头一句话”。此外还有别种来源，如“五号字”和“小指头”是依大小。但是序数也常常用来表价值高下，如“一等功”、“二等奖”。这类价值次序又往往用“上，次，次”和类似的词语来表示，如：

> 太上有立德，其次有立功，其次有立言。（左·襄二四）
>
> 故善者因之，其次利导之，其次教诲之，其次整齐之，最下者与之争。（史·货殖传）
>
> 今以君之下驷与彼上驷，取君上驷与彼中驷，取君中驷与彼下驷。（史·孙子传）

而“次”字也就常含有不及“正”的意义，如“次等货”。

9.77　“次”字又可以作动词用，正如“甲”字也可以作“为最”、“为……第一”讲。表示第一的动词还有“冠”字，是由名词活用的。例如：

> 故善战者服上刑，连诸侯者次之，辟草莱任土地者次之。（孟·离娄上）
>
> 桂林山水甲天下。
>
> 勇冠三军。

程度

9.81　一般说起来，物件有数量，性状无数量。但是我们虽不能说“一个红”或“一两红”，却可以说“深红”、“浅红”。我们说深浅是程度的差别。其实程度的差别也就是数量的差别；只要有测量的标准，程度也可以用精确的数量来表示的，例如温度。只是就一般情形而论，程度的表达只能借用一部分数量词来活用，另外应用一些限制词。

数量的观念也可以应用到动作上去，例如“笑一笑”，“跳两跳”，这个留在下节讨论。动作也可以有程度的差别，如“大笑”，“微笑”，表达法和性状的程度相同，一并在这里举例。

9.82　表示程度不高，我们用副词，如“还”、“稍”等字，或用形容词作副词，如“少”、“小”等字。例如：

> 今天算是还凉快；今天还算是凉快。
> 虽非佳品，尚坚实可用。
> 今乃可以稍行吾志矣。
> 前亦略有所闻，未敢置信。
> 断头置城上，颜色不少变。（五人墓碑记）
> 其为人也，小有才。（孟·尽心下）

9.83　或是用数量词，最普通是“有点”（有些）。例如：

觉得以下的话有些难说,连忙咽住。(红六四)
我看那样子,又有点喝过去了。(儿三一)
倚酒三分醉。
走道儿总叫个人儿招呼着点儿。(儿四〇)
你老人家担待他们些就完了。(红二〇)
这两日方觉身上好些了。(红六四)

后面三例的“些”和“点”都搁在动词或形容词之后。最后一例有比较之意,“好些”等于“较好”(参阅19.52—3)。

9.84　还可以用表示程度很高的副词,然后用“不”字否认。例如:

改来改去,还是不大称身。
看着不很难,做起来倒也不挺容易。
这事情,我看不怎么挺简单。
地不甚广,而饶竹石之趣。

9.85　表示程度很高,也是或用副词,或用数量词。用副词的例如:

很好,就这么办。
一不小心,在手上拉了个挺长挺深的口子。
我已经大好了,你就去罢。(红五七)
人家老远的来看你,你就不留人家多坐一坐?
这里的鸡儿也俊,下的这蛋也小巧,怪俊的,我且得一个

儿。（红四〇）

这孩子特别爱哭，又特别怕人。（朱自清：儿女）

意气洋洋，甚自得也。（史·管晏列传）

绛侯得释，盎颇有力。（同，袁盎传）

德琏常斐然有述作之志……美志不遂，良可痛惜……孔璋章表殊健，微为繁富……元瑜书记翩翩，致足乐也。（魏文帝与吴质书）

何无忌酷似其舅。（宋书·高帝纪）

有时利用本来表示“极限”的副词，如：

山有小口，仿佛若有光……初极狭，才通人。（桃源）

其事至微浅。

秦女绝美，王可自取。（史·伍子胥传）

甚至用表示“超过极限”的字样，如：

想不到你也在这里，真是太巧了。

这个地方太好了，谁来了都不想走。

夕阳无限好。（李商隐诗）

用“极”“至”等字，不能讲逻辑，假如真正“狭到极顶”，一个蚂蚁也钻不过，而况一个人。“太”字更是如此，既然是“好”，那就越“好”越好，哪有“好得过了头儿”的？可是为了要表示程度之高，就不得不夸张点儿。

9.86　以上例句里，这一类副词用在形容词或动词的前头，但“很”和“极”也可以放在后头，又有“慌”和“利害”两词，只能用在后头，不能用在前头。“很”、“慌”和“利害”要用“得”字连接，“极”字前头不用“得”字，后头常用“了”字。例如：

好得很，就是这么说。
好几天没有出门，闷得慌。
脸色不大好，瘦得利害。
梦湘先生论得透辟极了。（老残二）

同一限制词，前后都可附加的，加在后头比加在前头更加重些，比较“很好”、“极好”和“好得很”、“好极了”。

9.87　用数量词表示程度很高的例：

遇了这几天的雨，却叫我十分难过。
前天失迎，十二分抱歉。
万分无奈暂归曹。
我敢担保这个消息百分之百的可靠。
千辛万苦；千妥万当。

按说“十分”已经是个足数（所以又称“十足”），“十二分”算是添了带饶；说到“万分”，大致已经不顾“分”字的本义了。

9.88　表示程度很高，除用副词和数量词外，还有种种方式。或用感叹语气（参阅17.53—8），如：

好快！一混就是十二年！

你把信退给我。我走。多么干脆！

或叠用形容词，如：

好天分本就不多，有好天分又肯用功夫的真是少而又少。

经他这么神乎其神的一渲染，倒像真有那么一回事似的。

这壶茶一沏再沏三沏，那茶味儿自然淡之又淡了。

或用典型的事物来比拟（参阅19.22），如：

一个白的白似雪，一个黑的黑似铁。（儿四〇）

或用结果来衬托（参阅21.53），如：

这场哭直哭得那铁佛伤心，石人落泪。（儿一九）

哥哥救我一救，饿杀铁牛也。（水浒五三）

或用比较和假设来表示极限，如：

哪天也没有今天冷。

他的喉咙要多高就多高，他的中气要多长就多长。（老残二）

或以含蓄表极致，如：

这一笔真是说不出的妙。

就别提多为难了。

径寸之地，为字六百，其细可知。

你这话就糊涂得可以，怎么你自己的哥哥也不认得？

一切表高度的词语，用久了都就失去锋芒。“很”字久已一点不“很”，“怪”字也早已不“怪”，“太”字也不再表示“超过极限”。旧的夸张没落了，新的夸张跟着起来，不久又就平淡无奇了。

动量

9.91　数量的观念，应用在动作上，也有定量和约量的分别；再就所用单位词看，又有另用单位词和即以动词为单位词的不同。

先说单位词，白话里所用单位词有三类：

（1）专用的单位，如：

问一声，　走一趟，　进一次城，

哭一阵，　骂一顿，　拍一下桌子。

城不能论“次”，桌子不能论“下”，这些单位词不是管着后头的名词，是管着前头的动词的。

（2）表现动作的工具，如：

看一眼，　踢一脚，　喝一口。

（3）即以动词为单位，如：

> 笑一笑，　　说一说，　　走一走。

这儿的第二个动词有单位词的性质。但我们也说：

> 笑笑，　　说说，　　走走。

这个时候第二个动词的单位词性质就不很显明，并且连“一”这个数量也模糊了。

9.92　文言里通常只在动词前加数字，例如：

> 一颦一笑；一言一动。
> 一举两得，一劳永逸。
> 生不用封万户侯，但愿一识韩荆州。（李白：上韩荆州书）

这种说法和白话的第（3）类相等。可是间或也采用和白话第（2）类相同的说法，例如：

> 一目十行。〔比较：一览无余〕
> 善拳击，尝以一掌毙一犬。（健儿）〔比较：一击毙之〕

这儿的“一目”、“一掌”自然不是“用一只眼睛看”、“用一只手打”，是表示动作的单位。

9.93　以上是单个动作的例。表示多个动作，只要把“一”字

换成别的数字,例如:

问了他三回,他只是不作声。
今天一天就开了两次会。

要注意的是“两”字往往活用,等于“几”(参阅9.54)。例如:

凑到跟前把安老爷上下打量两眼。(儿三八)
将两只手呵了两口便伸向黛玉膈肢窝内。(红一九)
拿起一本书来翻了几翻,又撂过一边。

9.94 文言只有在动词上面加数字的一个方式,如:

令尹子文三仕为令尹,无喜色;三已之,无愠色。(论·公冶长)
先帝不以臣卑鄙,猥自枉屈,三顾臣于草庐之中。(出师表)
十一易其稿而后公诸世。(有恒)

但“两次”不用“二”,也不用“两”,用“再”,如:

季文子三思而后行。子闻之,曰,“再斯可矣”。(论·公冶长)
日再食,无鲜肥滋味之享。(送马生序)

“再”、“三”连用表频繁,白话也用。例如:

一弹再三叹,慷慨有余哀。(古诗)

他再三嘱咐茶房，甚是仔细。（背影）

9.95　定量的动词在句子里有什么用呢？可以用作主语或止词，像一个名词似的。例如：

姐姐这一笑我猜着了。（儿二七）
这一嚷早惊动了外面的人。（儿三一）
一诺千金。

从前两例可以看出，这样用的时候，白话里把前头的那个动词去掉了。这样留下的表动量的词又可以用来做动词的加语，如：

武松见大虫扑来，只一闪闪在大虫背后。（水浒二三）
不想一头就碰在一个醉汉身上。（红二四）
只一口把一碗酒都喝完。

但是定量化了的动词仍然可以作普通动词用，作为谓语的主要部分。这个时候，白话里必须保留前头的动词。例如：

一面说，一面故意进去寻了一寻，抽身就走。（红二七）
室西连于中闺，先妣尝一至。（项脊）
但恨生千载后，不得与拔山举鼎之雄一较胜负耳。（健儿）

这些动词，在文言里除表示“有这么一次”外，没有别的涵义。在白话里往往还有些别的意思，留在讲“动相”（13.71—3）时讨论。

第十章　指称(有定)

三身指称:第一身

10.11　文法上把"我"、"你"、"他"这三个词称为三身指称词,以说话的自称为第一身,听话的为第二身,其他为第三身。

第一身指称词,白话用"我",表领属加"的",这都很简单。

10.12　文言的第一身指称词常用的有"吾"、"我"、"余"、"予"四个字。"吾"和"我"的用法,在秦汉以前很有点分别:"吾"多用作主语和加语,或用作变次的止词,用作常次的止词的差不多可以说是没有;"我"字则大多数用作止词,用作主语和加语的也有,但较少。略引几个并见的例以示一斑:

> 善为我辞焉。如有复我者,则吾必在汶上矣。(论·雍也)
>
> 我善养吾浩然之气。(孟·公孙丑上)
>
> 今者吾丧我。(庄·齐物论)
>
> 相国为民请吾苑,不许,我不过为桀纣,而相国为贤相。吾故系相国,欲令百姓闻吾过。(汉·萧何传)

10.13　"予"和"余"是另外一个系统,在先秦文字里(除书经外）远不及“吾”和“我”用得多。这两个字的用法没有很大区别。

就后世的文言说，“吾”和“我”多用于对话的处所，“予”和“余”多用于自叙的处所。例如：

> 上曰，“夫运筹筴帷帐之中，决胜千里外，吾不如子房。”余以为其人计魁梧奇伟，至见其图，状貌如妇人好女。（留侯）
>
> 余幼时即嗜学，家贫无从致书以观。（送东阳马生序）
>
> 盖予所至，比好游者尚不能十一……于是予有叹焉。（游褒禅山记）

第二身

10.21　第二身的指称词，白话用“你”，客气或恭敬点儿用“您”。表领属也是加“的”，和第一身相同。

10.22　文言最常用的第二身指称词是“尔”和“汝”（古书往往作“女”）。这两个字原来也许很有区别，但即在先秦书籍中，这个区别也不大明显，后世更是随便用了。此外还有“若”、“而”、“乃”三字。

“若”字先秦少见，秦汉以后才渐渐多用，但仍不及“尔”、“汝”两字普通。“若”字的例：

> 既使吾与若辩矣，若胜我，我不若胜，若果是也我果非也邪？（庄·齐物）
>
> 若虽长大，好带刀剑，中情怯耳。（淮阴）

"而"、"乃"两字大率用作加语,但只加在表人的名词之上,表物的名词上仍以用"尔"为主。例:

吾翁即若翁,必欲烹而翁,则幸分我一杯羹。(史·项羽纪)

吾翁即汝翁,必欲烹乃翁,幸分我一杯羹。(汉·项羽传)

第三身

10.31　第三身的指称词,白话里用"他",表领属加"的"。虽然文字上可以有"他"、"她"、"它"的分别,并且有人给他们定下不同的读音,可是口语里只说一个 tā。"他"字称人为常,称物较少,通常我们把那个物件的名字复说一遍,或是能省略就省略。比较下列的例句:

有说行述的,行略的,行状的,我也不知道他准叫作甚么。(儿三二)〔用"他"〕

但是缝衣要布,说到布就不可没有织布的工人;布是纱织成的,说到纱就不能没有纺纱的工人。〔复〕

他们听见说买了蛋糕,就吵着要吃。〔省〕

我们设想第二第三例改用文言来说,就可以利用"之"字,如"布则必有织之者,纱则必有纺之者","欲分而食之"。当然也可以省略,如"布则须织,纱则须纺","即喧呶索食"。

可是另有些“他”字是空无所指的，如：

管他下雨不下雨，反正我今天不出门。

倒莫如遵着太太的话睡他一天。（儿三五）

之，其，彼

10.32　严格说，文言没有第三身指称词，“之”、“其”、“彼”三字都是从指示词转变过来的。这本是很合理的，可是这三个字没有一个是发育完全的，合起来仍然抵不了白话里一个“他”字，虽然另有胜过“他”字的地方。

“之”字只能用作止词和补词，如：

爱共叔段，欲立之。（左·隐元）

有牵牛而过堂下者，王见之，曰，“牛何之？”对曰，“将以衅钟。”王曰，“舍之……以羊易之”。（孟·梁惠王上）

此迫矣，臣请入，与之同命。（项羽）

阃以内者，寡人制之，阃以外者，将军制之。（史·冯唐传）

须臾，从之者盈三百，翠积脂凝，河水为之不流。（费宫人）

以上五例，三例作止词，两例作补词。第一第三例“之”字代人，第二例代物，第四第五例代事。用白话说，代人的两例无问题的可以用“他”。“牵牛过堂下”的例句里，多半要不用代词（“看见了……放了……换个羊吧”），虽然第二个“之”字也未尝不可说“他”（把他放了)。可是第四第五两例就决不能用“他”字。这是“之”字胜过“他”字的地方。但是“之”字的用途只限于作止词及补词,不能作主语或领属性加语。这是“之”字不及“他”字的地方。

“他”字有“睡他一觉”等活用,“之”字也有,如下例的“之”字都不能说出是指什么。

填然鼓之,兵刃既接,弃甲曳兵而走。(孟·梁惠王上)

天油然作云,沛然下雨,则苗浡然兴之矣。(同)

大之足以致国家于危亡,小之足以招国家之分裂。(权利与义务)

顷之,二十余骑四面集。(铁椎)

久之,且以为胜不哑子也。(哑孝子)

“之”字有一个合音字,“诸”,等于“之于”(12.47),如:

子张书诸绅。(论·卫灵公)

或等于“之乎”,如:

冉有问,“闻斯行诸?”子曰,“闻斯行之。”(论·先进)

10.33 “其”字专作表领属的加语用,也是可以代人,可以代物,代事。例如:

于是乘其车,揭其剑,过其友,曰,“孟尝君客我。”(冯谖)

人各任其能，竭其力，以得所欲。（史·货殖传）

见藐小微物，必细察其纹理。（记趣）

轲也请无问其详，愿闻其指：说之将如何？（孟·告子下）〔“其”代说之之辞〕

前三例在白话里可说“他的”，第四例不能。以下的例句也是代人的可译为“他”，代物的两可，代事的不行：

主人恐其扰，不敢见。〔怕他找麻烦……〕

比其反也，则冻馁其妻子。（孟·梁惠王下）〔等到他回来啊……〕

风之积也不厚，则其负大翼也无力。（庄子，逍遥游）

方其破荆州，下江陵，顺流而东也……固一世之雄也。（赤壁赋）

这些例句和前面四句不同，“其”字底下接动词不接名词，因此白话里可说“他”，无须说“他的”。但如因此就说这些“其”字是“处于主位”，仿佛有和“他”字相等的地位，那就错了。“他打麻烦”是可以独立的，“其扰”是不能独立的。我们虽然承认这也是一个词结，可是他已经采取了词组的形式（参阅6.7）。“其”字只是一个领属性的加语，要按“主格”、“领格”这一套名词说，正是处于“领格”。

10.34　上面很简略的比较了一下“之”、“其”和“他”的用法：第一，就句子里的功能说，“之”和“其”各有限制，这两个词没有一个能作句的主语，而“他”字是没有限制的。其次，就所称代的对象说，“之”和“其”都能代人，代物，代事，而“他”字以代人为主，代物

代事都是例外。此外还有第三点:"之"和"其"都有时候代表第一身,"其"字有时还代表第二身,"他"字是不能的。例如:

臣市井鼓刀屠者,而公子亲数存之。(史·魏公子传)

今也父兄百官不我足也,恐其不能尽于大事。(孟·滕文公上)

自余为僇人……日与其徒上高山,入深林,穷回溪。(柳记)

独惜执事忮机一动……必至杀尽天下士,以酬其宿所不快。(与阮光禄书)

这样看来,"之"和"其",作为第三身指称词看,一方面是不很完备,一方面又不很纯净。

10.35 "彼"字是个确定指称词(通称指示代词,见下)。虽然指人的时候无妨用"他"字来翻译,"彼"字的指示气味还是很浓。例如:

彼丈夫也,我丈夫也,吾何畏彼哉?(孟·滕文公上)

彼可取而代也。(项羽)

彼必自负其材,故受辱而不羞。(史·季布传)

这些"彼"字的口气,除第一句第二"彼"字外,用白话来说,还是"那个人"比"他"更合式些。否则像下面的例句就大可利用"彼"字,无须把名词复述一遍了:

京叛太叔段,段入于鄢。(左·隐元)

昔者有馈生鱼于郑子产，子产使校人畜之池。（孟·万章上）

当然，后世因为文言缺乏作主语的第三身称代词，常常用“彼”字来充数，读者也慢慢的不觉得他的语气重了。例如：

我意彼必从是出，而彼竟不料我从此出也。（斗牛）

可是“彼”字作主语，是乘“其”和“之”两字力所不及，所以相当站住了，但用作止词就不能和“之”字竞争，如“爱共叔段，欲立之”不能改为“爱共叔段，欲立彼”。

10.36　另有两个第三身指称词，在通俗文言（随笔书信之类）里很通用，一个是“伊”，一个是“渠”。例如：

羊邓是世婚，江家我顾伊，庾家伊顾我，不能复与谢裒儿婚。（世说·方正）

蚊子叮铁牛，无渠下嘴处。（寒山诗）

尔自后须苦言之，若有不入，待朕留渠细语之。（宋，阙名：朝野遗记）

10.37　关于文言的第三身指称法，总述如下：（1）作止词和补词用“之”；（2）作加语，表领属，用“其”；（3）主语为第三身时，通常复述或省略那个名词，有时用“彼”，“彼”用作止词和补词较少；（4）“伊”、“渠”二字，文言里嫌他俗，白话里又嫌他文，可是通俗文言里常用。

们:我们和咱们

10.41 三身指称,所指不止一人的时候,加"们"字。"们"字的性质已在9.61节讨论过,用在三身指称词之后,大致和欧洲语言的"复数"相当。

可是汉语里除"我们"、"你们"、"他们"外又有"咱们",也是第一身的一种复数式。这个词的音是zam(en),写出来有"咱"、"喒"、"偺"、"咱们"、"喒们"、"偺们"等形式。"咱们"和"我们"的分别是:"我们"包括我和其他人,你不在内;"咱们"包括我和你(或你们),有没有第三者在内,没有关系。下例最可以表示这个区别:

> 也不用老弟你陪我。我瞧你们那位老程师爷……还有宝珠洞那个不空和尚……再带上女婿,我们就走下去了。我回家,咱就喝;我出去,我们就逛。(儿二九)

这是邓九公对安水心说的,他们两位都是好酒量,所以说"我回家,咱就喝"。再还有一个例子,可以表明"咱们"的范围:同书第七回里,那和尚庙里不知羞耻的妇人夸说了一阵"人家大师傅"给他穿的怎么好,吃的怎么好以后,说:

> "咱们配么?"那女子(十三妹)说道,"别咱们!你!"

可是这个区别只限于北京和北方几省，长江官话里就没有“咱们”，该说“咱们”的地方也说“我们”。

同时，文言里也没有类似的区别。现代通行的语体文，尤其是论说文，本是依违于文言和口语之间的文体，因此在许多语体文里就只有“我们”一词，有时连生长在北方的作家也不能不随和点儿。

10.42　“们”字在宋代多写作“懑”或“门”，金元人的戏曲小说里又差不多尽作“每”。在那个时候，“我们”、“你们”、“咱们”各有合音字，写作“俺”、“您”、“喒”，所以这三个字原来都是复数式，现在的北方方言里还有保存这种用法的。可是这种复数式很早就兼用于单数，“俺”等于“我”，见于很多地方的方言，“喒”在好些方言里也用来称“我”。

口说复数而所指只是一人，现代仍有这样的例子，如：

> 我们一个丫头，姑娘只是混说！（红三一）
>
> 我贱姓王——呸！我们死鬼当家儿的姓王。（儿七）

10.43　文言可以在指称词后加“侪”、“曹”、“属”、“辈”、“等”诸字表示众数，现代文言中第一身又常用“吾人”。例如：

> 吾侪小人所谓“取诸其怀而与之”也。（左·宣十一）
>
> 吾爱之重之，不愿汝曹效之也。（马援：诫兄子书）
>
> 雍齿尚为侯，我属无患矣。（留侯）
>
> 圣人忘情，最下不及情，情之所钟，正在我辈。（世说·伤逝）
>
> 吾人之生活于世界也亦然。（蔡元培：为群）
>
> 若不容置此辈，何以为京都？（世说·政事）

此等怏怏,素不服官,迫此事机,那可专信?(南史·恩倖传)

这些字并不尽数可以随意加在指称词之后,如“曹”字以“汝曹”、“尔曹”为常见,“属”字以“我属”、“此属”为普通,“侪”字差不多限于“吾侪”,只有“辈”、“等”二字可以通用。

的,之

10.44　白话在指称词后加“的”字表示领属关系,这个“的”字往往可以不说,尤其是在“们”字之后。例如:

我们〔的〕冬儿她〔的〕爸爸,在海淀大街上看热闹,这么一会儿的工夫就丢了。(冬儿)

冬儿是躲到她〔的〕姨儿,我〔的〕妹妹家去了。(同)

文言也可以用“之”字表领属。“吾”字之后照例不用,“我”字后可用可不用(组合式词结后常用),“余”字后常用,“予”字后常不用。“尔”、“汝”之后通常也直接名词,不加“之”字。“彼”字之后则必加“之”字(“彼诗”就是“那首诗”,“彼之诗”才是“他的诗”)。

10.45　文言的三身指称词(以及确定指称词)如作否定句内的止词,要放在动词之前,已见3.6,再举数例于下:

我无尔诈,尔无我虞。(左·宣一五)

虽使五尺之童适市,莫之或欺。(孟·滕文公上)

晋国之命未是有也。（左·襄一四）

相，见

10.46　文言里有两个字，“相”和“见”，原来都不是指称词，但有些句子里用来有指称的作用。“相”字本是“互相”之意，是个副词，可是在下面例句里只偏指一方：

故密以手书相晓，欲君自图进退。（汉·薛宣传）
儿童相见不相识，笑问“客从何处来？”。（贺知章诗）
耶娘闻女来，出郭相扶将。（木兰辞）

这三句里头，“相晓”的意思是“晓君”，“相见不相识”是“见我不识我”，“相扶将”是“扶将之”。我们虽不能说“相”字等于你、我、他，但应该承认他有间接指称的作用。

同样，“见”字本是动词，意思是“被”（如臧洪与陈琳书：“请师见拒，辞行被拘”）。但有些句子里“见”字不表被动，例如：

生孩六月，慈父见背。（李密：陈情表）
诸葛亮见顾有本末，终不尔也。（蜀志·费诗传）
家叔以余贫苦，遂见用于小邑。（陶潜：归去来辞序）

这里的“见背”是说“背我（而去）”“见顾”是“顾我”，“见用”是“用我”，也有一种间接指称的作用。

尊称和谦称

10.51 中国旧社会的习惯,社会地位较低的对于社会地位较高的,如卑幼对尊长,仆人对主人,平民对官长,穷人对阔人,是不能用普通第一第二身指称词的,得用尊称和谦称。虽无地位的差别(如一般来往的人或路人),也得用尊称和谦称,除非很熟的朋友之间。有时连地位高的对于地位低的也有特定的尊称,如"卿",这是礼貌,否则是无礼貌。这个习惯古代就有,古书里有记载:

> 人能充无受"尔""汝"之实,则义不可胜用也。(孟·尽心下)
>
> 见公卿,不为礼;无贵贱,皆"汝"之。(隋书·杨伯丑传)

10.52 然则称什么呢?一种办法是用尊贵的字样,如"君"、"先生";"子"字本来也是一种美称,但很早已失去尊称的意味,比"尔"、"汝"略略客气一点而已。或不直指对方,而指他的近旁,如"足下"、"左右"。和这相对的谦称,大率用卑贱的字样,如"臣"、"仆"和"妾"、"奴"(女)等。"在下"的称代法属于"足下"一型。书简里面又常有用形容词称代的办法,如"高明"、"大雅"(尊),"晚"、"愚"、"蒙"(谦)。还有一种办法,是利用双方的身分称呼,最普通的是亲属关系,但"兄"、"弟"二词已应用得很广泛,尤其在书札里。用官职的名称也可以算在身分称代一类。以下拣常见的杂举数例,尊称用"·",谦称用"◦"表示。

子始与苏秦善，今秦已当路，子何不往游以求通子之愿。（史·张仪传）

舍人曰，“臣非知君，知君乃苏君……苏君使臣阴奉给君”。（同）

公是韩伯休耶，乃不二价乎？（后汉·韩康传）

举江东之众，决机于二陈之间，与天下争衡，卿不如我；举贤任能，各尽其心，以保江东，我不如卿。（吴志·孙策传；对孙权语）

诺，先生休矣。（冯谖）

妾闻志士不饮盗泉之水，廉者不受嗟来之食。（后汉·乐羊子妻传）

仆初入庐山，山谷奇秀，平生所未见。（东坡志林）

其委诸伯父。（左昭三二）〔周王称同姓诸侯为伯父〕

丞相数言将军，将军何以教寡人计策？（淮阴）

豫州今欲何至？（赤壁）

微之，微之，不见足下面，已三年矣！不得足下书，欲二年矣！（白居易：与元微之书）

窃惟阁下素切“不共”之愤，熟筹恢复之方。（岳飞遗札）

惧左右不察，谓南中臣民，偷安江左，竟忘君父之怨。（史可法：复多尔衮书）

执事当自追忆其故，不必仆言之也。（侯方域：与阮光禄书）

虽然，非愚之所敢言也。（顾炎武：与友人论学书）

此世所谓“上下相孚”也，长者谓仆能之乎？（宗臣：报刘一丈书）

现代用不着这样麻烦,客气点称"您"就够了。

10.53　以上的例句,尊称用来代"你",谦称用来代在"你"面前说话的"我"。此外在称及第三身而恰为地位较高的人的时候,有时也不便直说"他",得酌量用尊称,很普通的是就身分关系措词,如:

我已经和我母亲说了,我母亲说万万使不得。

或是称"他老人家":

他老人家瞧了几个,都不中意。(儿一五)

但是在文言里则仍称"先生"、"君"、"公"等等,如许多传记文里所常见。例如:

史前跪,抱公膝而呜咽,公辨其声,而目不可开。(左公逸事)

先生既失网巾……于是二仆为先生画网巾。(画网巾先生传)

孺人死十一年,大姊归王三接,孺人所许聘者也。(先妣)

10.54　在一般的文章(非对话,非书信)里头,作者对读者有时也用"愚"、"不佞"等谦称。例如:

愚故罔揣固陋……辑为一书,名曰《文通》。(马建忠:文通序)

不佞此译颇贻艰深文陋之讥，实则刻意求显，不过如是。（严复：译天演论例言）

现代的文章中常用“作者”、“笔者”自称，这是受欧洲文字的影响。

称名

10.55　早先还有一种谦称的方式，称自己的名字。这个习惯在古时口语里很通行，如论语里就常见：

康子馈药，拜而受之，曰，“丘未达，不敢尝。”（乡党）

吾无行而不与二三子者，是丘也。（述而）

有许多书上用“某”字，那是写书的人用来代替说话的人的名字的，并非说话的人自称为“某”。后世书札里沿用其例的，如：

南中向接好音，法随遣使问讯吴大将军，未敢遽通左右。（史可法：复多尔衮书）

承先生吐胸臆相教，而鼐深蓄所怀而不以陈，是欺也，窃所不敢。（姚鼐：答翁学士书）

而且不限于对话和书信，在一般文章中，作者对读者也常常称自己的名字。例如：

有光七岁,与从兄有嘉入学。每阴风细雨,从兄辄留,有光意恋恋,不得留也。(先妣)

婴碪课诵图者,不材拯官京师日之所作也。(课诵图)

确定指称:特指

10.61 确定指称词分近指远指两类:近指,白话用"这",文言用"此"和"是";远指,白话用"那",文言用"彼"和"其"。

确定指称词之为"确定",并非这几个词本身能决定何所能。比如我单说"那个人",你未必就知道是谁;你问我"谁?"我可以用手一指,或努努嘴,或是说"咱们刚才看见的那个人"。或是说"那个人——懂了没有?"你一样的可以恍然大悟。可见要在某种情况之下,这些指称词才能有指定的作用。现在依此分特指、承指、助指三类说明。大多数指称词都有单纯指示和指示兼称代两种用法,就是说有时后面接名词,有时后面不接名词。下面例句也各分两项。

10.62 特指常伴以手势,很多的时候"这"和"那"对称。特指指人指物,不指事。指示用的例:

这本书名为小说,一点儿故事也没有。

吾骑此马五岁,所当无敌。(项羽)

自余为僇人,居是州,恒惴慄。(柳记)

高祖召戚夫人指示四人者,曰,"我欲易之,彼四人辅之,羽翼已成,难动矣。"(留侯)

10.63　省去名词的例：

你喜欢这件你就穿这件，我可以穿那件。

"外面不是枕头？拿一个来枕着。"——"那个我不要，也不知是那个腌臜老婆子的"。（红一九）

以上两例，省说名词，只留单位词，"这"、"那"含彼此分别之意。文言里没有这种用法。白话可以说，"这篇文章比那篇〔文章〕好"，文言只能说，"此山望见彼山高"。

10.64　但如直指事物（非省去名词），则文言白话同有其例，如：

你看，那是谁？

倒是丢了印平常，若丢了这个，我就该死了。（红三二）

此亦人子也，当善视之。

此秋声也，胡为乎来哉？（秋声赋）

然；我所长不在彼，在此。（健儿）〔"彼"指弓矢，"此"指刀。〕

以上人、物并指。文言指人，"彼"、"此"并用，"彼"字例已见10.35。

承指

10.65 上文已说,或说的人和听的人了然于何所指,谓之承指。我们要注意的是在这一类用法里,远指和近指的区别不很显著,白话的“这”和“那”有时竟可通用。文言里用“彼”少而用“此”多,又常用“其”字。“其”字应归入远指,但因专用于承指而不用于特指,已仿佛是个中性指称词。“是”字的近指性也不及“此”字强,用于承指比“此”字更合式。“其”字不能有称代用法;下边有数目时也不用“其”,因为“其”字下接数字有“其中”之意。指示用的例:

从前有个富翁……那个富翁买了一件古董……谁知那个古董是假的……那个古董商早已躲的不见面。

鸟之声聚于林,兽之声聚于山,人之声聚于市:是声也,盖无在无之。(市声说)

鬻百货于市者……盖不知几千万人也……然使此千百万人者厌其勤苦……(同)

近闻卿与甘兴霸饮,因酒发作,侵陵其人,其人求属吕蒙督中。此人虽粗豪,有不如人意时,然其较略,大丈夫也。(吴志·孙皎传)

以上是承接上文的例子。无明文而有默契的例:

您别误会，我哪儿会说这个话。

别是那个事情发作了罢？

子贡欲去告朔之饩羊。子曰，“赐也，尔爱其羊，我爱其礼。”（论·八佾）

吾问养树得养人术，传其事以为官戒也。（郭橐驼）

10.66　依文言的习惯，承上文而下，可以用指称词，也可以不用。例如：

广乃从百骑往驰三人。三人亡马，步行，行几十里。广令其骑张左右翼，而广身自射彼三人者。（汉·李广传）〔上文有“匈奴三人”〕

“三人”三见，只第三次用“彼”字。又如：

有一老父……父曰，“履我”……父以足受……父去里所，复还。（留侯）

这一段要用白话来说，就要“那个老头儿怎么样，那个老头儿又怎么样”了。（比较上面“富翁买古董”例）

10.67　白话里的指称词，一般而论，比文言里用得多些。如人名地名，本身已很确定，实在并无指定的必要，但也加用指称词，可说是带有几分装饰性了。文言里虽也有这种例子，远不及白话里多。如：

太任有身,生此文王。维此文王,小心翼翼。(诗·大雅)

陟彼南山,言采其薇。(诗·召南)

却说这座涿州城正是各省出京进京必由的大路。(儿三八)

那华忠急了,说,“这不是丢了吗?”(同)

10.68 以上都是指示性的用例。称代性的例:

今天他又哭了一场,这都是你一句话惹出来的。

要说谢我,那我可是不想的呀。(红二五)

你刚才看见我书桌上有一对玻璃镇纸不是?那就是我姐姐送我的礼。

今天下三分,益州疲弊,此诚危急存亡之秋也。(出师表)

“以五十步笑百步,则何如?”曰,“不可。直不百步耳,是亦走也。”(孟·梁惠王上)

承指的“是”字还有些例句已见7.22节。

从以上例句可以看出,称代性的承指多数指事,也有指物的例,但没有指人的。不是不许有指人的例,指人而又是称代性承指,那就是三身指称的第三身了。文言不用“此”,多用“彼”。10.35节头上所举三例,例二和例一的第一“彼”字是特指,例三和例一的第二“彼”字是承指。所以,就文言说,三身指称可以改为“对语指称”,第三身可以取消,“彼”、“其”、“之”都可以归入确定指称词。但就白话说,三身确是三身,“他”字只有称代作用,没有指称作用,不可改属确定指称词。

10.69 文言最常用的指称词是“此”、“彼”、“是”、“其”四字,上面已经讨论。此外还有好些，择要举例如下：

“斯”——近指。论语里用得最多。以下第二例是称代用。

斯人也，而有斯疾也。（论·雍也）
先王之道，斯为美。（同，学而）
后之览者，亦将有感于斯文？（兰亭集序）

“兹”——近指。尚书里用得最多。例如：

念兹在兹。（书·大禹谟）
书于石，所以贺兹丘之遭也。（柳记）

“夫”——远指，只作指示用。先秦书中多用，后世文言里用得较少。就后世的用法而论，比“彼”轻些，和白话里的装饰性的“那”字很相近，如下面第二第三两例；第一例指示作用较强。

夫人不言，言必有中。（论·先进）
予观夫巴陵胜状，在洞庭一湖。（岳阳楼记）
客亦知夫水与月乎？（赤壁赋）

又见于“且夫”“今夫”“夫……者”等熟语。

助指

10.71 助指是说指称词要伴同其他加语才能产生指定的作用。白话里用“那”为多,不大用“这”;“那”或“这”通常放在其他加语的后面。

例如:

你昨天看的那本书好不好?

墙角上那棵桂花树也开花了。

我说的这个人你也认得。

这是白话特有的用法。第一例和第三例在文言可以利用“所”字(尔所阅之书,我所言者);第二例便不用指称词(墙边桂树)。

10.72 称代性的助指,白话里也常见。例如:

你昨天看的那本呢?拿来跟我换。

过了几天,墙角上那棵也开花了。

文言里多利用“者”字(君所阅者,墙边者)。如:

一人脱衣,双手捧之……一人前其杖,回首视捧衣者。(画罗汉记)

一人貌亦老苍,伛偻策杖……一人貌老过于伛偻者。(同)

用白话说就是“捧着衣服的那个”，“弯腰驼背的那个”。

指称复数

10.81　白话里常在“这”、“那”之后加“些”字，指示不止一人一物。例如：

即使将这些书看烂了，和创作也没有什么关系的。（鲁迅：读书杂谈）

无力的晚阳照在那些花的上面着实有些寒意。（叶绍钧：母）

文言无相当字样，指人的时候或说“彼等”或“此辈”，指物的时候多半不加字，如第二句只可作“日光映花上”。

“这些”、“那些”又有“这么些”、“那么些”的意思，见9.56。

10.82　但文言也有一种表达法是白话没有的，就是在总括上文所说事物而说出数目的时候，如：

子曰，“足食，足兵，民信之矣。”子贡曰，“必不得已而去，于斯三者何先？”（论·颜渊）

君请择于斯二者。（孟·梁惠王下）

此数者，用兵之患也。（赤壁）

有时省去“此”字，如：

二者不可得兼,舍鱼而取熊掌者也。(孟·告子上)

白话里没有和这个“者”字相当的通用字,多半要说出一个名词,如“这三件事情”,“这两种办法”。也可说“这三样”。

指称容状和程度

10.91　指称容状和程度,白话用“这么(样)”和“那么(样)”。这两个词可以指示事物,如:

谁叫你挑这么个日子出门的!

但更普通是指示动作或性状,如:

话不能这么说。
这幅画得那么样看。〔以上表样式〕
别这么傻,他还会记得你吗?
料不到他竟那么糊涂!〔以上表程度〕

或称代动作或性状,如:

左右也不过是这么着,三日好两日不好的。(红六四)

在早期白话里还有一个“恁”字，常见的形式是“恁地”，有时近于“这么”，有时又近于“那么”。例句：

和尚，只恁地罢。（水浒四）

我们直恁地苦！（同，一六）

10.92 文言里或用“如”、“若”等字加“彼”、“此”等字。（“如彼”不单用，多与“如此”对举。）例如：

以德若彼，用力如此，盖一统若斯之难也。（史·秦楚之际月表序）

言不可以若是其几也。（论·子路）

吾梦如是。（左·昭三一）

盖余之勤且艰若此。（送马生序）

或用“然”、“尔”两字，如：

其然，岂其然乎？（论·宪问）

子无然，祸福无门，唯人所召。（左·襄二三）

设已然之事不能与吾当然之理合，则立除其已然者而求合乎吾之当然。若徒叹其不然，听其自然，或待其概然，幸其或然者，举非志内之事，吾人所绝不为也。（高一涵：立志）

未能免俗，聊复尔耳。（世说·任诞）

今为渡江，艰辛乃尔，殊可怪也。（画罗汉记）

“然”字常见于“然而”“然则”等关系词,这里面的“然”都作“如是”讲;正如白话的“那么”也常常用来作关系词一样。又“不以为然”、“不尽然”、“要不然”等词语,也见于口语。

10.93 白话里“这”、“那”的复合词还有“这里”和“那里”,指示处所;“这会儿”和“那会儿”指示时间。文言里“彼”、“此”也指处所,“尔”、“兹”也指时间。分见十二章和十三章。

第十一章　指称(无定)

疑问指称:问人

11.11　无定性的指称词可分与疑问有关的和与数量有关的两类。表示疑问的指称词也不一定只用于询问,有时只表示不能决定或不必决定。就疑问指称词而论,主要的是问人物和问情状事理两类,此外有询问数量的,已见9.2,询问处所和时间的分见12.1和13.1。

问人的疑问指称词,“谁”字通用于文言和白话。可以做判断句的主语和谓语,如:

> 老弟,你知道这起子人到底都是谁呀?(儿二〇)
> “他”是谁?谁是“他”?(红六三)
> 吾言之而听者谁欤?(韩愈:与孟东野书)

也可以做动词的起词,止词,补词,如:

> 谁这么编派我?(红三四)
> 你找谁?

都乐去了,这屋子交给谁呢?(红二〇)

以此众战,谁能御之?(左·僖四)

一国三公,吾谁适从?(左·僖五)

在于王所者,长幼卑尊皆薛居州也,王谁与为不善?(孟·滕文公下)

11.12　我们常常在起词"谁"的前头加一个"是",有时还在句末或动词后再加个"的",如:

是谁在外面吵个不清?

是谁叫你来的?

是谁起的这样刁钻名字?

这是因为我们不很愿意用"谁"做动词的起词,所以把句子改成判断式,让"谁"在形式上成为谓语,这似乎是"谁"字的最合式的身分。(第三例的"谁"字只是谓语的一部分。)

11.13　文言里也有避免"谁"字做起词的趋势,例如:

谁习计会能为文收责于薛者乎?(冯谖)

君即百岁后,谁可代君者?(史·萧相国世家)

文之佳恶,吾自得之,后世谁相知定吾文者邪?(曹植:与杨修书)

这些句子里都加用一个"者"字,由叙事句转成判断句,这里的"谁……者",无论把哪一头算主语,哪一头算谓语,总之已不是单纯地做动词的起词了。

11.14　我们有时不用“谁”而用“什么人”和“何人”。如：

> 今儿那个穿红的是你什么人？（红一九）
> 他独来了？还有什么人？（红三七）
> 便总有千种风情，更与何人说？（柳永词）
> 我独何人，贪求无厌？（郑书）

“什么人”的涵义本来和“谁”不同。回答“谁？”只要说出一个人来便了，“什么人”却是打听这个人的底细——职业、家世之类。但是这个标准有时并不严格遵守，例如上面的例二例三的“什么人”和“何人”用来和“谁”没有分别；又如11.11例一，可以用“什么人”，而用了“谁”。所以有些方言里简直不用“谁”，只用“什么人”（如吴语“啥人”）。

11.15　文言里问人的指称词还有一个“孰”字，这个字的主要用处是“多中择一”（见下），但也常常用来和“谁”一样，如：

> 孰谓鄹人之子知礼乎？（论·八佾）
> 百姓足，君孰与不足？（同，颜渊）〔比较11.11王谁与为不善〕
> 谁为为之？孰令听之？（司马迁：报任少卿书）〔上用“谁”，下用“孰”〕

白话里也有把“哪个”当“谁”用的，如：

这会子,你倘或有个好歹,撂下我,叫我靠那一个?(红三三)

明日就叫"四儿",不必什么"蕙香"、"兰气"的——那一个配比这些花儿?(红二一)

在北京话,只是间或如此,但有许多方言(如长江官话)就只有"哪个"没有"谁"。

问物

11.21　问物的疑问指称词,白话用"什么"(又作"甚么")。这个词有指示和称代两用。指示的例:

这是俩甚么字?(儿三八)

有什么事,这么要紧?(红三九)

什么药就这么贵?(红二八)

11.22　称代用的"什么",也可以和"谁"字一样从他在句中的职务来分别观察。在判断句里,"什么"做主语和做谓语,涵义有点差别。大率不知是何事何物便用"什么"做谓语。如:

前儿你替三姑娘打的那花样是什么?(红三五)

我到他家可算个什么?(儿二六)

知道事物的名字而询问他的意义,才可以用"什么"做主语,如:

> 甚么是个"呱咭"(滑稽)呀?(儿三〇)
>
> 依我说,什么是例?必定四个五个的?彀使就罢了。(红三五)

但这类句子也可以用前面的一式,如"呱咭是个甚么呀?"

11.23　"什么"做动词的止词和补词都很普通,如:

> 你想什么吃?回来好给你送来。(红三五)
>
> 见了什么了,这么乐?(红三八)

用"什么"做起词,很难得看见,我们通常应用"是"和"的"把句子改成判断式。例如我们不说"什么咬了你了?"我们说:

> 是什么咬了你了?

我们不说"什么会在水里游又会在空中飞",我们说:

> 会在水里游又会在空中飞的是什么?

更简单的办法是在"什么"底下加个"东西",就不受这个拘束,如:

> 什么东西咬了你了?
>
> 什么东西会在水里游又会在空中飞?

11.24　**文言里问物的指称词用“何”,也可以有指示和称代两用。指示的例:**

齐宣王问“卿”。孟子曰,“王何卿之问也?”王曰,“卿不同乎?”曰,“不同。”(孟·万章下)

问今是何世?(桃源)

此何声也?汝出视之。(秋声赋)

11.25　**“何”字称代用,在判断句限于做谓语,在叙事句限于做止词和补词,这是和白话的“什么”很相像的。例如:**

“元年”者何?君之始年也。(公羊·隐元)〔判断句谓语〕

何哉尔所谓达者?(论·颜渊)〔谓语变次〕

孟尝君曰,“客何好?”曰,“客无好也。”曰,“客何能?”曰,“客无能也。”(冯谖)

卿欲何言?(赤壁)

11.26　**我们又常在“何”字后头加一“所”字,把叙事句改造成判断句,这可以和“谁……者”比较。例如:**

今大王诚能反其道,任天下武勇,何所不诛?以天下城邑封功臣,何所不服?(淮阴)

何所闻而来?何所见而去?(晋书·嵇康传)

问女何所思?问女何所忆?(木兰辞)

飘飘何所似?天地一沙鸥。(杜甫诗)

11.27　文言里询问事物除“何”字外，还有一个“奚”字，如：

问臧奚事？则挟策读书；问穀奚事？则博塞以游。（庄·骈拇）

离道而内自择，是犹以两易一也，奚得？（荀·正名）

抉择人物

11.31　抉择性的疑问指称词，白话用“哪”（和确定指称词“那”不同，但旧时也写作“那”，引例句时照原样）。普通在后面加用单位词，和“什么”不同，例如我们可以说“什么花”，但必须说“哪朵花”或“哪一朵花”或“哪些花”（当然也有不便加单位词的）。

代表抉择的对象的名词，有时和“哪”结合成词组，例如：

你爱看哪一本小说？

你这是哪一家铺子里买的？

有时把这个名词先说在头里，这才说“哪”。例如：

这些小说里头，你爱看哪一本？

这几家铺子哪一家价钱公道？

以上是指物的例，指人的时候，或用“哪”，或用“谁”。例如：

你们谁愿意跟我进城去?

看看这些孩子,哪一个舍得放下?

11.32　文言里的抉择疑问词用“孰”。这个字通常只有称代用法,所以名词必须说在“孰”字的前头。

弟子孰为好学?(论·雍也)

人非生而知之者,孰能无惑?(师说)

事孰为大?事亲为大。守孰为大?守身为大。(孟·离娄上)

战克而王享,吉孰大焉?(左·僖二五)

但称人的时候也可以用“谁”,如:

人谁无过?过而能改,善莫大焉。(左·宣二)

又因为“孰”字只有称代用法,所以需要抉择性指示词的时候,只能仍用“何”字,如:

以此攻城,何城不克?(左·僖四)

何草不黄?何日不行?何人不将?(诗·小雅)

11.33　以上都是“众中择一”的例子。另有“二者相比”的例子,白话里头指人大率用“谁”,指物用“哪一样”或“哪个”,文言一概用“孰”。例如:

父亲和丈夫谁亲些?

买了鱼就不能买鸡,买了鸡就不能买鱼,你爱吃哪样?

父与夫孰亲?(左·桓十五)

礼与食孰重?(孟·告子下)

关于两事相比的询问句法,19.41节还要讨论。

问情状

11.41　询问情状,白话用“怎么”、“怎样”和“怎么样”。文言主要是用“何”字和他的结合词“何如”、“如何”、“若何”、“奈何”、“何以”、“何为”等。

这里所说情状,包括事物本身的性质和状态,以及动作的容状等等。询问及于事物的本身时,“怎么(样)”可以用作加语,也可以用作谓语。加语还可以用“什么样”。例如:

那状元夫人又是怎么件事呢?(儿三二)

这“一口钟”到底是件什么样的衣服呢?

谓语的例:

你看这个小花瓶儿怎么样?

“当初”怎么样?“今日”怎么样?(红二八)

我又怎么了,你又劝我?(红二一)

你们跟去瞧瞧是怎么了?(儿三九)

11.42　**文言询问事物的性状,所用的询问词以“何如”为最常见,“如何”不及“何如”;秦汉以后又用“何等”。用作加语的例:**

“陛下以绛侯周勃何如人也?”上曰,“长者也。”又复问,“东阳侯张相何如人也?”上复曰,“长者。”(史·张释之传)

善藏我儿胞,丞知是何等儿也?(汉·外戚传)

用作谓语的例:

于是张良至军门见樊哙。樊哙曰,“今日之事何如?”(项羽)

抚军问孙兴公,“刘真长何如?”,曰,“清蔚简令。”“王仲祖何如?”曰,“温润恬和。”“桓温何如?”曰,“高爽迈出。”(世说·品藻)

11.43　**询问动作的容状及方法等等,用“怎么”,但往往在动词后面加“法儿”,也就在“怎么”后面加用“个”字。例如:**

这件事你该怎么谢我呢?(红二一)

你是怎么拾着的?(红三一)

这算什么?又不是帐,又不是礼物,怎么个写法儿?(红二八)

这摔了个粉碎的瓦,可怎么个整法儿呢?(儿三二)

11.44　文言用"如何"和"何以"为主，也用"若何"，不用"何如"。例如：

不为者与不能者之形何以异？（孟·梁惠王上）

王曰，何以利吾国？大夫曰，何以利吾家？士庶人曰，何以利吾身？（同）

彼之角如何来，我之角如何往……（斗牛）

奚以知其然也？（庄·逍遥游）

何由知吾可也？（孟·梁惠王上）

11.45　下面的例句形式上和11.41的第二类例子相似，但不是泛问事物的性质如何，只是问这件事好不好，使得使不得，实质上已经等于"是非问句"了。

咱们这就去，怎么样？

所以我才合你商量。你想着怎么样？（儿三〇）

姑奶奶，你想我这主意怎么样？（儿四〇）

文言里这种商量可否的例：

仍旧贯，如之何？（论）。

亦使知之，若何？（左·僖二四）

吾欲之南海，何如？（为学）

11.46　另有一类问句，先悬拟一种事态，然后询问一个办法，

询问词白话用“怎么样”。例如:

宝姐姐和你好,你怎么样?不和你好,你怎么样?前儿和你好,如今不和你好,你怎么样?你和他好,他偏不和你好,你怎么样?你不和他好,他偏要和你好,你怎么样?(红九一)

多喝又把我怎么样?(红三九)

听得进去便怎么样?听不进去便怎么样?(儿三〇)

要是他只管不理会,你又打算怎么样呢?

倘若说疑问指称词是有所代的,那么这里的“怎么样”所代的是一个动词。

文言里类似的句子用“奈何”为主,也用“若(之)何”、“如(之)何”。

竭力以事大国,则不得免焉,如之何则可?(孟·梁惠王下)

一薛居州独如宋王何?(孟·滕文公下)

晋侯谓庆郑曰,“寇深矣,若之何?”对曰,“君实深之,可若何?”(左·僖一五)

骓不逝兮可奈何?虞兮虞兮奈若何。(项羽)

诸侯不从,奈何?(留侯)

问原因和目的

11.51　询问原因和目的,白话里常用的疑问词是“为什么”和

“做什么”；严格说，询问原因用“为什么”，位在动词前，询问目的用“做什么”，位在动词后。但是这个分别有时维持不住，因为原因和目的这两个观念本来是很相近的，有的时候竟很难分别。举例如下：

你为什么又和云丫头使眼色儿？（红二二）
你既这么说，为什么我去了你不叫丫头开门呢？（红二八）
这早晚就跑过来作什么？（红二一）
你可尽着招他哭哭咧咧的是作甚么呢？（儿六）

11.52　询问原因也用“怎么”。普通总觉得“怎么”以问情状为主，实际上很多“怎么”是询问原因的。“怎么”本来就是“做什么”的合音，当然可以用来问原因，用来问情状倒应该算是引申的用法了。用“怎么”询问原因，可以位于起词之后动词之前，又可以位于起词之前，后面这种位置是问情状的“怎么”不能有的。例句：

你怎么这时候儿才来？（儿二七）
我也算会说的了，怎么说不过这猴儿？（红二二）
怎么宝姐姐和你说的这么热闹，见我进来就跑了？（红二一）
这还不乐？怎么倒愁的这么个样儿？（儿四〇）

11.53　询问原因还有一个办法，是只用“什么”，形式上是一个止词，骨子里是问原因；这有一个证据，就是有些动词明明是内动词，不能有平常的止词，可是能跟个“什么”。例句：

好端端的你垂头丧气的嗐什么？(红三一)

令官都准了,你们闹什么？(红二八)

妈可忙甚么呢？没事就在这里坐一天说说话儿不好？(儿二九)

还有把“什么”用作止词的加语的,如：

不拘怎么着,谁还敢争？又办什么酒席呢？(红二二)〔不是问办海味席还是烧烤席,是说何必办酒席。〕

好没意思,白白的起什么誓呢？(红二八)

他说:“我不气别的,我气的十八岁的女孩子出什么阁!”我噗嗤一笑说:“你呢？十九岁的年纪,认什么姑姑!”(姑姑)

11.54　文言询问原因的指称词用“何”和他的结合语为主。“奚”、“胡”、“曷”是“何”的同义字,但用途似乎都有点限制,如“胡”字多数用在“不”或“为”之前,“曷”字多数用在“为”字前,而这些地方也正是不大用“奚”字的地方。

单用“何”、“奚”和“怎么”相当。例如：

嫂何前倨而后卑也？(秦策一)

汉皆已得楚乎？是何楚人之多也？(项羽)〔怎么这么多呢〕

或谓孔子曰,“子奚不为政？”(论·为政)

天下之刖者多矣,子奚哭之悲也？(韩非子·和氏)

11.55　询问原因的“何”字可以用作谓语;前面用“者”字,等于“之故”。“何”字之后常用“也”、“欤”等字;用惯了,“何也”、“何欤”就都成了熟语。

今恩足以及禽兽,而功不至于百姓者,独何与?(孟·梁惠王上)

吾君在前,叱者,何也?(史·平原君传)

所以然者何?水土异也。(晏子春秋·内杂下)

11.56 “何不”等于白话的“为什么不”,常常含有劝令的意思,如下面第二例:

苟如君言,刘豫州何不遂事之乎?(赤壁)

无征不信,公爱之,何不记之?(峡江寺飞泉亭记)

“何不”合音为“盍”,例如:

盍各言尔志?(论·公冶长)

而画中有草虫一法,盍仿而效之?(记趣)

“胡不”等于“何不”,例如:

人而无礼,胡不遄死?(诗·鄘风)

归去来兮,田园将芜胡不归?(陶潜:归去来辞)

11.57 用“何以”、“何故”等询问原因的例:

法人好胜，何以自绘败状，令人丧气若此？（巴黎油画）

知必危，何故不言？（左·哀七）

11.58　“何为”本来应以询问目的为主，但也常用来问原因。例如：

人而无仪，不死何为？（诗·鄘风）

今战而胜之，齐之半可得，何为止？（淮阴）

“何为”常常拆开来用，中间大率加个“以”字，这种句法只用来问目的。例如：

今我何以子之千金剑为乎？（吕氏春秋·异宝）

君何以疵言告韩魏之君为？（赵策）

匈奴未灭，何以家为？

奚以之九万里而南为？（庄·逍遥游）

“胡为”、“曷为”等于“何为”。例如：

噫嘻，悲哉！此秋声也。胡为乎来哉？（秋声赋）

吾使子往视之，子曷为告之？（公羊·宣十五）

11.59　“如何”、“若何”、“奈何”也可以用来问原因，如：

如之何其使斯民饥而死也？（孟·梁惠王上）

非国家之利也。若何从之？（左·襄二六）

奈何非金石之质，欲与草木而争荣？（秋声赋）

既见君子，云何不乐？（诗·唐风）

任指

11.61　“谁”、“什么”、“怎么”、“哪儿”等词平常称为“疑问指称词”，因为他们的主要用途是询问人、物、情状等疑点。可是这些词也可以不作疑问用：“谁”可以代表不知或不论是谁的一个人，“什么”可以代表不知或不论是什么的一件东西。这样用法的时候，可以称之为“无定指称词”。无定指称词用途有二：表不论的可称为任指，表不知的可称为虚指。

文言的疑问指称词里只有“何”字有非疑问的用法，而在通用的文言里也不常见。所以文言里表任指和虚指，常常借助“者”字和“所”字（参阅6.5；6.6；8.3 等节），或其他词语。

11.62　任指指称词多数用在复句的第一小句里，这些指称词的上头常常加“无论”、“任凭”、“不管”等字样，但也不是非加不可，尤其是在否定句里。例如：

你喜欢谁，只管叫来使唤。（红三五）〔任择所欲〕

宝姐姐有心，不管什么他都记得。（红二九）〔事事皆默识之〕

我这话那一句讲的不是，姐姐只管驳。（儿二六）〔有不当者〕

二嫂子凭他怎么巧，巧不过老太太。（红三五）〔虽

巧……]

是了是了,无论怎么着罢,算我们明白了就完了。(儿三三)

谁也不知道他是哪天走的。〔莫知〕

他什么都不怕,就只怕人说他不够朋友。〔无所畏〕

哪儿不能躲偏要躲在那儿,这还有什么说的。

任指的用法和疑问的用法比较相近,实在是一种撇开性的间接问句(16.61)。比较,

他见了就要,也不管那是谁的。〔普通间接问〕

不管是谁的东西,他见了就要。〔任指〕

任指指称词常常前后叠用,造成一种连锁句(见23.61)。

虚指

11.63　虚指的用法离开疑问的本义比较远些,在近代文言以及语体文里常常用"某"字来表示,如"似乎在哪里看见过"作"似曾于某处见之"。例句:

这件东西好象是我看见谁家的孩子也带着一个的。(红二九)

姑老爷常说的呀,孔夫子的徒弟谁怎么听见一样儿就会知道两样儿,又是谁还能知道十样儿呢。(儿三六)〔有闻一以

知二者，又有闻一以知十者。〕

他方才还在这里来着，此时想是作甚么去了。（儿三三）〔有所事〕

只嚷饿的慌，要先吃点甚么。（儿三九）

他后悔得什么似的。（红三二）

待要怎么样，料着宝玉未必是安心踢他。（红三〇）

你倒是在那里弄些吃的来，再弄碗干净茶来喝。（儿一四）

以上是肯定句的例。我们有时加“不知”二字，明白表示这是虚指，如：

多半是薛大爷……不知在外头挑唆了谁来在老爷跟前下的蛆。（红三三）

这些东西都搁在东楼上不知那个箱子里，还得慢慢找去。（红四〇）

湘云伸手擎在掌上，心里不知怎么一动，似有所感。（红三一）

这个“不知”只管着“谁”、“哪个”、“怎么”等词，并不管到整个下半句，所以不是“间接问句”。有时去了这个“不知”，意义并无改变，如上面第一句。

11.64　以下是否定句的例：

“你才说什么？”——“我没说什么”。（红二六）〔无所言〕

“落下什么了？”——“没落下什么”。（儿四〇）〔无所遗〕

也倒不想什么吃。(红三五)

这一遭半遭儿的也算不得什么。(红二七)〔无所谓〕

那雇骡子的本主儿倒不怎么样,你瞧跟他的那个姓华的老头子真来的讨人嫌。(儿四)〔无所谓〕

且把他们松开,大约也跑不到那里去。(儿三〇)〔无所逃〕

否定句里的虚指和任指很相近。如上面的前三句,如果略改词序,变成"我什么也没有说","甚么也没落下","什么都不想吃",语气加重,就有了任指的意思了。

11.65　虚指指称词又可以用在"是非问句"里。因为所问为全句之是非,"谁"、"什么"等词不是疑点所在,所以仍是虚指。例如。

还有谁笑话咱们不成?(红四〇)

还吃点儿甚么不吃。(儿二八)

奶奶有甚么止痛的药没有?(儿三〇)

你此刻逼他也无用,难道他还能上哪儿去偷一对来还你不成?

第一例的"谁"可以改成"人"。例二的"甚么"可以改成"东西",例三的"甚么"和例四的"上哪儿去"可以省去,虽然语句要减色不少,基本的意义还不至于受影响。倘若这些词表疑问,这就办不到了。

11.66　文言里用"何"字虚指,仅见于"何人"一词,例如:

今君又当厚积余藏,欲以遗所不知之何人。(史·孟尝君传)

臣夜人定后,为何人所贼伤,中臣要害。(后汉·来歙传)

有何人,天未明,乘马以诏版付允门吏。(魏志·夏侯玄传)

11.67 文言里还有一个专作虚指指称用的字,就是"或"字。例如:

或告子旗,子旗不信。(左·昭八)

或劝以少休,公曰:"吾上恐负朝廷,下恐愧吾师也。"(左公逸事)

"或"字等于说"有……者",如上面第一例可改为"有告子旗者"(参阅7.6;8.2)。"或"字也限于指人,而且只能用作主语。上面用"何人"的前两例都不能改作"或",第三例用"或"就不再用"有"字。

数量称代

11.71 基数和序数,假如后头不跟名词,他本身就有一种称代的作用。基数称代又分单纯和带形容词两种。前者的例:

一只手抱了一个孩子,一只手又牵了一个。

假如我要读书,依旧可以带几本去读。(儒林外史一)

如今我们洞里果品短少,须得趁此打劫些个来才好。(红

一九)

11.72　文言里,一般说来,没有白话里这么自由的数量称代。白话里数字下有单位词,文言里不普遍用单位词,所以不容易站住,如"君有三城,我亦有三城",不能说"我亦有三"。单位词是实体词,所以白话里的数字本身并没有变成实体词。反而文言里有以下的例子,这里面的数字倒是实体词:

赐也何敢望回,回也闻一以知十,赐也闻一以知二。(论·公冶长)〔比较11.63例二"两样儿"、"十样儿"。〕

问一得三:闻诗,闻礼,又闻君子之远其子也。(论·季氏)

子玉使宛春告于晋师曰,"请复卫侯而封曹,臣亦释宋之围。"子犯曰,"子玉无礼哉!君取一,臣取二,不可失矣。"(左·僖二八)

这里的数字所代表的是"事",但是这个字上文并没有,所以这种称代法和白话里的不同。又如:

方六七十,如五六十,求也为之……(论,先进)〔如=或〕

四十五十而无闻焉,斯亦不足畏也矣。(论·子罕)

这里的"六七十"、"五六十"指"里","四十"、"五十"指"年",也是上文所无,不能算是普通称代,只是习惯上说到年岁和道里的时候可以省去这两个字而已。又如:

冬则析堂与室为二……夏则合为一。（陆游：居室记）

这是表数量分合的，也没有被称代的本词。

11.73　数量词带形容词的例：

里面养着各色折枝菊花，贾母便拣了一枝红的簪在鬓上。（红四〇）

打开一包银子，拣了一块一钱多重的给他，说，"请你喝杯酒。"

这在文言里是有相同的表现法的，比如说：

以重价求之珠商，一日而得径寸者二。

但是也不常见。说到人数的时候，数字之后照例有"人"字，如：

孟氏选圉人之壮者三百人。（左·定八）

这要在白话里，就可以说成"在马夫里头挑了三百个身强力壮的"了。

11.74　序数称代的例如：

第一道题是作文，第二道是文言译白话，第三道是白话译文言。

张二有三个小孩，大的检煤核，二的滚车辙，三的满院爬。

(柳家大院)

文言里的“其一……其二……”、“其次……其次……”也可以算序数称代。

总和及配分指称:全称

11.81 我们又常常说及一群人或一起物件的总和或他的部分,这也是和数量有关的。

无论文言或白话,说到总和都只有表“众多”或“全体”的限制词,或加于名词,或加于动词(9.63),但没有称代词(和英语的单用的 all 相当的)。

11.82 表示否定的总和,白话只能用“没一个”或“全都不”等构造,或利用无定指称,如“谁也不”等(11.62)。文言除应用“无”字外(8.2;8.3),还有一个专作此用的“莫”字。例如:

> 狂者伤人,莫之怨也;婴儿詈老,莫之疾也。(淮南子·说林)
>
> 吾视沛公大度,此真吾所愿从游,莫为我先。(史·郦生传)

“莫”字等于说“无……者”,如上面第一例可改为“狂者伤人,无怨之者……”,或是说“谁也不怨他”。

可是“莫”字,和无定指称的“或”字相同,限于指人,又限于作主语,这是这两个字的用法的共同限制。

偏称

11.83　只就全体里边的一部分说，这就是偏称。例如：

四个孩子里头有两个已经进了中学。
且喜平日看文章的这些学生里头颇有几个起来的。（儿三）
宋人有闵其苗之不长而揠之者。（孟·公孙丑上）

直接用“有”字起，如“有牵牛而过堂下者”（8.2），以及前边11.67所说的“或”字其实也都是“偏称”的例子，只是上面没有表示总和的字（人），所以偏称之意不显。

他称

11.84　就总和里减去一部分，就着其余的说，谓之他称，如：

〔已经有两个进了中学，〕其余的都还在小学。
另外那些你自己留着罢。
我们这里卖完了，别家去问问看。
我只管编辑，其他的事情我不管。〔别的我不管。〕

“另”和“别”只用在白话里，“余”和“他”用于文言为主。文言

的例：

大儿孔文举，小儿杨德祖，余子碌碌，不足数也。(后汉·祢衡传)

子不我思，岂无他人。(诗·郑风)

王顾左右而言他。(孟·梁惠王下)

白话里有时又借用"那"字，如：

只倒茶的这个工夫儿又进来了两个人……前头那一个打着个大长的辫子……那一个梳着个大歪抓髻。(儿四)

那驮骡又是恋群的，一个一跑，那三个也跟了下来。(儿五)

分称

11.85　分称是就着总和的几个部分分别述说，普通是应用偏称的说法重叠着说。例如：

每人要了一斤半面的薄饼，有的抹上点子生酱，卷上棵葱，有的就蘸着那黄沙碗里的盐水烂蒜，吃了个满口香甜。(儿一四)

这个当儿，这号进来的人就多了，也有抢号板的，也有乱坐次的，还有诸事不作，找人去的，人来找的，甚至有聚在一处乱吃的，酣饮的。(儿三四)

文言也用“有……者”，例如：

即闻有买卖数钱声；有买猪首者，有买腹脏者，有买肉者。（口技甲）

还有一种方法是用“或”字，“或”等于“有……者”，已在11.67说明。例如：

凡有名者，往往留像于馆，或立，或卧，或坐，或俯，或笑，或哭……骤视之，无不惊为生人者。（巴黎油画）

以手指画，若告语者，人或解或不解也。（哑孝子）

以上诸例，分称时不用确定的数量词，所以合起来是否全体包括在内，是要看上下文的。如上列诸例，多数包括全体，但“儿三四”的例就不然，因为至少该有几个安分的考生。

11.86　有时候我们用确定的数量词，一般都遍及全体，如：

弟兄三个，一个撑船，一个挑水，一个开浆洗店，反正都跟水有缘。

总和为二的时候，我们有三种说法：

我认得两个赵肯，一个是画家，一个是大夫。

他们两位不是一路，一位是本省口音，那一位说是刚从云南来的。

两个丫环,这个合他点点头儿,那个又合他摇摇手儿。(儿三八)

例一无须解说,例二是并用偏称和他称合表全体。例三用“这”、“那”二字,貌为指示,其实并未指定,这是指称词的活用。可是例三可以改用例一的说法,例一反而不能改用例三的说法,比较两句的语气,用“这”、“那”的表示反而更随便些。下例更为明显:

他摆弄那四个碗,转转这个,转转那个,把红鱼要一点不差的朝着他。(黑白李)

“这”和“那”各称一次,但已经足够包括四个碗。又如:

这个孩子一声“老师”,那个孩子一声“老师”,可把她忙坏了。

我们也可以断定决不止两位小朋友。

11.87　文言里没有借用指称词的说法,只用“一”或“其一”。这个“其”字是“其中之”的意思。例:

俄闻二人途中相遇,揖叙寒暄,其声一老一少。(口技甲)

一死一生,乃知交情;一贫一富,乃知交态;一贵一贱,交情乃见。(史·汲郑列传)

故人喜，命竖子杀雁而烹之。竖子请曰，“其一能鸣，其一不能鸣，请奚杀？”（庄·山木）

使奕秋诲二人奕；其一人专心致志，惟奕秋之为听；一人虽听之，一心以为有鸿鹄将至。（孟·告子上）

普称，各称

11.91 普称和各称都是就个体立言，而意在全体；意思和全称相近而说法不同。至于这两种说法之间，也稍稍有些差异。

先说普称。文言有叠用本词的说法，白话除一部分沿用这种办法外，通常改为叠用单位词。例如：

条条街上都挤满了人，个个戏院子都卖满座。

军书十二卷，卷卷有耶名。（木兰辞）

三百六十行，行行出状元。

家家泉水，户户垂杨，比那江南风景觉得更为有趣。（老残二）

夜夜夜半啼，闻者为沾襟。（白居易诗）

人人自危；事事掣肘。

但文言里也可以单用本词，白话不能。例如：

良庖岁更刀，割也；族庖月更刀，折也。（庄·养生主）

非遇水旱之灾，民则人给家足。（史·平准书）

11.92　除叠用本词外,文言又用“每”字,白话除“每人”、“每天”,“每年”等语外,“每”字只能加在单位词前头。例如:

子入太庙,每事问。(论·八佾)

每人而悦之,日亦不足矣。(孟·离娄上)

他每天下午必来这里喝茶,你来这里等他就是了。

他在每本书上都签上名字。

“每”字除加在名词之前,还可以加在动词之前,作“每次”讲,例如:

独在异乡为异客,每逢佳节倍思亲。(王维诗)

或云此舟每出,必有风雨。(武林旧事)

11.93　各称和普称的分别是:普称注意个体之间的“共相”,各称注意个体之间的“殊相”。各称通常应用“各”字,如:

咱们各付各的,谁也不扰谁。

法子多得很,你们各自去想,不必彼此商量。

人各有能有不能。

天地之间,物各有主。(赤壁赋)

从上面的例句可以看出,“各”字(白话里常作“各自”)通常只加在动词前。

白话里有些名词可以在前头加“各”字，如“各人”，“各位”，“各地”，这些都带有熟语性质。近代文言里有时也在名词前用“各”字，例如：“中外各报”，“国立各院校”。这种用法的时候，“各”字没有“各别”之义，只等于“诸”字了。

11.94　白话里除用“各”字外，又有如下的说法：

> 一家有一家的难处。
> 一时是一时的风气。
> 这个地方进步很快，一年是一年的样子。
> 伺候着河上的风光，这春来一天有一天的消息。（康桥）

这里面含有“这家和那家的难处不同”，“此时与彼时的风气两样”的意思，所以是“各称”。文言没有类似的说法。而且白话好像也只限于“有”和“是”这两个动词，换别的动词就不行，例如我们不说“一人做一人的事”，说“各人做各人的事”。

隅称

11.95　我们有时要说明两个数量的对当关系，例如说“一天上五课”。虽然只说“一天”，天天都是如此，仍是注意共相，所以仍是普称，但说法不同，只说“一天”，不说“天天”。这可以名为“隅称”，就是举例言之的意思。这互相对当的数量之中，分得出一个“当量”和一个“被当量”，这两个里面通常一定有一个是“一”。通常“一”是当量，但有时“一”是被当量。通常的次序是当量在先，

例如：

一天上五课，星期六只有四课，下午放假。

一家招待两位，全都不用去住旅馆。

这么三步一停，五步一歇的，今天还想到得了吗？

十天半个月搬一回家，真麻烦！

有些句子先说被当量，后说当量，例如：

白米九十元一斗。

分给他们三十亩一个。

这些句子也可以改换次序，说成"一斗九十元"，"一个三十亩"，但不及原句更合口语的习惯。

文言只有一种次序，当量在先，被当量在后。当量是"一"的时候，"一"字可省（参阅9.15）；被当量是"一"的时候，通常必须写出。例如：

斗米千钱。

封三子为侯，侯千三百户。（史·卫将军传）

泽雉十步一啄，百步一饮。（庄·养生主）〔每十步，每百步〕

五日风，十日雨。〔五日一风〕

上古有大椿者，以八千岁为春，八千岁为秋。（庄·逍遥游）〔以八千岁为一春〕

11.96　近于白话的文言以及带点文气的白话里面又常用“每”字表对当，例如：

好的每斤可以出十两油，次等的就只有七八两。

每营分三连，每连分三排。

每三排为一连，每三连为一营。

始拟膳每月一轮，周而复始。其媳曰：“翁姑老矣，若一月一轮……太疏。”拟每日一家，周而复始。媳又曰：“翁老矣，若一日一轮，……亦疏。”乃以一餐为率。（陆陇其：崇明老人记）

逐称

11.97　表示若干个体先后相续，谓之逐称。例如：

一代传一代。

一蟹不如一蟹。

一晚又一晚的，只见我出神似的倚在桥栏上向西天凝望。（康桥）

这些句子的形式和11.94的各称例句相似，但意思大不相同：“一时是一时”指同一时，“一代传一代”指先后两代，虽然这两句的意思同样延及若干时和若干代。

这种句法又用于“一天冷一天”之类的比较句（19.74）。

另一种逐称句法是叠用名词或单位词，例如：

看看前面的旅客,一个个检查过去。

梧桐树,三更雨,不道离愁正苦。一叶叶,一声声,空阶滴到明。(温庭筠词)

这种句法和普称很相似,但普称一般不加“一”,逐称一定要加“一”。

文言叠词不加“一”,因此形式上和普称没有分别,例如:

步步为营。

苦恨年年压金线,为他人作嫁衣裳。(秦韬玉诗)

这里的“步步”和“年年”有“一步一步”、“一年又一年”的意思,所以可以作为逐称的例子。又或用“一一”,如:

喃喃教言语,一一刷毛衣。(白居易诗)

白话和通俗文言里又用“逐”或“逐一”,例如:

此宅买价虽廉,逐年修理,所费亦已不赀。

张胜回到家中,将前后事逐一对娘说了一遍。(志诚张主管)

第十二章　方所

询问方所

12.11　白话里询问方所没有专用的指称词，应用“什么”和“哪”造成“什么地方”和“哪儿”（哪里，哪），“哪儿”较普通。例如：

> 烫了那里了？（红三五）
> 你们把林姑娘藏在那里了？（红二七）
> 这乌里雅苏台可是那儿呀？（儿四〇）

12.12　方所询问有很特别却是很常见的一式，就是不用任何疑问词而单靠语气词“呢”来表示。如：

> 跟上学的人呢？（红三三）

12.13　文言里询问方所，可以用“何处”、“何所”、“何许”等词，例如：

人面只今何处去？桃花依旧笑春风。（孟棨：本事诗）

大铁椎不知何许人。（铁椎）〔间接问句〕

这是和白话比较接近的疑问词。又可以单用“何”字，如：

于何本之？……于何原之？……于何用之？（墨·非命上）

士生于世，使其中不自得，将何往而非病？使其中坦然，不以物伤性，将何适而非快？（苏辙：快哉亭记）

12.14　“何处”等复合词是后起的，更早的时候有专用的词“安”、“焉”、“恶”等。例如：

大风起兮云飞扬，威加海内兮归故乡，安得猛士兮守四方？（史·高祖纪）

视其所以，观其所由，察其所安，人焉廋哉？人焉廋哉？（论·为政）

君子去仁，恶乎成名？（论·里仁）〔恶乎＝于何〕

方所性的询问词往往引申成为逻辑性的询问词，用于反诘。白话的“哪儿”，文言的“安”、“焉”、“恶”等都有这种作用（见16.74）。

方所词

12.21　回答“哪儿？”可以说“这儿”或“那儿”，也可以说“东门”、“学堂里”等等。前者是称代性的方所词，后者是实指性的方所词。实指性的方所词有地名，如“燕”、“鲁”、“川”、“湘”；有普通名词，如“室”、“案”、“门”、“书”。另有“上”、“下”、“左”、“右”、“前”、“后”、“内”、“外”、“中”、“旁”、“东”、“西”、“上头”、“底下”、“前头”、“头里”、“后头”、“面前”、“背后”、“里头”、“外头”、“左边”、“右边”、“旁边”、“东边”、“西边”等等专门表示方位的词，自成一类。这类方位词常常和普通处所词联合起来用，如“室内”、“案头”、“门外”、“书中”。在文言里，是遇有必要才加这些方位词的，如：

户内一僧，侧耳倾听。（核工）
交趾山中有石室，唯一路可入。（岭外代答）
儿复立案上，拜起如前仪。（彭士望：觝戏记）

否则单用普通处所词就够了。例如：

久居城市者不习于乡村。
口虽不言，了然于心。

12.22　白话里面用方所词，除地名外，大率加用方位词。以“里”、“上”、“下”为最普通。例如：

城里住惯的人，乡下住不惯。
嘴里不说，心里明白。

这些“上”、“下”、“里”的方位意义大率很模糊，如“手里”也可以说“手上”，“书上”也可以说“书里”。到了要表示明晰的方位意义的时候，就不能再用“里”、“上”、“下”等，必须说“里头”、“上头”、“底下”。例如：

嘴的里头有牙齿，有舌头。

天的上头还有什么？

至于“外头”、“旁边”等等，那是跟文言一样，非有必要不用的。

12.23　“里头”除以上所说外还有一个意义，是说“在若干个中间”，例如：

这些个孩子里头，数阿巧最淘气。

这两本里头，你喜欢哪本？

例二的“里头”和“他的好文章都在这两本里头”的“里头”显然不同。同样，“中间”也有两义。例如：

学画可临帖，又可写生；在这两条路中间，写生自然较为重要。（朱光潜：谈作文）

这儿的“中间”和“这两条路中间有一大片草地”的“中间”意思也不同。

12.24　方位词和前头的名词连接的时候，白话可以用“的”，但常常不用，文言的“之”字也是可用可不用。但文言用“之”的例子比白话用“的”的要多些。例如：

楚之南，有冥灵者，以五百岁为春，五百岁为秋。（庄·逍遥游）〔楚国南边〕

梦之中又有梦焉。〔梦里头又有梦；梦里头又做梦〕

白话又用“往”，文言又用“以”或“而”，来表示处所和方位之间的关系，这个关系有时和“的”或“之”所表的相同，有时要两样些。例如：

宜昌而东，江行平地。

形而上者谓之道，形而下者谓之器。（易·系辞）

鼻以上画有光，鼻以下画大姊。（先妣）

12.25　有时候，所指处所已见上文，只要单说一个方位词。例如：

里面数楹茅房，外面却是桑、榆、槿、柘、各色稚树新条，随其曲折，编就两溜青篱。（红一七）

然烛入小洞，中坐头陀象。（林纾：记翠微山）

中轩敞者为舱……旁开小窗，左右各四。（核舟）

这是文言和白话相同的。但文言又常常加一“其”字，白话里却不加“那个的”之类的词语。例如：

乃接木为桥，距地八尺许，一男子履其上……其下则二男子一妇一女童与一老妇鸣金鼓，俚歌杂俗曲和之。（觚戏记）

金玉其外，而败絮其中。

这儿，那儿，到处

12.31　“这儿”指近，“那儿”指远，这两个指称性方所词的分别和“这”和“那”这两个指称词相当；从这两个词的原来的形式“这里”和“那里”上可以知道本来是由“这”、“那”加“里”合成的。

“这儿”和“那儿”所指本有一定，但是正如“这个……那个”可以活用指“一个……一个”（11.86）一样，“这儿……那儿”也可以活用，例如：

这儿一跑，那儿一跑，一天又过去了。

这儿一个洞，那儿一条缝，简直补不胜补。

12.32　文言也用“彼”、“此”的复合词，如“此地”、“此中”、“此间”、“彼中”等；另有“其地”，专为承指用。例如：

此地有崇山峻岭，茂林修竹。（兰亭集序）

不满十年，此中狐兔游矣。（王冕）

顷有人间道来归，自云留彼十载，备知彼中山川道里。

自大宛以西至安息国……其地皆无丝漆，不知铸铁。（史·大宛传）

12.33　但往往也单用"彼"和"此"（兹，斯）。例如：

然予居于此，多可喜，亦多可悲。（项脊）

某所，而母立于兹。（同）

有美玉于斯，韫椟而藏诸？求善贾而沽诸？（论·子罕）

我在彼三载，去官之日，不办有路粮。二郎在彼未几，那能便得此米邪？可载米还彼。（宋书·孔觊传）

12.34　"处处"和"到处"是普称性的方所词，和"个个"相当（11.91）。"到处"又说"满处"，又可以加重说成"满到四处"。例如：

屋上，街上，城墙上，处处都是雪。

你如爱儿童，这乡间到处是可亲的稚子。（康桥）

满处价问，满处价打听，也没个影儿。（冬儿）

敢则这就是姑老爷天天儿叫得震心的他那位程大哥呀？这还用满到四处找着瞧"海里奔"去吗？（儿三七）

文言里也用"处处"，但典雅的文言里不大看见。

方所词的连系：在，于

12.41　方所词用作起词、止词或加语，和普通名词无异，不必讨论。用作方所补词，大率用关系词来连系，但也有不用的。动作和处所能有好几种关系：如一个动作在某处发生，或是一个动作起于某处，经由某处，终止在某处等等。有这种种不同的关系，所用的关系词也就不止一个。

先说“静境”，就是动作和方所之间只有一种静止的关系。表示这种关系，白话用“在”，文言用“于(於)”。

“在”字加方所补词，或是放在动词前，或是放在动词后；有些句子里头这两种位置都可以用，有的句子里头只能用这一种或那一种位置。这就必须把“静境”再分析。大多数句子，里头的方所词只表示动作的所在，犹如唱戏的戏台。这类方所词位于动词前，如：

> 如一条飞蛇在黄山三十六峰半中腰里盘旋穿插。顷刻之间，周匝数遍。(老残二)
>
> 睁着两只小眼睛儿，拨瞪儿拨瞪儿的，在一旁听热闹儿。(儿一七)

12.42　有一类句子，里头的动词是外动词，他的止词因为这个动作的结果，而停留在一个处所，表示这个处所的方所词一定在动词后(同时，这个止词用“把”字或用外位法提在动词前头)。例如：

> 把这话听在心里。(儿一四)
>
> 他不中我，倒也平常，谁想他单单把我搁在末尾儿一名。(儿一五)

这儿决不能说“在心里听”，“在末尾搁”。

12.43　另有一类句子，里头的动词是内动词，他的起词因为这个动作的结果而停留在一个处所，表示这个处所的方所词通例也是搁在动词后头。例如：

> 北风吹在身上，刺骨的冷。
>
> 这真是一根针落在大海里，叫我怎么个找法？

12.44　可是这一类句子里头有好些是可以让方所词占或前或后的两种位置的。例如：

住在东街上。	不在这里住了。
躺在炕上。	在炕上躺着。
藏在门背后。	在门背后藏着。
坐在窗口。	在窗口坐下。

左右两排例句代表两种看法：左排方所词在后，表示先有此动作而后有此境地；右排方所词在前，表示先已到此境地而后有此动作。这只是说明两种位置的意味不是绝对相同，实际上除第四例外意义并无多大出入。右排例句的词序，大部分由于动词后有“了”、“着”等字；“不在这里住”也还可以说，“在炕上躺”、“在门背后藏”、“在窗口坐”就不行了。

12.45　文言用“於”（或“于”）通例在动词后，在前是例外，所以不必分别“静境”的种类。例如：

吾尝验之于身，验之于人，百不失一。（汪缙：示程在仁）

不疲其神于不急之务，不用其力于无益之为。（盲者说）

间与同志创私立小学于城北，又于城南创立阅报所。（林觉民传）

乎，诸，焉

12.46 “於”、“于”二字最早的时候也许有分别，以现在而论，音义皆同。“乎”字是“於”字的同义字，“诸”和“焉”是“於”字的复合字。“乎”的例：

擢之乎宾客之中，立之乎群臣之上。（燕策）

然则是所重者在乎色乐珠玉，而所轻者在乎人民也。（史·李斯传）

12.47 “诸”字是“之乎”或“之於”的合音。例如：

我不欲人之加诸我也，吾亦欲无加诸人。（论·公冶长）

“础润而雨”，征诸湿也；“履霜坚冰至”，验诸寒也。（理信）

12.48 “焉”字的意义和“於之”或“於是”相当，但近代只用在句末。例如：

舣舟处，当寺阴；高阜，钟阁踞焉。（核工）

树阴有屋二椽，姊携拯居焉。（课诵图）

其存君兴国而欲反覆之，一篇之中，三致意焉。（史·屈原传）

这个"焉"字，引申开来，就成了一个语气词（见15.81—4）。

从，往，到

12.51　动作和方所之间，又可以有动的关系。例如方所为动作的出发点。表示这个关系的词，白话常用"从"或"打"，有时也用"在"，方所词常在动词前。例如：

一口气从车站走回家，走得满头大汗。

何必绕那么远，打这儿走近多了。

又在鞋掖里取出笔墨来。（儿一〇）

文言用"自"、"由"、"从"，方所词通常也在动词前，但用"自"字时，也可以在后。例如：

越明年，贫者自南海还。（为学）

余还自西广，道番禺，乃得见之。（岭外代答·斗鸡）

由屋顶放光入室。（巴黎油画）

有一人从桥下走出。（史·张释之传）

有时也用“于”，方所词在后。如：

> 民以为将拯己于水火之中也。（孟·梁惠王下）
>
> 千里之行，始于足下。
>
> 窃疑纂辑成书，当出于有子曾子门人之手。（梁启超：论语解题）

表示动作离开一个处所的方式，有“出”、“下”等字。如：

> 踱出店外，看那些车夫吃饭。（儿一四）
>
> 上前连拉带拽才把他架下楼来。（儿三五）

“踱出店外”等于“从店里踱出来”。文言里“出”、“下”等字当动词用。

12.52　表示通过某一处所，白话和文言都没有专用的关系词，通常把“经过”的意思用动词来表示；用关系词的时候，那就和上项相同。例如：

> 把那烟从嘴里吸进去，却从鼻子里喷出来。（儿四）
>
> 出了正房，从西院墙一个屏门过去。（儿一五）
>
> 轩东故尝为厨，人往，从轩前过。（项脊）

白话的“过”字已有从动词变为关系词的倾向，如：

> 渡过河，走不远就到了镇上。

12.53　表示动作的趋向，白话常用“往”（望）、“朝”、“向”等字，文言也用“向”或“嚮”（鄉），但不及白话用的多。例如：

你要找东庄儿，一直的往西去就找着了。（儿一四）

向外一绰，往里一裹，早把棍绰在手里。（儿六）

他把那尖刀，背儿朝上，刃儿朝下，……一刀到底的只一割。（儿六）

西门豹簪笔磬折嚮河立。（西门豹）

黑烟滚滚，东向驰去。（铁椎）〔注意：“向”在“东”后。〕

12.54　表示动作的到着，白话用“到”字。例如：

甚至吃喝嫖赌，无所不至，已经算走到下坡路上去了。（儿一五）

听得那先生说了这等一番言词，字字打到自己心坎儿里。（儿一九）

“到”字只表示一般的到达，如果要表示特殊的到达方式，有“进”、“上”、“下”等字。如：

就好比那太阳爷照进屋里来了。（儿一五）

托地一跳跳上房去。（儿六）

泥牛滚下海，有去没回来。

文言里和“进”、“上”相当的“入”、“登”等字是只作动词用的。

文言里表示到着用“于”字。例如：

河九折而注于海。

孟子自齐葬于鲁，反于齐。（孟·公孙丑下）

此外有“至”字，意思就是“到”，但通常只作动词用，如：

初二日晨发成都，晚至内江，宿。

复哀泣从人至金陵。（杜环）

附在别的动词后面的很少。而且“至”字之后仍常跟“于”字，例如：

顺流而东行，至于北海。（庄·秋水）

平原君已定从而归，归至于赵。（史·平原君传）

12.55　“从”和“到”常常连起来用，表示一件事情的起讫两点，例如：

从五四到现在，语文方面的变化是很大的。

从这儿到山顶，名为八十里，实际不到五十里。

文言上用“自”，下用“于”、“至于”或“至”。这儿的“至”字显出几分关系词的性质。例如：

则由放纵而流于残忍矣。（自由）

长江为我国第一大川，自青海至吴淞口，历八省，长万里有奇。

自百家诸子之书，至于难经，素问，本草，诸小说，无所不读。（王安石：答曾子固书）

自王公卿相以至工艺杂流，凡有名者，往往留像于馆。（巴黎油画）

12.56　方所词又常常用弱化的动词来连系。在白话里头，这类动词后头大率加“着”字，例如：

他自己却挨着炕边坐了。（儿二〇）

方才不该当着这班人作这举动，又多了一番牵扯。（儿一九）

众人答应一声，便顺着那带灰棚搜去。（儿一一）

文言的例：

缘溪行，忘路之远近。（桃源）

环湖筑路，以通车马。

以文言而论，这些词仍然应作普通动词看，这些词和后面的主要动词之间常常可以加用“而”字或“以”字，如“缘溪以行”（20.93）

不用关系词连系

12.61　现在讨论方所词不用关系词连系的例子。在白话里，“这儿”和“那儿”之前常常不用关系词，别的方所词之前也有不用的。例如：

> 请这里坐。
>
> 你路上遇见熟人没有？
>
> 只好袖子里拿二百钱送了看坐儿的，才弄了一条短板凳，在人缝里坐下。（老残二）
>
> 看那戏台上只摆了一张半桌，桌子上放了一面板鼓，鼓上放了两片铁片儿。（同）

最后一例是特种句法，已在3.9讨论过，这里的方所词统不加“在”字。“路上”、“处处”这一类方所词本是不用关系词的，也不用说。就其余的例子而论，可以看出两点：一，只有意义较笼统的关系词“在”字可以不用，如“往”、“到”、“进”、“出”等字是不能省略的。二，只有动词前的处所词可以不用关系词，像12.42—3的“在”字就是不能不有的。

12.62　文言里不用关系词的例子要更多些。可以按方所词在动词之前或后分成两类。

方所词在前，不用关系词，最习见的是表方位的。我们要注意的是这些方位词有时表示动作的趋向，有时又表示动作所从来的

方向。例如：

凭轩下瞰，老柏三数章，碧翳天日。（记翠微山）〔向下〕

西望夏口，东望武昌。（赤壁赋）〔向西，向东〕

月明星稀，乌鹊南飞。（曹操诗）〔向南〕

时新学说西来，学子心醉平等自由之说。（林觉民）〔从西方〕

东犬西吠。（项脊）〔在西家〕

极目四望，则见城堡，冈峦，溪涧，林树，森然布立。（巴黎油画）〔向四面〕

顷之，二十余骑四面集。（铁椎）〔从四面〕

其他方所词较少，如：

上古之人，穴居而野处。

乃谢病家居不复出。

道逢豪客，不其殆乎？

12.63　方所词在后而不用关系词，大多数例句可以说是省用“于”字。如：

北平陈子灿省兄河南，与遇宋将军家。（铁椎）

或失足田中，或倾身岸下。（斗牛）

将归，饮旅馆中，解金置案头。（健儿）

秦始皇大怒，大索天下。（留侯）

橘生淮南则为橘，生于淮北则为枳。（晏子春秋·内杂下）

从末后一例可以看出,“于”字的用和不用,常常受修辞需要的支配。

12.64　但文言里有一类动词,用“于”和不用“于”一样的普通,我们不能说不用“于”一定是省略;我们甚至可以说,不用“于”字的时候,那些动词是外动词,就拿方所词作止词。例如:

在于王所者,长幼尊卑皆薛居州也,王谁与为不善?(孟·滕文公下)

在王所者,长幼尊卑皆非薛居州也,王谁与为善?(同)

东流入于浔水。(柳记)

渡大江,入淮楚。(王冕)

昔者有王命,有采薪之忧,不能造朝。(孟·公孙丑下)

今病小愈,趋造于朝。(同)

郑世子忽复归于郑。(左·桓一五)

冕既归越,复大言天下将乱。(王冕)

孔子游于匡。(庄子·秋水)

北游燕都。(王冕)

这一类动词很不少。有些文法书上的所谓“关系内动词”,一大部分都有这种现象。

方面,对象,观点

12.71　前面讨论方所词,都选用较具体的例子,但实际上方所的概念常常引申开来应用；尤其是文言用“于”字连系的补词，包括的意念范围极广。以下择要举例。

第一是表示“方面”。文言常在形容词之后用“于”字连系一个补词，表示那个形容词适用的方面，例如：

> 明于治乱，娴于辞令。（史·屈原传）
>
> 民勇于公战，怯于私斗。（同，商君传）
>
> 夫谈有悖于目，拂于耳，谬于心，而便于身者；或有悦于目，顺于耳，快于心，而毁于行者：非有明王圣主，孰能听之？（汉·东方朔传）
>
> 然亮才于治戎为长，奇谋为短。（蜀志·诸葛亮传）〔合用一“于”字，=长于治戎，短于奇谋。〕

这个“于”字有时也可省，如“悦目”，“快心”，又如：

> 毒药苦口，利病；忠言逆耳，利行。（汉·淮南王安传）

史记里就是作“苦于口，利于病……”。

12.72　白话也常用“在……上”来表示这种“方面”观念，如：

> 他这个人别的倒罢了，就是在银钱上有些看不破。
>
> 这本书在文字上倒还过得去，思想方面很差。

或单用“上”。现代文言也常用。如：

也只是面子上敷衍敷衍罢了。

诚历史上，宗教上，美术上之巨构也。（云冈）

12.73　其次，“于”字又可以作“对于”讲，所连系的补词代表动作（包括心理）的对象。其实这也是一种“方面”。例如：

君子于其所不知，盖阙如也。（论·子路）

口之于味也，有同嗜焉。（孟·告子上）

吾于天下贤士功臣，可谓无负矣。（汉·高帝纪）

于赵则有功矣，于魏则未为忠臣也。（史·魏公子传）

然若过其度而有愧于己，有害于人，则不复为自由，而谓之放纵。（自由）

然不革命而奴隶于恶政府，则虽生犹死。（为群）

勤于职守；笃于故旧；忠于国家。

以上例句中，前四例的补词都在前。例五也可以改在前：“于己有愧，于人有害”，正如例三和例四的前半句也可以改在后；“无负于天下贤士功臣”，“有功于赵”。

12.74　白话的“在”字是没有和这个“于”字相等的用法的，通常用“对于”。例如：

不独是对于一个人如此，就是对于家庭，对于社会，对于国家乃至对于自己，都是如此。（最苦与最乐）

对于子女的教育，简直不管。

例二的“对于”所连系的补词，其实就是下边动词的止词，我们也不妨说这儿“对于”是一种把止词提前的关系词，和“把”字异曲同工。

12.75　“关于”和“对于”的用法有些不同，大率用于“问题”、“事情”等词的前头；可是在意念上很相近，例如“关于这件事情，我没有意见”也可以说“对于这件事情……”。“关于”的例：

> 第三，说几句关于批评的事。（鲁迅：读书杂谈）
>
> 《语丝》我仍旧爱看，还是他能够破破我的岑寂。但据我看来，其中有些关于南边的议论，未免有一点隔膜。（鲁迅：通信）
>
> 关于这个问题，最近的刊物上已经有许多人讨论过。

最后一例的“关于”也有提前止词的作用。

文言的“于”字有和这个“关于”的意味很相近的，如：

> 然自计平昔，于方外养生之说，曾无所闻。（陆游：居室记）

但这类句子并不多，白话里“关于”的发达是受了外来语法的影响。

和“关于”的概念相近的有“至于”，但这有说完一事另起一端的语气，我们留在别处讨论(22.71)。

12.76　方所词还有一个用处是表示观点，就是从哪方面看。这类方所词常用“自”字连系，下用动词“观”字，例如：

> 自其变者而观之，则天地曾不能以一瞬；自其不变者而观之，则物与我皆无尽也。（赤壁赋）

用“于”用“在”,也可以表示观点。这一类补词一定在动词或形容词之前,和一部分对象补词相同。例如:

然力足以至焉而不至,于人为可讥,而在己为有悔。(游褒禅山记)

于汝安乎?(论·阳货)

不义而富且贵,于我如浮云。(论·述而)

此布衣之极,于良足矣。(留侯)

上问袁盎曰,“今吴楚反,于公何如?”对曰,“不足忧也。”(史·吴王濞传)

间或也有省去关系词的,如:

吾女子,义不忍与贼俱生。(夏之蓉:沈云英传)〔于义〕

法无可恕,情有可原。〔于法,于情〕

12.77 白话里的关系词也用“从”和“在”,如:

从另一方面看来,这正是变动的社会中应有的现象。

这应该是真实的,但在我却未曾感得。(鸭的喜剧)

我们的祖先——猿猴——寻到了成熟的榛栗,呼朋唤类去采集,预备过冬,在他们是最快活的。(绿漪:扁豆)

12.78 我们又常用“于”字来表示“在……中”,用于有比较或

选择之意的句子。这个“于”字所连系的补词大率位于动词之前。例如:

> 必不得已而去,于斯三者何先?(论·颜渊)
> 君请择于斯二者。(孟·梁惠王下)
> 燕于姬姓独后亡。(史·燕世家)

这类句子在白话里就是前边“在……里头”(12.23)的例子,只是这里的“于”字底下不加“中”字就觉得跟常用的“于”字不一样罢了。

12.79　文言里的“于”字实在是一个多方面应用的关系词。除上面已经说过的各项例句外,比较重要的有第三章所见连系被动句的施事词的例(3.82),有第四章所见连系受词的例(4.1;4.42),还有下章要讲的连系时间补词的例(13.44),以及第十九章连系比较补词的例(19.55)。白话里把它分化了,一部分固然仍用“在”字,“于”字的继承字,但另一部分便用别的关系词如“给”等来代替;还有一部分用“对于”、“关于”等复词,这里面还保存“于”字,可是已是次要的成分。

以下杂举一些用“于”字的例句,就文言而论,都可以用“方所”、“方面”等概念来解说,可是这里头大部分在白话里已经不用“在”字,因此在现代的人看来,这些“于”字就往往和他上头的字合成熟语了。例如:

> 易姓名,隐于庖丁。(健儿)
> 是皆基于舍己为群者也。(为群)

岂其忿世疾邪者耶？而托于柑以讽耶？（刘基：卖柑者言）

鉴于人言之可畏，乃多方饰词以卸责。

今寇众我寡，难于持久。（赤壁）

同于我者安知非依附之谋，异于我者未必无切磋之益。

铜锡诸矿几于遍地皆是。

空气过于干燥，则温度虽低，亦可无霜。

老于北京的人说，地气北转了。（鸭的喜剧）

动态

12.81　“上”、“下”、“进”、“出”等字，本来是动词，用在别的动词和方所词之间，又成了关系词，上文已见（12.51，54）。不和方所词合用而单独粘附在动词之后，这些字又有表示动作的趋向或势力的作用。比较下面三句：

一个苹果吃下肚。

树上又掉下一个。

留下这个明天吃。

第一句里，“下”字连系“肚”字，是个关系词。第二句里，“下”字并不连系什么，只是表示“掉”的趋向，是说“掉下来”，不是“掉上去”。第三句的“下”，以句子里的地位而论，和第二句的“下”相同，但是他的意义又引申了一步，不能仍说是表“趋向”，只能说是表示动作的“势力”。

为兼顾动向和动势两方起见，我们称这一类词为"动态词"。除"进"、"出"、"上"、"下"外，还有"过"、"回"（也可以用作关系词）、"起"、"开"、"住"、"来"、"去"（不能用作关系词）等字，也都有这种作用。这里面"来"、"去"二字，除单独表动态外，又常常和别的动态词连合起来用。分别说明于下。

12.82　来。——表示动作从别处向着说话的中心点（多半不是主语的所在）而来。如：

> 昨天舅母家送来一盒蛋糕，我也留着等你呢。
>
> 晋升早雇了两乘小官轿来。（儿一二）

去。——表示动作背着说话的中心点（常常就是主语所在）向别处去。如：

> 跑去一看，已经无影无迹。
>
> 可按期取了题目来，作了分头送去。（儿二）

12.83　上，上来，上去。——"上"表向上，加"来"、"去"可参考上面两项的说明。表动向以复式为常，如：

> 还要说几句，又恐怄上他的酒来。（红二八）
>
> 抢上去一顿乱翻乱掷。（红六一）

引申的意义，表物件归着到应归着的地位。以单用"上"字为常。如：

后园里的角门关上了没有？

登上靴子，穿上皮袄，系上搭包，套上件马褂儿。（儿三一）

12.84　下，下来，下去。——表动向也以复式为常，如：

吓得他连忙跪了下去。

泼了一桌子茶，顺着桌边流下来。（儿三三）

引申的意义，表物件离开原来的位置，或由动而静。用“下”或“下来”。例如：

那本书的皮子已经脱下来了。

走不到几步，见他又落在后面，只得又停下来等他。

“下来”、“下去”又表示某一类属性的逐渐加增，和“起来”相似，而应用范围不同。例如：

过了德州，下了一阵雨，天气顿觉凉快，天色也暗下来了。

过了些时，这件事也就冷下去了。

“下去”又表动作的延长，这是一种“动相”，见下章(13.65)。

12.85　进，进来，进去。——表向内，以复式为常。如：

打他二十板子才带进来见我。（儿三七）

话是这样说，可不知道他听得进去听不进去。

12.86　出，出来，出去。——表向外，也以复式为常。如：

你叫出芳官来，我和他说话。（红六一）
这些话传出去可不好听。

"出来"有由隐而显的意思，如：

你一应了，未免又叨登出赵姨奶奶来。（红六一）
又查出许多亏空来。（红六二）

"出来"或"出"又有产生的意思，如：

如今闹出事来，我原该承认。（红六一）
看你这等恶少年……也未必作得出好文字。（儿三四）

12.87　起，起来。——表向上。如：

揭起菜箱一看，只见里面果有十来个鸡蛋。（红六一）
只听那黑影里戛的一声，却飞起一个白鹤来。（红七六）

"起来"的引申意义最多，可以表示合拢，如：

合起来也有百十块钱，也就不差什么了。
赶快把些零碎东西收拾起来，打了一个小小的包裹。

又有由隐而显的意思，和上面的"出来"相似而不尽同，如：

谁知这句话又勾起他的心事来。

竟忘了，此刻才想起来。（红六二）

又表示性质的逐渐增加，和上面的"下去"、"下来"相似而又相对，因为"下去"或"下来"所表示的是低、小、暗、冷这一类消极的性质，而"起来"所表示的多半是高、大、亮、热这一类积极的性质。例如：

二人你言我语，十来句话，越觉亲密起来了。（红七）

诸君的村里中，富起来的人家多呢，还是穷下去的人家多？（夏丏尊：你须知道自己）

但这种继长增高的意思，实由于"起来"原有表"开始"的作用，这也是一种"动相"，是下章13.64节要讨论的。

"起来"又用在"看"、"听"、"说"、"想"等动词之后，逗出下文。例如：

看起今日这个局面来，这岂不是姻缘前定吗？（儿一二）

听起来，那小道儿可不是顽儿。（儿一四）

在这种地方，我们有时不用"起来"，单用一个"来"字。例如：

想来就象有鬼拉着我的手是的。（红四五）

少了不好，看来得一两银子，才是我们这样门户的礼。（红五一）

要问我的住处，说来却离此不远。（儿八）

12.88　回，回来，回去。——表回转，复式为多。如：

等我捞回本儿来再说。（红二〇）

赶着我送回钱去，到底不收。（红六一）

过，过来，过去。——复式为常。或表度过，如：

忽然一阵风儿送过一片琵琶声来。（儿一八）

我自己包了几个粽子，正要给你送过去呢。（儿三七）

或表转过，如：

回过头来一看，一个也不见了。

又背过身去鼓捣了一阵，也不知鼓捣个什么。

12.89　开，开来。——或表开合，如：

他这才把门开开。（儿七）

他也不等我拆开来就先抢着要看。

或表离开(只用“开”,不用“开来”),如:

> 你们俩闪开。(儿四)
> 慢慢的把这些不要紧的营生丢开。(儿三〇)

住。——如果说是表动向,可以说是零度的动向,因此当然没有和“来”、“去”合用的复式。

> 你怎的又在此耽搁住了呢?(儿一四)
> 无心中把件东西握住了。(儿三一)

以上分类举例,也无非说个大概;这些动态词所表达的意义范围广泛得很,有时候也微妙得很,文言里是没有什么词语和这些动态词相当的。

这些动态词里头,有好几个还可以再引申一步,表示种种成就,妥帖之意,特别是伴同表示可能与否的“得”和“不”的时候。这个留在另一章讨论(14.46)。

第十三章　时间

询问时间

13.11　询问时间也没有专用的指称词，拿“哪”、“几”、“多”等词和表时间的词拼合起来用。通常，确定点儿就用“哪一天”、“哪一年”等等；泛概点儿就用“几时”（不含数量的意义），“多会儿”，“多咱”（早先的白话里作“多早晚”，更早用“早晚”）等等。例句：

照你这个读法儿，这到哪一年才读得了呢？

你几时又有个麒麟了？（红三一）

你好好说来，你多会儿认得她？（姑姑）

他到底赶多咱才来看我来呀？（儿三九）

早晚下三巴？预将书报家。相迎不道远，直至长风沙。（李白）

询问时间的长短则用“几年”、“几天”、“多大工夫”等，如：

便有个三四万银子，又支持得几年？（儿三○）

一封信罢了,要得了多大工夫?

13.12 文言里询问时间,只用“何”字和“时”、“日”、“年”等字相结合,问时间长短则用“几”字和这些字结合。

明明如月,何时可掇?(曹操诗)
子来几日矣?(孟·离娄上)
对酒当歌,人生几何?(曹操诗)

时间词

13.21 跟方所词一样,时间词也可以分实指性和称代性两类。实指性的时间词就是“日期”,例如:

晋太元中,武陵人捕鱼为业。(桃源)
先妣周孺人,弘治元年二月十一日生。(先妣)

这是“特指日期”,即实指性的日期。

13.22 另有“通指日期”,如:

今天,今年;本月,这个月。

昨天;去年;上(个)月,上星期。前天,前年;大前天,大前年。

明天,明年;来年;下(个)月,下星期。后天,后年;大后天，大后年。

按性质说，这属于称代性的时间词一类。

13.23 最重要的称代性时间词是“三时时间词”，如“这会儿”、“那个时候”、“从前”、“将来”、“今”、“昔”、“初”、“后”等。这些是应用最广的时间词，下节要讨论的。

“这会儿”、“那个时候”和方所词的“这儿”、“那儿”相当，但是有一点不同。空间是三度的，按常识说；所以“那儿”可以在“这儿”的前、后、左、右，乃至上、下任何一方。“这儿”只有一个，“那儿”是无穷的；但虽无穷，却只有一个意义，即“这儿”以外的某一个地方。时间只有一度，好比是一条线；所以“那个时候”不在“这会儿”之前，就在“这会儿”之后，反而有两个意义。例如：

> 那个时候，谁想到还有今日这一天？〔过去〕
> 那个时候，可就悔之晚矣。〔将来〕

我们也说“这个时候”，可是不等于“这会儿”，反而跟“那个时候”的意思差不多。例如：

> 就在这个时候，门口有一阵脚步声，他就不说下去了。
> 这时我看见他的背影，我的泪很快地流下来了。（背影）

这是因为“这个时候”只作承指用，所以跟“那个时候”没多大分别（参阅10.65），特指则用“这会儿”、“现在”等等，不像方所词方面“这儿”兼有特指和承指的作用。可是用“这个时候”指“那个时候”，只有指过去的，没有指将来的。也许是因为只有叙述过去的事情之时，才往往不知不觉置身其间，仿佛又目睹当时的一切，而说到将来的事情，总觉得疏远点儿。

文言里和“这会儿”相当的是“今”，和“这个时候”或“那个时候”相当的是“时”，例句见下节。

一日，他日，日日

13.24　“有一天”是无定指称性的时间词。跟确定指称的“那个时候”一样，“有一天”也可以在过去，也可以在将来。例如：

> 有一天，忽然想起这本书来，到处找又找不着了。〔过去〕
>
> 丑媳妇少不得有一天要见公婆。〔将来〕

文言用“一日”或“一旦”，“一旦”多指将来。例如：

> 一日，春风淡荡，有数少年索饮，裘马甚都。（健儿）〔过去〕
>
> 一日卒有不胜洒扫之职，先狗马填沟壑，窃有所恨。（汉·东方朔传）〔将来〕
>
> 秦王一旦捐宾客而不立朝，秦国所以收君者，岂其微哉？（史·商君传）〔将来〕

指示将来，无论用“一日”或“一旦”，都只用在假设小句（22.36），不用在普通陈述句。

13.25　在普通陈述句里，说到将来的“有一天”，文言用“他日”；可是“他日”也可以属于过去。例如：

此吾祖太常公宣德间执此以朝，他日汝当用之。（项脊）〔将来〕

或告之曰，“日之状如铜槃”。扣槃而得其声，他日闻钟，以为日也。（日喻）〔过去〕

子公之食指动，以示子家，曰，“他日我如此，必尝异味”。（左·宣四）〔过去〕

“他日”指过去，或等于“有一天”，如例二；或是，更普通，含有不止一次之意，实际上等于说“以前”，如例三。指将来，也可以作泛指“日后”讲。

“他日”之外还有“他年”，以及“他生”，都只指将来。例如：

侬今葬花人笑痴，他年葬侬知是谁。（红二七）

他生未卜此生休。（李商隐诗）

13.26　“有时候”比“有一天”更泛概，但性质是相同的，同是无定指称的性质。文言里本来有“有时”一词，过去白话里不大用，近来才常见。例如：

万物虽众，有时而欲遍举之，故谓之“物”。（荀·正名）

黔驴之技，有时而穷。

例二的“有时”略异，不是普通的“有些时候”，而是“有一天”。

文言又常常不说“有时”而说“或”，例如：

或夜读倦，稍逐于嬉，姊必涕泣告以母氏劬劳瘁死之状。（课诵图）

13.27　“有时候”可以叠用，由偏称变成分称（参阅11.85—6）。文言叠用“或”字。例如：

有时候儿啊，鲁先生啊，他们不回来；有时候儿啊，他们回来，哪怕是隔了五年。（最后五分钟）

君子之道：或出，或处；或默，或语。（易·系辞）

叠用“一会儿”、“时而”和叠用“有时候”的用法相近，但多一点更迭而来的意思，而且暗示所分嵌的两件事是不调和甚至是对立的。例如：

发了疯似的，一会儿号啕大哭，一会儿又哈哈大笑。

这个天时而晴，时而下，真是跟赶路的人为难。

又可以拿“今天”和“明天”来活用，例如：

今天说要去，明天说不去；今天要东，明天又要西。

13.28　“天天”、“年年”、“时时”等表频数或恒常，有时意在普称，有时意在逐称。文言用“日”、“时”等字可不重叠，必须重叠的形式有“旦旦”。例如：

> 天天说去，到今天还是没有去成。
> 欲得周郎顾，时时误拂弦。（李端诗）
> 旦旦而学之，久而不怠焉。（为学）
> 日知其所亡，月无忘其所能。（论·子张）
> 小鸟时来啄食，人至不去。（项脊）

13.29　以上各项时间词都是“时点”，此外还有“时段”，即表时期的长短的。或应用“年”、“月”、“日”等单位，上面加定量词或不定量词，如“三年”、“数日”；或泛表久暂，如“一会儿”、“好久”、“长”、“久”、“暂”、“少”、“片刻”、“俄顷”、“须臾”等等。这些词有时有连系先后两件事情的作用，见20.62。

三时

13.31　现在，过去，将来，谓之三时，这是很容易明白的。这里面，“现在”是自身站得住的，说“现在”，就是说“说话的这个时候”（所包括的时间也许有时长些有时短些，但必包含说话的这一刻在内）；可是“过去”和“将来”都非就“现在”推算不可，没有“现在”，“过去”和“将来”就都没有意义了。所以“现在”是个基点，“过去”和“将来”都不是基点，一个是基点前，一个是基点后。

我们不一定老是拿说话的此刻作基点，有时我们把基点放在过去，例如说“唐代”。就说话的此刻而论，“唐代”属于过去，但是我们说“唐以前”和“唐以后”的时候就又拿“唐代”作基点了。同样，基点也可以移往将来，如“一九六〇年”。因此我们要把“三时”的观念改造过，把“基点时”、“基点前时”、“基点后时”称为“三时”。基点包含说话的此刻，就称为“绝对基点”；基点不包含说话的此刻，就称为“相对基点”。所以称之为“相对”基点者，一方面因为他对说话的此刻说是过去或将来，一方面又因为表示这种基点的最常用的词如“那个时候”等，不能像“现在”一样，自己表出确定的时间，要依靠另一事实决定他的意义。以上几节所举时间词，有和三时有关的，如特指日期，通常属于过去，并且多用作相对基点；通指日期，属于何时，一望而知，并且都是绝对三时的说法（就相对基点说，则“昨天”变“头一天”，“明天”变“第二天”，例见下）。“一天”常用作相对基点时；“天天”、“时时”以及“三年”等，就本身说，是超乎三时的分别的。现在把常用的三时时间词分类举例如下：

13.32　绝对基点（现在，此刻）。例如：

我现在没有闲工夫和你拌嘴。

如今新兴的，外头听了村话来，也说给我听。（红二六）

小丫头们也服侍了一天，这会子还不叫顽顽儿去吗？（红二〇）

这早晚找出这霉烂的二十两银子来做东，意思还叫我们赔上？（红二二）

只要你肯屈就，目下就有一个机会。

予今长斯校，请更以三事为诸君告。（蔡元培）

什一，去关市之征，今兹未能；请轻之，以待来年然后已。（孟·滕文公下）

“今”字之后常用“者”字或“也”字一顿（例见17.81，83）。

13.33 相对基点和绝对基点有一种对立关系，正如空间的“这里”和“那里”的对立相似。但“这时候”和“那时候”同样只代表相对基点，已在13.23说明。余外的例：

那年冬天，祖母死了，父亲的差使也交卸了。（背影）
是日也，天朗气清，惠风和畅。（兰亭集序）
尔夜风恬月朗，乃共作曲室中语。（世说·赏誉）
当时父母念，今日尔应知。（白居易诗）
时鸡鸣月落，星光照旷野，百步见人。（铁椎）〔以上过去〕
阿弥陀佛，那时才现在我眼里呢！（红二〇）
比尔当相闻也。（王羲之，杂帖）〔以上将来〕

13.34 表示基点前后，常常用“前”、“后”二字，这是方位词应用在时间方面。相对基点前或后大率要就着这两个字用，绝对基点前或后又多些别的词语。以下是表绝对基点前即通常所说“过去”的例：

从前倒也不大在意，谁知竟越闹越不像了。
以前种种，譬如昨日死。
这还是我二十年头里的活计，如今再叫我照这么个模样儿做出，我可做不上来了。（儿三七）

当初姑娘来了，那不是我陪着顽笑？（红二八）

方才他问你什么绢子，我倒拣了一块。（红二六）

前接吾侄来信，字迹端秀，知近日大有长进。

昔我往矣，杨柳依依；今我来思，雨雪霏霏。（诗·小雅）

昔日戏言身后意，今朝都到眼前来。（元稹诗）

始吾于人也，听其言而信其行；今吾于人也，听其言而观其行。（论·公冶长）

“昔”、“向”等字也常常用“者”字或“也”字一顿。

13.35　以下是表相对基点前的例（相对基点都在过去）：

以前也没见过，是那天初会。

早先还有一个亭子，那个时候也已经毁了。

可又记不真是头一天是当天。（儿三五）

初，忠烈遗言，“我死，当葬梅花岭上。”至是……乃以衣冠葬之。（全祖望：梅花岭记）

13.36　表绝对基点后即通常所说“将来”的例：

谁不是你老人家的儿女？难道将来只有宝兄弟顶你老人家上五台山不成？（红二二）

回来叫他一个人混磞，看他怎么样。（红二六）

今儿得罪了我的事小，倘或明儿宝姑娘什么贝姑娘来，也得罪了，事情可就大了。（红二八）

改日你要哄我，也说我父亲就完了。（红二六）

两件怎么够穿？过天叫裁缝来替你做几件新的吧。

给他帮帮忙，学点粗活，日后自然都有用处。（冬儿）

13.37　以下是表相对基点后的例（除最后一例外，相对基点也都在过去）：

到南京时，有朋友约去游逛，勾留一日。第二日上午便须渡江到浦口，下午上车北去。（背影）

翌晨雇车西行，历村落二三，计三十里而达云冈。（云冈）

当年冒起有五六尺高，后来修池，不知怎样就矮下去了。（老残三）

后遂无问津者。（桃源）

然自后予多在外，不常居。（项脊）

吕后问曰，"陛下百岁后，萧相国既死，谁令代之？"……吕后复问其次，上曰，"此后亦非乃所知也。"（汉·高帝纪）〔此例基点本身已在将来〕

时间词的连系

13.41　连系时间词的关系词大致和连系方所词的相同，还是"在"、"于"、"从"、"自"等字。在句子里所见表示时间的词语，除以上各节所说的单纯时间词外，大率是由下面的三个部分的两个组成的，也有三部分全有的。这三个部分是：

（1）在，于，自，从，至于，迄于等关系词；

（2）今，此，兹，是，其，尔，昔等字，大多是代表基点的词；特指及通指日期；

（3）（以，之）前，（以，之，而）后，（以）来。

由三部分组成的，如：

从今以后；在那天之前；自古以来。

由（1）（2）两部分组成的，如：

于此，于兹，于是，至今，迄今，自此，从此，在昔。

由（2）（3）两部分组成的，如：

今后，此后，其后，尔后，今而后，唐以前，宋以后，唐宋以来，尔来；（变式）先是，前此，后此。

由（1）（3）两部分组成的，如：

自后，从前，从来，自来。

"自后"即"自此以后"，"从前"是"从今以前"，"从来"是"从最早以来"，"自来"同。这些因为省去主要的部分（2），所以用来已很像单纯的词，例句已见上节。其余的分类举例于下。

13.42　说明一件事情在某时发生，通常把时间词说在最前，不用关系词连系。例如：

元和十一年秋,太原人白乐天见而爱之……因面峰腋寺作为草堂。明年春,草堂成。(白居易:庐山草堂记)

六月里一个晴天的早晨,意国有骑兵一队,从间道徐徐前进。(爱的教育·少年侦探)

13.43　**有时用关系词连系,白话用"在",时间词通常仍在动词前,如:**

就在那年夏天发了一场疟子。

在不久的将来,必有重大的发展。

有时在动词后,意味和12.42—3节的处所词在后的例子相近。

会期定在明天下午,你务必要到。

13.44　**文言用"于"字,时间词多在动词之后,间或也有在前的。例如:**

中国画图术,托始于虞夏,备于唐而极盛于宋。(图画)

然八月间康党失败,而孑民即于九月间请假出京,其乡人因以康党疑之,彼亦不与辨也。(黄世晖:蔡孑民先生传略)

"于是"大率在动词之前,有时还在主语之前。例如:

于是健儿前驱,马上谈笑颇相得。(健儿)

然后知吾向之未始游，游于是乎始。（柳记）

这个位置使他和表方所的“于是”有分别，后者如“吾祖死于是，吾父死于是”（柳宗元：捕蛇者说）。

有时用“以”字连系，时间词多位于动词之前，但也有在后的，如：

吾以至道乙未岁自翰林出滁上。（黄冈竹楼记）

刘叟……生以早旦，故小字旦。（刘叟墓碣）

13.45 有时又在先置的时间词和动词之间，加用“而”字或“以”字。例如：

朝而往，暮而归。（醉翁亭记）

若晋君朝以入则婢子夕以死；夕以入则朝以死。（左·僖十五）

卿大夫朝考其职，昼讲其庶政，夕序其业，夜庀其家事，而后即安。士朝而受业，昼而讲贯，夕而习复，夜而计过无憾，而后即安。（国语·鲁语）

末例上下两句，一用“而”，一不用“而”，与字数多寡有关，最可玩索。

13.46 说事情在某时发生，而同时有承上文而下的口气，就用“到了”、“及”、“至”等字来引进时间词。例如：

我们乡下人，到了年下，都上城来买画儿贴。（红四〇）

至今窥牧马，不敢过临洮。（哥舒歌）

余发京师，及暮抵大同。（云冈）

比夜，则姊恒执女红，篝一灯，使拯读其旁。（课诵图）

遂行，逮夜，至于齐。（左·哀六）

迟明，行二百余里。（史·卫将军骠骑列传）

投暮，入其里宅。（汉·原涉传）

这儿的时间词必须在动词前，所以“到半夜又哭起来”和“一直哭到半夜”不致相混。

13.51　表示事情起于某时，关系词用“自”和“从……（起）”。例如：

我知道你不理我；我只说一句话，从今以后撂开手。（红二八）

从明天起，每天给我写一百大字，五百小字。

春宵苦短日高起，从此君王不早朝。（白居易：长恨歌）

自此不饮酒，亦不与其家相通。（郭老仆）

用“以来”限于在今天以前，且多数含有“至今”的意思。例如：

唐宋以来，名家辈出。

国初以来画鞍马，神妙独数江都王。（杜甫诗）

13.52　表示事情到某时为止，关系词用“到”、“至”、“迄”，必须动作直到此时方止。例如：

一觉睡到天亮。

斜倚熏笼坐到明。（白居易诗）

孺人之吴家桥，则治木绵；入城，则缉纑；灯火荧荧，每至夜分。（先妣）

庶无罪悔，以迄于今。（诗·大雅）

13.53 以下是兼用“从”和“到”，表一事的起讫的例：

我从早饭后到此时水米没沾唇，我可饿不起了。（儿九）

半夜里盼到天亮，还见不着个信儿。（儿三五）〔从半夜〕

拯自始官日蓄志南归，以迄于今。（课诵图）

自一八九二至一九一二年，法国厉行政教分离之制。（蔡元培：我之欧战观）

13.54 表示时间长短的词语，放在动词的后头，表示动作持续多久。[①] 例如：

忙什么，再坐一会儿。

这场雨一连下了三天，河里的水都漫出来了。

吾纵横天下三十年，未逢敌手。（健儿）

① 本节和下节在本书初版里解说错误，现在参考邓懿《谈时间词》（语文学习 1955 年 12 月）改正，附此志谢。

文言里常在这类时间词的前头用一“者”字顿住，也有用“也”字的；多数含“有如此之久者”之意，略带感叹的语气。例如：

从司徒公于狱者七年。（郭老仆）

未尝不念执事之才，而嗟惜者弥日。（与阮光禄书）

呜呼先生，生于世者六十年，而奔走革命者四十载。（祭中山先生文）

然则子之盲也，且十二年矣。（盲者说）

13.55 表示时间长短的词语放在动词前头，表示某一时期之内有过或没有过这个动作。例如：

一天跑两趟图书馆。

一辈子没见过火车。

一日不见，如三秋兮。（诗·王风）

子在齐闻韶，三月不知肉味。

13.56 我们有时候要把某一时段和某一时点（通常是“现在此刻”）连系起来，这有种种说法。假如要说某事继续到现在，经历若干时，可以说：

颠沛流离，于兹三载。

而予以孱弱，俯仰其间，于兹二年矣。（文天祥：正气歌序）

流离颠沛，三载于兹。

盖风习移人，贤者不免，百有余年于此矣。（黄永年：范文正公论）〔此例“此”指范公时，与余例不同〕

前两例，“于兹”在时间词之前，后二例在后，意义无分别。“于兹”的“于”字该作“到”字讲，不作“在”字讲。白话通常只说“流落在外，已经三年了”，不必有“到现在”之类的词语。

13.57　又可以说“……以来”或“尔来”，“尔来”就是“自尔时以来”。例如：

毕业以来，忽忽三年。

受任于败军之际，奉命于危难之间，尔来二十有一年矣。（出师表）

又可以把时期词放在“以来”之前，如：

吾数年来欲买舟而下，犹未能也。（为学）

这种说法，语势较轻。若是改成“吾欲买舟而下，数年于兹矣”，就是特别重视那个时期词，极言其久了。

动相

13.61　一个动作有时和时间不发生关系，例如永恒性和习惯性的动作，如：

太阳打东边出来,打西边落下去。

与朋友交,言而有信。(论·学而)

即使一个动作不是超时间的,我们也不必一定表示他的时间,例如:

孟子见梁惠王。

你去我不去。

第一例明明是过去的事情,第二句明明是未来的事情。可是我们不感觉有标明的必要,我们就不标明,这是汉语异于印欧语言的地方。

假如我们要表示一个动作的时间性,我们可以用种种时间词来表示那些时间,如上节所说;我们又可以用一些限制词如“将”、“方”、“已”等,来表示那个动作本身是将要发生,或正在进行,或已经完成。在前一种表现法,时间观念和动作观念是拆得开的;在后一种表现法,时间观念已经融化在动作观念里,“将”、“方”、“已”等字离开动词是没有显明充实的意义的。我们说,这些限制词所表示的不是“时间”,是“动相”,一个动作的过程中的各种阶段。约略分三类举例:表动作之将有,如:

要下雨了,咱们得赶快点儿。

这花儿横竖也快残了,摘下来不妨事。(姑姑)

其为人也,发愤忘食,乐以忘忧,不知老之将至云尔。

（论·述而）

会日且入，大风起，砂砾击面。（史·卫霍列传）

表动作正在进行，如：

我正在给他写信呢，电话就来了，说已经到了车站了。

渤海吴君彦律……方求举于礼部，作日喻以告之。（日喻）

表动作已经完成，如：

要你说？我早已知道了。

又一人已渡者，双足尚跣。（画罗汉记）

相与枕藉乎舟中，不知东方之既白。（赤壁赋）

在白话里，除应用这些限制词外，又另外发展出一些专以表示"动相"为作用的词，本身的意义更空洞，已经近于词尾，但把各种动相表示得更加细密。下面分项说明。

13.62　方事相："着"。——方事相和既事相是最重要的两种动相。方事相表动作正在持续之中，动相词用"着"。和"正在"合用的时候，语势重些，单用的时候轻些。例如：

才吃了饭，这么控着头，一会子又头痛了。（红二八）

坐定了便目不转睛的看着安太太。（儿二〇）

想着想着，忽然从"无愧"两个字上想到"君子有三乐"来。（儿三八）

难道人家偷驴，我还等着拔橛儿不成？（三侠五义二九）

四姨搀着二姥姥，三舅妈拉着小顺，二姐招呼着小秃和四狗子；前呼后应，在暗中摸索。（老舍：有声电影）

这类句子常用“呢”字来加重肯定的语气（见15.43）。

一个动作既在持续之中，往往就呈现一种静止的状态，尤以被动性的动词为然。所以描写人物和景物的时候常应用这个“着”字，如：

却是黛玉来了，肩上担着花锄，花锄上挂着花囊，手中拿着花帚。（红二三）

当地放着一张花梨大理石大案，案上堆着各种名人法帖……那一边设着斗大的一个汝窑花囊，插着满满的一囊水晶毬的白菊。（红四〇）

傻大黑粗的，眼睛有点往上吊着。（冬儿）

第一例的“着”，方事的意味已经不多，后二例里更谈不上方事，完全是表示一种静态。“着”字已经从方事相转而表示动作的状态化了（参阅5.31）。

13.63　既事相：“了”。——例如：

还等这会子？他早就去了。（红五四）

急得我把帽子也摘了，马褂也脱了。（儿三二）

上月二十八就安葬了。（儿二四）

日子过的多么快，一转眼又是一年了。（冬儿）〔“一年”

不是动词，应无所谓既事相，但是这句话实等于“一年过去了”。〕

但是我们要注意：上面例句里的“了”字同时有两个作用，表示动作的既事相，也表示决定的语气（参阅15.22）。要看单纯的表既事相的“了”，要在语气未完的地方找，例如：

凤姐偏拣了一碗鸽子蛋，放在刘老老桌上。（红四〇）
花儿落了，结个大倭瓜。（同）

在下面的例句里，表既事的“了”和表决定的“了”已经分化成两个，可以看得更清楚。

咱们今儿也得了个女清客了。（红四〇）
他早吃了饭了，不用给他。（同）
叫化子丢了猢狲了，没得弄的了。（儿一八）
敢是好，只是人家早有了婆婆家了。（儿四〇）
忽见一个喜鹊飞了来，落在房檐上，对着他撅着尾巴喳喳喳的叫了三声，就往东南飞了去了。（儿四〇）

13.64　起事相：“起来”。——“起”字本有起始之义，所以“起来”附在动词之后可以表示一个动作的开始（并且继续）。如：

湘云等不得，早和宝玉“三”、“五”乱叫，猜起拳来。（红六二）

到如今，不报我的恩，反和我充起主子来了。（红七）

一为难，重新又哭起来。（儿四〇）

一面料理针线，一面高谈阔论起来。（儿三三）

渐渐的槐花是黄起来了，举子是忙起来了。（儿三三）

将笔在砚台上蘸好了墨，呵了一呵，就在墙上七歪八扭的写起来了。（老残一二）

13.65　继事相："下去"。——"下去"附在一个动词后可以表一个动作的延续。继事相和方事相不同，方事相是只就某一时点说，继事相是始于一个时点而兼及其后。起事相也是始于一个时点而兼及其后，但这个时点正是这个动作的开始，而继事相所取的时点是动作过程中间的一点。"下去"表继事的例：

便静静儿的听他唱下去。（儿三八）

底下要只这等一折折的排下去，也就没多的话说了。（同）

待要隐忍下去……天长日久……更不成事。（儿三〇）

一年一年的这样瞎混下去，如何是个了局呢？（老残一二）

13.66　先事相："去"，"来"。——预言动作之将有，称先事相；表示先事相用"去"或"来"，尤以"去"为多。这种用法的"去"和"来"，和上面12.82节表动向的"去"和"来"不同，看了下面的例句就明白。这两个字原是用在动词之前的，在好些句子里头，应该认为完备的动词，后面第二个动词表目的，例如："你来做什么？""我来借份大公报。"但是在另外一些句子里，"来"、"去"的行动意义变成很薄弱，如：

我干的事为什么叫你应？死活我该去受。（红六一）

这又与你何干，要你来多嘴？（儿七）

到了“去”、“来”两字挪到动词后面，行动的意义更少，已可说是从实义词变成辅助词了。例如：

不如照旧由着庄头鬼混去。（儿三六）

别说靠着我这个面子儿……合人家套交情去。这出戏可就唱砸了。（儿四〇）

你们两个天天捉弄厌了我，如今又捉弄他来了。（红五〇）

他雇船的时候，我只知道他是伙计三个到淮安要账来的。（儿一三）

可是细细体味起来，这些个“去”和“来”还多少保留着点儿行动的意义。到了动词前面又安上一个“去”字或“来”字的时候，我们可以说这两个作用已经完全分化，后面的“来”、“去”是纯然表动相的了。例如：

你厅上去说给姨太太解闷儿去罢。（红六二）

说完他依然去喂驴去了。（儿一三）

他会弹琵琶？走，咱们去看看去。（儿一八）

媳妇来接婆婆来了。（红四五）

早要来请姑奶奶的安看姑娘来的，因为庄家忙……（红三九）

放这枝响箭就如同告诉那行人说，“我可来打劫来了。”（儿一一）

13.67　后事相：“来”，“来着”。——后事相指一个动作已经有过，这儿应用的动相词又是“来”字。早期白话的例子：

也曾头上戴花来。（辛弃疾词）
丈夫，你见甚么来？（西山一窟鬼）
却是拙夫分付奴来。（水浒二四）

现代多用“来着”。例如：

是宝玉那日过来和这两个孽障不知要什么来着。（红六一）
我往大奶奶那里去来着。（红五二）
谁闹来着？（红三四）
昨日他也在这里来着。（儿二九）
方才还象是拌嘴似的来着。（儿七）
这书子我不还求大爷你念给我听来着么？（儿三）

13.71　前边第九章曾经讲过“动量”。动作的次数，一方面和“量”的观念有关，一方面也和“时”的观念有关，也是一种“动相”。这又可以再进一步加以分别。

凡是仅仅表示有过一个动作的，可称为“一事相”。例如：

骡夫把骡子带了一把。（儿四）

只觉得一个冰凉挺硬的东西在嘴唇上哧溜了一下子。(儿四)〔水烟袋也〕

不空和尚指了我一指头,他又摆了摆手儿,吐了吐舌头;问着他,他便不肯往下说了。(儿三二)

如果用得着我,我就陪你走一趟。(儿一六)

和这个相对,“敲了两下”之类可以称为“多事相”。

13.72　有许多动作实在不大分得出次数(因此只有“一”,没有“两”),用定量的说法往往有暂时或轻微之意,可称为“短时相”。例如:

你也等我歇歇儿再说呀。

你扎挣些,溜到背静地方躲一躲要紧。(儿三一)

有时又可有尝试之意,可称为“尝试相”。例如:

你们俩白想想,我这话虑的是不是?(儿四〇)

这是最好的两组,是常胜军,何不看一看呢?(叶绍钧:篮球比赛)

“尝试相”限于未完成的动作,既成的动作就只能仍然并入“短时相”,例如:“他想了想,说:好。”

13.73　叠用两个定量动词,又可以表示这些动作的继续出现,这可以称为“屡发相”。这样用的时候,当中的“一”字照例去掉。例如:

他有什么事?还不是吃吃逛逛?

只是他两个时常要过前面来看看望望。(儿三二)

倒象见了许多年不曾相会的熟人一般,说说笑笑,钻钻跳跳,十分亲热。(儿一九)

13.74　屡发的事情,要是特别注重相继不断的意思,可称为"反复相"。这个通常不用定量动词;或是用"又",或是用"……来……去"。例如:

那老头儿把那将及二尺长的白胡子放在凉水里湃了又湃,汕了又汕。(儿一六)

只顾拿着那幅画看了又看。看来看去,还是看不出画的是什么。

我想来想去想不出,我就去问他。

依你说来说去,是去定了?(红一九)

文言里也有用"又"字或"重"字的说法。例如:

损之又损,以至于无为。(老子)

行行重行行,与君生别离。(古诗十九首)

第十四章 正反·虚实

否定:不,弗,无,非

14.11 一句话,从形式上说,不是肯定,就是否定。问句,在某种意义上,可算是介于二者之间;但是问句仍然有从正面问,如"你认得他?"和从反面问,如"你不认得他?"之分,虽然二者往往只是一个意思,不像非问句的肯定和否定恰恰相反。

14.12 肯定的句子无须特别用字来表示肯定的意思,除非要表示某种语气;否定的句子却是必须要有否定的字样。最常用的否定词是"不"字,这是个限制词,只用在形容词和一般的动词之前。否定形容词的例:

> 你要我形容我可形容不出来,就是这么个不高不矮,不胖不瘦,不麻不黑,平平常常的人。
>
> 君子泰而不骄,小人骄而不泰。(论·子路)

否定动词的例:

> 我不吃水烟……我也不吃潮烟——我就不会吃烟。(儿四)

信乎，夫子不言，不笑，不取乎？（论·宪问）

14.13　名词，汉语里似乎觉得他本身不受否定，所以没有和英语的 no 相当的否定词。可是我们可以否定事物的存在，就是否定"有"，这儿不用"不"；我们也可以否定两个事物的符合，就是否定"是"，这个文言里也不用"不"。

我们看得见一些名词前用"不"字的例，那是因为那些名词已作形容词或动词用了。例如：

他也不茶不烟，一言不发。（儿四）
客初至时，不冠不袜。（铁椎）
不时不食。（论·乡党）

"不茶"是"不喝茶"，"不冠"是"不戴帽子"，"不时"是"不在时候"。余如"不道"，"不轨"，"不法"，"不群"，"不材"，"不第"等都是。

14.14　和"不"同义的字，文言有"弗"。秦汉以前，"弗"字的用法和"不"字有分别："弗"字专用于应有止词或补词而未标出的句子，作用等于"不之"。这种句子里当然也可以不用"弗"而用"不"。（参阅丁声树：《否定词不，弗》，载蔡元培先生六十五岁纪念论文集。）以下诸例，有"弗"字的可以和"不"字比较，有"之"字的也可以供参较。

一箪食，一豆羹，得之则生，弗得则死，呼尔而与之，行道之人弗受。（孟·告子上）

譬之如医之攻人之疾者然：必知疾之所自起，焉能攻之；不知疾之所自起，则弗能攻。（墨·兼爱上）〔焉＝始〕

虽有嘉肴，弗食，不知其旨也；虽有至道，弗学不知其善也。（礼记·学记）

君子有三患：未之闻，患弗得闻也；既闻之，患弗得学也；既学之，患弗能行也。（礼记·杂记下）

上召宁成为都尉，其治效郅都，其廉弗如。（史·酷吏列传）

但秦汉以后，渐无分别，“弗”等于“不”。例如：

后家居长安，长安诸公莫弗称之。（史·魏其武安侯列传）

侪辈之中，有弗疾恶之者乎？有弗鄙贱之者乎？（示龙场诸生）

凡出乎口而为声者，其皆有弗平者乎？（韩愈：送孟东野序）

14.15　“有”之否定，白话用“没”或“没有”。例如：

心里平静得像一泓止水，没有忧愁，也没有欢乐。

经你这么一说，我可没法儿不承认。

“没”和“没有”本可随便说，但“没法儿”，“没事”，“没用”，“没趣”，“没奈何”等等词语里头通例不说“没有”。

文言通常用“无”，间或也说“无有”。例如：

长铗归来乎！食无鱼……长铗归来乎！出无车！（冯谖）

尔有母遗,繄我独无!(左·隐元)

四国皆有分,我独无有。(同,昭十二)

信不由中,质无益也。明恕而行,要之以礼,虽无有质,谁能间之?(同,隐三)

“无”原多作“無”,又写作“毋”。

14.16　此外,“无”的同义字有“亡”、“罔”、“末”、“微”、“靡”等。例如:

亡是公者,无是人也。(汉·司马相如传)

父兮生我,母兮鞠我……欲报之德,昊天罔极。(诗·小雅)

微管仲,吾其被发左衽矣。(论·宪问)

如有所立,卓尔。虽欲从之,末由也已。(论·子罕)

室靡弃物,家无闲人。(先妣)

“莫”字本亦“无”义,如:

及平长,可娶妻,富人莫肯与者;贫者,平亦耻之。(史·陈丞相世家)

为京兆尹门下督,从至殿中,侍中诸侯贵人争欲揖章,莫与京兆尹言者。(汉·游侠传)。

这里的“莫”字都可以用“无”字来代。可是在底下不用“者”字时,“莫”字兼摄“者”字,就有了指称词的性质了(参阅11.82)。

14.17　文言也有在“有”字前加“不”字的,知:

不有博奕者乎？为之犹贤乎已。（论·阳货）

不有居者，谁守社稷？不有行者，谁扞牧圉？（左·僖二八）

但这两句都不是普通的否定。第一句是反问句，“不还有赌博奕棋这些事情吗？”（比较儿三“咱们这西山里不是有座宝珠洞吗？”）。第二句是假设句，“要不是有人留在国内……”。这两句里的“不”都和白话里的“不是”相当，不等于一个单纯的“不”字。

14.18　“是”的否定，白话用“不是”，例如：

我不是北京人，我是上海来的。

文言通用“非”，如：

惠子曰，“子非鱼，安知鱼之乐？”庄子曰，“子非我，安知我不知鱼之乐？”（庄·秋水）

古时又作“匪”，如：

我心匪石，不可转也；我心匪席，不可卷也。（诗·邶风）

我们说“非”是“是”的否定，就形容词的“是”和“非”而论是对的，如孟子、公孙丑下：“前日之不受是，则今日之受非也；今日之受是，则前日之不受非也。”但如就判断句的系词而论，应该补充一句。古时判断二物之同异，只在非的句子里用“非”，而在是的句子里不用系词，如："孔子，鲁人也，非齐人也。"准系词用的"为"字就用"不"字来否定，如：

苟主社稷，国内之民其谁不为臣？（左·庄一四）

君子谓祁奚于是能举善矣；称其雠，不为谄；立其子，不为比；举其偏，不为党。（左·襄三）

白话的"不是"大概就是模仿"不为"的结果。（以上参阅王力：《中国文法中的系词》，载清华学报十二卷一期。）白话也用"非"字，限于若干成词和成语，如"除非"，"非得"，"非但"，"非同小可"，"非驴非马"等。

未，没（有）

14.21　"未"字是文言里特有的一个否定词，文言里"未"的地方，白话用"没（有）"。照通常的说法，"未"和"没（有）"是完成式（即既事相）之否定。例如：

榜还没有发，知道取不取呢！

从小就是大男孩似的，一直到大也没改。（冬儿）

这房子空了已经有一年多了，也没有租出去。（压迫）

尝独立，鲤趋而过庭。曰，"学诗乎？"对曰，"未也。"（论·季氏）

其未得之也，患得之；既得之，患失之。（同，阳货）

从末例的“未”和“既”对比的说法看来,“未”字之为既事相之否定毫无疑问。这类句子里面常兼用“还”、“尚”、“犹”等字。

14.22　可是“未”和“没(有)”不限于否定既事相,他的用处实较英语的完成式(否定句)为广。如下面的例句,汉语里头既不能加“还”、“尚”等字,英语里头也应该用定时过去式。

> 那时难道你知道了也没找寻他去?(红六七)
>
> 我父亲没生气,都依了。(儿一二)
>
> 我又穷又老,也就没走。(冬儿)
>
> 未之思也,夫何远之有!(论·子罕)
>
> 召而见之,则所梦也;未问其名,号之曰“牛”。(左·昭四)
>
> 何以致“伐”,未围齐也;未围齐则其言“围齐”何?抑齐也。(公羊·襄一九)

可要是我们不跟英语比较,不会感觉这两处的“未”字有什么两样。

然则“未”字跟“不”字的分别在哪儿呢,如果“未”字的用途不限于否定既事相?我们只要看白话里头用“没有”,就不难领悟。简单点说,要是我们的注意点在动词的动作性(做不做这件事),我们用“不”;要是我们的注意点在他的事变性(有没有这件事),我们用“没”,用“未”。

这个解释可以兼包上面两类例句。因为英语的完成式也是注意事态之有无,而非注意动作本身,所以“没”和“未”常和完成式相合。

14.23　一件事情既已过去,我们不把他看成一个事变,而把他看成一个作为,不说"某人没有如此之事",而说"某人不做如此之事",这里面就往往含有此事不是偶然,也许某人有意不为之意。例如:

后来洗手不干,就在河工上充了一个夫头。(儿一一)

可奈他绝口不谈公事。(儿一三)

他挨门儿送到,并不遗漏一处,也不露出谁薄谁厚。(红六七)

还管是住着就不走了。(冬儿)

伯夷,非其君不事,非其友不友,不立于恶人为朝,不与恶人言。(孟·公孙丑上)

余入自外,取食之,婢持去不与。(归有光:寒花葬志)

再拿下面的例句逐对比较,更觉分明:

原是请他的,他有事,没来。

原是请他的,他不来么!

忽想起凤姐身上不好,这几天也没有过去看看。(红六七)

怎么这几日不过我们这边来坐坐?(同)

冬儿在旁边听了,一声儿也没言语。(冬儿)

宝玉听了,便不言语。(红六七)

"冬儿"一例不一定是说冬儿的不言语是无意(事实上正相反),但原句的作者只把他当一件已有之事而说,不告诉我们她是有心不开口;而宝玉之"不言语"则显然表示他是有意如此。

上面有一个用“不”的句子是问句。凡是问人为什么不做一件事，多半假定他不是无意，是有理由的，所以多用“不”，例如：

为什么你们不小心伏侍？（红二九）

姐姐怎么不听戏去？（红三〇）

当日……怎的张金凤他也不提补我一声儿？（儿二六）

怎么才来就走，也不给人家碗茶喝呢？（儿二七）

乐正子入见，曰，“君奚为不见孟轲也？”曰，“或告寡人曰，‘孟子之后丧逾前丧’，是以不往见也。”（孟·梁惠王下）

可是这并不是说所有过去之事用“不”的都有有意不为之意。如“只是止听得人声儿，不见个人影儿”（儿八）的“不见”，决不能说是有意不见，“见”是无从有意的。这类例子甚多。

所以我们只能说：一般的否定用“不”，无论现在，过去，未来；用“无此事”的看法的时候才用“没”和“未”，大多用在自过去延及现在甚至未来，和英语的“完成式”相当，但也常用于单纯的过去时。

14.24 “未”字用于既事相之否定，是英语的 not yet 之意，而“未尝”则和 never 相近。白话在“没有”之后加一“过”字。例如：

子食于有丧者之侧，未尝饱也。（论·述而）

问其与饮食者，尽富贵也，而未尝有显者来。（孟·离娄下）

逝者如斯，而未尝往也。（赤壁赋）

毋，勿

14.25　文言“毋”和“勿”这两个否定词通常用于禁止的语气。“毋”也作“無”。这两个字，古时无论作有无之无用，或作禁止之词用，都可以随便写；后世则有无之无以“無”为主，禁止之词则“毋”多于“无”。“毋”跟“勿”的分别和“不”跟“弗”相同，“勿”字只用在兼含“之”字的地方。例如：

> 无欲速，无见小利；欲速则不达，见小利则大事不成。（论·子路）
>
> 无友不如己者，过则勿惮改。（论·学而）〔=无惮改之〕
>
> 己所不欲，勿施于人。（论·颜渊）〔=无施之于人〕
>
> 兵不如者，勿与挑战；粟不如者，勿与持久。（楚策）〔=无与之挑战〕
>
> 取之而燕民悦，则取之……取之而燕民不悦，则勿取。（孟·梁惠王下）〔四“取”字，三处有“之”字，惟“勿”字下无之。〕

“毋”跟“勿”的分别，和“不”、“弗”之别一样，后来也消失了，原先不用“勿”的地方也用“勿”了。比较下列二例：

> 无道人之短，无说己之长。施人慎勿念，受施慎勿忘。（崔瑗：座右铭）

勿慕贵与富，勿忧贱与贫……闻毁勿慼慼，闻誉勿欣欣。（白居易：座右铭）

白居易的序中说，"崔子玉座右铭，予窃慕之……然其间似有未尽者，因续为座右铭。"但是崔的两"无"两"勿"皆合古例，白的四个"勿"字没一个用对，前两个底下明明有止词，后两个加于形容词之上。后世是典雅一点就或"无"或"勿"，通俗一点就一概用"勿"，如"切勿观望自误"之类甚多。甚至有用"弗"的。

14.26　可是"毋"和"勿"的用处并不限于禁止之词。在表示使令（间接禁止），得能，愿欲，即令，庶冀，比较等等意思的句子里头也常常用"毋"和"勿"。例如：

我不欲人之加诸我也，吾亦欲无加诸人。（论·公冶长）〔愿欲〕

宋人请猛获于卫，卫人欲勿予。（左·庄十二）〔愿欲〕

可以取，可以无取，取伤廉；可以与，可以无与，与伤惠；可以死，可以无死，死伤勇。（孟·离娄下）〔得能〕

非独贤者有是心也，人皆有之；贤者能勿丧耳。（孟·告子上）〔得能〕

夜行者能无为奸，不能禁狗使无吠己也。（魏策）〔上得能；下使令。〕

且人所急，无如其身，不能自使其无死，安能使王长生哉？（韩非·外储说左上）〔使令〕

秦地半天下……虽无出甲兵，席卷常山之险，折天下之脊。（楚策）〔即令〕

救赵孰与勿救?(齐策)〔比较〕

今币重而言甘,诱我也,不如无往。(左·昭十一)〔比较〕

"毋"和"勿"的各项用法,即这两个字和"不"、"弗"二字的分别,能不能用一个原则来概括呢?或者可以这样说:凡直陈事实的句子,用"不"和"弗",要是不当作事实,只是虚虚的说,就用"毋"和"勿";禁止之词因为止之于方来,所以归入后面一类。

但是这种虚实之分本来不容易把握,所以除禁止之词以外,其他该用"毋"的地方,古时也不一定都用"毋",后来更是渐渐的都改用"不"了。例如:

所遇无故物,焉得不速朽?(古诗十九首)

望风怀想,能不依依?(李陵:答苏武)

吾目虽不见,而四肢百体均自若也。(盲者说)

因此,就后世的情形而论,不妨说"毋"和"勿"是命令的否定词,虽然仍然有时还可遇见不含禁止之意的用法。(以上参阅作者《论毋与勿》,载《汉语语法论文集》。)

禁止之词,除"毋"、"勿"外,还有"莫"、"休"和"别",都留在17.32—4节讨论。

否

14.27　"否"字是称代性及应对用的否定词。"否"字以否定词而兼含动词或形容词于其内，所以是称代性。例如：

赴以名，则亦书之；不然，则否。（左·僖二三）〔=不书〕

二三子用我，今日；否，亦今日。（又，成一八）〔=不用〕

晋人侵郑以观其可攻与否。（又，僖三〇）〔=不可攻〕

第二例"否"字下可加"则"字，这就是"否则"一词的来源。是非问句末尾的"否"则从第三例变化而生。先是"可攻与否"，第二步省去"与"字，但"否"字仍只和另一单词对立，如：

宦三年矣，未知母之存否。（左·宣二）

闻诸道路，不知信否。〔比较：若闻蔡将先卫，信乎？（左·定四）〕

第一句的"存否"等于"存亡"，第二句的"信否"等于"真假"。如"信乎？"的"乎"字改用"否"字，就等于白话的"真不真？"如全句改造，成为"不知蔡信将先卫否？"就是常用的问句末尾的"否"字了。

14.28　应对之时，常以一字为答，肯定用"然"或"唯"或"诺"，否定则用"否"。"否"和"然"相对，仍然是称代性的引申用法。例如：

"抑王兴甲兵，危士臣，构怨于诸侯，然后快于心与？"王曰，"否，吾何快于是，将以求吾所大欲也"。（孟·梁惠王上）

公孙丑曰，"乐正子强乎？"曰，"否。""有知虑乎？"曰，"否。""多闻识乎？"曰，"否。"（孟·告子下）

古时“否”和“不”本是一字,通作“不”,“否则”亦可作“不即”,问句末的“否”亦多作“不”,现在已经分化了。

白话里头没有称代性的否定词,常常必须复说那个动词或形容词,如前面 14.27 的三例,白话当作“不然就不写”,“不要我也在今天”,“可攻不可攻”。至于应对之“否”,白话里有时候可说“不是的”,有些句子仍非重复动词或形容词不可。如:

> 因为吃的不好吗?穿的不好吗?——不是的,不为这些。
>
> 你明天就走吗?——明天不走,还有两天呢。

这些答语在文言里都可以用“否”字开端。

双重否定

14.31 一句之中,上下两次用否定词,就含有肯定的意思,正如代数里的负乘负得正一样。以下依第一否定词分类说明。

上头用“莫”字或“无”字否定其下的另一否定词,不但表肯定,且含有“皆”字之意。例如:

> 无草不死,无木不萎。(诗·小雅)
>
> 春城无处不飞花。(韩翃诗)
>
> 楚自克庸以来,其君无日不讨国人而训之于民生之不易。(左·宣十二)

如水银泻地，无孔不入。

以上用“无”否定“不”，“无”字下有名词；没有名词，用“无不”，也用“莫不”。例如：

见子弟甥侄无不爱。（先妣）
见者无不称绝。（记趣）
四方有羡，我独居忧；民莫不逸，我独不敢休。（诗·小雅）
游人见之，莫不羡为奇想。（记趣）
社会公益，朋友急难，罔不竭力以赴。（林觉民传）

在白话里，“没有”和“不”的中间常常夹用一个名词或是单位词（称代性）。例如：

从小没人见了不夸奖他聪明。
听了这个消息，没有一个不兴高采烈的。

14.32　用“无”或“莫”否定“非”字，中间大率不夹名词。例如，

溥天之下，莫非王土；率土之滨，莫非王臣。（诗·小雅）
自耕稼陶渔以至为帝，无非取于人者。（孟·公孙丑上）

白话“没有”和“不是”之间常常有名词或称代性的单位词。例如：

他的小说没有一篇不是写了三四道才发表的。

文言的“无非”和“莫非”，跟“无不”和“莫不”一样，含“皆”字意。白话把“无非”用作“只是”、“不过”之意，例如：

他何尝懂得绘画，无非装装幌子罢了。

不看固怅怅然，看了也无非怅怅然，反正是一样。（叶绍钧：回过头来）

“莫非”在白话里是测度之词，“莫”字已非普通否定词（见16.91）。

用“无”字来否定“无”，这种例子不多，如：

是声也，盖无在无之。（市声说）

通常改用反诘问句，如“谁无父母？”“何地无之？”

14.33 用“非”字否定“不”字或“无”字，带申辩的口气，有时比直接肯定的语势弱，也有时反而更深切些。例如：

非不悦子之道，力不足也。（论·雍也）

非吾力不能纳也，义实不克尔也。（公羊·文十四）

城非不高也，池非不深也，兵革非不坚利也，米粟非不多也，委而去之，是地利不如人和也。（孟·公孙丑下）

非无谋士，非无劲卒，奈权臣不欲战何！

白话的例，如：

不是我不肯，实在不得闲。

我不是没说过，要他肯听啊。

不是没有办法啊，要有人啊。

并非没有钱，他舍不得花么！

另一类上用“非”下用“不”（中间必须有名词）的句子，有“唯有”或“必须”之意，如“非文辞不为功”，“非暑假不得回家”等，另见14.62节。

用“非”字否定“非”字，除佛典的“非想，非非想”外，简直不见。

14.34　“未”字不单独用来否定底下的否定词，但是“未尝不”常见，“未尝无”、“未尝非”也有。例如：

先帝在时，每与臣论此事，未尝不叹息痛恨于桓灵也。（出师表）

大人削官归，仆时方少，每侍，未尝不念执事之才，而嗟惜者弥日。（与阮光禄书）

既而其后常然，至其终身未尝不然。（泷冈阡表）

虽命之所存，天实为之，然而累汝至此者，未尝非予之过也。（祭妹文）

彼众昏之日固未尝无独醒之人也。（廉耻）

14.35　“未有不”意近“无不”（白话同是“没有不”），例如：

千里而袭人，未有不亡者也。（公羊·僖三三）

故北方之勇者，问于没人而求其所以没，以其言试之河，未有不溺者也。（日喻）

14.36　下面用“不”字，上面用“非”或“未尝”来否定，已见上文，直接用“不”来否定，和“非非”一样的困难。勉强可以充数的是“不为不”，如：

万取千焉，千取百焉，不为不多矣。（孟·梁惠王上）

不为不吉也。（公羊·庄四）

这些句子翻成白话，“不算不”比“不是不”更贴切些。此外“不可不”、“不得不”等并非两个“不”字相消，“不可不”不等于“可”，在14.62—3节讨论。

14.37　“不无”的意思和“非无”相近而稍弱，“非无”简直是“有”，“不无”是“也还有”或“免不了有”。“不无”多用在近于语体的文言，和带点文言气的白话。例如：

即此一端，不无可议。

这件事情不能全怪百川，他也不无为难之处。

想尊兄寄旅僧房，不无寂寥之感。（红一）

可能:能,会

14.41 表示可能,必要,以及与此相近的若干概念,有“可”、“能”、“得”、“须”、“要”、“宜”、“必”、“足”、“肯”、“敢”等词。这些词通常称为助动词,但是他们的性质并不一律,“可”、“宜”、“足”原来是形容词,“能”、“须”、“肯”、“敢”、“要”的动词性仍然很明显,“必”是限制词,“得”在文言里是动词,在白话的前置用法仍是动词,但在后置用法几乎是一个词尾。可是他们有相同的一点:都以和别的动词(或形容词谓语)合用为原则,表示未实现的事情。

14.42 先说“可能”。总括起来说是“可能”:分开来说,有指能力彀得到彀不到说的;有就旁人或环境或情理许可不许可说的。还有不含能力或许可的意思,仅仅估计将成事实与否的,这是最客观的可能,即“或然性”。大体上虽然可以分成这三类,实际上也有难于分别的例子,因此所用的词也不完全各别,同一意思可用不同的词,同一词又可以表不同的意思。

表示能力彀得到,“能”字文言白话都用,文言也用“可”字,白话不用。此外白话又常用“会”字,文言又用“克”字。例如:

“孰能一之?”对曰,“不嗜杀人者能一之。”(孟·梁惠王上)

小子,何莫学夫诗?诗,可以兴,可以观,可以群,可以怨。(论·阳货)

使臣卒然填沟壑,君虽恨于臣,亦无可奈何。(史·范雎传)

靡不有初,鲜克有终。(诗·大雅)

她爸爸本来在内务府当差,什么杂事都能做。(冬儿)

她不能给我钱,只能供给我两顿饭和住处。(老舍:月牙儿)

这种遮人耳目的事谁不会做?(红七五)

可,好

14.43　表示许可,文言用"可"或"可以",白话只用"可以",单用"可"字限于现成的词语,或正反并说的时候。例如:

使者十辈来,皆言匈奴可击。(史·刘敬传)

温故而知新,可以为师矣。(论·为政)

你这个办法倒还可以试一试。

"你能够等我么?"——"我可以看书,我可以写东西,我可以抽烟"。(亲爱的丈夫)

我也是可去可不去,本没有说定。

否定"可"字,文言用"不可"。白话却仍用"不能";在问句里,真正询问用"可以",反诘用"能"。例如:

富而可求也,虽执鞭之士,吾亦为之;如不可求,从吾所好。(论·述而)

为什么平常我们不能讲?为什么要男人装了病方才可以讲?(一只马蜂)

“一个人可以随便说谎么?”——“自然不能〚随便〛”。(同)

还有什么事没有? 我可以走了吧?

你吃了就告诉我妈一声,还能不让你吃么?(冬儿)

例二例三用“可以”表肯定,用“不能”表否定。例三例四的“可以”是真性问话,例五的“能”是反诘,即意在否定。

14.44　白话又用“好”字表示许可。例如:

又不好回来,又不好进去,遂把脚步放重些。(红六七)

又不好笑他,只好听一句答应他一句。(儿三三)

两个媳妇究竟好去不好去,倒是斟酌斟酌。(儿四〇)

“好”字多用于目的小句,见21.76节。

得

14.45　文言和白话又都用“得”字表可能,兼有“可”和“能”两种意义。文言用在动词前,有时还可以在前面再加一个“可”字,或在后面加一个“而”(或“以”)字:这表示“得”字还是一个普通的动词。例如:

圣人吾不得而见之矣,得见君子者斯可矣。(论·述而)

〔能〕

夫子之文章可得而闻也;夫子之言性与天道,不可得而闻

也。（论·公冶长）〔可〕

春不得避风尘，夏不得避暑热，秋不得避阴雨，冬不得避寒冻；四时之间，亡日休息。（重农贵粟疏）〔能〕

今募天下入粟县官，得以拜爵，得以除罪。（同）〔可〕

14.46　白话却把“得”字（也写作“的”）用在动词之后，如：

虚空为鼓，须弥为椎，什么人打得？（景德传灯录六）〔能〕

他排揎我，我就打得。（红五八）〔可〕

人还靠得，本领也去得。（儿一四）〔可靠；能行〕

尤其常见的是后面有动态词及表动作结果的动词、形容词或限制词的句子，如：

如果处得下去，到了明秋我再打发人来接家眷不迟。（儿二）

叫人家大爷脸上怎么拉得下来呢？（儿三四）

这么个大地方儿，也得这些人才照应的过来。（儿三三）

弄得衣食不周，那里还娶的起媳妇呢？（红六四）

这个字号绸缎行儿里也算数的着。〔着 zháo〕

你可吃的了这一海？（红四一）〔了 liǎo〕

除非你去才说得他服。

这件衣裳要多使胰子才洗得干净呢。

14.47　否定句里面，要是没有动态词等等，要用“不得”。例如：

莫道长生学不得，学得后，待若何？（辛弃疾词）〔能〕

哪个小子派不得？偏又惹他！（红七）〔可〕

不要把吃醋说得这样的要不得，吃醋也有吃醋的味儿。（酒后）〔可〕

这个办法你瞧使得使不得？〔可〕

假如有动态词等等，就只用一个“不”字，就代表“不得”。例如：

不知怎么，今年鸡蛋短的很，十个钱一个还找不出来。（红六一）

虽是奶奶们取笑儿，我可禁不起呢。（红四五）

连本项两顿饭还撑持不住，还搁得住这个点这样，那个点那样？（红六一）

谁知你总不理我，叫我摸不着头脑。（红二八）

他们吃不了我，我还要吃他们呢。（冬儿）

说书的只有一张嘴，说不及八面的话。

可又记不真是头一天是当天。（儿三五）

直到如今，我们两下里的账也算不清。（红七四）

从上面的例句可以看出“……得”和“……不得”表“可”的时候多，表“能”的时候少；“……得……”“……不……”恰恰相反，多数表“能”。

或然

14.48　表示一件事情的"或然性"，多数借用表能力或许可的词，如"会"、"能"（反诘句），这些原是动词；"许"字原来也是动词，但"或许"、"也许"已用如普通限制词，可以和"会"字同用在一句之内。"怕"、"定不得"等也都表示或然：前者是动词，以或然之事为止词；后者用作谓语，以或然之事为主语。例如：

吉小姐会到北京来么？我很想认识他。（一只马蜂）〔询问〕

你别着急呀！难道那么大个人会丢了？（儿三五）〔反诘〕

没错儿，我还能冤您吗？〔反诘〕

我想，他又不是小孩子，又是本地人，那能说丢就丢了呢？（冬儿）〔反诘〕

敢怕那租子比原数会多出来定不得呢。（儿三二）

也许过了年会回来的。（冬儿）

这个招儿许不灵。

或许没有这回事，是别人造的谣言，也未可知。

文言用"容"，和白话的"许"相当；用"恐"，和"怕"相当。"或"字是表或然的限制词。例如：

何至如此？彼容不相知也。（世说·方正）

不与丞相谋，恐事不能成。（史·李斯传）

意南中村寺尚或过之也。(记翠微山)

足,宜,配,值,敢,肯,忍,欲,要

14.49　文言的“足”、“宜”和白话的“配”、“值”都是从价值方面来判断;文言白话通用的“敢”、“肯”、“忍”以及“欲”(文)和“要”(话),都是从心理方面来判断。这些词皆隐含可能性,只有“宜”、“欲”、“要”有时含必要性;而且除“宜”、“欲”、“要”外,多以用于否定式、疑问式或“只”字之后为主。各例:

无岩处奇士之行,而长贫贱,好语仁义,亦足羞也。(史·货殖列传)〔可羞〕

慎无为楚相,不足为也。(又,滑稽列传)〔不值得〕

斗筲之人,何足算也?(论·子路)〔不配〕

夏宜急雨,有瀑布声;冬宜密雪,有碎玉声;宜鼓琴,琴调和畅;宜咏诗,诗韵清绝;宜围棋,子声丁丁然;宜投壶,矢声铮铮然。(黄冈竹楼记)

他这个糊涂人,就说了些不中听的话,也不值得计较。

不是,不是。那样的人不配穿红的,谁还敢穿?(红十九)

使天下之人不敢言而敢怒。(杜牧:阿房宫赋)

她的利害名儿太出远了,将来没人敢要。(冬儿)

公子闻之,往请;欲厚遗之,不肯受。(史·魏公子传)

十三妹那等侠气雄心兼人好胜的一个人,如何肯认“寻常女子”这个名目?(儿一七)

君子之于禽兽也，见其生不忍见其死，闻其声不忍食其肉。（孟·梁惠王上）

于饥寒之外又多一层惧怕，岂不比这鸟雀还要苦吗？（老残六）

晚来天欲雪。（白居易诗）

必要：要，欲

14.51　必要的观念也有种种分别。有主观的必要，即意志的要求；用动词"要"和"欲"来表示。这个和"能"字所含的可能概念有一种对立关系，又和"肯"字有积极消极之分。例如：

我又不是她的亲兄弟，亲叔伯，她为甚么要请我替她写信。（一只马蜂）

能写的不写，不能写的偏要写。

他不但肯去，而且要去。

予欲无言。（论·阳货）

得，须；不用，不必

14.52　客观的必要，和"可"字所表的可能概念相对。又可以分事实上的必要和情理上的必要两类。表示事实上的必要，白话用"得"为多（音 dě，位动词前或主语前），也用"要"。文言用"必"

和“须”。白话也用“必”和“须”,但只用在复词里,如“须要”,“必须”等,不单用。例如:

都是你闹的,还得你来治。(红五七)

只怕这样的还有,明日倒得查查。(红七四)

行也得行,不行也得行,弟兄们求到你这儿了。(上任)

洗脸盆是要买的,还得来两条手巾。(同)

下了店不妨……走着须要小心;大道正路不妨……背道须要小心;白日里不妨……黑夜须要小心。(儿三)

为今之计,必须及早把我家这些无用的冗人去一去,无益的繁费省一省。(儿三三)

王即不听用鞅,必杀之,无令出境。(史·商君传)

适有事务,须自经营。(应璩:与满公琰书)

14.53 **否定必要,文言就用“不必”或“不须”;这两个词传给白话,但现在口语里已只有“不必”。“不须”虽已不用,可是有“无须”,文言又有“无庸”。现在口语里用得最多的是“不用”,和肯定句的“得”相当。“不要”在北京话里几乎限于问句的“要不要”,但在北京以外仍常用。例如:**

我知道,不用你说。(红七四)

明人不用多费话,我走了,二哥。(上任)

“在家。要不要请去?”——“不用”。(亲爱的丈夫)

不但不必抄给人看,连你也不必看。(儿一)

是故弟子不必不如师,师不必贤于弟子。(师说)

不须饮酒径自醉，取书相和声琅琅。（陆游诗）

倒无须连篇累牍，只要简单扼要，不疏不漏就是了。

此其应尽之义务也，吾人无庸为之不平。（权利与义务）

“不用”、“不必”、“不要”、“要”、“必”都常常用于祈使语气（17.24，33）。“不得”的“得”表可能，“不得”等于“不可”，不是“无此必要”。

当然：该，宜，应，当

14.54　表示情理上的必要，可以称为“当然”，白话用“该”、“应该”或“应当”，文言用“当”、“宜”，也用“应”。例如：

他不知道，你们也该说给他。（红五八）

男的该打女的，公公该管教儿媳妇，小姑子该给嫂子气受，他们这群男女信这个。（老舍：柳家大院）

五日，良夜未半往，有顷，父亦来，喜曰：“当如是。”（留侯）

此病宜静养。〔比较：“此地宜养病”，属上14.49〕

臣宜从，病甚，不得从矣。（留侯）

陛下不应忧峤而应忧戎。（世说·德行）〔和峤，王戎〕

否定句白话用“不该”，文言用“不当”、“不宜”、“不应”。例如：

你来搜检东西，我不恼你；不该拿我取笑儿。（红七四）

晓人不当如此邪？（汉·薛广德传）

必聚徒合义兵诛无道秦，不宜倨见长者。（史·郦生传）

必然

14.55　估计事实的必然，所用词语多与上节相同，白话用“该”，文言用“宜”、“应”、“当”。此外白话又用“一定”，文言又用“必”（白话说“想必”），这些是不带动词性质的限制词。例如：

再两天，你们就该打我们了。（红五八）

帝问，“天下谁爱我”？通曰，“宜莫如太子。”（史·佞幸列传）

船人见其美丈夫独行，疑其亡将，腰中当有金玉宝器。（史·陈丞相世家）

晓镜但愁云鬓改，夜吟应觉月光寒。（李商隐诗）

太子少年，不习于兵。田盼，宿将也，而孙子善用兵。战必不胜，不胜必禽。公子争之于王，王听公子，公子封；不听公子，太子必败；败，公子必立；立，必为王也。（魏策）

想必就是为这个事了。（红七）

你今儿来一定有什么事情。（同）

或然和必然不像可能和必要那样完全对立。可能尽管强化，不会变成必要，但这里所说的必然，实即高度的或然。所以“一定”和“会”可以合用。如：

我想我们一定会变做好朋友。(一只马蜂)

14.56 “该”、“宜”、“当”、“应”、“必”等字,可以有“必要”和“必然”两种意义,但“不该”、“不宜”、“不当”、“不应”、“不必”只表示“无此必要”,不用来否定必然。否定必然,白话和文言都用“未必”,白话又用“不一定”。例如:

你问他,他也不一定就知道。
只怕老太太未必就依。(红七四)
大约醉翁之意未必在酒。(儿三三)

可能和必要的关系

14.61 “可能”和“必要”,从一方面看是对立的。所以否定甲的可能就成为非甲的必要,例如“不可粗心”等于“必须不粗心”;否定甲的必要也就成为非甲的可能,例如“不必细说”等于“可以不细说”。(“该”、“当”等略异,见下。)但是从另一方面看,“可能”和“必要”是相通的。表示可能的词,加一“只”字,如“只能”、“只好”、“只得”、“只会”,把他的可能性缩小,就成为表示必要或必然。例如:

又怕宝玉烦恼,只得勉强忍着。(红二〇)
如今弄多少是多少,也只好是集腋成裘了。(儿三)

你看罢,只会比去年多,不会比去年少。

14.62　因为“可能”和“必要”之间有对立关系,所以在“可”、“能”、“得”、“会”等字的上下各加“不”字,并不依照两个“不”字相消的通例。“不可不”不等于“可”,而等于“必”。例如:

但是玉格此番乡试是不能不留京的;既留下他,不能不留下太太照管他。(儿二)〔只得〕

他们既到了这里,不好不让他们进来。(儿二一)〔只好〕

他就住在隔壁,再不会不知道的。〔一定知道〕

矢在弦上,不得不发。(陈琳:为袁绍檄豫州)

胜公荣者,不得不与饮酒;不如公荣者,不可不与饮酒。唯公荣可不与饮酒。(世说·简傲)

故人不可以不有恒。(有恒)〔当〕

同样,隐含可能性的“敢”、“肯”、“忍”以及“愁”、“怕”、“容”、“由”等词,上下各加“不”字也就有必要之意。例如:

承东家不弃……可不敢不倾心吐胆的奉告。(儿二)〔自然要奉告〕

见了酒又不肯不喝,喝多了又要嚷头疼。〔定要喝〕

他那么苦苦哀求,我也不忍不答应。〔只得答应〕

你只如此这般一说,不怕他不出来。〔一定出来〕

有了执照,不愁找不出四至的。(儿三三)〔一定找得出〕

只这个前八行,已经拉倒阅卷者那枝笔,不容他不圈了。

(儿三四)〔只得圈〕

"非……不可"的说法也属于这一类;这要分析开来说,是一个条件复句(22.43)。例如:

今欲举大事,将非其人不可。(项羽)
要想结婚,非靠朋友帮忙不可。(一只马蜂)
既是受了我的定钱,这房子就非租给我不可。(压迫)

现在口语里还有省去"不可"的,语气更加坚强了。如:

那样儿不行的,季流,我非得等他。(最后五分钟)
(甲)我非要!(乙)我非不给!

14.63 反之,表示必要的词,上下加以双重否定,就表示可能。如:

不吃干饭就是了,也不必连稀粥都不吃。〔粥可以吃〕
他们大家都参加了,你何必不参加?〔也可以参加了〕
我看他也未必不知道,怕出头罢了。〔也许知道〕
倘一旦追念天下士所以相远之故,未必不悔,悔未必不改;果悔且改,静待之数年,心事未必不暴白天下,士未必不接踵而至执事之门。(与阮光禄书)
塞翁失马,未必非福。

14.64　但“不该不”不是“可”，仍是“该”。例如：

> 早知如此，不该不听他的话。

这是因为情理所宜，有一无二，否定甲的必要即同时肯定非甲的必要，没有可甲可非甲之中立余地。“不该去”否定“该去”，不仅是“可不去”，实即“该不去”。所以“不该不”仍等于“该”。

第十五章　传信

语气和语气词

15.11　“语气”可有广狭两解。广义的“语气”包括“语意”和“语势”。所谓“语意”，指正和反，定和不定，虚和实等等区别。所谓“语势”，指说话的轻或重，缓或急。除去这两样，剩下的是狭义的“语气”：假如要给他一个定义，可以说是“概念内容相同的语句，因使用的目的不同所生的分别”。“语意”对于概念的内容有改变，而同一语气仍可有“语势”的差异。三者的表现法也不相同：语意以加用限制词为主，语势以语调为主，而语气则兼用语调与语气词。但是三者之间的关系非常密切，例如不定的语意必然取疑问的语气，反诘的语势比普通询问沉重，测度比直陈缓和，命令比商量急促，这些都是明显的事实。分列类目如下表（见下页）。

15.12　语气的表达，兼用语调和语气词：语调是必需的，语气词则有时可以不用，尤其是在直陈语气。关于语气词，有几件事情应该特别注意：

（1）语气词和语气不是一一相配的。一方面，一个语气词可以用来表不同的语气。一方面，同一语气可用几个语气词，有时似乎无区别，但一般而论，实代表种种细微的区别，这些细微的区别最应该体会。

（2）各地方言的语气词不同：或是用的词不同，或是用的词大致同是那几个，而用法有出入。后者在同一方言区域很常见，例如北京话说“来呀”，四川话说“来么”，又如北京话说“是呀”，云南话说“是了么”或“是呢”。

- 语气（广）
  - 语　意
    - 正与反
      - 肯定
      - 不定（是非问句）
      - 否定
    - 虚与实
      - 实说
      - 虚说
        - 可能，必要等
        - 设想（假设句）
  - 语气（狭）
    - 与认识有关
      - 直陈（强调则为确认）
      - 疑问
        - 肯定性：测度
        - 中　性：询问
        - 否定性：反诘
    - 与行动有关
      - 商量（建议，赞同）
      - 祈使
        - 肯定性：命令
        - 否定性：禁止
    - 与感情有关：感叹，惊讶等
  - 语势
    - 轻与重
    - 缓与急（缓：提顿）

（3）文言和白话语气词不是一一相当的。文言和白话的词汇本来不同，但实义词还勉强可以找对偶，虚助词则往往有很大的出入。这个情形在语气词方面尤为明显:文言最常用的语气词是"也"和"矣","矣"字和白话的"了"大致相合,但白话里哪一个语气词和"也"相当呢?白话里常用的"呢"和"罢",文言有相当的语气词吗?这个情形一部分和上面所说第一点(语气词和语气的不整齐的分配)有关,但同时指示一件事实:语气的类分,古今变动很大,若以为"之、乎、者、也"等等和"的、呢、了、吗"等等是各别相当,那就太皮毛了。

(4) 语气词大多数是标音的性质。文言的语气词已经约定俗成,而且脱离了实际的语言,也不会无端的改变字形。白话则不然,常有一词异写的情形,或因音变而字未变而又有新字切今音,或因旧字虽存而另行简笔,或因本无定字而作者各以方音借写。还有大同小异之音,旧以一字概括而今人分作两词的。这个情形尤以独立语气词(即感叹词)为甚,在17.6说明,这里略说句末所加语气词的形式。

15.13　啊,阿,呀,哇,哪。——这些是一个词,代表ɑ音和它的变化,看前面一个字的韵母而定。

前字收音于ï(汉语拼音字母作i:知,痴,是,日,子,次,四)及er(儿):音ɑ,写作"啊"或"阿"。

前字收音于ɑ(他,话):ɑ音加i和前字隔断,音iɑ,写作"呀"。

前字收音于o,e,ê(我,说;客,个;爷,月):多数人说iɑ"呀",少数人说ɑ"啊"。

前字收音于i(i理,喜;ai来,开;ei谁,会):ɑ音和前字连起来说成iɑ"呀"。

前字收音于 ü(去,鱼):a 音和前字连起来说成 ia“呀”。

前字收音于 u/o(u 哭,路;ao 好,巧;ou 走,有):a 音和前字连起来说成 ua,写作“哇”。

前字收音于 n(天,人,真,饭):a 音和前字连起来说成 na,写作“哪”。

前字收音于 ng(娘,命,疼,空):a 音和前字连起来说成 nga,通常仍写“啊”。

要注意的是较早的白话作品多只用一个“呀”字,实际上代表 a 和 ia 两音;ua,na 等连读而成的音,从前照例不写明的。

15.14　啊,哟,呦。——a 音略略收敛就成为 o 或 ou,功用和 a(几种用法,不是全部)相同。因为在声音和功能两方面都只是 a 的变型,所以旧时的白话作品里没有另外用字来代表,仍然用“啊”字。现在也用“呕”或“欧”表 ou 音。这个音也和 a 一样,因上字收音而有 io(u),uo(u),no(u),ngo(u)等变化。io 写成“哟”,iou 写成“呦”。其余没有习惯的写法。

15.15　了,咧,啦,啰,咯,喽。——“了”字作动词(了结)和限制词(吃不了)用时音 liao,用作动相词(吃了饭)和语气词(吃饭了)则音 le,但通常都写一个“了”字。le 后面合上 a,ê,o,ou 等音成为 la,lê,lo,lou,现在分别写作“啦”,“咧”,“啰”或“咯”,“喽”。

15.16　么,吗,嘿,末,嘛。——这个语气词有疑问和非疑问两用,原来都音 me,写“么”(麽)。疑问用的 me 合 a 成 ma,写“吗”。以现在而论,疑问用的 me 几乎没有不说成 ma 的,非疑问的 me,从前除“麽”外,有的书上也写作“嘿”或“末”。近来也有变音成 ma 的趋势,一般写作“嘛”,以示与“吗”有别,也有写作

"吗"的。

15.17　呢，哩，呐，哪。——这个语气词大概曾经一度经过由li变ni的变化，所以较早的白话作品里作"哩"，而较后的作品作"呢"。现在口语里是ne，通常仍作"呢"，也有写"呐"的。ne后也可加用a，音合成na，写"哪"。这个语气词也有疑问和非疑问两用，但语音上并没有分化。有人用"呢"表疑问，用"哩"表非疑问，未免误会；原因是音li的时期，非疑问用法多于疑问用法，疑问用法的发展恰与由li而ni的变化同时，"哩"的形状和非疑问的用法联系较深。

15.18　罢，吧，啵。——这个语气词音ba，从前写"罢"，现在多数写"吧"。也有疑问和非疑问两用，疑问的用法也许是由"不"加a而成。非疑问的用法加a时仅略延其音长，加o或ou则变为bo或bou，写"啵"。

了

15.21　不带任何特殊语气（如疑问，祈使，感叹）的语气，可以称为"直陈"语气。直陈语气可以不用语气词，如"今天凉快得多"，"我写完信就去"。但也可以用语气词，如"今天凉快多了"，"我写着信呢，写完信就要去的"。白　话　里，"了"、"的"、"呢"、"么"、"啊"、"罢了"都可以用于直陈语气，而各有各的神气。

15.22　用"了"字是决定的口气。我们在13.63曾经讨论过"了"字表示动相的作用，同时提到"了"字表语气的作用。有些句子里连用两个"了"字，一个表既事相，一个表决定语气，如：

他早吃了饭了,不用给他。

有些句子只有一个"了"字,在句(或小句)的末尾,这个"了"字就兼表动相和语气,如:

还等这会子,他早就去了。
现在老了,不中用了。
今儿老太太高兴,这早晚就来了。(红四〇)
那年冬天,祖母死了,父亲的差使也交卸了。(背影)

15.23　这些句子里面,事情已经完成,所以我们说是"了"字兼表既事和决定。在下面这些句子里,事情或正在开始,或还没有开始,但是我们同样的用"了"字结句。这个"了"字就只有决定的作用。例如:

开饭了,进来罢。
来了,来了,别这么高声怪叫。
已经这个时候,今天不会来了。
老老,你上来走,看青苔滑倒了。(红四〇)
别这样捉弄人,我家去了。(红四〇)
你们大家都不用说了,再说我就真急了。(儿三)
不然,我的这点儿亲戚都让她给骂断了。(冬儿)

以上例一例二是即将实现的事实,例三是估计的必然,例四是或然,后三例是假设的(有条件的)将然或必然。

的

15.31　“的”字表示的是一种确认的语气，就是表示确确实实有这件事，没有错儿。用“的”字的句子，语势颇重；何以如此，最好从这个语气词的由来上说明。

用“的”字的句子有上面用“是”字的，有不用的。上面有“是”字的，严格说，下面的“的”字不该算是一个语气词：“是”和“的”联合起来把一句叙事句改造成一句判断句，这正是句法变化之一例，我们已经在第八章讨论过。但是不用“是”字单用“的”字的句子正是从兼用“是”、“的”的句法产生的，我们不妨再在这里举几个例。我们知道，一般而论，判断句的语势比叙事句重些，所以才利用“是……的”来加重语势。这种加重可以是一般的（即谓语的）加重，也可以是任何一部分的加重。一般的加重，把“是”字安在主语和谓语之间；部分的加重，把要加重的部分紧接在“是”字之后，有时就要改变句中的词序或“是”和“的”的先后。例如：

> 他是到过上海的。〔一般加重〕
> 他是大前年在上海的。
> 我是在上海会见他的。
> 我是无意之中遇见他的。
> 我认得的是他的哥哥。〔加重原来的止词〕
> 到过上海的是他的兄弟。〔加重原来的主语〕
> 是我把他找来的。〔加重主语〕

以下是一些现成的例句，都是一般加重：

所以好、歹、真、假，我是认得的。（红四一）

你这遭吃茶是托他两个的福；独你来了，我是不能给你吃的。（同）

你是和谁要来的？（红六〇）

你依我这话是万无一失的。（儿三）

他也是个给人家作儿子的，岂有他妈死了不叫他去发送的理？（同）

不可擅伤罪人，你我是要耽不是的。（儿三一）

15.32　这一类句子也是确认语气，但确认的作用是由“是”字发挥的，“的”字只是和“是”字相应的一个语尾。但如省去“是”字，只留“的”字，这个“的”字就不妨当语气词看了。如：

他倒想着不错日子给的。（红五七）

就连那黄天霸的老儿飞镖黄三太，我都赶上见过的。（儿三二）

我原不要带的，姨奶奶不依么。（儿一六）

天生应吃的苦也要吃的。（儿一）

一个人不读书再合他讲不清的。（儿三五）

有了执照，不愁找不出四至的。（儿三三）

今日赶不到的。（儿三）

二位姑娘就是大肚子弥勒佛，也吃不了五百钱的。（红六一）

我们怎么装没事人呢？少不得要查的。（同）

我自有分寸，断不上这个当的。（老残一二）

这类句子比兼用“是”字的句子的语势又要轻些。就以上例句而论，有已成事实的确认（前三例），有一般的事理的确认（例四、例五、例六），有未来事实的预断（客观的判断，例七、例八；主观的声明，例九、例十），这里面语势的强弱也不一致，大致依上面的次序由弱而强：对于未来的事实加以确认，自然要比确认过去的事实更有力。

15.33 “了”字和“的”字的比较，可以说明决定语气和确认语气的分别；我们可以看作动和静的分别，正和文言的“矣”和“也”的分别相似（见下）。比较：

你这么一说，我知道了。〔原先我不知道〕

你不必多嘱咐，我知道的。〔我本来知道〕

这本书我看完了。

这本书我看完的。

他今天不来，明天也该来了。

他今天不来，明天也要来的。

呢

15.41 “的”字的应用很有限制，我们绝对不说“我是一个学生的”或“他吃着饭的”，也不说“这个地方远的”，也不说“我有两个哥哥的”（除非说“我原来有……的”）。这些处所却正是另一语气词“呢”字最常见的地方。

“呢”字之表确认，有指示而兼铺张的语气，多用于当前和将然的事实，有“诺，你看！”“我告诉你，你信我的话”的神气。虽然从句式的分配上看，“呢”和“的”像是互相补充，这两个字的语气并不相同。“的”字是说事实确凿，毫无疑问，“呢”字是说事实显然，一望而知；“的”字偏于表自信之坚，“呢”字偏于叫别人信服。这可从比较可用“的”也可用“呢”的句子（这类句子不多）来辨别。如：

我也要去的，待回儿再见。〔我之去毫无疑问〕

我也要去呢，你等我一会儿，咱们一块儿去。〔我之去即在目前〕

这东西三百元买不来的。〔我买过，我知道〕

这东西三百元买不来呢。〔不信你试试看〕

15.42　常用“呢”字的句子是下面的几类。“有……呢”和“在……呢”：

周大妈，有个老奶奶子找你呢。（红六）

有我呢，他不敢委屈你。（红二三）

喂！有四百钱的酒钱呢。（儿四）

那可使不得，二三千里地呢。（儿三）

嗳呀！这么说就得三年功夫呢。（红七）

在家里呢，你进来罢。（红二六）

这辆车连牲口都好端端的在那里呢。（儿一〇）

15.43 方事相的动作（常用“在……着呢”）：

我也正在这里算计着呢。（儿二九）

他心里在这里受着窄呢。（儿四〇）

尤老二往门里打了一眼，几个家伙全在小过道里坐着呢。（上任）

我这里陪客呢，晚上再来回。（红六）

你该早来，我得了一件好东西，专等你呢。（红三一）

15.44 形容性谓语（常用“着呢”）：

早呢，再谈一会儿再去。

你九太爷小呢，今年才八十八呀！（儿三二）

这个药粉灵的很呢，敷上就不疼。

天下山水多着呢，你那里都知道？（红一九）

15.45 “还……呢”：

不喝茶了，我们还有事呢。（红四五）

快睡罢，明儿还要起早呢。

原来那四个小鸭都在荷池里洗澡了，而且还翻筋斗吃东西呢？（鸭的喜剧）

还没吃饭呢，从大早忙到这个时候。

像这种货色，送给我我还不领情呢。

不用他还不行呢。（上任）

15.46　"才……呢"：

你能找一个来给我看了，我才信呢。

这场完了，晚场八点才开呢。（有声电影）

不好，这是勾脚痧转腿肚子，快些给他刮出来打出来才好呢。（儿三）

你才糊涂呢，他早就去过了。

15.47　"（要）……呢"：

不好！天要下雨呢。

"猜不着是要罚的。"——"自然受罚。若猜着了，也要领赏呢。"（红二二）

"妈妈，你尝一尝……"——"我喝呢。奶奶也喝一钟。"（红一六）

一慌，不定踩在谁的身上呢。（柳家大院）

15.48　其他例句：

我左右是没事的人，乐得跟他们出去逛逛呢。（儿四〇）

还亏是我呢。要是别的死皮赖脸的，三日两头来缠舅舅，要三升米二升豆子，舅舅也就没法儿呢。（红二四）

前日好容易得的呢，不知多早晚丢了！（红三一）

今天已经二十五了呢，你当是还有几天吗？

由以上的例句看来，虽然某几类句子里“呢”字特别常见，可是差不多没有一种句式绝对不能用“呢”字。这可见“呢”字应用之广，换句话说，也可见我们说话无处不爱带几分铺张。

罢了

15.49　一件事情，我们可以把它看大，也可以把它看小；“罢了”有“仅此而已”之意，和“呢”字正相反。这一扬一抑的语气，比较下列例句可知：

你别瞧不起他，他还会做诗呢。

他就会做两首诗罢了，别的还会什么？

我认得他呢，也许有点儿办法。

他也是敷衍敷衍你罢了，未必真有办法。

用“罢了”的例句：

我不过不说罢了，谁还不知道！

跑了一条狗罢了，也值得那么大惊小怪！

这长安城中遍地皆是钱，只可惜没人会去拿罢了。（红六）

这里不洁净，一位罢咧，请到禅堂里歇罢。（儿五）

用“罢了”的句子，常有“只”、“不过”、“无非”等限制词，明白表示不足之意。

啊

15.51　“啊”字的作用是在普通的直陈语气上加上一层感情色彩，使语气更加精辟，更加敏锐。有些时候是一种申明的口气，如：

> 是呀，有这一说呀。（儿二八）
> 对呀，不过现在没有烟抽怎么办？（北京的空气）
> “是谁阿？”——“没谁阿？”（最后五分钟）
> “谁弄死他的？”——“我呀。”（儿六）
> “请你来作什么？”——“请我来帮着劝他呀。”（儿七）

有些时候有提醒或警告的意思，仿佛是“是不是？”你知道不知道？”例如：

> 有今儿记得的，前儿夜里的芭蕉诗就该记得呀。（红一九）
> 回老爷，这天西北阴上来了，咱们可没带雨伞哪。（儿三八）
> 听不听在你，也不值的这么着呀。（红二一）
> 哦，舅爷面上来的——舅爷到这里，我邓老九没敬错啊！（儿一五）

就让你老人家再许三百六十天的不动烟火，不成还是不成啊！（儿二五）

我不懂得你这绕口令儿啊。（儿七）

姑娘，你听听，万事由不得人啊。（儿二七）

通共算起来，人家都是为姐姐一个人儿呀。（儿二六）

15.52　“啊”字在语气上的特色是他的感情作用。这并不是说，用了“啊”字就该算是感叹语气。不，不能一概而论，有时可算感叹（“啊”音较长较沉），但多数语句只表示说话的人的精神相当紧张或兴奋。说话带这种情调，自然更有活力。问话的“啊”和劝说的“啊”也都有这种紧张和兴奋的情调。

以直陈语气而论，“的”、“呢”、“啊”都有强调的作用，但语气各各不同。比较：

我认得他的，我们见过。

我认得他呢，他躲不了。

我认得他呀，他是个麻脸哪。

他这样儿胡闹，要失败的。〔理有必然〕

他这样儿胡闹，要失败呢。〔快了，瞧着吧〕

他这样儿胡闹，要失败呀。〔你劝劝他吧〕

15.53　我们实在不应该拿“啊”字来和别的语气词并排着比较。作为语气词的“了”和“的”不能合用，“的呢”和“了呢”间或有，也不常见。但“啊”字常常加在别的语气词的后面，这也可见“了”和“的”和“呢”是大致在同一平面上的语气分别，而“啊”字和

它们不在同一平面上。"的"和"啊"相连,或是"啊"变"呀",或是合成"哷"(但通常仍分写),例如:

要说谢我,那我可是不想的呀。(红二五)

"呢"和"啊"相连成"哪",例如:

二师傅是个带发儿修行,好本事,浑实着的哪。(儿七)
好哇!这才是我邓老九的好朋友哪。(儿二一)

"了"和"啊"相连成"啦"(咧);如"了"作 liǎo 音则"啊"变"哇"。例如:

现在已经十点啦,一会儿他就要到啦。(丁西林:瞎了一只眼)
这也叫作没法儿了哇。(儿四〇)

15.54 "啊"转为"哟"或"呦",带有轻松,不郑重,也可说是游戏的口吻。例如:

嗳哟,姑太太,不是我哟!我没那么大造化哟!(儿二七)
放心哪,不吃你哟。(儿三四)
罢呦,谁敢戏弄你?(红二一)

"了"字后面加上这个变型的"啊",成为"咯"、"啰"和"喽"。

例如：

就是这话咯。（最后五分钟）
可是我跟你不是小孩子喽。（同）
你那儿走哇？守着钱粮过啵，你又走啰！（儿七）

么（末）

15.55　“么”字的语气和“啊”有几分相似：假如说“啊”字含有“是不是？”的意思，“么”字便是“不是吗？”“啊”字是“你知道不知道？”“么”字便是“你怎么连这个也不知道？”“啊”字有感情作用，“么”字也有感情作用，但“啊”字的显豁，一冲而出，“么”字含蓄，闷在里头。用“么”的句子，上下文常用反诘句，语气最合。比较：

他要去呀，我拦他不住啊。
他要去么，我有什么办法？
过年呀！当然玩儿咯。
过年么！不玩儿？

15.56　“么”字的例：

你们要拣远道儿走么。早告诉我一声儿，多大点子事，还值得耽误到这会子？（红二四）

很好么。这他们又有什么不敢说的呢?(儿二九)

难为你还充行家呢,到底儿劣把头么!(儿一七)

你你你简直越弄越下等了末!(最后五分钟)

你怎么连我也不认得了?我就是我么。(儿七)

老爷这儿吩咐你话么,怎么不知道好好答应呢?(儿四〇)

以上前四例含"不是吗?"之意,后两句明说"你怎么不认得?""你怎么不知道?"尤其能衬出"么"字的语气。

15.57 以下的例句仍是这种语气,但用来指点一件事情的原因或理由,——说话的人认为很明显的原因或理由。

我本也不配和他说话,他是主子姑娘,我是奴才丫头么!(红二二)

他自己不要么。我们原送了来,都送回去了。(红四〇)

邓九公道:"你还是拜拜不结了?怎么又闹个安呢?"他道:"老爷么,不请安?"(儿一五)

怎么"也在此"呢!这就是人家的家么。(儿一七)

我看着只怕也是咱们同行的爷们,我见他也背着象老爷子使的那么个弹子弓么。(儿一七)

姐姐不信,不耐烦,不往下听了么,可叫公公有什么法儿呢?(儿二六)

"丹里,你真聪明。"——"五年在外国观察的经验末。"(最后五分钟)

北风说:"这还用说吗?我早知道我会赢的嘿"……太阳说:"欸,这个人的袍子并没脱下来嘿,那怎么能算你赢了呐?"

(北风和太阳)

15.58　“么”字也有说成“吗”(嘛)的,如:

甚么话呢,这是个大礼吗。(儿二七)

二妞向来是不动手做饭的,女学生吗!(柳家大院)

照这样下去,不久就能做个先进工作者,你应该更积极高兴嘛!(老舍:全家福)

矣,已

15.61　文言的直陈语气词有“矣”、“也”、“焉”、“耳”等。我们不避重复,把前面说过的一句话再说一遍:文言和白话的语气词不是一一配合的。以直陈语气词而论,“矣”和“了”,“耳”和“罢了”比较相当。

“矣”字的主要作用也是表决定;而且和“了”字相同,可以用于既成之事,也可以用于未来之事。例如:

晋侯在外,十九年矣……险阻艰难,备尝之矣;民之情伪,尽知之矣。(左·僖二八)

天下事大定矣,君王自为之。(项羽)

事急矣,请奉命求救于孙将军。(赤壁)

夜半,客曰,“吾去矣。”(铁椎)

郑不来矣。(左·隐六)

自今郑国,不四五年,弗得宁矣。(左·襄八)

夺项王天下者必沛公也,吾属今为之虏矣。(项羽)

嗟乎,寡人得见此人,与之游,死不恨矣。(史·韩非传)

惑而不从师,其为惑也,终不解矣。(师说)

前三例都是陈说已然之事,例四是将然之事,例五例六例七是估计的必然,例八例九是假设的必然结果。以上"矣"字用法,全与"了"字相同,这些例句翻成白话,都该用"了"字。但这并不是说所有的"矣"字都等于"了"字,正如单表动相的"了"字不等于"矣"字一样。

15.62 和"矣"字的语气相同的还有一个"已"字。例如:

虽有他乐,吾不敢请已。(左·襄二九)

二者形则万物之情可得而观已。(史·货殖传)

古布衣之侠,靡得而闻已。(史·游侠传)

吴楚举大事而不求剧孟,吾知其无能为已。(汉·游侠传)

这个"已"字和"而已"的"已"不同,那个"已"字是个动词,要和"而"合成"而已"才有一个语气词的效用。

也

15.63 "也"字所表是一种确认的语气。"也"字的应用范围极广,最常见的是判断句。例如:

旦日视其书，乃太公兵法也。（留侯）

大人者，不失其赤子之心者也。（孟·离娄下）

人性之无分于善不善也，犹水之无分于东西也。（孟·告子上）

城郭不完，兵甲不多，非国之灾也；田野不辟，货财不聚，非国之害也。（孟·离娄上）

15.64　说明原因和目的的句子，含有明显的判断作用，也常常用"也"字结（这类句子可归入判断句式，观其否定则加"非"字，和有时应用"者"、"是"等字可知，参阅 21.24；21.31；21.41）。例如：

故王之不王，不为也，非不能也。（孟·梁惠王上）

"础润而雨"，征诸湿也；"履霜坚冰至"，验诸寒也。（理信）

遣人立六国后，自为树党，为秦益敌也。（史·张耳传）

15.65　一正一反或一宾一主的句子，即使不是判断句，也常常用"也"字。例如：

人洁己以进，与其洁也，不保其往也。（论·述而）

不患人之不己知，患不知人也。（论·学而）

贤者而后乐此，不贤者虽有此，不乐也。（孟·梁惠王上）

其取蜜也，分其赢而已矣，不竭其力也。（刘基：养蜂）

执事当自追忆其故，不必仆言之也。（与阮光禄书）

吾目虽不见,而四肢百体均自若也。(盲者说)

15.66　单独的肯定句用"也"字的,不及单独的否定句多。例如:

伯夷隘,柳下惠不恭;隘与不恭,君子不由也。(孟·公孙丑上)

他植者,虽窥伺效慕,莫能如也。(郭橐驼)

君子之至于斯也,吾未尝不得见也。(论·八佾)

以上是用"不"、"莫"、"未"等字的句子(用"非"字的是判断句,例已见前),用"无"字的通常不加"也"字,但在问答句里也常用"也"字。例如:

吾有知乎哉? 无知也。(论·子罕)

"杀人以梃与刃,有以异乎?"曰,"无以异也。"(孟·梁惠王上)

孟尝君曰,"客何好?"曰,"客无好也。"曰,"客何能?"曰,"客无能也。"(冯谖)

15.67　否定句用"也"字比肯定句多,也许是因为否定句一般地比肯定句的语气强,更多确认的作用。但这不是说肯定句就不用"也"字,用"也"的例子也不少。例如:

吾师道也,夫庸知其年之先后生于吾乎?(师说)

诸儿见家人泣，则随之泣，然犹以为母寝也。（先妣）

子灿又尝见其写市物帖子，甚工楷书也。（铁椎）

意南中村寺尚或过之也。（记翠微山）

与人处，以手指画，若告语者，人或解或不解也。（哑孝子）

行其庭，草树凌乱也；入其室，器物狼藉也。（自治）

“也”字的应用范围极广，可是白话里头没有一个语气词恰恰和它相当。文言用“也”的句子，翻成白话，有时用“啊”较近，如这里例一，但“也”字不像“啊”字富于感情色彩；有时用“呢”较妥，如例二例三例四，但“也”字不带指陈的神气；有时也可用“的”，如否定句的例，但“也”字又不及“的”字沉重；而最常见的判断句末的“也”字却以不用语气词为宜，如“孔子，鲁人也”，就决不可说“孔子是鲁国人啊”，更不能说是“是鲁国人呢”或“是鲁国人的”。

“也”和“矣”比较

15.71　文言里最常用的直陈语气词是“也”和“矣”，而这两个字所表的语气大不相同：古人说过，“也”之与“矣”，相去千里（淮南子·说林训）。究竟这两个字的分别何在？《马氏文通》说：“也”字所以助论断之辞气，“矣”字惟以助叙说之辞气。但马氏此说不免有语病，因为“郑不来矣”，“其为惑也，终不解矣”等句也未尝不可说是一种论断，而“甚工楷书也”，“犹以为母寝也”等句又何尝是论断而不是叙说？

文通又说：凡句意之为当然者，“也”字结之；已然者，“矣”字结之。这个区别也很有意思,但又可惜失之不广。“矣”字明明有表将然之事的(马氏说:“吾将仕矣”者,犹云吾之出仕于将来已可必于今日也),而“也”字也有不论事理之当然,仅叙事态之固然者。

语气词的说明实非易事,马氏提出的区别,很有启发之功。现在不妨再提出一种说法,以供参考。无论已然或将然,都是变化,都是有时间性的;无论固然或当然,都是无变化,无时间性的。因此,我们可以说:“矣”字表变动性的事实,“也”字表静止性的事实。

15.72 标准的静止性句子是判断句,所以这一类句子平常只用“也”,不用“矣”。可是如果含有变化的意思,也就用“矣”字,如:

> 吕后真而主矣。(留侯)
>
> 嗟呼!此真将军矣。曩者霸上棘门军若儿戏耳,其将固可袭而虏也。(史·绛侯世家)
>
> 马腾于槽,人喧于室,居然大家矣。(张诚)

假如说“真而主也”,“真将军也”,“居然大家也”,那只表示“本来如此”。现在用“矣”字,表示以前不是如此,现在才是如此:从两人相持到定于一尊,从霸上棘门的儿戏到细柳军营的壁垒森严,从以前的编户细民到现在的人马喧腾,都是一种变化,所以用“矣”字来表示由变而成的事实。

我们还可以比较下面这两句:

> 既欲其生,又欲其死,是惑也。(论·颜渊)〔这是胡涂〕

爱其子，择师而教之，于其身也，则耻师焉，惑矣。（师说）〔这就胡涂了〕

15.73　又如用“可”字的句子，判断可能与否，平常是静止性的句子，所以用“也”，如：

彼可取而代也。（项羽）
其将固可袭而虏也。（史·绛侯世家）
操军方连船舰，首尾相接，可烧而走也。（赤壁）

这些也未尝不可改用“矣”字（例二去“固”字，例三“方”改“既”），用以表另一种意思，即原来不可取而代，不可袭而虏，不可烧而走，而现在可取，可袭，可烧了。用“矣”字的实例：

梁召籍入，须臾，梁眴籍，曰，“可行矣”，于是籍遂拔剑斩守头。（项羽）
父去里所，复还，曰，“孺子可教矣。”（留侯）
司马夜引袁盎起，曰，“君可以去矣。”（史·袁盎传）

我们还可以比较下列的例句：

天下事犹可为也。
天下事无可为矣。
非吾徒也，小子鸣鼓而攻之，可也。（论·先进）
公将鼓之，刿曰，“未可。”齐人三鼓，刿曰，“可矣。”（左·

庄十）

每阴风细雨，从兄辄留；有光意恋恋，不得留也。（先妣）

辱相款八日，意良厚，然不得不绝矣。（与阮光禄书）

15.74 我们在前边曾经说过，说明原因或目的的句子常用"也"字结。但因果关系可以用假设句式来表示，在这种句子里通常就用"矣"不用"也"。比较：

夫燕之所以不犯寇被兵者，以赵之为蔽于其南也。（燕策）

若赵不为蔽于其南，则燕必犯寇被兵矣。

如有不嗜杀人者，则天下之民皆引领而望之矣。（孟·梁惠王上）

彼唯不嗜杀人，故天下之民皆引领而望之也。

这就是因为因果句表事理之固然，是静性的句子；条件句示变化之结果，是动性的句子。

15.75 前边已有句中用"未"字下面用"也"字结的例。以下是"矣"和"未……也"上下相对的例，前四句"矣"字表示已然之事，例五第一"矣"字表估计已然，第二"矣"字表将然之事。

吾闻其语矣，未见其人也。（论·季氏）

由也升堂矣，未入于室也。（论·先进）

盖有之矣，我未之见也。（论·里仁）

俎豆之事，则尝闻之矣，军旅之事，未之学也。（论·卫灵公）

甘茂曰："韩急矣，先生病而来。"张翠曰："韩未急也，且急

矣。"（韩策二）

何以一用"矣"，一用"也"？这就不能用叙述和论断的分别来说明，因为上句和下句在这方面并无不同，为什么"闻其语"就该算是叙述，"未见其人"就该算是论断？尤其是第五例，似乎"且急矣"比"未急也"更近于论断。照我们的说法，这里所以应用不同的语气词，正是因为一是动性，一是静性。例如"闻其语"是已有之事，是一个变化，用"矣"。"见其人"是未有之事，既无此变化，即作静性论，用"也"。同样，"未急"是现在的情况，用"也"；"且急"是将有的变化，用"矣"。

以上引几类"也"、"矣"对照的例，使这两个重要语气词的区别格外明显。"矣"字的作用不难明了，"也"字的用法实在不容易用一句话来概括，我们只能说：凡用"也"字的句子，决不含变化的结果之意。

焉

15.81　"焉"字的语气和"呢"字很相似，同是指示性的，但铺张之意较少，而微有咏叹之情。"焉"字原来等于"（于）之"或"于是"（12.48）。（但不是音合。）有些句子里的"焉"字该作这样讲。如：

制，岩邑也，虢叔死焉。（左·隐元）〔死于此〕

吾闻子之剑利剑也，子以示我，吾将观焉。（公羊·宣六）

〔将观之〕

这些“焉”字原来也许并无语气作用，但也许兼有语气作用，因为何以不用“于是”或“之”而用“焉”呢？至少“焉”字已从口语里消失之后的人是采用后面一种看法的。因此我们感觉像下面这两对例句：

使营菟裘，吾将老于是。
使营菟裘，吾将老焉。（左·隐十一）
晋国，天下莫强于是。
晋国，天下莫强焉。（孟·梁惠王上）

意义虽然相同，语气颇有出入。

15.82　可是这些“焉”字还不失为完成句意的必要成分，“制，岩邑也，虢叔死”等等是不行的。有些句子里并无用“于是”的必要而用“焉”，虽然仍不妨作“于是”讲，究竟觉得多余。这些“焉”字就以表语气为重了。如：

有民人焉，有社稷焉。何必读书，然后为学？（论·先进）

这里的“焉”字，即令仍可作“于是”讲，也和“有美玉于斯”的“于斯”不同，而跟英语 there is 的 there 相近，同是不必要的。在白话里，“有美玉于斯”是“这儿有块玉”，“有民人焉”是“有百姓呢”。其他多少带“于是”意思的。例如：

然郑亡，子亦有不利焉。（左·僖三十）

事之以皮币，不得免焉；事之以犬马，不得免焉；事之以珠玉，不得免焉。（孟·梁惠王下）

率妻子邑人来此绝境，不复出焉。（桃源）

15.83　再进一步，“焉”字简直不能再作“于是”讲，便成了纯粹语气词了。如：

夫志至焉，气次焉。（孟·公孙丑上）

这句用两个“焉”字，“气次焉”可说是“气次于志”，但“至”字讲“极”，后面如何可接“于是”呢？其余的例：

君子病无能焉，不病人之不己知也。（论·宪问）

夫子言之，于我心有戚戚焉。（孟·梁惠王上）（已有“于我心”）

国人望君，如望慈父母焉。（左·哀十六）

庄兄弟子孙以庄故至二千石六七人焉。（史·汲郑列传）

自是之后，李氏名败，而陇西之士居门下者皆用为耻焉。（史·李将军传）

或师焉，或不焉，小学而大遗，吾未见其明也。（师说）

旦旦而学之，久而不怠焉。（为学）

15.84　上面说过，“焉”字的语气，和白话的“呢”字相近。但文言用“焉”的句子，白话不尽数可用“呢”。以上面的例句而论，

“虢叔死在那儿的呢”，“我要看看呢”，“我要在那儿养老呢”，“郑国亡了于你也不利呢”，“我心里怪难受呢”，“盼你像盼老子娘呢”，“大官六七位呢”：这些都语气很合。但其余的例句翻成白话就不好用“呢”字（大多数不用语气词）。

同样，白话用“呢”的句子也很多在文言里不能用“焉”字，如“吃着饭呢”是“方餐”，“还亏是我呢”是“幸而我也”，“天下山水多着呢”是“天下山水多矣”，又如白话里“还”字后面接“呢”几乎成为定例，但文言有“焉”，如“古之圣人……犹且从师而问焉”；有“也”，如“犹以为母寝也”；而多数则不用语气词，如“蔓草犹不可除”，“困兽犹斗”。

这些例子都可证明我们前面说过的一句话：古今的语气区分是有出入的。

而已，耳，尔

15.91　文言里和“罢了”相当的语气词是“而已”。“而已”之后常加“矣”字，那就在形式上也和“罢了”很密合（罢＝已，了＝矣）。例句：

夫子之道，忠恕而已矣。（论·里仁）

古之人所以大过人者无他焉，善推其所为而已矣。（孟·梁惠王上）

楚之良，在其中军王族而已。（左·成十六）

闻道有先后，术业有专攻，如是而已。（师说）

我知种树而已，官理非吾业也。（郭橐驼）

江山之外，第见风帆沙鸟，烟云竹树而已。（黄冈竹楼记）

15.92 “而已”音合为“耳”。“耳”字也间或有加“矣”字的，但大多数是单用。例如：

我固有之也，弗思耳矣。（孟·告子上）

直不百步耳，是亦走也。（孟·梁惠王上）

又荆州之民附操者，逼兵势耳，非心服也。（赤壁）

老贼欲废汉自立久矣，徒忌二袁、吕布、刘表与孤耳。（同）

诚自塾中来，见兄嗒然，问，“病乎？”曰，“饿耳。”（张诚）

吾诸儿碌碌，他日继吾志事，惟此生耳。（左公逸事）

15.93 可是有些句子，文言可以用“耳”，白话不能用“罢了”。如：

诸将易得耳，至如信者，国士无双。（淮阴）

若虽长大，好带刀剑，中情怯耳。（同）

且以季布之贤，而汉求之急如此，此不北走胡即南走越耳。（史·季布传）

然所谓通识，正自当随事行藏，乃为远耳。（王羲之：与谢万书）

今肃可迎操耳，如将军不可也。（赤壁）

这些例句，翻成白话，不但不能用“罢了”，并且除例五外，可以甚至应当用“呢”字：如“你尽管带刀弄剑，胆子小着呢”。又前边“呢”字的例句中如“早呢”，“你九太爷小呢”，在文言也反而要用“耳”字：“早耳”，“年幼耳”。这又是古今语气不同之一例。

15.94　“耳”字所表示的语气，如果除去“止此”之意，就和“也”字差不多。比较下列两例：

人之生也，未始有异也，而卒至于大异者，习为之也；人之有习，初不知其何以异也，而遂至于日异者，志为之也。（辨志）

岂有生之始遽不同如此哉？……习为之耳；习之不同，志为之耳。（同）

这两句的基本意义并无出入，但前一例，普通论断，所以用“也”字；后一例含“别无其他原因”之意，就用“耳”字。

15.95　“尔”字的用法大都和“耳”相似，例如：

甚矣鲁侯之淑，鲁侯之美也！天下宜为君者唯鲁侯尔。（公羊·庄十二）

吾军亦有七日之粮尔；尽此不胜，将去而归尔。（又，宣十五）

然则何为而可？曰，纵而来归，杀之无赦，而又纵之而又来，则可知为恩德之致尔。（欧阳修：纵囚论）

末例的“尔”字不等于“而已”，而近于“呢”：“才可以知道是……呢”。

第十六章　传疑

问句

16.11　疑问语气是一个总名,“疑”和“问”的范围不完全一致。一方面,有传疑而不发问的句子,例如“也许会下雨吧”,可以用问话的语调,也可以不用问话的语调;另一方面,也有不疑而故问的句子,例如“这还用说?”等于说“这不用说”。前者是测度,后者是反诘;测度句介乎疑信之间,反诘句有疑问之形而无疑问之实。只有询问句是疑而且问,如“前次的信收到没有?”我不知道你收到没有,我问你。询问,反诘,测度,总称为疑问语气,除一部分测度句外,都取问句的形式。以下讲问句,以询问用的为主。

16.12　问句分两类:(1)特指问句。我们对于事情的某一部分有疑问。例如“你找谁?”我知道你找一个人,但是不知道你找的是谁;又如“你找他做甚么?”我知道你找某人,但是不知道你找他的目的何在。这类问句不能用“然”和“否”来回答。

(2)是非问句。我们的疑点不在这件事情的哪一部分,而在这整个事情的正确性。例如“你找李先生吗?”我不知道你是不是找李先生,我对于“你找李先生”这件事情的正确性有点疑问。这类问句可以用“然”和“否”回答。

有一类是非问句采取一种特殊形式，如"你找李先生还是找王先生？"这表示"你找李先生"和"你找王先生"这两件事情，在我看来，二者必居其一，可是我不知道究竟哪个对哪个不对。这类问句可以称为抉择是非问句，或简单些称为抉择问句（和抉择人物的特指问句不同，参阅 11.31—3）。这类问句也不能用"然"和"否"回答。

16.13 是非问句可以单用语调来表示，但大多数应用疑问语气词。特指问句，除疑问语气词外，还要用疑问指称词来指示疑点所在；而且因为有了疑问指称词，疑问语气词便往往可以不用了。

疑问语气词有两类：一类用在句末，白话用"呢"、"吗"、"吧"、"啊"等，文言用"乎"、"欤"（古作"与"）、"诸"（=之乎）、"耶"、"哉"等；一类用在句中或句首，白话有"可"、"难道"等，文言有"岂"、"其"等。

特指问

16.21 特指问句应用疑问指称词来指示疑点所在：或是问人和物（11.11—27），或是问情状及原因、目的（11.41—59），或是问数量（9.21—3），方所（12.11—4），时间（13.11—2）。

文言的疑问指称词，如果是止词，要位于动词之前；如果是补词，也要位于关系词之前。例如："吾谁欺？"，"何求不得？"，"何以"，"何为"，"何自"，"何由"（但"于何"）。

16.22 特指问句中，疑问语气词可用可不用。用语气词的时候，句中只用"可"（话）和"其"（文），如：

这乌里雅苏台可是那儿呢？（儿四〇）

把我们这个傻哥儿一个人撂在口外去，可交给谁呀？（同）

且行千里，其谁不知？（左·僖二三）

句末语气词白话用"呢"或"啊"，文言用"乎"、"欤"、"也"、"邪"。这些词在前述各节讲疑问指称词的时候已有不少的例句，现在再各举一例如下：

那状元夫人又是怎么件事呢？（儿三二）

你这样好吃好穿，还有什么重活叫你作呀？（儿七）

追我者谁也？（孟·离娄下）

且夫发七国之难者谁乎？（苏轼：晁错论）

丘何为是栖栖者与？（论·宪问）

子何为者耶？（庄·外物）

大率老老实实的问话不大用语气词，用语气词较富于疑讶的神情。前者可说是问重于疑，后者可说是疑重于问。比较下边的例句：

"你找谁？"——"找你。"——"找我做什么？"——"问你一句话。"

他来这儿找谁呢？找我吗？找我做什么呢？我跟他没来往啊。

〔那秃子〕因向前问道："你是谁？"那女子答道："是我。"

（儿六）

我只当是我们大师傅呢。你是谁呀？（儿七）

是非问

16.31　是非问句在口语里可以单用语调来表示，如：

只许和你顽，替你解闷儿？（红二〇）

二叔真个的还拿外人待我？（儿二九）

你这话当真？（儿三二）

没人笑话你。怕笑，二哥？好了，再见。（上任）

“二爷呢？”——“出去了”。——“没坐车？”——“好几天了，天天出去不坐车”。（黑白李）

古代口语里想来也应该有这样的句法，但文言中实例甚少。

除语调外，是非问也可以兼用句中语气词，例如：

叔叔如今可大安了？（红二六）

你们可把我这话听明白了？（儿三二）

躲什么？难道你没见过他？

夫束身自好者，岂无其人？（郑书）

16.32　但多数是非问句在句末加疑问语气词来表示，白话用“吗”（么）、“啊”，文言用“乎”、“欤”、“也”、“邪”。或单用句末的

语气词,例如:

你老人家当真的就信着他去叫么?(红二六)

大姐姐,你这说的是真话呀?(儿四〇)

你怎么啦? 病啦?

厩焚,子退朝,曰,"伤人乎?"不问马。(论·乡党)

子曰,"师也过,商也不及。"曰,"然则师愈与?"曰,"过犹不及。"(论·先进)

岁亦无恙邪? 民亦无恙邪? 王亦无恙邪?(齐策四)

或兼用句中语气词,例如:

我前日打发人送了两瓶茶叶给姑娘,可还好么?(红二五)

难道昨夜说的话当真不算数了吗?(老残一七)

其然,岂其然乎?(论·宪问)

一之谓甚,其可再乎?(左·僖五)

居马上得之,宁可以马上治之乎?(史·陆贾传)

舜目盖重瞳子,又闻项羽亦重瞳子,羽岂其苗裔邪? 何兴之暴也!(项羽)

井有人焉,其从之也?(论·雍也)

抉择问

16.41 叠用两个互相补充的是非问句,询问对方孰是孰非,就成为抉择问句。白话里这类问句可以在句末用语气词“呢”或“啊”（不用“吗”），也可以不用；用语气词，可以上下句都用，也可以单用在上句或下句。上下两小句之间，多数用关系词来连络，也有不用的。例如：

咱们明天去呢，后天去呢？

你看这封信还是你写啊，还是我写？

你是真话还是顽话儿？（红二三）

单你去了，还是老世伯也去了？（红二六）

16.42　文言里的抉择是非问句差不多必用语气词，并且多数是上下都用。但因所用语气词和单纯是非问句所用的无分别，所以在不用关系词连络的句子，就只能单从意义方面判断是不是抉择问句了。如：

人皆谓我毁明堂。毁诸？已乎？（孟·梁惠王下）〔诸＝之乎。〕

滕，小国也，间于齐楚。事齐乎？事楚乎？（同）

汝姊在吾怀，呱呱而泣。娘以指叩门扉曰，“儿寒乎？欲食乎？”（项脊）

不知周之梦为蝴蝶与？蝴蝶之梦为周与？（庄·齐物论）

不用关系词连络时，所用语气词大率上下相同。

16.43　大多数文言抉择问句用关系词来连络，例如：

仲子所居之室，伯夷之所筑与？抑亦盗跖之所筑与？（孟·滕文公下）

岂天之生才，不必为人用欤？抑用之自有时欤？（铁椎）

岂世无其事欤？抑有其事而记载者忽之欤？（黄宗羲；万里寻兄记）

知不足邪？意知而不能行邪？（庄·盗跖）

岂吾相不当侯邪？且固命也？（史·李将军传）

知其巧奸而用之邪？将以为贤也？（汉·京房传）

以上各例所用关系词有"抑"、"意"、"且"、"将"等；语气词有上下相同的，有上下不相同的。

反复问

16.44　这类问句把一句话从正反两面去问，如：

你这杯酒到底还喝不喝啊？

我给他捎的东西捎到了没有？（儿三九）

这个人儿在那里？我见得着他见不着？（儿二九）

祝赞你老寿活八十，好不好？（儿三二）

这类问句，从形式上看，是抉择问句。上面的例句，除第一句外都没有用语气词，因为这类问句照例不用；但如果要用，那就只能用"呢"或"啊"，不能用"吗"。这个证明这是抉择式，不是单纯式。

但就意义而论，这类问句和单纯是非问句没有分别。我们试拿两句例句来改换，如：

祝你老寿活八十可好？

我给他捎的东西可捎到了？

甚至应用“怎么样”的特指问也有同样的功用(11.45)，如：

祝你老寿活八十，怎么样？

我给他捎的东西怎么样了？

这是形式和功能的错综变化之一例。

16.45 文言里的反复问句在形式上也和单纯是非问句更加接近了，因为文言里不重复句子的一部分词语，只在句末加一“否”字(古多作“不”)，或“未”字，或“无”字。例如：

即有水旱，其忧不细，公卿有可以防其未然救其已然者不？(汉·于定国传)

不知杨侯去时……道边观者亦有叹息知其为贤与否？而太史氏又能张大其事为传，继二疏踪迹否？不落莫否？(韩愈：送杨少尹序)〔第一句“否”字参阅14.27〕

君除吏已尽未？吾亦欲除吏。(史·魏其武安侯列传)

君自故乡来，应知故乡事：来日绮窗前，寒梅著花未？(王维诗)

晚来天欲雪，能饮一杯无？(白居易诗)

“否”字后面仍可再加疑问语气词，如：

> 如此则动心否乎？（孟·公孙丑上）
>
> 子之持戟之士，一日而三失伍，则去之否乎？（孟·公孙丑下）

“未”等于白话的“没有”。“无”字就是白话里的“么”和“吗”的前身，这可见用“吗”字的问句原是从反复问句化出来的。

呢，吗

16.51　“呢”和“吗”是白话里头两个重要的疑问语气词，可是这两个字的用法大有分别：单纯是非问句后头用“吗”，其余问句后头用“呢”。“吗”字为什么不能用在别种问句后面呢？因为“吗”字原是从“无”字变化出来的，作用和“否”字相同。抉择式问句和反复式问句都是两歧性的，当然不能加用“否”字。特指问句后头，如果用“吗”，就把疑问点移动了。例如：

> 老没见令兄，他上哪儿去了吗？
>
> 你听见什么话了吗？

这两句话并不是不通，是改变了原来的意思了。没有“吗”字，这两句话问的是“哪儿”和“什么”。加了“吗”字就等于问“他出门去了吗？”“你听见人家议论了吗？”这两个问句从特指问变成是非问，

“哪儿”和“什么”变成无定指称词了(11.65)。比较文言“何所闻?”和“有所闻乎?”

“呢”字为什么不能用在单纯是非问句之后呢?因为“呢”字同时也是一个直陈语气词。特指问句有疑问指称词,表示是个问句,抉择及反复问句的关系词以及他们的特殊句式也有同样的效用,所以用“呢”字不会生误会。单纯是非问则不然,用了“呢”字容易误会是肯定句。例如“他恼了呢”,这是肯定句,“他恼了吗?”才是问句。

“啊”字可以用在任何问句之后。单纯是非问句之后所以不常看见,是因为他已经和“么”字合音成“吗”字了(15.16)。“吧”字只用于测度句。

乎,欤,邪,也,哉

16.52　文言的句末疑问语气词里面,“乎”和“欤”的用法大体相同,以表示真性询问为主,虽然也可以用于别种作用的问句。“邪”字略偏于拟议测度的语气,所以特指问句之后“邪”字较少,多数用在是非问句,尤其是抉择式问句之后。“也”字和“哉”字跟白话的“呢”字相似,都需要和疑问指称词或别的疑问语气词合用,因为“也”字单用可以误会为直陈语气,“哉”字单用则表赞叹。试观下列二例:第一例的“也”字可有两种解释;第二例两用“哉”字而语气不同。

何竟日默默在此,大类女郎也?/何竟日默默在此?大类女郎也。（项脊）"楚"王曰，"……诸侯其畏我乎？"对曰，"畏君王哉！是四国者，专足畏也，又加以楚；敢不畏君王哉？"（左·昭十二）

但是和别的疑问词合用之后，"也"字多表真性询问，而"哉"字多表反诘，这又是这两个字大不相同的地方。

可，岂等

16.53　句末的疑问语气词是主要的疑问语气词。句中（有时在句首）的疑问语气词，白话最常用的是"可"和"难道"。"可"字可以用在大多数疑问句式，并且或询问，或反诘，不偏向哪一方面。"难道"只能用在单纯是非问句；用"难道"开头的问句常常用"不成"来结束，显然是反诘的口气，很难得用于普通的询问。此外，"又"、"也"、"还"等限制词也常用在问句里，有帮同表达语气的作用。

文言的句中疑问语气词没有一个表单纯的询问语气。"岂"字最习见，和"庸"、"讵"、"宁"等相同，以反诘为主；"其"字则偏于测度。除"其"字外都只用于是非问句。

间接问句

16.61　问句有时不是独立的句，只是装在直说句的里面，作

为全句的一部分（大率是止词）。这个我们称为间接问句。比如说，“你找谁呀？”是个问句。而

我问他找谁，他理也不理，一直就进来了。

这“（他）找谁”就是个间接问句。间接问句可以是复述性的，如上面的例句。可以是称代性的（说话时疑点已解决，此处的疑问指称词已近于虚指指称词），如：

及至定神看去，方才看出那是云那是山来。（老残十二）

他把姓名住址，以及什么时候在哪儿认识的，全都源源本本说了出来。

主人轩眉攘臂，矜其牛之能，曰，“彼之角如何来，我之角如何往；彼如何攻，我如何蹈瑕。”（斗牛）

也可以表示“存疑”，如：

他又不说找谁，我们也摸不着他是做什么来的。

连我也不知道他是哪儿弄来的。

又可以表示“撇开”，如：

你别管我哪儿听来的，你只说有这回事没有？

我是怎么个人儿，你也深知。（儿三二）

16.62　以上用特指问做例。抉择是非问也可用作间接问句，但事实上不多见。普通是非问用作间接问句时，必须改作反复式。例如：

这个消息是真是假，现在也无从探问。

我也不知道是不是真有这回事，只是大家都这么说，不由你不信。

一见了我，她就盘问我，问我有没有老太太，有没有小孩子，有没有兄弟姊妹，直等我明明白白地告诉了她我是没有结过婚，她才满了意。（压迫）

16.63　有些问句，用“你说”、“不知”等开头，如：

你说谁不好？我替你打他。（红二〇）

你到林姑娘那里，看他做什么呢？（红三四）

大娘说有话说，不知是什么话？（红二四）

这些句子，按形式说，是命令句或直陈句包含问句，可是就它们的作用而论，仍然是询问性质。一般的间接问句不能加疑问语气词，但这类句子可以照常加用。我们不妨仍然把它们算做直接问句，把“你说”、“不知”等算做“发问词”。

反诘

16.71　反诘和询问是作用的不同,在句子的基本形式上并无分别,以前讲各类问句时所举的例句里很有些不是真正的询问而是反诘。反诘实在是一种否定的方式:反诘句里没有否定词,这句话的用意就在否定;反诘句里有否定词,这句话的用意就在肯定。特指问和是非问都可以用作反诘句,而以是非问的作用为最明显。

以下是用是非问句反诘而意在否定的例。句中常用"难道";我们也可以说,用"难道"的句子多半是反诘。例如:

> 难道你守着这件东西哭会子就好了不成?(红二〇)〔哭也无用〕
>
> 姐姐坐不得车,难道我又坐得车吗?(儿四〇)
>
> 我知道么?问你自己就明白了。(红二一)
>
> 设或办得不妥当,那一面儿的话还用我说吗?你们自然想得出来。(儿三三)
>
> 要为这些事生气,这屋里一刻还住得了?(红二〇)
>
> 也有造了人家的脚倒合人家批礼的?(儿三八)〔万无此理〕

文言里用"岂"、"宁"、"庸"、"讵"等字的也大多是反诘,而且反诘句很少不用这些字的。更要紧的:句末语气词用"哉"字的大率都是反诘。例如:

况操自送死，而可迎之邪？（赤壁）

民欲与之偕亡，虽有台池鸟兽，岂能独乐哉？（孟·梁惠王上）

王侯将相，宁有种乎？（史·陈涉世家）。〔将相本无种〕

胜以直闻。不告汝，庸为直乎？（左·哀十六）〔不得为直〕

庸讵知吾所谓知之非不知邪？庸讵知吾所谓不知之非知邪？（庄·齐物论）〔未可知也〕

沛公不先破关中兵，公巨能入乎？（汉·高帝纪）〔公不得入也〕

16.72　反诘句中原有否定词，意在肯定。例如：

瞧这妹妹！你难道不知道我坐不得车吗？（儿四〇）〔你明明知道〕

多大点子事……早说不早完了？（红二四）〔早说早完了〕

你瞧瞧，人物儿配不上？门第儿配不上？根基儿家私儿配不上？那一点儿玷辱你？（红二五）〔凭哪样都配得上〕

你九太爷今年小呢，才八十八呀。你叫我寿活八十，那不是活回来了吗？（儿三二）

你说，这可不是叫人没法儿的事吗？（儿四〇）

等明年正月里的烟火灯烛那个大宗儿下来再派你，不好？（红二四）

世间的人说话要都照这个说法儿，对面儿那个听话的听着，心里有个不受用的吗？（儿四〇）〔没有不受用的＝一定受用〕

文言的例：

学而时习之,不亦说乎?有朋自远方来,不亦乐乎?(论·学而)

而世俗恒谓今人不逮古人,不亦诬天下人哉?(杜环)

盛衰之理,虽曰天命,岂非人事哉?(五代史·伶官传序)

“月明星稀,乌鹊南飞”,此非曹孟德之诗乎?(赤壁赋)

夫束身自好者,岂无其人?(郑书)

16.73 特指问句也可以用于反诘,也是句中有否定词则表肯定,无否定词则表否定。例如:

谁又参禅?不过是一时的顽儿话罢了。(红二二)〔我没参禅〕

说句良心话,谁还能比他呢?(红二六)〔无人能比他〕

只有你是我的亲人了,我不找你找谁?(姑姑)〔自然找你〕

谁无父母?(诗·小雅)〔人人皆有父母〕

是可忍也,孰不可忍也?(论·八佾)〔无不可忍矣〕

说的好说不好听的,大家什么意思呢?(红二〇)〔没意思〕

什么事我不知道!(红三七)〔我全知道〕

内省不疚,夫何忧何惧?(论·颜渊)〔无忧无惧〕

何求而不得?何为而不成?(魏策三)〔求无不得,为无不成〕

何可废也?(孟·梁惠王上)〔不可废也〕

中心藏之,何日忘之?(诗·小雅)〔无日忘之〕

君子于役,如之何勿思?(诗·王风)〔不能不想他〕

凭他怎么经过见过,怎么敢比老太太呢?(红四〇)〔决不

敢比〕

你们怎么怪得我乐糊涂了呢？（儿三五）〔怪不得〕

“然则这事情是真的？”——“怎的不真？真而又真。”（儿三二）

16.74　用“谁”、“什么”、“怎么”等等造成的特指问句，可以作反诘用，可是这些指称词本身的意义并无多大改变。用“哪儿”造成的问句，却往往跟方所观念渺不相关，变成一个专作反诘用的词。我们很可以把这个“哪儿”分开，作为一个逻辑性的疑问指称词。例如：

那原是个好的。我们那里比得上他？（红三九）

那里哄的过他？他才是认得出来呢。（红三二）

你我那有那么大工夫等着去合他怄气去？（儿三一）

他们哪儿会不知道？只是瞒住你一个罢了。

文言里的“安”、“焉”、“恶”等字也有方所性和逻辑性两种作用，以下是后者的例：

吾亦欲东耳，安能郁郁久居此乎？（淮阴）

且子安得与魏成子比乎？魏成子食禄千钟，什九在外，什一在内……子恶得与魏成子比乎？（史·魏世家）〔“安”、“恶”互见。〕

非通幽明之变，恶能识乎性命哉？（史·外戚世家）

莫之察也，取蜜而已。又焉得不凉凉也哉？（刘基：养蜂）

且齐楚之事又焉足道哉？（史·司马相如传）

齐楚之事又乌足道哉？（汉·司马相如传）

在以上两节中，我们可以注意一点："怎么"、"那里"、"安"、"焉"、"恶"、"乌"等疑问词多和"能"、"得"等字合用。因此，倘若"得"、"能"等字后面有否定词，因反诘而变成肯定时，句意同时由可能变必要：如上面例句中"哪儿会不知道"等于"不会不知道"，即"一定知道"；同样，"焉得不凉凉"，等于"不得不凉凉"，即"宜其凉凉"（参阅14.62）。

16.75 抉择式和反复式是非问句，因为都是两歧的形式，反诘的语气不显，但事实上也可以不是真性的询问，说话的人在两方面还是有所可否。白话里，抉择式问句多半肯定后句，例如：

也不知是真丢，也不知是给了人镶什么戴去了呢。（红二一）

是独姐姐你没看见呢？还是你也看见了不信呢？（儿二六）

我倒不解他们是干功名来了，是顽儿来了！（儿三四）

好！我们爷儿们今儿也不知是逛庙来了，也不知是拣字纸来了！（儿三八）

反复式问句多半肯定正面。例如：

我笑如来佛比人还忙：又要度化众生，又要保佑人家病痛都叫他速好，又要管人家的婚姻，叫他成就——你说可忙不忙？可好笑不好笑？（红二五）

仗着宝玉疼他们，众人就都捧着他们，你说可气不可气？

（红二六）

你说怪不怪？把胯骨栽青了巴掌大的一大片，他这胎气竟会任怎么个儿没怎么个儿。（儿三九）

抉择式问句还有上下皆非，意别有在的，如：

这早晚找出这霉烂的二十两银子来做东……这个彀酒的，彀戏的呢？（红二二）〔一项都不彀〕

是独你管的这项地里有低洼地哟？是别人管的地里没种棉花哟？还是今年的雨水大，单在你管的那几块地里大呢？（儿三六）〔三者都不可能〕

16.76　文言里，反复式问句很少用作反诘的。抉择式问句有时意在肯定后句，有时又肯定前句。肯定后句的例：

子以为有王者作，将比今之诸侯而诛之乎？其教之不改而后诛之乎？（孟·万章下）

足下欲助秦攻诸侯乎？且欲率诸侯破秦也？（史·郦生传）

今欲使臣胜之邪？将安之也？（汉·龚遂传）

肯定前句的例：

子绝长者乎？长者绝子乎？（孟·公孙丑上）

吾不识孝子之为亲度者，亦欲人爱利其亲与？意欲人之恶贼其亲与？（墨·兼爱）

人生受命于天乎？将受命于户邪？（史·孟尝君传）

秦之攻赵也，倦而归乎？亡其力尚能进，爱王而不攻乎？（赵策）

宁诛草茅以力耕乎？将游大人以成名乎？宁正言不讳以危身乎？将从俗富贵以偷生乎？（楚辞·卜居）

但没有两者皆非的例。有是有的，都是自为问答，上句的作用等于条件小句，不能算是反诘（参阅22.61）。

问句的应用

16.81　问句的基本用途当然是询问，就是要求对方破除疑点，但是往往同时兼有副作用，甚至喧宾夺主，全然没有询问的意味。最简单的判别法就是看这句话要不要回答。如果是不要回答（或是问者自答，或是无可回答），那就表示这个问句的作用不在询问。

询问性和非询问性的问句，往往在形式上无从辨别，例如《为学》里面的两个和尚：

贫者语于富者曰，"吾欲之南海，何如？"富者曰，"子何恃而往？"曰，"吾一瓶一钵足矣。"富者曰，"吾数年来欲买舟而下，犹未能也。子何恃而往？"

这里面"子何恃而往？"说了两次。第一次是询问（虽然带三分不信），用白话说是"你打算怎么个去法？"第二句还是这几个字，但是语气大不相同。怎么个去法是已经知道了——"一瓶一钵"，仍然说"子何恃而往？"只是表示不信，轻视，讥讽而已。

16.82　一个形式常常应用到非询问方面的结果，就会有新的形式起来作纯正询问之用；而后来这个新的形式又往往走上老路。例如文言里询问处所原来多用"焉"、"安"等字，但是这些字用于反诘语气时甚多，就有"何处"的形式代之而兴。再拿"吗"字来说。文言的"乎"、"欤"等字本是询问和非询问都用的，过后有"不（否）"字和"无"字，都算是纯正的询问语气词；"无"字变成"么"字，在早期白话里还是用于纯询问为主，可是在现代口语里又有非询问化的倾向。例如：

你看得懂吗？
有这件事情吗？

用两种语调来说，就可以有询问或反诘两种意义。表示单纯询问，只有用反复问法，这是最没有副作用的。上列两句如作：

你看得懂看不懂？
有这件事情没有？

那就是很老实的询问句了。

16.83　问句除询问以外最重要的用途是反诘，表否定或肯定，前面已经举了很多例句。此外又用于假设，劝令，劝止，以及种种带感情成分的语气（见下章）。这里略说几种不属于这些的用法。

自问自答。——这是引起对方注意的一种修辞方法。这种用法以特指问句为多。11.25 节"元年者何?"就是这个作用。公羊传和穀梁传里最多这种例子。现在再举几个例:

我当是谁?原来是他。(红二〇)

请问烟袋锅儿怎么叫作"猴儿头"呢?列公……请教一个烟袋锅儿有多大力量,照这等墩来墩去,有个不把脑袋墩得伛偻回来成了猴儿头模样儿的吗?(儿三七)

人生什么事最苦呢?贫吗?不是。失意吗?不是。老吗?死吗?都不是。(最苦与最乐)

盖钟子期死,伯牙终身不复鼓琴。何则?士为知己死,女为悦己容。(报任少卿书)

16.84　其事甚明。——语气近于"反诘",但是"诘"而不"反";这种用法限于特指问句。例如:

何况今日之下妹妹是谁我是谁呢?(儿二九)

放心,这桩事满交给愚兄咧!世界上要朋友是作甚么的?(儿四〇)

安老爷笑道:"亲家,你这一句话就不知道京城吃饭之难了;京里仗的是南粮。"张老道:"仗南粮!我只问你:你上回带我逛的那稻田场,那么一大片,人家怎么种的?"(儿三三)

还有几天呢?也该收拾起来了。

舜何人也?予何人也?有为者亦若是。(孟·滕文公上)

汝言汉人死尽，今是何等人也？（后汉·南匈奴传）

16.85　提醒。——例如：

我的姐姐，你老人家是怎么了？前天合我说甚么来着？（儿三〇）

咱们这西山里不是有座宝珠洞吗？那庙里当家的不空和尚，他手里却有几两银子。（儿三）〔反诘句，但作用在于提醒〕

始吾与公言何如？今见小辱而欲死一吏乎？（史·张耳陈余列传）

主人不忆道士言乎？（郭老仆）

16.86　惊讶，醒悟，敷衍。例如：

呕，你？我当是老二复活了呢。（黑白李）

你来了吗？好极了。我正要找你呢。

明湖春吃的？那一定很不错了。

没到别处玩玩去，博士？（牺牲）

16.87　复问。——等于说"你问我……吗？"在这种用法，特指问句和反复问句后面也可以跟"吗"字了，因为"你问我……？"当然是一个是非问句。例如：

这些话什么意思吗？我也摸不透。

几点钟吗？七点零五分。

他加入不加入吗？问他本人去。

你问的是谈花脸儿啊？在那角上堆草的那间屋子隔壁便是。(儿三九)

测度

16.91　测度和拟议的语气，表示将信将疑，可算是介乎直陈和询问二者之间。白话里表示这种语气的语气词是"吧"(罢)，句中又往往有表测度的词语如"大概"、"别是"、"只怕"之类。例如：

有什么事吧？

你明天可以看完了吧？

头不疼吧？

你大概没什么推辞罢？(儿九)

别是胎气罢？(儿三九)

莫不是景阳冈打虎的武都头？(水浒二七)

你想想，这事莫非欠些公道？(儿三二)

以上的例句，要对方回答，所以也可以算是问句。但是这种问句和普通问句不同，不是纯然的不知而问，而是已有一种估计，一种测度，只要对方加以证实，所预期的答语是"是"。我们只要比较：

有什么事吗？〔有事无事？〕

有什么事吧？〔看你的样子，不像来说闲话。〕

就知道这两种语气不同。这两个问句还可以先后叠用，如：

〔甲〕有什么事吗？〔乙不作声，甲再问〕有什么事罢？说出来咱们商量商量。

16.92　但测度的语气也可以无须对方回答，只是表示说话的人无十分把握。我们试看下面的例句，虽有一问一答之分，可都是测度的语气，所以都用“吧”字：

〔客人〕我们走了有半个多钟头。从饭馆到家，总有五里多路吧？〔主人〕（心不在焉的）总有吧。（北京的空气）

第一个“吧”字较高较长，第二个“吧”字较低较短。其他的例子：

别是想起什么来生了气，叫他出去教训一场罢。（红三二）

不要是那事儿说合了盖儿了，老头子顾不得这个了罢。（儿六）

你这话大概也够着万言书了罢，可还有什么说的？（儿二六）

那瘦子道，“先别讲那个，我师傅这是怎么了？”女子道，“你师傅大概算死了罢。”（儿六）〔不是不确实知道，是故意装傻〕

约摸五点多钟吧，王五跑进来，跑得连裤子都湿了。（黑白李）

他不会不知道吧，老张昨天在这里，他两个好的很呢。

也许有这句话吧，我也记不清了。

然而我之所谓嚷嚷或者也就是他之所谓寂寞吧。（鸭的喜剧）

16.93　很显然，测度语气和或然的语意有密切关系，但是这两者并不是二而一的。我们上面说过，测度语气的句子里常用“大概”、“别是”等词语，这些应该分开来说。“别是”、“不要是”、“莫非”等是一类，这是测度语气所特有的，用了这些词，不用“吧”字仍不失为测度语气。“大概”、“约摸”、“只怕”等是一类，表或然之意，但不是有了这些词语就一定是测度语气。反之，表示必然的“该”、“不会不”、“不能不”等词语也不一定限于确认的语气，一样可以接“吧”字。我们试比较：

他大概会来吧？	他不会不来吧？
他大概会来吧。	他不会不来吧。
他大概会来。	他不会不来。
他大概会来的。	他不会不来的。

就可以知道或然性跟测度语气，必然性和确认语气，其间并无绝对平行的关系。

16.94　“别是”、“莫非”等测度之词的共同特色是都含有否定成分。文言里也有同类的测度词，如“得无”、“无乃”、“将无”等。此外又常用“其”、“殆”二字，意思类如白话的“只怕”。文言没有特殊的语气词，大多数仍用“乎”字。例如：

君人者将祸是务去，而速之，无乃不可乎？（左·隐三）

子有军事，兽人无乃不给于鲜？（左·宣十二）

曰："日食饮得无衰乎？"曰："恃粥耳。"（赵策四）

太保居在正始中，不在能言之流，及与之言，理中清远。将无以德掩其言？（世说·德行）

后之览者，亦将有感于斯文？（兰亭集序）

泰山其颓乎？梁木其坏乎？哲人其萎乎？（檀弓）

齐师夜遁。师旷告晋侯曰，"乌乌之声乐，齐师其遁。"邢伯告中行伯曰，"有班马之声，齐师其遁。"叔向告晋侯曰，"城上有乌，齐师其遁。"（左·襄一八）

越十年生聚而十年教训，二十年之外，吴其为沼乎？（左·哀元）

胜好勇而阴求死士，殆有私乎？（史·伍子胥传）

光禄方为诸君诟，愿更以道之君之友陈君定生，吴君次尾，庶稍湔乎？（与阮光禄书）

昔者辞以病，今日吊，或者不可乎？（孟·公孙丑下）

以上各例，少数不用语气词，多数用"乎"，以下是用"欤"、"耶"、"夫"的例：

子房得力士，椎秦皇帝博浪沙中；大铁椎其人欤？（铁椎）

殆所谓奇节瑰行，得天独厚者欤？

今民生长于齐不盗，入楚则盗，得无楚之水土使民善盗邪？（晏子春秋·内杂下）

得无当得蒋济为治中耶？（魏志·温恢传）

先生所处之境，其有与余同者耶？（侍膳图）

王曰："天败楚也夫。余不可以待。"乃宵遁。（左·成十六）

汝闻人籁而未闻地籁，汝闻地籁而未闻天籁夫。（庄·齐物论）

测度之辞，固然也有与情感无涉者，然亦往往为可悲或可喜之事，因之多伴以忧惧或希冀之情，兼带感叹的语气。这种兼带感叹的测度句文言较多于白话，尤以用"夫"字时为甚。

第十七章　行动·感情

祈使

17.11　我们平常说话，多数是为表达事实，可是也时常以支配我们的行为为目的，这就是祈使之类的语气。被支配的以听话人的行为为主，但也有包括言者本人在内的时候。这一类语气总称为祈使，但就反面说则是禁止；又其中颇有刚柔缓急之异，因而可有命令，请求，敦促，劝说等分别。这种种差别和语调有绝大关系，但白话也借助于不同的语气词；文言则用语气词的时候比较少。

17.12　不用语气词的祈使句，语气比较直率，语调比较急促，就是普通所谓命令。例如：

> 凤姐忽然想起一件事来，便向窗外叫，"蓉儿、回来！"（红六）
>
> 他那话只得两个字，说，"站住！"（儿十一）
>
> 杨大个儿，你一个人说！嗨，听大个儿说！（上任）
>
> 谁和你们嘻皮笑脸的！你们趁早给我走！（冬儿）
>
> 居，吾语汝！（论·阳货）
>
> 齐宣王见颜斶，曰："斶前！"斶亦曰："王前！"（齐策四）

从上面例句里可以看出，汉语的命令句可以不说出主语，但也可以说“你”怎么样，如例三（第一句），例四，例六。

17.13　强调的命令多重叠着说。例如：

快跑，快跑，他们追来了。

你来，你来，我告诉你一句话。

一卒独不肯前，伸颈谓其伍曰：“杀我！杀我！”（戴名世：画网巾先生传）

吧，啊，呢

17.14　白话的祈使语气词，常用的有“罢”、“啊”两个，间或又有用“呢”的。用“吧”字常带劝请的语气，也有比较直率，近于命令的；有时又含准许之意。例如：

你安分些罢！何苦讨人厌。（红二五）

下雨了，快避雨去罢。（红三五）

姑娘吃药去罢，开水又冷了。（同）

道儿上走得很妥当，你放心罢。（儿二二）

这里不要你，你去罢。（儿二九）

姐姐听着罢，我还有话呢。（儿三二）

别说什么，二哥，收下吧。（上任）

你乏了，睡吧，我也要养一会儿神呢。（分）

17.15　“啊”字比“吧”字响亮，劝说的意味较少，敦促的语气较重；我们还可以说，含有“可以”的意思多用“吧”，含有“应该”的意思多用“啊”。试观这一句，“啊”和“吧”的语气显然不同：

往下说呀，王五！都说了吧，反正我还能拉老婆舌头，把你搁里？（黑白李）

以下“啊”字的例：

来个人儿啊！
你告诉当家的一声，出来招呼客呀！（儿五）
“不听了。”——“不听？不听，给钱哪！”（儿四）
说，“请啊！”自己便先饮了一口。（儿三〇）
点点头不象自己朋友，不象；有话，说呀！（上任）
穿起衣裳来——快点儿啊！（最后五分钟）

17.16　用“呢”字是讽谕的口气，好像是说“你……好不好”或“你能不能……呢？”也许就是从后者变化出来的。例如：

好妹妹，替我梳梳呢。（红二一）
宝姐姐，我瞧瞧你的那香串子呢。（红二八）
老都，喂！你把我那本儿先给我找出来呢。（儿三四）
你给想三个字呢。（儿三二）

其，惟，矣，哉

17.17　文言里祈使句末多数不用语气词，有时用“矣”、“哉”、“乎哉”，则敦促劝勉之意甚重，相当于白话里拉长了说的“罢”和“啊”。例如：

往矣！吾将曳尾于涂中。（庄·秋水）
乃速行矣，无及于难。（左·宣四）
先生且休矣，吾将念之。（淮阴）
吾知其必有合也。董生勉乎哉！（韩愈：送董邵南序）

17.18　但文言里有一个常用的祈使语气词，“其”，不用在句末，用在句中。例如：

昭王之不复，君其问诸水滨。（左·僖四）
子其勉之，吾不复见子矣。（左·成十六）
且吾农民甚苦，而吏莫之省，将何以劝焉？其赐农民今年租税之半。（汉文帝：劝农诏）
与尔三矢，尔其无忘乃父之志。（五代史·伶官传序）

17.19　句首用“唯”字，也有这种作用。如：

寡君将率诸侯以见于城下，唯君图之。（左·襄八）

陛下未有继嗣,子无贵贱,唯留意。(汉·外戚赵后传)

又,句中有"幸"字也可以帮助表示敦请之意。如:

大雅君子,幸垂览焉。
他日来,幸勿阻我也。(宗臣:报刘一丈书)

请,愿,要

17.21　比较客气的祈使句常加用"请"、"愿"等字。白话的"请"字,意思是"我请你","我"字和"你"字都可说可不说。("你"包括称谓。)有时用"求"字,须说"你",用"劝"字则必说"我劝你"。例如:

请进屋里坐下谈罢。(儿二四)
要是这样,我请你不要生气。(一只马蜂)
只求婶娘开恩罢。(红六)
我劝你少喝两杯罢,醉了又是一场哭。

17.22　文言里和白话的"请"相当的是"愿"字,起词不说的时候为多,止词通常要说出来。此外书简中常用"乞"、"求"、"祈"等字,又用"恳"字,乃"恳求"之省,本是"诚恳"之意,不是动词;用这些字的时候,起词止词都以不说为常例。如:

抑臣愿君安其乐而思其终也。（左·襄十一）

瑜得精兵五万，自足制之，愿将军勿虑。（赤壁）

陶集倘已用过，恳即赐还。

成行有日，敬乞示知。

诸祈珍卫，不尽觊缕。

17.23　文言的“请”字用法和白话不同些。作“我请你”讲的时候，第二身的称谓词常放在“请”字之前，如：

王请无好小勇……王请大之。（孟·梁惠王下）

君请择于斯二者。（同）

要是“请”字上面是第一身称代词，或无称代词，则作“请你让我”讲。如：

王好战，请以战喻。（孟·梁惠王上）

事急矣，请奉命求救于孙将军。（赤壁）

然则君请当其君，臣请当其臣。（公羊·庄十三）

“请”字的性质，仿佛是个插话，放在起词和动词之间，不像白话里头是个普通的外动词。因此末例的上下两小句句式完全相同，虽然换成白话说，有“我请你”和“请你让我”之别。

17.24　我们又常常借用表“必要”的词语来表达命令（参阅14.52）。从表面上看，不直接叫对方如何如何，只说如何如何是必要的，这比直接发号施令要客气些；事实上，语气并不轻和多少。

例如：

要礼貌他，要怜悯他；有所借贷，要周全他；不能偿还，要宽让他。（郑书）

你两个可比别人更得多加一番小心。（儿三三）

词赋从今须少作，留取心魂相守。（顾贞观词）

“必”字本是一个限制词，用在命令句里，只是把语气加重些。如：

王即不听用鞅，必杀之，无令出境。（史·商君传）

必树吾墓上以梓，令可以为器。（又，伍子胥传）

禁止

17.31　否定性的命令为禁止，语气柔和的也可以称为劝止。这类句子里必然要有否定词，即禁止词。文言用“毋”和“勿”，通俗文言中只用“勿”，已见14.25节。再各举一例：

临财毋苟得，临难毋苟免。（礼记·典礼）

与人相处之道，第一要谦下诚实。同干事则勿避劳苦，同饮食则勿贪甘美，同行走则勿择好路，同睡寝则勿占床席。宁让人，勿使人让我；宁容人，勿使人容我。（杨继盛：家书）

17.32　秦汉以后又常用“莫”字。早期白话（乃至现代有些方言）里还用。例如：

卿莫作强口马，我当穿卿鼻。（世说·文学）

劝君莫惜金缕衣，劝君惜取少年时。（唐人诗）

“莫”字之后又有“休”字。例如：

等是有家归未得，杜鹃休向耳边啼。（唐人诗）

明月楼高休独倚，酒入愁肠，化作相思泪。（范仲淹词）

保留在现代口语里的恐怕只有“休想”一语。

17.33　正如借用表示“必要”的词语传达命令一样，我们对于某一事否定他的“可能”（允许性的），即以此为禁止之词。例如：

一路上早起晚行，住歇都要听他言语，不可和他彆拗。（水浒十六）

自今以后，不得私相买卖。

不准胡闹。

再不许谤僧毁道的了。（红一九）

“无此可能”，语气自然急切；“无此必要”，就缓和多了。所以近代的通例是在表示“必要”的词语上加“不”字，这当然比直接禁止要委婉些，例如：

亲家，你只可吓他一吓，却不要把他打伤了。（儒三）

你可不要转文儿，那字儿要深了，怕他不懂。（儿三）
你如今不必害怕着忙，听我告诉你。（儿十二）
你两个的事，什么也不用来搅我。（儿三三）
你不用跑，我不打你。

在早期白话里，“要”、“得”等字又可以加在“休”“莫”之后，如：

你两个去不妨。第一莫得吃酒，第二同去同回。（话本·志诚张主管）
村落中无甚相待，休得见怪。（水浒二）
客人休要烦恼，教你老母且在老夫庄上住几日。（同）

17.34　可是“不要”一词用久了已经失去原义，干脆成了一个禁止词。到了“不要”二字合音成“别”（北京）的时期，那就和“休”、“莫”等单词没有什么两样了。例如：

你说罢，别累赘。（儿七）
你可别抱怨我，我可是没法儿。（儿三六）
大舅你别怕……他们吃不了我，我还要吃他们呢。（冬儿）

“不用”在口语里也已经合成 béng，但“甭”这个字还没有很通行。

17.35　禁止句里面所用语气词也和肯定性的祈使句不尽相同。以白话而论，禁止句不用“呢”，也不用“罢”，和“罢”相对的是“了”，观下列后三例可知：

你别去了，反正我要去的。

姑娘别骂了，是我拔的，也是闹着玩。（冬儿）

倘是偷来的，你可就别想活了。（红七四）

吃罢，吃罢，你不用和我甜嘴蜜舌的了。（红三五）

别请安了，作揖罢。（儿八）

别耽搁了，就随着进去罢。（儿三四）

禁止句也用"啊"，如：

来了，你老人家别忙啊！（儿七）

你别仗着你们家的人多呀！（儿三三）

你们娘儿三个且别尽着哭哇！到底问问那个小子，怎么就会出了这么个岔儿？（儿四〇）

用"了"字是和"吧"字相当的劝请语气（两字常一反一正同用可证），用"啊"字则有警戒提醒之意。"了"字之后可以再接"啊"成"啦"，和"罢"字拉长相当，如：

姐姐，你老人家今日可好歹不许再闹到搬碌碡那儿咧！（儿三二）

"文明人"！就凭看篇晚报！别装孙子啦！（柳家大院）

又，假若没有相反的表示（上面"了"字例一），"了"和"啊"还似乎有这么一个分别："了"字止之于既发，"啊"字禁之于未然。比较：

你在家里别闹啊。我带包糖炒栗子你吃。

别闹了。我请你吃糖炒栗子。

17.36　文言的正面祈使句虽然以不用句末语气词为常例，禁止句可是常用“也”字结（参阅15.66）。下面的前两例，同句一正一反两小句，可以比较。

子路问事君。子曰，“勿欺也；而犯之。”（论·宪问）

为尔哭也来者，拜之；知伯高而来者，勿拜也。（檀弓上）

王如知此，则无望民之多于邻国也。（孟·梁惠王上）

若归，试从容问尔父……然无言吾告若也。（史·曹相国世家）

至于句中的“请”、“愿”、“其”、“必”、“幸”等字，都不分祈请与禁止，两方面都可以用（例见前）。“唯”字只用在祈请句。“慎”字只用在禁止句，如：

慎毋以饮牛之酒来。（斗牛）

施人慎勿念，受施慎勿忘。（崔瑗：座右铭）

除“其”和“唯”应作语气词外，“幸”、“慎”、“必”等字虽有助表语气的效用，但有义可解，仍是限制词。

17.37　我们又常常借用反诘性的问句作请求，讽谕，禁止等等之用。例如：

有什么话坐下说不好？只是站着，怪乏的。（儿二六）〔坐下说吧〕

你看，灯都待好灭了，也不起来拨拨？（儿三四）〔把灯拨拨〕

大家都去，难道你就不去应酬应酬？〔你也去……吧〕

妹妹，你忒也胡闹，这如何使得？……还不快丢开？（儿二九）〔快丢开〕

不过为那些事。问他做什么！（红三四）〔不必问〕

又叫他们做什么？有我伏侍呢。（红三〇）〔不用叫他们〕

这么好天气，何不出去走走，活动活动呢？〔出去走走吧〕

商量

17.41　有所主张而不敢确定，要征求对方的同意，这是商量或建议的语气。商量语气一方面和祈使语气相近，同是和行动有关；一方面又和测度语气相近，同是定而不定之辞。这两方面的关系在所用语气词上可以看出：商量语气也用“吧”字。文言里表示这种语气，没有特殊的形式，只是利用普通询问语气，“……何如？”；白话也用“怎么样？”或“好不好？”。这种询问的词语可以和“吧”同用，如“就去吧？怎么样？”

17.42　商量语气的主要用途自然是和双方（共同的或分别的）行动有关的建议，但也可以单管“你”的行动（例六），或单管“我”的（例七）：

时候也不早了，咱们走吧？

只我一个进去，你在门口等着吧？

我们东口儿外头新开了个羊肉馆儿……明儿早起咱们在那儿闹一壶罢？（儿三四）

莫若真个把他娶过来罢？你说好不好？（儿二三）

请示父亲，放却不好就放罢？（儿三一）

你先去吧？我还得好一会儿呢。

我告诉他吧？〔你要不要我告诉他？〕

17.43　商量语气，原则上是一种问话。要是语气坚决，也可以不用询问，即不征求对方的同意；这仍是建议的语气，但不能算是商量了。这可以和测度语气比较：测度语气也是无论要回答与否，都不失为测度。但问话的"吧"和非问话的"吧"的声音略有高低长短的分别，这是两处相同的。这种无待商量的建议，要是指"你"说，那就是祈使（见前）；要是指"我"说，就是宣布我的宗旨；要是包括双方，就是语气较为坚决的建议，也可以说是广义的祈使。例如：

时候不早了，咱们走吧。

只我进去罢，你老人家不用去。（红六〇）

依我说，竟收了吧，别惹他们再来，倒没意思了。（红六二）

那两只鸡不用切了，咱们撕了吃吧。（儿九）

不然，姑奶奶合你大妹妹回去，我住下罢。（儿二〇）

不必在这里死等，我们赶到雒口看有法子想没有，到那里再打主意罢。（老残十二）

你先去吧，我这会儿走不开。

你也不必写信,我去告诉他吧。

非问话式的建议和问话式的商量,语气的刚柔自然不同,但实际上是很容易转换的,比较两处的第一例和末二例可知。其余的例句也有可以用两种语调来说的。

17.44 再还有,征求同意用“吧”字,表示同意也用“吧”字:或是回答商量的问话,或是接受环境的暗示。主语是“你”时,表示准许;主语是“我”或“咱们”时,表示服从。前者也可归入祈使一类。后者的语气往往含有少许勉强的意思,同样表示赞同,“好罢”不及“好”有劲。例如:

“咱们走吧?”——“好吧,咱们走吧。”
“我告诉他吧?”——“你告诉他吧。”
大娘只管留下吧。我娘不应,我替他老人家应了。(儿二四)
就这么着吧,我就不另托人了。
敞车就敞车吧,只要明天准有车就是了。
我已落在陷坑里了。我只好闭着眼混吧。(老舍:阳光)
此时合他讲,大约莫想讲得清楚,只好慢慢的再商量吧。(儿二一)

最后两例可算是自己跟自己商量,自己对自己同意;“无可奈何”之意甚为明显。

17.45 文言里无严格的商量语气,表建议或愿望的语气用“乎”、“欤”等词,大抵皆兼感叹;也可用“其”、“将无”等。例如:

归与,归与!吾党之小子狂简。(论·公冶长)

由,诲汝"知之"乎?知之为知之,不知为不知,是知也。(论·为政)

长铗归来乎!食无鱼。(冯谖)

如此,将无归?(世说·雅量)

感叹

17.51 以感情的表达为主要任务的叫做感叹语气。我们平常的言语大多兼有知识的和感情的成分。仅具知识内容的诚然也有,例如:

一年分四季:春,夏,秋,冬。

今天上了四课。

可是平常说话常常不免在知识内容上面再蒙上一层感情色彩,如:

(甲)春天到了。或(乙)春天到了!

(甲)今天上了八课。或(乙)今天上了八课!

说第一句时自然有一种愉快之感相伴而生,说第二句时不免有一种疲累之感。(在特殊的情形,第一句也可能引起怅惘之情,第二句伴以满足之感。)假如这些感情相当浓厚,语调也因之而变,写下来时也不妨加用感叹号,成为(乙)式。

以上是直陈语气变为感叹语气的例。疑问语气（尤其是反诘语气）和祈使语气更容易附着感情，甚至很强烈的感情。例如：

这早晚还不回来，别是出了什么岔子了吧！〔我为他担忧〕

明天吗？明年吗？一辈子不吗？谁知道！

去吧！去吧！我不爱听这些。

等着吧！总有那么一天。

此何地也？而汝来前！（左公逸事）

17.52　可是我们也有以表达感情为基本作用的语句，这可以称为本来的感叹句。从感叹的发生来看，感叹句有三种：

（1）我们的感情为某一事物的某种属性所引起，我们就指出这个属性而加以赞叹，如"这件衣服好漂亮！"

（2）我们的感情为整个事物所激动，我们指不出某种引起感叹的属性，只说明所产生的是哪种情绪，如"这叫人多么难受！"

（3）连那种情绪也不说明，只表示一种混然的慨叹，如"竟有这样的事情啊！"

前两种感叹句必有一个感叹的中心，一个形容词，或表外物的属性，或表内心的情感；第三种没有。这三种句子里头最常见的是第一种。

17.53　从形式上来看，感叹句又可分两个类型。一类含有指示程度的指称词或限制词，如"好"、"多"、"多么"、"这么"等，加于感叹中心的形容词之前。下面是用"好"的例句：

好个讨厌的老货！（红一九）

大喜呵，好一个胖小子！（分）

长姐儿呀，好漂亮差使啊！（儿三七）

喂！尹先生，你这人好没趣呀！（儿一七）

你看，那匹马跑得好快！

这趟庙逛的好不冤哉枉也！（儿三八）

在这些例句里头，一二两例的“好”和形容词之间让“个”字隔开，“好”字所指示的似乎是那个名词，虽然是已加形容词的名词。其余各例，“好”字直接形容词。

最后一例可注意的是“好不”等于“好”。我们还可以比较：

这话好糊涂！（儿三八）

你这话好不糊涂！（儿四〇）

有人说，“好不”连用，“好”字有打消“不”字的作用。这个解说有点说不过去，“好”字并非一个否定词。这“好不糊涂”大概是“好糊涂”和“岂不糊涂”两种说法糅合的结果。

文言里没有和“好”字相当的指示词。

17.54　白话用“多么”或“多”的句子，文言用“何如”：除了“多么”是从量的方面，“何如”是从情态方面着眼外，还有一点不同，“何如”必位于形容词之后（在句式上是以形容词为主语，“何如”为谓语）。例如：

电影怎样作的？多么巧妙哇？鼻子冒烟，和真的一样。（有声电影）

你这个人多累赘！写个信也有这么些麻烦。

说又不好，不说又不好，就别提多为难了。

他多美呵，看你妈妈多会打扮你！（分）

痛定思痛，痛何如哉！（文天祥：指南录后序）

其有功于名教为何如哉！（许有壬：文丞相传序）

"多么"和"好"的用处大部相同而不尽相同。"好漂亮"也可以说"多漂亮"，"多美"也可以说"好美"。但"好一个胖小子"不能说"多么一个胖小子"，只能说"多么胖的个小子"，而"多会打扮你"也绝对不能改用"好"字。"会"字不能算是形容词，但假如没有"会"字，也就不能用"多"字："多打扮"，"多说话"，不成。

17.55　"多"或"多么"本从"多少"变来，所以用"多"的句子实是借用疑问语气表感叹；"何如"更是显然如此。此外借疑问语气来表感叹，特别是指明引起感叹的事物属性的，有常见的"怎么……这么……"句式。文言用"何"，下面多利用"之"或"其"造成组合式词结；"何"上又可以加"壹"，其下即不用"之"或"其"。例如：

真亏了你，怎么来的这么巧。（儿三一）

汉皆已得楚乎？是何楚人之多也！（项羽）

朔来！朔来！受赐不待诏，何无礼也！拔剑割肉，壹何壮也！割之不多，又何廉也！归遗细君，又何仁也！（汉·东方朔传）

17.56　感叹句的第二个类型，不用指示词，也不借助于疑问，直接发为慨叹。这是文言里常用的形式。用指示词的感叹句，语气词不是必要；不用指示词，感叹的语气就要靠语气词来传达。大多数句末语气词，虽然主要的作用不在表示感情，却往往可以带有感情色彩，例如非询问的"呢"字就是如此。尤其是"啊"字，竟是以表示感情为主。我们为方便计，在讨论询问、直陈、祈使等语气的时候，分别举了用"啊"的例句；可是正因为"啊"字几乎无一种语气不可用，就可见他的作用不是表示某一种特殊语气。"啊"字的作用是表示说话的人有相当的情绪激动，凡是用"啊"的句子都比不用的生动些，就是因为加入了感情成分。感情很强烈，就可以算是感叹语气。但以前所举那些用"啊"的句子，一般而论，仍然意义的内容重于感情的内容。用"啊"而以感叹为主的例子见下。

文言的感叹语气词有"乎"、"矣"、"夫"、"哉"等，"哉"最常见。

这一类感叹句，虽不用指示词，仍可有感叹中心的形容词。这个形容词只作谓语，不作加语，和有"好"或"多"的句子不同。这一类感叹句可以没有主语，例如：

寂寞呀，寂寞呀，在沙漠上似的寂寞呀！（鸭的喜剧）

怪咧！怎么他又出来了？（儿六）

惜乎！子不遇时。（史·李将军传）

后之视今，亦犹今之视昔。悲夫！（兰亭集序）

噫嘻！悲哉！此秋声也，胡为乎来哉？（秋声赋）

诸儿见家人泣则随之泣，然犹以为母寝也。伤哉！（先妣）

回思是时，奄忽便已十年。吁，可悲也已！（归有光：寒花葬志）

17.57　有主语的时候,谓语本身可以有后置(常次)和前置(变次)两式。谓语在后的例子:

你可得知道,你们那个丫鬟可心高志大呀!(儿四〇)
你这话问得奇呀!(儿二六)
交友之道难矣!(杜环)
三年之丧亦已久矣夫!(檀弓上)
天道恢恢,岂不大哉!(史·滑稽列传)〔反诘兼感叹〕

17.58　以下是谓语即形容词在前的例子。这种次序在普通句子是例外,所以称为"变次"。但在感情激动的时候,自然会把自己的感情或引起那种感情的事物属性先说出来,然后再补出其余的词语。这种句式的感叹句很常见,尤其是文言。例如:

淘气啊,你这个孩子!
静极了,这朝来水溶溶的大道!(康桥)
快哉此风!
诚哉是言也。
异哉此人之教子也!(颜氏家训·教子)
仁夫公子重耳。(檀弓)
甚矣吾衰也!久矣吾不复梦见周公!(论·述而)

末例的"甚矣……"的说法,形式上的感叹中心是"甚"字,而意义上是"衰"字。

比较以上两节的例句,可知:(1)白话不大用变次,文言却用得很多。(2)白话的后置式和直陈语气用"啊"的句子不能作严格区分，换句话说，"你这话问得奇呀"远不及文言"异哉问"的感叹语气之足。这是因为"啊"字的应用范围比"哉"或"夫"要广得多，感叹的力量也就减弱了。和"异哉问"的轻重相当的是"你这话问得好奇怪啊"；也许加用"好"和"多"的句式之发展，正是为满足这个需要。

17.59　以上从17.53到17.58的例句都有感叹中心，或是指明事物的属性（形容词），或是说明情绪的类别（形容词或内动词），以下是感叹之情散在全句的例：文言的语气词用"夫"字为多。例如：

> 你这个人啊！真是！
> 逝者如斯夫！不舍昼夜。（论·子罕）
> 卒受恶名于秦，有以也夫！（史·商君传）
> 事我而不卒，命也夫！（归有光：寒花葬志）

感叹词

17.61　感叹词就是独立的语气词。我们感情激动时，感叹之声先脱口而出，以后才继以说明的语句。后面所接的语句或为上文所说的感叹句，或为其他句式，但后者用在此处也必然带有浓厚的情感。

讨论感叹词，有不少困难。第一，同一声音可能表示不同的情绪；地方的，时代的，个人的歧异都很大。其次，同一音可以写成不同的字,你是你的写法,我是我的写法,而后人又往往因袭古人的写法,并且连前人用这些字代表什么音也不了然而照样的写了。在这种情形之下,我们只能作极其概括的说明。姑且先拿白话的感叹词,依所表情绪来分别举例;以后再拿通用的文言感叹词来举例。

17.62　表惊讶和赞叹(这两者是不能严格划分的)的感叹词,如果认定汉字的形状,那就多得不得了。如果拿语音来归纳,就比较简单,大致以 a 音和 o 音为主而加以变化(并加以声调的变化):大略说,有以下几种:

a 或 ia:写作阿,啊,呀,嗄,吓等。

o:写作啊,哦,喔等。

io,iou:写作哟,唷,呦等。

a-ia,e-ia,ai-ia,ai-io,o-io:写作阿呀,嗳呀,哎哟,喔唷等。

huo:写作嚄。

下面例句中有偏于惊讶的,有偏于赞叹的,我们只能从后继的语句来体会他们的语气。

阿,那是新来的画眉在那边凋不尽的青枝上试它的新声!(康桥)

"啊?"他似乎受了一惊。(黑白李)

喔!便宜得很。(压迫)

哟!你怎么这些话哟!(儿一五)

嚄!嚄!好烫!快开门!(儿九)

嗳呀！好头疼！（红二五）

嗳呀！我却没防着这个。（红二九）

阿呀呀！你二位老人家赶快请起。（儿七）

嗳呀！嗳呀！瞧啊！瞧啊！姐儿舍不得大娘了！（儿二〇）

〔看出时候儿到了〕Oyo！（最后五分钟）

17.63　表叹息，哀伤，悔恨，愤怒等等，多用 ai（唉，哎，嗳）和 hai（嘻，咳，嗨，咍）两音，也用 ai-ia，hai-ia 等。

嗳！恐怕他对我也是这末样的感想吧。（最后五分钟）

其实——唉——太太的脾气也太古怪了。（压迫）

哎！这大半日谁见个黄汤辣水来咧！（儿九）

咍！岂有此理！难道咱们作女孩儿的，活得不值了，倒去将就人家不成？（儿一〇）

嗨！你怎么这等误事！（儿一九）

17.64　表诧异（不信）：

也（ie）？这就是我要问你的末。（最后五分钟）

Ng？你怎么连这个都不知道！

吭（er 抑 ng）？你待轰我出大门去？（儿二八）

17.65　表醒悟：

哦（o），原来如此。（儿一六）

啊(a),想起来了,得有个洗脸盆。(上任)

呕(ou),你？我当是老二复活了呢。(黑白李)

哟！哟！这就无怪其然了。(儿二三)

17.66　表不以为然,鄙视,斥责:

呣(m)？我要那东西作甚么呀？(儿三二)

其实阿,哼(hng)！他骨子里还格儿格儿的笑着呢。(最后五分钟)

娶了儿媳妇,喝(he),他不知道怎么好了！(柳家大院)

呸(pei)！你倒来替人派我的不是！(红三〇)

啐(ch')！他这顽儿的是哪一出？(最后五分钟)

17.67　文言里最通用的感叹词是:"噫"、"嘻"、"呜呼"、"嗟乎"。一般说来,表悲伤多用"呜呼",表惊讶多用"嘻",叹息用"噫",感慨用"嗟乎",但"噫嘻"可连用,还可连在"呜呼"后面用,因此这几个感叹词的作用竟混同得很。举例如下:

颜渊死,子曰,"噫！天丧予！天丧予！"(论·先进)〔悲痛〕

曰,"今之从政者何如？"子曰,"噫！斗筲之人,何足算也！"(又,子路)〔鄙视〕

噫！微斯人吾谁与归？(岳阳楼记)〔一般感叹〕

嘻！亦太甚矣,先生之言也！(赵策)〔不以为然〕

嘻！以乐召我,而有杀心,何也？(后汉·蔡邕传)〔惊讶〕

呜呼！言可穷而情不可终。汝其知也邪？其不知也邪？

鸣呼！哀哉！尚飨！（祭十二郎文）〔悲叹〕

鸣呼噫嘻！时耶？命耶？从古如斯！（李华:吊古战场文）〔悲叹〕

鸣乎噫嘻！我知之矣。（后赤壁赋）〔醒悟〕

嗟乎,子卿！陵独何心,能不悲哉！（李陵:答苏武书）〔感慨〕

嗟夫！予尝求古仁人之心,或异二者之所为,何哉！（范仲淹:岳阳楼记）〔感慨〕

“鸣呼”和“嗟乎”常用来作议论的发端。古人是否每发议论必须先唉声叹气,已不得而知,但古文家一向奉为家法,好像非如此不可似的。

招呼和应对

17.71　我们在上节讨论过一些独立语气词,那些是表示感情的,即所谓感叹词。另有一些,普通也归入感叹词类,其实并不表示感情。他们的作用在招呼和应对。

我们要招呼一个人的时候,可以叫他的名字,也可以叫一声“喂”。这类唤起注意用的词,除 wei（喂）外,又用 hei 或 hai（嘿,嗨）,ei 或 ê,例如:

喂！你悠着点儿,老头子！（儿三八）

嗨,老刘,有活儿吗？（上任）

嘿,丹里！你想想看。（最后五分钟）

Eh，先生，你听着阿！（同）

17.72　被招呼的人答应人家招呼，也用 ei 或 ê，例如：

〔恺林〕张妈！张妈！〔没人答应。〕李妈！〔李妈，在外头懒懒的答应〕“厄异！”（最后五分钟）

17.73　指点事物而唤起注意时，则不用“喂”而用 no（诺），如：

穿起衣裳来——快点儿阿！〔他给她外套〕noh！（最后五分钟）

17.74　其次，答应人家的问话表示赞成，或自动表示赞成，有 ei 或 ê（诶）和 m（呣），n，ng 等音。如：

Ei，这样儿好！（最后五分钟）

〔恺林，希奇起来〕你想我选你吗？〔丹里，点头〕呣。（同）

表示不赞同，要用普通语句。假如在前面加用语气词，或单用语气词，那就带感情作用，已见 17.66。

17.75　再还有追问之词，就是话没有听清楚，或疑其不实，要人家重说一遍。用 á？（嗄）。例如：

嗄？哪儿啊？我怎么看不见哪？

或用 m？或 ng？有诧异，不信之意，见前。

17.76　文言没有招呼之词，也没有追问之词（或古代口语虽有而后世写文章者不用），但应诺之词有“唯”和“诺”：承直陈语气或是非询问用“唯”，承祈使或商量语气用“诺”。例如：

子曰，“参乎，吾道一以贯之。”曾子曰，“唯。”（论·里仁）

楚襄王问宋玉曰，“先生其有遗行与？何士民众庶不誉之甚也？”宋玉对曰，“唯，然，有之。”（宋玉对楚王问）

“日月逝矣，岁不我与。”孔子曰，“诺，吾将仕矣。”（论·阳货）

僧曰，“无征不信；公爱之，何不记之？”余曰，“诺。”（袁枚：峡江寺飞泉亭记）

“然”和“否”也是应对之词，但这两个字有实在的意义，不能算是语气词。

停顿

17.81　有时候我们用一个语气词来表示话没有完，这可以称为停顿语气。停顿语气可以分两类：（1）提示，（2）顿宕。提示和顿宕的区别是：前者是有意停一停，唤起听者对于下文的注意；后者不一定是有意为之，往往只是由于语言的自然，例如一句话太长，一口气说不完，或是一边说一边想着，下句不接上句，就不得不在中途打个停（当然也有利用这个趋势，顿挫以取势，或摇曳以生情的）。

表提示的语气词，文言用“者”，白话没有。“者”字最常见是在主语和谓语之间，例如：

仁者，人也；义者，宜也。（中庸）

诸将易得耳，至如信者，国士无双。（淮阴）

还有在“者”字之前先用“也”字一舒的，如：

葬也者，藏也；藏也者，欲人之弗得见也。（礼记·檀弓上）

故素也者，谓其无所与杂也；纯也者，谓其不亏其神也。（庄·刻意）

用在别的地方的如：

古者，言之不出，耻躬之不逮也。（论·里仁）〔时间词后〕

向者，疑车中有人，忘索之。（史·范睢传）

昔者以声律取士，士杂学而不志于道；今者以经术取士，士求道而不务学。（日喻）

闭户不出者三年。〔时间词前〕

伍奢有二子，不杀者，为楚国患。（史·楚世家）〔假设小句后〕

这些地方有的是可以用“也”字的，但语势的缓急不同。

17.82　表示顿宕性的停顿，文言多用“也”，白话多用“啊”，恰恰相合。这种停顿见于许多地方。如叫人的名字，跟他说话。这种地方文言也用“乎”。例如：

老弟呀，我越想你这话越不错，真有这个理。（儿一六）

天哪，我何玉凤怎的这等命苦！（儿二六）

赐也，尔爱其羊，我爱其礼。（论·八佾）

参乎，吾道一以贯之。（论·里仁）

如列举事物：

米呀，茶叶呀，蜡呀，以至再带上点儿香药呀，临近了都到上屋里来取。（儿三四）

我拉二爷出去，他总设法在半道上耽搁会儿，什么买包洋火呀，什么看看书摊呀，为什么？为是叫我歇歇喘喘气。（黑白李）

如主语和谓语之间，或外位之后：

这孩子儿呀，我只说他没出息儿。（儿二九）

我说的话呀，你是一句也没有听。

子谓子贡曰，“女与回也孰愈？”对曰，“赐也何敢望回？回也闻一以知十，赐也闻一以知二。”（论·公冶长）

吾生也有涯，而知也无涯。（庄·养生主）

惑而不从师，其为惑也终不解矣。（师说）

主语谓语之间，用"者"和用"也"语气颇有分别：用"者"字是提示解释，用"也"字则不含此意，仅曼声以缓其气而已。

17.83 句首的限制词（甚至关系词）之后可以一顿，如：

本来呀，二位奶奶一天到晚这是多少事……那儿还能照应到这些零碎事儿呢。（儿三八）

共总啊，哥还是脸皮儿薄，拉不下脸来磕这个头。（儿四〇）

所以呀，你得请我们。（上任）

向也不怒而今也怒，向也虚而今也实。（庄·山木）

听讼，吾犹人也；必也，使无讼乎。（论·颜渊）

且也，志在道义，未有不得乎道义者也……志在乎货利，未必货利之果得也。（辨志）

小句及类似小句的停顿（参阅8.71；20.13—4；21.24等节），如：

主意是有哇，用不上！身分是有哇，用不上！（上任）

说是十二点走哇，到了十二点三刻谁也没动身。（有声电影）

谈到寄生虫阿，他说阿，你可认得一个鲁季流先生阿，他说。（最后五分钟）

孩提之童，无不知爱其亲者；及其长也，无不知敬其兄也。（孟·尽心上）

今弃是州也，农夫渔父，过而陋之。（柳记）

礼，与其奢也，宁俭；丧，与其易也，宁戚。（论·八佾）

这一类停顿，用"啊"和"也"的以外的语气词的比较少，例如：

我想着，打头呢，那个丫头是个分赏罪人的孩子，又……（儿四〇）

还有一说呢，咱们能老吃这碗饭吗？（上任）

以目无妄动焉，其于人也，闻其音而知其姓氏。（盲者说）

然后知吾向之未始游，游于是乎始。（柳记）

17.84　假设小句后面的停顿，不限于用"啊"或"也"：白话也用"呢"、"么"、"吧"等字，文言也用"乎"、"邪"等字。这是因为假设小句往往由疑问的语气（复问，商量等）转成，在文言里尤其明显，尽可作为一问一答两句看。这类假设小句后面的小句，或说明假设的后果，合成一个条件句，但也有只说明一种理由来打消上句的拟议的。这类假设句又往往叠用，表示两难或两可，又或以前一句作让步，衬出后一句正意所在。"若论……"，"至于……"等引端之词，多带假设语气，后面所用的停顿语气词也相同（参阅22.37—8;22.61）。以下依所用语气词分别举例。用"啊"的例：

要是拿的话呀，准保是拿四爷，他是头目。（黑白李）

你愿意呀，也是这么办；你不愿意呀，也是这么办。

论那个人儿啊，本来可真也说话儿甜甘，待人儿亲香，怪招人疼儿的。（儿三九）

讲到咱们这行啊，全仗的是磨、搅、讹、绷，涎皮赖脸，长支短欠，摸点儿，赚点儿，才剩的下钱呢。（儿四）

北风说："那么你呐？"太阳说："我呀，我是不爱吹的。"（北风和太阳）

话呀，多着的呢。（儿二六）

“呢”和“啊”一样的常见，例如：

捧我尤老二呢，交情；不捧呢——也没什么。（上任）

若是别的戏子呢，一百个也罢了，只是这个琪官……（红三三）

我呢，只有他一个，也轻易不说她。（冬儿）

二爷待我不错，四爷呢，简直是我的朋友，所以不好办。（黑白李）

“么”字北京话里用的比较少，但中部官话区很普通，如：

早知如此么，当初不该信他的话。

他有情么，说你两句；他一翻脸，嫂子，你吃不了兜着走。（红五九）

风嘤吹，太阳嘤晒。吹起来嘤，冷得要死，晒起来呐，又热得要命。（北风和太阳）

卖人参的道，“我来找陈爷要银子。”董老太道，“他么，此时好到观音门了。”（儒林外史五四）

“吧”字大率是叠用，而且表示两难，例如：

买了书吧，明天的饭钱又得闹饥荒；不买罢，又真舍不得。

这是那种特别的天气：在屋里吧，作不下工去，外边好象有

点什么向你招手；出去吧，也并没什么一定可作的事。（牺牲）

文言用“也”、“邪”、“乎”、“焉”的例：

天之将丧斯文也，后死者不得与于斯文也；天之未丧斯文也，匡人其如予何？（论·子罕）

将以为智邪，则愚莫大焉；将以为利邪，则害莫大焉。（荀·荣辱）

妾欲言酒之有药，则恐其逐主母也；欲勿言乎，则恐其杀主父也。（史·苏秦传）

无尺寸之肤不爱焉，则无尺寸之肤不养也。（孟·告子上）

17.85　转折，容认，纵予等小句后也往往停顿以蓄势，语气词用“矣”。例如：

燕则吾请以从矣；若乃梁，则吾乃梁人也，先生恶能使梁助之耶？（赵策三）

且义帝之立，增为谋主矣，义帝之存亡，岂独为楚之盛衰，亦增之所与同祸福也。（苏轼：范增论）

酒菜固便矣，茶乏烹具。（记趣）

下卷之下　表达论:关系

第十八章　离合·向背

联合

18.11　两件事情之间，可以有种种关系，最简单的是联合关系。两个物件的联合，普通用“和”、“与”、“及”等词来表示，两件事情的联合则或不用关系词，或用其他关系词，但不用“和”、“与”等词（不像英语一概用 and）。

两件事情之间的关系变化多端，单说联合关系也还可以分出比较松懈和比较紧密的两种，前者可称为联合，后者可称为加合或积叠。这松懈的联合关系，指两事之间无任何特殊关系可寻，如时间，因果，比较，转折之类，而又不能说是渺不相关。这样的例句如：

> 好容易看见路南头远远一个小村落，村外一个大场院，堆着大高的粮食，一簇人象是在那里扬场呢。（儿一四）
>
> 那柳叶还不曾落净，远远看去好似半林枫叶一般。（同）
>
> 项籍者，字羽，下相人也；初起时，年二十四。（项羽）
>
> 逐水草迁徙，无城郭常处耕田之业。（史·匈奴列传）
>
> 小鸟时来啄食，人至不去。（项脊）

这类句子有时取较整齐的形式，我们底下另节讨论（18.42—44）。

18.12　联合关系是最松懈的关系，通常不用关系词来表示，白话如此，文言也是如此。但文言也有用“而”字的。例如：

> 舍于市之主人，而归其屋食之当焉。（韩愈：圬者王承福传）
>
> 及至金陵，则成公已得罪去，仅见方公；而其子以智，余之夙交也，以此晨夕过从。（与阮光禄书）
>
> 一旦高车驷马，旗旄导前而骑卒拥后，夹道之人相与骈肩累迹，瞻望咨嗟，而所谓庸夫愚妇者，奔走骇汗，羞愧俯伏，以自悔罪于车尘马足之间。（欧阳修：昼锦堂记）

这个“而”字类似英语的 and，白话里面没有和这个相当的关系词。

18.13　又有在第二小句用“也”字（话）或“亦”字（文）的句子。这个词的主要作用在比较，是表“比较而相同”的限制词（19.12—16）；这样用的时候，“也”字以叠用为常，“亦”字以单用为多。但有些句子里，比较的意味很轻，就显得只有联合的作用了；这样用的时候，“也”和“亦”大率都只单用。例如：

> 姑爷岁数也不大，家里也没有什么人。（冬儿）
>
> 你就带了他去合你老娘要出来交给他；再者，也瞧瞧家中有事无事。（红六四）
>
> 从子而归，弃君命也。不敢从，亦不敢言。（左·僖二二）
>
> 介之推不言禄，禄亦弗及。（左·僖二四）
>
> 自此不饮酒，亦不与其家相通。（郭老仆）

时人不能用其材，曼卿亦不屈以求合。（欧阳修：释秘演诗集序）

此公之志而士亦以此望于公也。（欧阳修：昼锦堂记）〔此例有“而”字〕

这类句子比不用关系词或单用“而”字的句子要紧密些，两事之间的关系有点近于下节所说的“加合”，但“也”或“亦”不含积叠的意味，和“又”或“且”不同。

加合

18.21　加合关系是联合关系的加强。这儿虽然仍旧没有时间，因果，比较等特殊关系，可是显然有“有甲事，又有乙事”的意思。表示这个关系，最常用的是“又”字，这本是一个时间副词，但在这类句子里头有连系的作用。例如：

我第一次去，人地生疏，身边带的钱又不多。

他是老大哥，又现当着村长，还能说不管？

在文言里“又”字可以单用，又可以和“而”字合用。单用的，例如：

子谓韶，尽美矣，又尽善也。（论·八佾）

弦子恃之而不事楚，又不设备，故亡。（左·僖五）

“而又”的例：

民无内忧，而又无外惧，国焉用城？（左·昭二三）

饮少辄醉，而年又最高，故自号曰醉翁也。（醉翁亭记）

18.22　白话里头常在上下两小句叠用“又”字，比单在下句用“又”字的还要常见些。例如：

初到那里，人地又生疏，钱又不凑手。

不如会个夜局，又坐了更，又解了闷。（红四五）

三叠以上的句子，更是以每一小句用一“又”字为原则。如：

这一碗牛奶喝下去，又香，又甜，又热和。

你如何比我？你又有母亲，又有哥哥，这里又有买卖地土，家里又仍旧有房有地。（红四五）

横竖如今有人和你顽，比我又会念，又会作，又会写；又会说会笑，又怕你生气，拉着你去哄着你。（红二〇）

我那里管的上这些事来？见识又浅，嘴又笨；心又直，人家给个棒槌，我就拿着认作针了；脸又软，拦不住人家给两句好话儿；况且又没经过事，胆子又小，太太略有点不舒服，就吓的睡也睡不着了。（红一六）

18.23　文言里没有叠用“又”字的办法，两叠的句子有时在上句用“既”，下句用“又”或“而又”。如：

呜呼！身前既不可想，身后又不可知；哭汝既不闻汝言，奠汝又不见汝食。（祭妹文）

汉史既传其事，而后世工画者又图其迹。（韩愈：送杨少尹序）

图画……既视建筑雕刻为繁复，而又含有音乐及诗歌之意味，故感人尤深。（图画）

文言里既不能叠用“又”字，到了三层相叠的句子，就只能把“而”、“又”、“且”等字替换着用。四层以上只有不用关系词或加以并合。例如：

宫之奇之为人也，懦而不能强谏，且少长于君。（左·僖二）

宫之奇之为人也，达心而懦，又少长于君。（穀梁·僖二）

余既重先生之诫，且志余感，而又以为世之远游而忘其亲者戒也，乃为之记。（侍膳图记）

公子章强壮而志骄，党众而欲大，殆有私乎？（史·赵世家）〔此句在白话就用四个“又”字：又强健，又骄傲，党羽又多，欲望又大。〕

18.24　文言里头跟“又”字的意思相近的有“复”字和“更”字，原来也是时间限制词，可算是“又”的同义字；又有“加”字，本是动词，而有时有连系的作用，多数用于两个原因小句之间。“复”或“更”有时和“而”字合用，“加”字下面有时加“以”字。例如：

既不受矣，而复缓师，秦将生心。（左·文七）

图画之设色者用水彩，中外所同也；而西人更有油画。（图画）

而所与对敌，或值人杰，加众寡不侔，攻守异体，故虽连年动众，未能有克。（蜀志·诸葛亮传）

18.25 文言不能叠用“又”字，却可以叠用“且”字；可是用法有限制。用在两个动词谓语之间，通常表示两事同时进行（20.83）。不注重这个同时性的例子很少，如：

高祖已从豨军来。至，见信死，且喜且怜之。（淮阴）〔又喜又怜〕

用在两个形容词之间的也不多，如：

上泄则下闇，下闇则上聋；且闇且聋，无以相通。（穀梁·文六）

通常多和“既”字合用，和“既……又”相同，例如：

丧乱既平，既安且宁。（诗·小雅）

既醉且饱；既盲且聋；既笨且懒。

以上说“且”字叠用或和“既”字合用。单用一个“且”字，要是连系两个形容词谓语，和“既……且”相同，表单纯的加合，例如：

> 邦有道，贫且贱焉，耻也；邦无道，富且贵焉，耻也。（论·泰伯）
>
> 明月照积雪，北风劲且哀。（谢灵运诗）

要是用在两个动词之间或两个主语不同的小句之间，就不是单纯的加合，有“更进一层”的意思(18.32)。

18.26　白话里表示加合关系，又有“连……带……”的说法。这是用动词作连系词。如：

> 连数落带发作的就哭闹成一处。（儿四〇）
>
> 连沐浴带更衣，连装扮带开脸，这些零碎事儿索性都交给我。（同）

我们只要稍微仔细一看，就知道这个“连……带”的作用，严格说，不是连接小句的：第一例的两个动词合起来作“哭闹”的加语，第二例的四个动词是外位主语。事实上他们原是用来连接两个名词的，如：

> 连签帖儿带那把子花儿都接过去。（儿三八）

如果用来连接本可独立的小句反而不行，如“他连工作带学习”就不成一句话，必得下面接个“老觉得时间不够用”什么的才站得住。

递进

18.31　两件事情的加合，可以是平列的，也可以有轻重之别。要是分轻重，大率是先轻后重，就是一层进一层，我们称之为“递进”。是平列还是递进，往往看说话的和听话的心理如何，同一方式可以有不同的作用。例如前面用“既……又”的句子，就有一些可以作为前轻后重看。单用“又”或“而又”的句子也有确表递进的，如：

过而不改，而又久之。（左·宣一七）

人声之精者为言；文辞之于言，又其精也。（韩愈：送孟东野序）

18.32　单在后句用“且”字的句子，虽然也有可以认为平联的，但一般而论，“且”字有递进的意味。例如：

公语之故，且告之悔。（左·隐元）

曹操之众，远来疲乏……且北方之人不习水战。（赤壁）

宋将军故自负，且欲观客所为。（铁椎）

至如下列之例更显然是进一层的表示；事实上，这里的两小句并不代表两件事，乃一件事的深浅两种说法：

而士独于民大不便。无怪乎居四民之末也！且求居四民之末而亦不可得也！(郑书)

有时句意已完，而接以“且”字。这个“且”字有更端的作用，但同时不失去递进的意味。例如：

以君避臣，辱也。且楚师老矣，何故退？(左·僖二八)

天下事未可知。且为天下者不顾家，虽杀之，无益，只益祸耳。(项羽)

侯自我得之，自我捐之，无所恨。且终不令灌仲孺独死，婴独生。(史·魏其武安侯列传)〔婴，魏其自称〕

18.33 白话里头不单说“且”，说“而且”、“并且”或“况且”(文言的“况”白话作“何况”)。例如：

一日，就是这冬末夏初的时候，而且是夜间，我偶尔得了闲暇……(鸭的喜剧)

凡属我应该做的事，而且力量能够做得到的，我对于这件事便有了责任。(最苦与最乐)

你我萍水相逢，况且男女有别。(儿五)

18.34 白话里头用“还”字，和文言“且”字的作用很相近。例如：

雪白的一碗东西，上面还点着个红点儿，更觉可爱。(儿

三八）

居乡的人儿都是从小儿就说婆婆家，还有十一二岁就给人家童养去的。（儿九）

其次，又有“还带”“外带”等说法，和“且”字的口气更相合。例如：

甚么事儿他全精通儿，还带着挺撅挺横。（儿四）

叫我瞧着咱儿说咱儿好，还带管说，务必替他说成才好。（儿三六）

嘎！你瞧，好一个小黑驴儿……可是个白耳掖儿，白眼圈儿，白胸脯儿，白肚囊儿，白尾巴梢儿；你瞧，外带着还是四个银蹄儿，脑袋上还有个玉顶儿，长了个全。（儿四）

18.35　但最确实的递进句是用“非独”之类的词语开端的句子。例如：

非徒无益，而又害之。（孟·公孙丑上）

非独治羊，治民亦犹是也。（史·平准书）

服五石散，非唯治病，亦觉神明开朗。（世说·言语）

非但我言卿不可，李阳亦谓卿不可。（世说·规箴）

寡人之使吾子处此，不唯许国之为，亦聊以固吾圉也。（左·隐一一）

不特若曹无以赡其生，生民之所需畴为给之？（市声）

不宁唯是，又使围蒙其先君，将不得为寡君老。（左·昭元）

又可以用反诘性的"岂独"、"岂唯"。这个小句又常常移在下面，成为递进句的变式，和逼进句(23.42)相似了。例如：

丧先王之乘舟，岂唯光之罪，众亦有焉。(左·昭一七)

我之不德，民将弃我，岂唯郑？(左·襄九)〔比较"而况郑乎?"〕

18.36　**文言有"不独"、"非徒"、"岂唯"等种种说法，白话只有"不但"和"岂但"。例如：**

不但保全了他的英名，还给他挣过一口大气来。(儿八)

我到仙台也颇受了这样的优待，不但学校不收学费，几个职员还为我的食宿操心。(藤野先生)

但是我是向来不爱放风筝的。不但不爱，并且嫌恶他。

不但我担惊受怕，别人看着也不象回事。(冬儿)

岂但识字，字儿忒深了。(儿一八)

"不但"底下的呼应词，文言用"又"用"亦"，白话用"也"，但不用"又"而用"还"；"非徒无益，而又害之"，在白话是"不但没好处，还害了他"。

用"又"、"还"、"且"和用"亦"、"也"意思显然不同：前者是累积性的递进，后者是比较性的递进。两者不能通用，"非徒无益，亦以害之"，不成；"别人看着还不象回事"，也不成。

用"还"字的"不但"句可以改用排除句式，作"……不算，还"(18.93)。

18.37　用“也”字的“不但”句又可以在第二事的头上加一“连”字，如“别人看着也不象回事”也可以作“连别人看着也……”。例句如：

不但碗碟，连锅也偷了去了。

不但增加了许多脱漏的地方，连文法的错误也一一订正。（藤野先生）

怪道你爱，连我也没见过这样好的。〔上句仍有“不但”意〕

有时把上句省了，单用“连……也”就可以隐含“不但”。又可以不用“也”而用“都”，那是因为上面“连”字有连合之意。早期白话不用“连”而用“和”，文言用“并”。例如：

究竟连我也不知为什么。（红六四）〔不但别人〕

衡阳犹有雁传书，郴阳和雁无。（秦观词）〔不但不得相见〕

是以厌疾奢侈者，至于并一切之物质文明而屏弃之。（文明）〔不但厌疾奢侈〕

递进句本是前轻后重的句子。不用“不但”，比较的对象隐而不显，往往就只有“甚至”之意。上面例句都是如此。

又，不用“不但”只用“连……也”的句子，征实事者少，而作假设者多（尤其是否定句，多带假设性），“连”字失去本义，和“纵然是”无别。在这类句子里面，有时连“连”字也可以省去（参阅23.32—35）。

平行和对待

18.41　平行和对待的关系，偏在句子的形式方面说。这一类句子在形式上是整齐的，即几个小句的结构平行，字数相等，或大致相等；普通称为"排句"，其中由两个部分合成的又可称为"偶句"。这类句子极其普通，文言里尤其常见，骈文不必说，散文中也常常应用。

就形式而论，这些句子属于一个类型；就意念方面说，几个部分之间可以有种种关系：或比较得失，或引此喻彼，或表前因后果，或表先后次序。要是除去这些含有特种关系的句子，则偶句大概可分两类，平行或对待，三叠以上的排句只有平行的一类。

18.42　平行关系和联合关系很相近，不过句子的形式有整齐不整齐之分而已。例如：

偏是这班醋娘子，这桩事，自己再也看不破；这句话，谁也合他说不清。（儿二七）

茶果会吊入你的茶杯，小雀子会到你桌上来啄食。（康桥）

君子食无求饱，居无求安。（论·学而）

承先人后者，在孙惟汝，在子惟吾。（祭十二郎文）

春之日，我爱其草熏熏，木欣欣……夏之夜，吾爱其泉淳淳，风泠泠。（冷泉亭记）

山树为盖，岩石为屏，云从栋生，水与阶平。（同）〔前二平行，后二平行〕

待其酒力醒，茶烟歇，送夕阳，迎素月，亦谪居之胜概也。（黄冈竹楼记）〔前二平行，后二平行〕

18.43　这些例句里的平行小句之间，白话里不能用任何关系词来连接，文言里可以用“而”字，如“草熏熏而木欣欣”，“山树盖而岩石为屏，云从栋生而水与阶平”，“酒力醒而茶烟歇，送夕而迎素月”。这里所说可加“而”字，是就文法的观点说；如从修辞的观点说，用“而”字跟不用“而”字，使文句具有不同的风格，那是另一问题了。

以下是用“而”字的例句：

君子贤其贤而亲其亲，小人乐其乐而利其利。（大学）

明者远见于未萌，而智者避危于无形。（史·司马相如传）

所谓天者诚难测，而神者诚难明矣！所谓理者不可推，而寿者不可知矣！（祭十二郎文）

18.44　三叠以上的排句，通常只含有平行关系。例如：

吾妻之美我者，私我也；妾之美我者，畏我也；客之美我者，欲有求于我也。（齐策）

大王诚能听臣，燕必致毡裘狗马之地，齐必致海隅鱼盐之地，楚必致橘柚云梦之地，韩魏皆可使致汤沐之邑。（赵策）

以多疾之体，有不平之心，居异宜之俗，其能郁郁以久乎？（欧阳修：送杨寘序）

故“灼灼”状桃花之鲜，“依依”尽杨柳之貌，“杲杲”为日

出之容,“瀌瀌”拟雨雪之状,“喈喈”逐黄鸟之声,“喓喓”学草虫之韵。(文心雕龙·物色)

蔑我先君,寡我襄公,迭我殽地,奸绝我好,伐我保城,殄灭我费滑,散离我兄弟,挠我同盟,倾覆我国家。(左·成一三)

18.45　现在讨论含有对待关系的偶句,这又有真正对待和似相反而相成的两类,前者和转折关系很相近,后者又接近联合关系。真正的对待关系指上下两小句的意义相背,两事互相映发,构成一种对照。例如:

他自做他家事,我自做我家事。(郑书)

外面牌子不同,里面可是一样。(北京的空气)

知者乐水,仁者乐山;知者动,仁者静;知者乐,仁者寿。(论·雍也)

古之狂也肆,今之狂也荡;古之矜也廉,今之矜也忿戾;古之愚也直,今之愚也诈而已矣。(论·阳货)

庖有肥肉,厩有肥马;民有饥色,野有饿莩。(孟·梁惠王上)〔形式上四排,意义上一二与三四对。〕

中国之画,与书法为缘,而多含文学之趣味;西人之画,与建筑雕刻为缘,而佐以科学之观察,哲学之思想。(图画)

似相反而相成的对待句,只是字面上对待,意思是互相补充的;我们也不妨把这种关系称为补充关系。以下是这种例句:

车儿向东,马儿向西。

不应该问的话，人家要问；可以讲的话，我们不能讲。（一只马蜂）

住惯城市的人不易知道季候的变迁。看见叶子掉知道是秋，看见叶子绿知道是春；天冷了装炉子，天热了拆炉子……不过如此罢了。（康桥）

仰足以事父母，俯足以畜妻子。（孟·梁惠王上）

先天下之忧而忧，后天下之乐而乐。（岳阳楼记）

有村舍处有佳荫，有佳荫处有村舍。（康桥）

形者神之质，神者形之用。……神之于质，犹利之于刃，形之于用，犹刃之于利……舍利无刃，舍刃无利。（范缜：神灭论）

18.46　对待句（真对待的和补充性的）的两小句之间，文言里也常用“而”字来连接，上面的例句都可以加“而”字。“庖有肥肉”一例却是上面两小句和下面两小句相对，可在这中间加“而”字，也可改成“庖有肥肉而民有饥色，厩有肥马而野有饿莩”。以下是用“而”字的例：

志大而量小，才有余而识不足也。（苏轼：贾谊论）

近在胸臆之间，而远周天下之内；定乎一息之顷，而著之百年之久。（辨志）

敏于事而慎于言。（论·学而）

夏月荷花初开时，晚含而晓放。（记趣）

祸患常积于忽微，而智勇多困于所溺。（五代史·伶官传序）

我们在前面说，真正的对待关系和转折关系很相近。这在加用

“而”字的句子尤为明显，这儿的例句中约有半数，其中“而”字都可以作“然而”讲（参阅18.6）。可是“而”字不够做评准，补充性的对待句，平行的偶句，乃至一部分不整齐的联合句也都可以用“而”字作中间的连系，这是因为“而”字是个极不着边际的关系词，不管句意的顺逆或向背的。倒是在白话里很容易分别：转折句里用“可是”，真性对待句里也可以加用“可是”（虽然实际上不大用），其余的句子不能用“可是”，也没有别的关系词可用。换句话说，白话没有和文言里顺接的“而”字相当的关系词。

18.47　前面说过，联合关系可以用“又”字来加强；其实对待关系也可以用“又”字来加强。例如：

> 正在又想睡又不敢睡的当儿，锣声响起来了。
>
> 我回来病了三天，病中又想她，又咒她。（姑姑）
>
> 有时闷了，又盼个姐妹来说些闲话排遣；及至宝钗等来望候他，说不得三五句话，又厌烦了。（红四五）
>
> 一根灯草嫌不亮，两根灯草又嫌费油。（儿六）
>
> 爱之欲其生，恶之欲其死。既欲其生，又欲其死，是惑也。（论·颜渊）

这类句子所包含的也可以称为对待性的加合关系。

用“也”和“亦”的句子也有含对待关系的，例如：

> 当医生的不可不小心：一帖药能救人的命，也能送人的命。
>
> 有人图舒服，宁可坐船，不坐汽车；也有人贪图快，宁坐汽

车不坐船。

说起这件事来，可恼也可笑。〔比较：又好气，又好笑〕

然予居于此，多可喜，亦多可悲。（项脊）

是故江淮以南，无冻饿之人，亦无千金之家。（史·货殖列传）

18.48　**文言又有在两句中分用两个“则”字，或单在下句用一个“则”字的（单用于上句者较少），都足以增强两事的对待性。这个“则”字就是假设句的“则”字化出来的，其上含有“若论”或“至于”之意（22.71）。例如：**

谷则异室，死则同穴。（诗·王风）

乐岁粒米狼戾，多取之而不为虐，则寡取之；凶年粪其田而不足，则必取盈焉。（孟·滕文公上）〔有“反而”意，显然异于一般假设句之“则”〕爱其子，择师而教之；于其身也，则耻师焉。（师说）

司徒公怒而骂，老仆则倚壁而卧，鼾声与司徒公之骂声更相间也。（郭老仆）

故我国造象……鲜不具冠服者。西方则自希腊以来，喜为倮象。（雕刻）

其室则迩，其人甚远。（诗·郑风）

壁则犹是也，而马齿加长矣。（穀梁·僖二）

读人类进化之历史：昔也穴居而野处，今则有完善之宫室；昔也饮血茹毛，食鸟兽之肉而寝其皮，今则有烹饪裁缝之术；昔也束薪而为炬，陶土而为灯，而今则行之以煤气及电力；昔也椎轮之车，刳木之舟，为小距离之交通，而今则汽车及汽

舟，无远弗届；其他一切应用之物，昔粗而今精，昔简单而今复杂，大都如是。（文明）

以上前二例上下各用“则”，次三例下句用“则”，又次二例上句用“则”。最后一例，以今与昔对比，共六处，前两处只用“则”，中两处兼用“而”与“则”，后两处用“而”，这是句法变化的好例子。

这类例句，白话有两种句法可以相比，一是用“是”字代“则”字，如“早先是穴居野处，如今是高堂大厦”，语气切合，但不是句句可用。一是用“呢”字，“早先呢……如今呢……”差不多句句都可用，但语气不大一样，顿宕的神情较重，而殊别对待之意较轻。

正反

18.51 一个意念的一正一反之间，自然构成对待关系，所以一正一反两小句合成的句子也可算是一种对待句。这类句子，文言也常用“而”字来连系。

正反两小句可以各有主语，例如：

我看见他，他不看见我。

矢人惟恐不伤人，函人惟恐伤人。（孟·公孙丑上）

有德者必有言，有言者不必有德；仁者必有勇，勇者不必有仁。（论·宪问）

知之非艰，行之维艰。

这些句子里的正反对待关系和一般的对待关系无异，比较“知之非艰，行之维艰”和“知难行易”可知。

18.52　我们要讨论的是主语相同的正反句。这类句子有两式，或先反后正，或先正后反；采取何式，以句子的主要意思所在为断，上下两小句隐隐有宾主之分，有好些是显然借上句衬托下句。两种句式里都有时在肯定小句里用“只”字来和否定小句的“不”字相对，或虽不明说，也隐含“只”字之意，尤以先反后正之句为然。以下是先反后正的例：

他不来我不气，我只气他回信也不给一个。

你老人家不说找个开心的兴头话儿说说，且提八百年后这些没要紧的事作甚么？（儿三二）

不患寡而患不均，不患贫而患不安。（论·季氏）

故不贵于无过，而贵于能改过。（示龙场诸生）

18.53　以下是先正后反的例子：

宜冬不宜夏；中看不中用；许赢不许输。

来得去不得；看得动不得；说得写不得。

不能只叫人做，不教人如何做。（求学）

因为她们只能恭维你，伺候你，服从你，倚赖你，怕你，怨你，悲你，痛你，哭你，殉你，她们永远不会象我这样的爱你。（亲爱的丈夫）

君子成人之美，不成人之恶。（论·颜渊）

然而禽鸟知山林之乐，而不知人之乐；人知从太守游而

乐，而不知太守之乐其乐也。（醉翁亭记）

同主语之正反句，其中所含对待关系也可有相反和相成之别。本来两件事相反，如“成人之美”和“成人之恶”，现在否定其一而后与另一相连，“成人之美，不成人之恶”，则具有互相补充的性质。要是本来两件事是一贯的，如“叫人做”和“教人如何做”，现在否定其一肯定其一，“只叫人做，不教人如何做”，则具有互相背戾的性质。事实上，在这类句子里这个分别并不重要，因为正反句的对待性多数是由于同一词之肯定与否定（“成”与“不成”，“知”与“不知”）。所以正反句虽然大多数在意义上是上下连贯，互相补充的，在语气上却于转折句为近，都可以在下句加“可是”或“反倒”来解释。

18.54　现在要略讲文言里常见的“甲而不乙”的句子。上面所讲的正反句，每个小句至少各有两个成分，其中有一个相同（一正一反），其余相异（或相背或不相背）。“甲而不乙”的句子则上下两部分各只有一个成分，多数为形容词，间或有动词。要是这两个词意义相近，则否定其一，意在辨别，“而”字表对待，等于白话的“可是”。例如：

关雎乐而不淫，哀而不伤。（论·八佾）

直而不倨，曲而不屈，迩而不逼，远而不携，迁而不淫，复而不厌，哀而不愁，乐而不荒，用而不匮，广而不宣，施而不费，取而不贪，处而不底，行而不流。（左·襄二九）

但如这两个形容词或动词意义相反，则加用“而不”的结果，变成一意相因，“而”字表联合，在白话就不能用“可是”。因为和前边的例句形式完全相同，尤宜注意辨别。例如：

君子周而不比，小人比而不周。（论·为政）
述而不作。（论·述而）
左右皆恶之，以为贪而不知足。（冯谖）
三子之不迁其业，非保守而不求进步之谓也。（有恒）

转折

18.61　对待句和正反句，都已含有转折，已见以上各节。凡是上下两事不谐和的，即所谓句意背戾的，都属于转折句。所说不谐和或背戾，多半是因为甲事在我们心中引起一种预期，而乙事却轶出这个预期。因此由甲事到乙事不是一贯的，其间有一转折。例如视则有所见，听则有所闻，这是合乎一般的预期的，所以

心不在焉，视而不见，听而不闻，食而不知其味。（大学）

显然轶出于预期，在心理上产生一种转折。又如常到阔人家里吃饭的人，自然也该有阔人来登门拜访，所以如

其妻问所与饮食者，则尽富贵也，而未尝有显者来。（孟·离娄下）

又就轶出预期，产生转折。

从上句看下句，是轶出预期；就下句对上句说，又往往有一种修正的作用。我们从上句获得一种错误的或一偏的印象，随即由下句补充说明，加以更正。上面两句也都有修正的作用，但还不及下面两句更明显：

诸儿见家人泣，则随之泣，然犹以为母寝也。（先妣）

这是说明孩子们尽管哭，还不知道妈妈已死。

卫青，霍去病亦以外戚贵幸，然颇用才能自进。（史·佞幸传）

这是说明卫霍的贵盛不全由于外戚。

18.62　转折关系文言里间或有不用关系词表示的，例如：

今法律贱商人，商人已富贵矣；尊农夫，农夫已贫贱矣。（重农贵粟疏）

但通常必须应用关系词。最常用的转折关系词是“而”和“然”。“而”字的例：

为人谋而不忠乎？与朋友交而不信乎？（论·学而）
士志于道而耻恶衣恶食者，未足与议也。（论·里仁）
夫子焉不学？而亦何常师之有？（论·子张）
有石城十仞，汤池百步，带甲百万，而亡粟，弗能守也。

（重农贵粟疏）

吾年未四十，而视茫茫，而发苍苍，而齿牙动摇。（祭十二郎文）

逝者如斯，而未尝往也；盈虚者如彼，而卒莫消长也。（赤壁赋）

18.63　用“然”字表转折的例：

吾不能早用子，今急而求子，是寡人之过也。然郑亡，子亦有不利焉。（左·僖三〇）

吕后……问其次，上曰：“王陵可。然陵少戆，陈平可以助之。陈平智有余，然难以独任。周勃厚重少文，然安刘氏者必勃也。”（史·高祖纪）

吾尝将百万军，然安知狱吏之贵乎？（史·绛侯世家）

自吾为汝家妇，不及事吾姑，然知汝父之能养也；汝孤而幼，吾不能知汝之必有立，然知汝父之必将有后也。（欧阳修：泷冈阡表）

盖予所至，比好游者，尚不能十一，然视其左右，来而记之者已少。（游褒禅山记）

18.64　还有用“然”又用“而”的。例如：

老者衣帛食肉，黎民不饥不寒，然而不王者，未之有也。（孟·梁惠王上）

夫环而攻之，必有得天时者矣。然而不胜者，是天时不如

地利也。(孟·公孙丑下)

树林阴翳,鸣声上下,游人去而禽鸟乐也。然而禽鸟知山林之乐而不知人之乐。(醉翁亭记)

喜而歌,悲而哭,感情之自由也。然而里有殡不巷歌,寡妇不夜哭,不敢放纵也。(自由)

"然"和"而"同是常用的转折关系词,然而用法不尽相同。这可以从"然"和"而"合用上说明。"然而"一词,在现在虽然已可算是一个单一的关系词,原来是可以分开讲的;"然"就是"然否"的"然",也就是"虽然"(23.13)的"然","然"字一顿,"而"字一转,"然而"等于说"不错,可是"。《马氏文通》形容这个语气形容得很好,他说"将飞者翼伏,将跃者足缩,将转者先诺"。"然"字的开始盛行在"然而"之后,我们可以说他是"然而"之省,以"然"摄"而";我们也可以说是"虽然"之省,那就本来不一定要随以"而"字。

明白了"然"字的本意,就容易明白"然"和"而"用法的差异。"而"字在本质上是一个真正的"连"词,这里所谓"连"即"连而不断"的"连"。"而"字连系的,无论是相顺的两事,还是相反的两事,是同时的两事,还是先后的两事(20.5),用"而"字的句子都是一贯而下,不作顿挫。转折句虽然在心理上无不有转折,在说话的口气上,却有的是一气说下,有的是停顿取势。前者用"而"字是本分,后者原来也用"而"字,但后来就常常被"然而"或"然"取而代之。现在,就一般而论,我们可以说:语气无停顿处用"而",有停顿处可用"而",而用"然"为多,大停顿如一段之后另起一段,则必用"然"或"然而"。拿比较具体的情形来说,凡是连成一小句,作为更大一句的一个部分的,只用"而",不用"然",如"而"字二、四诸例(例外如“然而”第一例)。反之,要是上句语气已了,如“然”字二、四诸例,尤其是有“也”、“矣”等词,如“然”字例一,“然而”二、三、四诸例,就不用“而”字而用“然”或“然而”。上下两小句有一为疑问语气,也是用“然”或“然而”,如“然”字例三。(“而”字例三现在就觉得有点别扭。)但要是上下合成一个问句,就用“而”,如“而”字第一例,这是不能改用“然”或“然而”的。

总之,“而”字虽转而连,“然”字断而后转,是这两个词的大不同处。

18.65　白话里也用“然而”表转折关系,但只混而同之的说“然而”,没有“然”和“而”的分别。又用“但是”和“可是”,用法也无区别。这几个关系词的差异在文和俗的程度,口语里最通用的是“可是”,“但是”带点文气,“然而”更文。例句如:

有的不喜欢算学,有的不喜欢博物,然而不得不学。(读书杂谈)

吆喝了半天,才将他们哄走。但是谁也没有着急,只微微一笑就完了。(朱自清:卢参)

据说在那儿可以看见周围九百里的湖山……可是我们的运气坏,上山后云便越浓起来。(同)

脸上处处象他哥哥,可是那股神气又完全不象他哥哥。(黑白李)

严格说,白话原来就没有表转折关系的关系词。“然而”和“但是”是从文言里拉过来的(“但是”是文言“但”字的扩大用法,“但”字原来的用法不同于“然”或“而”),“可是”原来是个限制词,不一定用在小句的头上。

18.66　事实上，白话的转折关系常用限制词来表示，用“可(是)”，用“却”，用“倒”，用“反”，用“偏”。“倒”字又可以用在上句。例如：

敢则都到了。我可误了。(儿二二)

这句话合我说的起，合人家可说不起呀。(儿三七)

他不在外头张罗，倒坐着骂人。(红四五)

他这一得了官，正该你乐呢，反倒愁起这些来。(同)

小么儿们倒好好的，他拿的一盒子倒失了手，撒了一院子馒头。(同)

我倒没有什么，只怕二哥未必能原谅你。

人家把你当个正经人，才把心里烦难告诉你听，你反拿我取笑儿。(红四五)

你和他好，他偏不和你好，你怎么样？你不和他好，他偏要和你好，你怎么样？(红九一)

18.67　文言也有用限制词来表示转折的。最常用的字是“乃”，有时和“而”字合用。“顾”字，“转”字也都有这种作用。“反”字也早见于文言。例如：

孺人不忧盐米，乃劳苦若不谋夕。(先妣)

汝士大夫之师，而乃居于奴。(郭老仆)

天下其谁非盲也？盲者独余耶？……乃子不自悲而悲吾，不自吊而吊吾。我方转而为了悲，为子吊也。(盲者说)〔转

而＝倒要〕

为将数月，反不如一竖孺之功乎？（汉·蒯通传）

足反居上，首顾居下。（汉·贾谊传）

臣等被坚执锐……今萧何未尝有汗马之劳，徒持文墨议论，不战，顾反居臣等上，何也？（史·萧相国世家）

转折和保留

18.68　另有一类限制词，如白话的“只是”“就是”和“不过”，也常作转折关系词用，例如：

夕阳无限好，只是近黄昏。（李商隐诗）

我也是这般想，只是那里有这注银子？（儒林外史三）

都好将就，就只水喝不得，没地方见大秽。（儿三五）

自然，因为自己的嗜好，文学书是也时常看看的，不过并无心得，能说出于诸君有用的东西来。（鲁迅：革命的文学）

颜色质料都好，就是价钱大些。

这和“反”、“倒”、“偏”等限制词显然属于两类：那些字的本义是轶出预期，“只是”和“不过”则意在修正。转折句本可有两种看法，所以这两方面的限制词都可以用于转折句。

可是用“只是”或“不过”的句子和用“可是”或“但是”的又微微有点不同。后者是一般的转折句，上句之意轻，下句之意重；前者则上重下轻，下句的力量只抵消上句的一部分，我们不妨称为保留句。这个区别只要比较下列两句就可以看出：

> 他肚子里很明白，只是嘴里说不出罢了。（你应该原谅他）
>
> 他肚子里很明白，可是嘴里说不出。（还是不中用）

话虽这样说，轻重的移转是很容易的，如“但”字在文言里原是保留的口气，白话里的“但是”便成了一般的转折之词了。上面例二的“只是”实际上也已经和“可是”没有多大出入。有些地方的方言里没有“可是”，就一概用“不过”表示转折。

18.69　文言用“顾”、“但”、“特”、“惟”等字，也都是“只是”的意思。例如：

> 且天下锐精持锋，欲为陛下所为者甚众，顾力不能耳。（淮阴）
>
> 此其属意非止此也，特畏高帝吕太后威耳。（史·文帝纪）
>
> 初不中风，但失爱于叔父，故见罔耳。（魏志·武帝纪注）
>
> 霜又与雪之形状颇相类似，惟霜系近地面下层空气中水汽之凝结而非由高空下降者。

这些句子和用“然”字的句子的区别可以下列两句为例：

> 欲为陛下所为者甚众，顾力不能耳。（“又可尽烹之邪？”）
>
> 欲为陛下所为者甚众，然力不能也。（不足患也）

可是在现在的通用文言里，“惟”和“但”也已经代替“然”字用，

例如：

公书语长心重，深以外间谣诼纷集为北京大学惜，甚感。惟谣诼必非实录……岂公爱大学之本意乎？（蔡元培：答林琴南）

吾辈欣赏此类作品时固宜持之以恕，不事吹求；但自己创作时仍应严以律己，不可借为张目之资。

交替

18.71　交替关系就是“数者居其一”的关系，就是抉择问句如“咱们今天去还是明天去？”这里面所包含的关系。表示交替关系，最普通的关系词是“或”字，文言里逐项都用，白话里第一项或用或不用。例如：

划去桥边荫下，躺着念你的书或是做你的梦。（康桥）

每日或饭后，或晚间，薛姨妈便过来，或与贾母闲谈，或与王夫人相叙；宝钗日与黛玉迎春姊妹等一处，或看书下棋，或做针黹。（红四）

兵刃既接，弃甲曳兵而走；或百步而后止，或五十步而后止。（孟·梁惠王上）

赵高持鹿献于二世，曰，“马也。”二世问左右，左右或默，或言马以阿顺赵高。（史·秦始皇纪）

圣人之行不同也，或远或近，或去或不去：归洁其身而已矣。（孟·万章上）

这个“或”字我们在11.85节讲“分称”时已经遇见。这里所说的和以前所说的并不冲突:就总和和部分的关系说,“或甲或乙”是分称;就甲乙之间的关系说,“甲或乙”是交替。

交替关系又有“尽性”和“不尽性”之分。可能的交替之件不全数说者为“不尽性”,全数说出者为“尽性”。后者以交替之件为两个时为最多;若交替之件为一正一反之二事,则必然为“尽性”。上面例句中,前二例显然是不尽性,不用讨论;例三仍是不尽性,因为言者只是随意拈出两个数目,并无否认有败退七八十步或甚至一百二十步者之意。但例四是尽性,作者正是着重在第三个可能——照实说“是马”——之未能实现。

18.72　交替关系,严格说,不该用“和”、“与”等表联合关系的词来表示,但事实上有这样的例子。如:

> 遇与不遇,命也。(后汉·傅燮传)
>
> 赐不欲知死者有知与无知?(家语·致思)
>
> 顾其事之实与不实,用之必有效或无效者,则以董事之人为断。(龙启瑞:大冈步团练公局记)

第三例一处用“与”,一处用“或”。此外,表“无论”的小句也往往用“与”,其实意思是“或”,例如:

> 来与不来,也得给人家个信儿啊。

用“与”代“或”,限于尽性的交替。而且只用于不能独立的小句。

18.73　表示尽性交替关系，另有一种较强硬的说法，“非甲则乙”。这个句法虽然利用假设句的形式（若非甲，则乙），但用意所在仍是表示甲与乙之间的交替关系。例如：

这一向不是下雨就是下雪，简直没遇到好天。

他不是左丢一鼻子，就是右扯一眼，甚至指桑骂槐，寻端觅衅。（儿二七）

此不北走胡即南走越耳。（史·季布传）

大约军事之败，非傲即惰，二者必居其一。

若非群玉山头见，会向瑶台月下逢。（李白诗）

18.74　还有一种假设句法常用来表示交替关系：先说一事，然后用“（要）不”折入第二事（参阅22.73）。例如：

可就是这一头儿没得车道；骑牲口，不就坐二把手车子也行得。（儿一四）

这么长天，你也该歇息歇息，或和他们顽笑；要不瞧瞧林妹妹去也好。（红六四）

他侄儿也真乖觉，总是敲我竹杠，托我买东西。要不是，就有算学难题叫我替他做。（姑姑）

不如立其兄弟，不即立赵后。（史·张耳陈馀列传）

尝试语于众曰，“某良士，某良士。”其应者，必其人之与也；不然，则其所疏远，不与同其利者也；不然，则其畏也。不若是，强者必怒于言，懦者必怒于色矣。（韩愈：原毁）

第二例先用“或”，后用“要不”，连接三个交替之件。末例因已用“不然”表交替，故次句作相反假设时改用“不若是”。

两非

18.81　两非句指用“(既)不……(又)不”等词连系的句子。这一类句子的肯定式，也许是加合，也许是交替，既经否定，结果是一样。例如“不麻不秃”，可以说是“又麻又秃”的否定，也可以说是“或麻或秃”的否定。肯定的时候，加合和交替是两种关系：二者兼有，或二者有其一；否定的时候，只有一个意义：二者皆无。(中文用“既不……又不”，是当作加合句的否定，更确切点说是否定句的加合；英语用 neither... nor，是当作交替句的否定。)以下是两非句的例子：

> 既不抽烟，又不喝酒，这几个钱尽够他零花了。
>
> 新来瘦，非关病酒，不是悲秋。(李清照词)
>
> 富贵不能淫，贫贱不能移，威武不能屈，此之谓大丈夫。(孟·滕文公下)

18.82　以上例句都可以算是顺同性加合或不尽性交替的否定，这个没有什么可以讨论。比较有意思的是对待性加合(18.47)或尽性交替的否定。对待性加合常含有矛盾，如“既欲其生，又欲其死”，交替句改为二者择一，就消除了这个矛盾，如“或欲其生，或欲其死”。现在两端俱加否定，又就有了矛盾。有时形成一种无办法或不调和的情境，例如：

非鸦非凤；非驴非马。
不中不西；不僧不俗。
男不男，女不女。
不战，不和，不守；不死，不降，不走。
哭不得，笑不得。〔啼笑皆非〕
去又不是，不去又不是。〔去住两难〕
每年间闹一春一夏，又不老，又不小，成什么？（红四五）
既不能令，又不受命，是绝物也。（孟·离娄上）
既不能强，又不能弱，所以毙也。（左·僖七）

18.83　有时候，矛盾变为折衷，例如：

不中不西＝半中半西。
不新不旧＝半新半旧。

“半新半旧”又可以说“半新不旧”，那是两种说法混而为一的结果；又或说“道新不旧”，那是“道新不新，道旧不旧”之省。这两种说法，照字面都是不好讲的，但已经成为熟语。

18.84　还有用两非句表恰到好处的，例如：

这几句话，不卑不亢，异常得体。
早也不来，迟也不来，刚开饭，你来了。
不高不低，一箭射个正着。

不大不小；不疾不徐；不即不离。

这些例句里何以无矛盾而只有恰好？原来这些被否定的形容词都应该加一个“太”字讲，“不大不小”意思是“不太大，不太小”。

排除

18.91　表示排除关系，用“除……外”或“自……外”，或单在前面用“除”，或单在后面用“外”。所排除的往往只是一个词，就是说底下所说的事实不适用于这个词所代表的一部分人或物（或事）。例如：

我这里除了邓褚二家之外，再没个痛痒相关的人。（儿二〇）
中国之画，自肖像而外，多以意构。（图画）
除了喝酒，什么都可以奉陪。
除却天边月，没人知。（韦庄词）
大铁椎外，一物无所持。（铁椎）

18.92　有时候“除”字底下是一个小句，这个小句代表一个和下面的小句正相反对的事实。例如：

除了玉凤姑娘不吃烟，那娘儿三人每人一袋烟。（儿二〇）
除了酒喝你不过，别的无不可以奉陪。
我国造象：自如来袒胸，观音赤足，仍印度旧式外，鲜不具

冠服者。（雕刻）

18.93　还有些句子，虽然用排除的句法，实际上所包含的却是加合关系，而且多数是递进的（参阅 18.36），这不可不和前边的例句辨别。例如：

大铁椎外，复挟短剑。

除已向该行挂失外，特再登报声明。

不设色之画，其感人也，纯以形式及笔势；设色之画，其感人也，于形式笔势之外，并用激刺。（图画）

卖不到钱还不算，还常挨打受骂的。（冬儿）

第十九章　异同·高下

19.11　异同，高下，都生于比较，所以本章所论句法可以总称为比较句。两件事情，要是完全相异，那就或是无关系可言，如“今天热”和“你姓张”，或是构成别种关系，如“今天热，不去了”（因果），“你姓张，又是济南人”（加合），但不构成比较关系。必须有相同的部分，又有相异的部分，才能同中见异，或异中见同，才能有比较关系：同中见异，如“昨天热，今天更热”（高下）；异中见同，如“你姓张，我也姓张”（类同）。

类同

19.12　先讨论类同关系，就是白话的“也”和文言的“亦”所表示的关系。这两个字是一个词的一古一今的两个形式，本是限制词，但用在这类句子里有连系的作用。“也”字常叠用在上下句，“亦”字多数单用在下句，下面按相比的部分分类举例。

两小句的主语相比，如：

> 云是白的，山也是白的；云有亮光，山也有亮光。（老残一二）
> 我喜，您也喜，大家同喜。（冬儿）
> 鱼，我所欲也；熊掌，亦我所欲也。（孟·告子上）

语未毕,予泣,妪亦泣。(项脊)

我能往,寇亦能往。(左·文十六)〔兼条件关系〕

19.13　止词或补词相比,如:

我此举也算为你,也算为我。(儿一六)

也难为你妹妹真会说,也难为你真听话。(儿二七)

这可就是作父母带儿女的心肠,叫作乖的也疼,呆的也疼。(儿二六)

你既给他做了一个,也得给我做一个。〔兼因果〕

不受于褐宽博,亦不受于万乘之君。(孟·公孙丑上)

19.14　主语和谓语的一部分交换比较,如:

好孩子会变坏,坏孩子也会变好。

我自来不会合人顽笑,也从没人合我顽笑。(儿三八)

不但你想见他们,他们也在那里想见你。(儿二〇)〔兼递进〕

谋人,人亦谋己。(左·宣十四)〔兼条件〕

19.15　谓语的附加部分(包括条件小句)相比,如:

放着自己的正经不干,东也去插一手,西也去插一手。

这个菜也可以生吃,也可以熟吃,也可以蒸了吃,也可以炒了吃。

咱们都是至亲骨肉,说那里的话,家里也是住着,在这里

也是住着。(红六四)

你以为可,也是这样定了;你以为不可,也是这样定了。(儿九)

臣饮一斗亦醉,一石亦醉。(史·滑稽列传)

19.16 "也"字和"亦"字的基本作用是表示类同关系,但用"也"和"亦"连系的句子可以同时有别种关系,如因果和条件(例见上);又可以发展为递进的关系(参阅18.37及23.32—36"连……也")。更重要的,这类句子又常常用来表示"无论……"的意思。不但上面最后几个例句,条件异而结论同,显然属于这一类:"无论喝多喝少","无论你答应不答应";其他例句中也有好些个隐含此意:"无论乖的呆的,全都疼","无论家里这里,一样的住","无论生熟蒸炒,都可以吃"。(参阅23.51—54)

在另一方面,"也"和"亦"所表的关系也可以变成很淡薄,结果我们不感觉前后两事之间有多大的类同,只觉得是一种泛泛的联合。我们上面所举例句中没有动词相比以及全部谓语相比的例子。换句话说,那些例句中,相比的即相异的部分各各不同,而相同的部分却都是谓语或谓语的核心,一个动词或是形容词。类同关系是异中见同,类同之感建立在相同的部分之上。谓语是句子的重心所在,谓语同则类同之感强。要是只有主语相同,实不足以产生充分的类同之感。以下的例句中,有动词虽异而附加部分相同的,这里面我们还觉得有相当的类同关系;有仅只主语相同的,有全无相同的部分的,这些都可以认为仅表两事的一般联合(其余例句见18.13)。

他也会做诗，也会画画，就只不知道饭是怎么做的。

君以此始，亦必以终。（左·宣十二）

茶也喝够了，时候也不早了，咱们走罢。

累十余战，辄捷；而公亦身中数创。（彭绍升：任公画像赞）

比拟

19.21　我们常常说这件东西像那件东西，或是说这件事情像那件事情。表示两物或两事之间的类似关系，白话用“像”，文言用“似”、“如”、“若”、“犹”等。这些词，以前说过，是“准系词”（5.54）；而“系词”，虽然据有动词的位置，以作用而论实无异于关系词。此外，白话又用“一样”或“似的”（此处“似”音“是”，所以也有就写作“是的”的），放在用来比较的事物之后，和“像”、“如”等字不同，倒像个词尾似的。

我们说“什么像什么”，有时是实实在在的“像”，如“猢狲像人”，“花红似苹果而较小”；有时是活用，就是修辞学上所说“比喻”，例如“车如流水马如龙”。尤其是两事相比，大多属于比喻，因为事情不像物件，他们的相似点大率不是官觉所能直接觉察的。同是比喻，也有明显和不明显的分别：例如马和龙的类似（矫健）是容易看出的，车和流水的相似（不断）就不这样明显，要求更多的想象力，因而也就获得更大的修辞效果。在这类比喻句内，我们不但可用“如”、“若”等准系词，还可以用“是”和“为”；实比的句子反而不行。

19.22　就句法上说，两事相比和两物相比不同，两事相比又因动词的同异而有分别。还有一个区别,是相似之点的说明或不说明。

两物可以相比,一定是因为两者之间有相同的属性(形状,颜色,以及更抽象的什么)。有些句子里含有表明这个属性的形容词,例如:

> 眉毛弯弯的,淡淡的,象新月。(冰心:分)
> 急得热锅上蚂蚁一般,一夜也不曾好生得睡。(儿三)
> 君子之交淡若水,小人之交甘若醴。(庄·山木)
> 余音袅袅,不绝如缕。(赤壁赋)
> 问君能有几多愁?恰似一江春水向东流。(李后主词)

有许多成语是属于这一式的,如:

> 猛如虎,贪如狼。
> 安如磐石;危若朝露。
> 翩若惊鸿,婉若游龙。

19.23 上面的例句中,先说出形容词,后说出用来相比的物件。又有把这个次序倒过来,把形容词说在后头的,如以下的例句:

> 雪一样的白;冰一般的冷。〔更紧缩为"雪白,冰冷"〕
> 闻今溪峒有一黄淡色马,高止四尺余,其耳如人指之小,其目如垂铃之大。(岭外代答)

如月之恒，如日之升，如南山之寿……如松柏之茂。（诗·小雅）

但教心似金钿坚，天上人间会相见。（白居易：长恨歌）

夫兵犹火也，弗戢将自焚也。（左·隐四）

19.24　有时候，两物相比，不说明类似点。或是因为是形状，颜色，声音等等相似，无需说明（实比句）。或是故意不说明，以含蓄见胜（比喻句）。其实，如上节的末了一例，若是截去说明的小句（其余的例句也有可以省去形容词的），也就和下面的例句相同了。

他长得真像他哥哥，不是熟人竟分不出谁是谁。

这孩子可利害，从小就是大男孩似的，一直到大也没改。（冬儿）

便拉着贾母，扭的扭股糖儿是的，死也不敢去。（红二三）

手如柔荑，肤如凝脂，领如蝤蛴，齿如瓠犀。（诗·卫风）

回乐峰前沙似雪，受降城外月如霜。（李益诗）

闻有声自西南来者……如波涛夜惊，风雨骤至。（秋声赋）

世称庾文康为丰年玉，稚恭为荒年谷。（世说·赏誉）〔谓庾亮、庾翼，亮有廊庙之器，翼有匡世之才。〕

子阳，井底蛙耳。（马援传）〔不用系词。子阳：公孙述。〕

19.25　以上是两物相比的例子，以下说两事相比。同一主语所为两事相比，用同一动词，或复出或不复出。实比为多。例如：

君之视臣如手足，则臣视君如腹心；君之视臣如犬马，则臣视

君如国人：君之视臣如草芥，则臣视君如寇仇。（孟·离娄下）

吾未见好德如好色者也。（论·子罕）〔“好”复出〕

今汉王慢而侮人，骂詈诸侯群臣如骂奴耳。（史·彭越传）〔“骂”复出〕

嗟乎，使平得宰天下，亦如是肉矣。（史·陈丞相世家）〔“宰”不复出〕

19.26　主语无定（省略）或主语不同之两事相比，动词也不一定相同的，大率是比喻性质。有在底下说明类似点（即可以相喻之道）的，例如：

人有聚就有散，聚时欢喜，到散时岂不冷清？既冷清则生感伤，所以倒是不聚的好。比如那花，开时令人爱慕，谢时则增惆怅，所以倒是不开的好。（红三一）

教学者如扶醉人，扶得东来西又倒。（二程语录）

为学正如撑上水船，一篙不可放缓。（朱子语类）

善养生者若牧羊然，视其后者而鞭之。（庄·达生）

陛下用群臣，如积薪耳，后来者居上。（史·汲郑列传）

以地事秦，如抱薪救火，薪不尽，火不灭。（苏洵：六国论）

19.27　也有寓意甚明，不必解说的，例如：

以齐王，由反手也。（孟·公孙丑上）〔一样容易〕

以若所为求若所欲，犹缘木而求鱼也。（孟·梁惠王上）〔一样困难〕

孤之有孔明，犹鱼之有水也。（蜀志·诸葛亮传）〔一样融洽〕

仆之思归，如痿人不忘起，盲者不忘视也。（史·韩王信传）〔一样的念念不忘〕

士赴矢石，如渴得饮。（史·货殖列传）

神之于质，犹利之于刃；形之于用，犹刃之于利。（范缜：神灭论）

19.28　另有一类两事相比的句子，不用"犹"、"如"等字连系，采取平行的结构，比喻在前，正意在后。这些比喻句，不但句法和前面几种不同，作用也有点儿两样。前边的例子都是即事为喻，这个比喻也许是现成的，但正句则为当时的特殊的一件事。而下面的例句则比喻之后继以原理式的论断，尽管切合目前之事，但和上下文在句法上不相联属。好些谚语或格言采取这个形式。例如：

钟不打不响；话不说不明。（儿五）

路遥知马力；日久见人心。

豹死留皮；人死留名。（五代史·王彦章传）

伐柯如何？匪斧不克；取妻如何？匪媒不得。（诗·豳风）

射人先射马；擒贼先擒王。（杜甫诗）

19.29　古所谓"隐语"，北京现在称为"俏皮话"者，其实也只是一种比喻句，用一件事情（一个小句，或一个词组）来刻画一个情景，或继以说明，或省而不说（这样的就叫"歇后语"）。论句法，和上面19.26—7两节的例句相似。不同的是：不用"犹"、"如"等字，常常正句归正句，比喻另用“这叫做”之类的词开端；有时前面有一个主语，却又往往直接下面的说明句，当中的比喻仿佛是一个“插语”。总之，基本的句式是一喻一解，而用在连贯的言语里则有种种变化。例如：

哑子吃黄连，有苦说不出。

火烧眉毛，且顾眼前。

那宝玉是个“丈八的灯台”，照见别人照不见自己的。（红一九）

也不是我坏良心儿兜揽你，因为咱们俩是“一条线儿拴两蚂蚱”，飞不了我，迸不了你的。（儿四）

这就叫“秃子当和尚，将就材料儿”。（儿六）

这叫作“清晨吃晌饭”，早呢。（儿三二）

你这孩子才叫他娘的“狗拿耗子”呢！你又懂得几篇儿是几篇儿？（儿三四）〔多管闲事〕

不用问，狗嘴里还有象牙不成？（红四二）〔他嘴里不会有好话〕

近似

19.3　另有一类句子，这里面并非以一事比另一事，只是一句话不愿意说得十分肯定，只说是“似乎如此”。这里面也有比喻性质的，就是明明不会有这样的事，只是“就像有这样的事似的”。表示这种“近似”的概念，白话仍用“像”和“似的”；文言多用“若”字，

“如”字较少，更不用“犹”，底下常有“然”字或“者”字相呼应。例如：

我站得远，没看清，样子像是他哥哥。

成天皱起个眉，就像天要掉下来似的。

听他的口气，就像已经不成问题了似的。

你可问他么，倒像屋里有老虎吃他呢！（红二一）

他沉思了，似乎要追想起那时的情景来。（鸭的喜剧）

耿耿不寐，如有隐忧。（诗·邶风·柏舟）

夫鸡肋，食之则无所得，弃之则如可惜。（后汉·杨修传）

山有小口，仿佛若有光。（桃源）

其声呜呜然，如怨如慕，如泣如诉。（赤壁赋）

人之视己，如见其肺肝然。（大学）

松外东来一衲，负卷帙踉跄行，若为佛事夜归者。（核工）

子之哭也，一似重有忧者。（檀弓）

高下

19.41　我们常常就某一种属性来比较两件东西（或事情），因而分出高下，大小，长短，难易等等。就高者对下者说是“胜过”，就下者对高者说是“不及”；高下同则为“均齐”，一胜余则为“尤最”。

比较两件东西的高下，发为问题，可以有两种句式。一种句式是用抉择式是非问句，例如：

英文难学呢，还是法文难学？

君贵乎，民贵乎？

第二种句式是应用抉择指称词“哪”和“孰”，这在11.33已经讲过。可是“孰”字除“父与夫孰亲？”这种句式外，还可以和“与”连用，把拿来比较的两个名词分嵌在上下两头。用以相较的形容词通常在后，间或也可以在前。在这种句式里，有时也用“何如”来代“孰与”。例如：

忌不自信而复问其妾曰，“吾孰与徐公美？”……旦日客从外来，与坐谈，问之曰，“吾与徐公孰美？”（齐策）

沛公曰，“君安与项伯有故？”张良曰……沛公曰，“孰与君少长？”良曰，“长于臣。”（项羽）

参免冠谢曰，“陛下自察，圣武孰与高帝？”（史·曹相国世家）

长安何如日远？（世说·夙惠）

例一里“孰与”和“与……孰”二式同见。例三形容词在“孰与”前。

19.42　表示均齐，所用句法一部分跟两物相比的比拟句差不多，在意念上，这两类句子也难于分清。例如：

他跟他哥哥一般儿高。

只要是出门，一百里和一千里是一样的麻烦。

这里最热的日子也有我们家乡那么热。

你能跳多高，我能跳多高。

安得万里裘，盖裹周四垠，稳暖皆如我，天下无寒人？（白

居易诗)

截半簾搭在横竹上,垂至地,高与桌齐。(记趣)

19.43　我们又可以用否定差异的说法来表均齐,如:

这孩子吃饭也不比人少,不懂为什么老长不好。

经营居积,年入不下十万。

婿身名宦尽不减峤。(世说·假谲)

不及

19.44　表示不及,文言用"不如"为主。照字面讲,"不如"只是"不一样",应该过与不及都可适用,但实际只限于"不及"。例如:

十室之邑,必有忠信如丘者焉,不如丘之好学也。(论·公冶长)

得汉食物皆去之,以示不如湩酪之便美也。(史·匈奴传)

徐公不若君之美也。(齐策一)

白话除用"不如"外,又说"比不得"、"赶不上"、"没有"等等:

今年的收成不如去年好。〔去年=去年的收成〕

你应该说,这张照片固然很好看,但是总不及照片的主人

好看。(一只马蜂)

地气北转了,这里在先是没有这么和暖。(鸭的喜剧)

19.45 以上的例句都说出用作比较标准的属性。有时这个属性不说明:在这些句子里,“不如”之后可说隐有“佳”、“便”、“可取”、“可恃”、“有效”、“能干”等形容词。例如:

百闻不如一见。(汉·赵充国传)

天时不如地利,地利不如人和。(孟·公孙丑下)

不闻不若闻之,闻之不若见之,见之不若知之,知之不若行之。(荀·儒效)

19.46 有时又在这类句子的头上加一小句,表示“佳”、“便”等适用的方面,有“若论……”之意。或在比较句之后再来一个解释小句,有“因为……”之意。例如:

骐骥骅骝,一日而驰千里,捕鼠不如狸狌。(庄·秋水)

夫用贫求富,农不如工,工不如商,刺绣文不如倚市门。(史·货殖传)

长恨人心不如水,等闲平地起波澜。(刘禹锡诗)

胜过

19.51 表示胜过,白话里有两个方式。一是分作两小句说,下者在先，高者在后，后者的形容词前加"更"字。例如：

我只说我慢了，谁知你更慢。

几棵枫树映照在晚霞里，太阳红，枫叶更红。

19.52　第二个方式是用"比"字连接相比的两件东西，高者在先，下者在后，底下的形容词或在其前加"还"或"更"，或在其后加"些"（点），或前后都加，或前后都不加。例如：

电灯比油灯亮，花钱也比油灯省。

他不想拧的比张姑娘更拧，点着了照旧递到公公手里。（儿三五）

你还要比？你还要笑？你不比不笑，比人家比了笑了的还利害呢。（红二二）

这儿比你那儿清静点儿。

他要写个字条儿，比拉个头号硬弓还要费力些。

以上两节例句中，凡是用"更"或"还"的，虽有高下之分，两者都是正性的；不用"更"或"还"，就似乎是一正一负了。比较：

今天比昨天冷。〔昨天不算冷〕

今天比昨天还冷。〔昨天已经相当冷〕

19.53　不但在回答对方的问话的时候，可以只说一端，例如：

“青城和峨眉哪一处风景好?”——“我觉得峨眉好。”

就是不是回答问话,也可以省去相比的一端。这种句子里大率要加用“些”字,前面间或用“更”,又可用“再”,不用“还”。例如:

就拿今日的天气比,分明冷些,怎么你到脱了青肷披风呢?(红二〇)〔比昨天〕

这两日方觉身上好些了。(红六四)〔比早两日〕

这个还嫌小些,再大(些)的还有没有?〔比我要的小些;比这个大的。〕

19.54　文言里也有用“比”、“视”等字连接相比的两端的。例如:

图画之内容……视建筑雕刻为繁复。(图画)

有功之生也,孺人比乳他子加健。(先妣)。

19.55　但是文言里表示胜过的最普通的形式是在形容词后加“于”。相比之两端,高者位于其前,下者位于其后。例如:

小子识之,苛政猛于虎也。(礼记·檀弓下)

王如知此,则无望民之多于邻国也。(孟·梁惠王上)

霜叶红于二月花。(杜牧诗)

一树春风万万枝,嫩于金色软于丝。(白居易:咏柳)

间或有省去这个“于”字的，例如：

　　敝邑之王所甚悦者无大大王，惟仪之所甚愿为臣者亦无大大王。（秦策二）

　　退而让颇，名重太山。（史·廉蔺列传）

　　夫冀北马多天下。（韩愈：送温处士序）

　　海潮南去过浔阳，牛渚由来险马当。（李白诗）

早期白话也有用“如”和“似”表比较的句子，和文言的用“于”的句法相同。现在只用于递进式的比较，而且也和文言句子里的“于”字一样，有时可以省去。例如：

　　蕉子，芭蕉极大者……又名牛蕉子。鸡蕉大，小如牛蕉……芽蕉子，小如鸡蕉，尤香嫩甘美。（范成大：桂海虞衡志）

　　三个孩子一个强似一个，你叫他怎么不乐？〔递进〕

　　从这里起，就一步难（似）一步了。〔递进〕

尤最

19.56　尤最即通常所谓“极比”，意思是说某一事物在某种性质上胜过（或不及）其余的同类事物。表示这个意思有两种方式；或是从正面说，或是从反面说。从正面说，普通应用“最”、“尤”（“尤其”）、较（“比较”）等字。“最”字的例如：

最后五分钟;最近三百年。

这么些个孩子,数你最淘气。

西南山水,惟川蜀最奇。(宋濂:送陈庭学序)

无情最是台城柳,依旧烟笼十里堤。(韦庄诗)

“最”、“尤”、“较”三字虽然同是表示胜过其余,但不能交换使用,因为涵义不同。“最”是纯正的极比,对于其余事物的性质正负无所假定。用“尤”字就假定其余也都是正的,例如:

流行性感冒是一种传染病,身体不好的人尤其容易感染。

苍本好书,无所不观,无所不通,而尤善律历。(史·张丞相传)

于故人子弟为吏及贫昆弟,调护之尤厚。(史·酷吏传)

其西南诸峰,林壑尤美。(醉翁亭记)

用“较”字则假定其余的为负,例如:

各科之中,算术较难。

昧理之人,于事理之较为复杂者,辄不能了然于其因果之相关。(理信与迷信)

说“算术较难”,意思是说其余各科“较易”。若说“尤难”,就是其余“亦难”。若说“最难”,则其余或难或易,无所可否。

“尤”字的意思和“更”字相近,“较”字的作用和“些”字相似。“较”字是现代才有的用法,“些”字是口语里旧有的说法。“更”和

“些”也可用在一物和余物相比的句子,例如:

各种功课里头,就只算术难些。

这得用隔年的雪水,立春前下的更好。

19.57　从反面说的方式就是否认有胜过某物者,如此则不独某物之为最胜,显然可见,而且比从正面说更有力。例如:

滑再滑不过你了,也不知是真话啊,也不知是赚人呢。(儿三二)

再没有比这一群建筑更调谐更匀称的了。(康桥)

该做的事没有做完,便象是有几千斤重担子压在肩头,再苦是没有的了。(最苦与最乐)

天下莫大于秋毫之末,而太山为小;莫寿于殇子,而彭祖为夭。(庄·齐物论)

治地莫善于“助”,莫不善于“贡”。(孟·滕文公上)

晋国,天下莫强焉。(孟·梁惠王上)〔焉=于之〕

乐莫乐兮新相知,悲莫悲兮生别离。(古诗)

首末两例的形容词都复出,第一个前面隐有“若论”之意。

就动作比较

19.58　以上都是就属性(形容词)来比较,可是我们有时也就动作(动词)来比较。严格说,动作是不能比较高下的,只有在动作的程度上分强弱。所以往往用"甚"字来表程度,就"甚"字作比较。例如:

太后曰,"丈夫亦爱怜其少子乎?"对曰,"甚于妇人。"太后笑曰,"妇人异甚。"对曰,"老臣窃以为媪之爱燕后,贤于长安君。"曰,"君过矣,不若长安君之甚。"(赵策四)〔"异甚",尤甚;"贤于"即"甚于",可与英语 better 比较。〕

后会五铢钱白金起,民为奸,京师尤甚。(史·酷吏传)

上平生所憎,群臣所共知,谁最甚者?(留侯)

老臣有四男一女,爱女甚于男。(汉·张禹传)

但我们也常常直接用动词来比较。例如:

吾爱吾师,吾尤爱真理。〔比较上举"爱女甚于男"〕

然是说也,余尤疑之。(苏轼:石钟山记)

天下谁最爱我者乎?(史·佞幸传)

他姑妈最爱他。〔两种意义:或为"谁最爱他?"的答语,或为"他姑妈最爱谁?"的答语〕

得失:宁

19.61　比较两件事情的利害得失,不仅是认识的问题,实与行动有关。所用句法和判别两物高下的句子也颇有异同。可以分成用“宁”和用“不如”的两类，两类都可以加用“与其”。

先讨论用“宁”的句子，并且先说问话式。这类较量得失的问话，或叠用两“宁”字，或上用“宁”而下用“将”、“抑”等字(如意存去取，则大率可取之一端用“宁”)，属于抉择式是非问句。例如：

此龟者，宁其死为留骨而贵乎？宁其生而曳尾于涂中乎？(庄·秋水)

虞卿谓赵王曰：“人之情宁朝人乎？宁朝于人也。”赵王曰。“人亦宁朝人耳，何故宁朝于人？”(赵策四)

宁正言不讳以危身乎？将从俗富贵以偷生乎？(楚辞·卜居)

白话用“还是”，和一般抉择是非问(16.41)无别。

19.62　直陈得失有二式，都用“宁”字表可取的一端。或上用“与(其)”，下用“(毋)宁”，例如：

礼，与其奢也，宁俭；丧，与其易也，宁戚。(论·八佾)

与其害于民，宁我独死。(左·定十三)

燕将见鲁连书，喟然叹曰，“与人刃我，宁自刃。”乃自杀。(史·鲁仲连传)

19.63　或上用“宁”，下用“毋”或“不”。用“毋”的例如：

宁为鸡口，无为牛后。(韩策)

宁见乳虎，无值宁成之怒。(史·酷吏传)

宁阙无滥。

"宁……不……"通用于文言和白话，但白话不很单说"宁"字，常说"宁可"。例如：

宁饮建业水，不食武昌鱼；宁还建业死，不止武昌居。（吴志·陆凯传）

吾宁斗智，不能斗力。（项羽）

大丈夫宁可玉碎，不能瓦全。（北齐书·元景安传）

宁撞金钟一下，不打铙钹三千。（红七二）

白话还有省去"宁"字的，例如：

一手托两家，耽迟不耽错。（儿一七）

19.64　接答问句，可以单用"宁"字，说明可取之一端，如19.61例二赵王答语。不接问话而单用"宁"字的例子也有。要是所比之事不明（即"如此"与"不如此"相比），则常常加"的好"、"之为愈"，等于说"最好是……"，例如：

赵予璧而秦不予赵城，曲在秦。均之二策，宁许以负秦曲。（史·廉蔺列传）

但吾人所以律己者，宁多尽义务而少享权利。（权利与义务）

只怕将来有事，咱们宁可疏远着他好。（红七二）

不如

19.65　得失句的另一类，问话式用"孰"字表抉择，如：

> 杀晋君，与逐出之，与以之归，与复之，孰利？（晋语）

但通常把词序换过，用"孰与"连接两端，如：

> 大天而思之，孰与物畜而裁之？从天而颂之，孰与制天命而用之？（荀·天论）
>
> 邯郸之难，赵求救于齐，田侯召大臣而谋曰："救赵孰与勿救？"邹子曰："不如勿救。"（齐策）

这种问句，或为真性询问，如例二；或意存去取，则可取的一端大率放在"孰与"之后，如例一。

19.66　若前端加"与其"，那就多数是反诘，后面多用"孰若"或"岂若"，都等于"不若"。例如：

> 且而与其从辟人之士也，岂若从辟世之士哉？（论·微子）
>
> 与其有誉于前，孰若无毁于其后？与其有乐于身，孰若无忧于其心？（韩愈：送李愿归盘谷序）

明用"不若"或"不如"的，如：

丧礼,与其哀不足而礼有余也,不若礼不足而哀有余也;祭礼,与其敬不足而礼有余也,不若礼不足而敬有余也。(礼记·檀弓)〔比较19.62论语例〕

与其生而无义,固不如烹。(史·田单传)

19.67 以上都是文言的句式。白话无"孰与"式的问话,只有用"不如"的直陈。上端的"与其"也大率不说,形式和一般比较句之"不及"式一样。如:

与其那样,还不如及早认清自己的深浅。(康桥)

求人不如求己。

多一事不如少一事,是懒人的话。

19.68 单用"不如",接答问话,如19.65末例。又有不接问话,甚至无比较之事的例子,如:

这几天太阳已经很利害,不如叫他们先把南房里的皮衣服拿出来晒一晒。(一只马蜂)

倒不如蓬门僻巷,教几个小小蒙童。(郑燮:道情)

司马错欲伐蜀,张仪曰:"不如伐韩。"(秦策)

春夏有鸟,若云"不如归去",乃子规也。(禽经)

这一类句子,文言里用"莫若"比用"不如"更普通。例如:

方今之务,莫若使民务农而已矣。(重农贵粟疏)

东亦客也,不可以久。图久远者,莫如西归。(祭十二郎文)

倚变(比例)

19.71　前面讨论的同异、高下、得失等等,都是静止的比较。有时两件事情都在变化,而互相关联,共进共退,这样的时候我们说这两件事情之间有倚变的关系,或函数的关系,含混一点,也可以说是比例的关系。表示这种关系文言用"愈"字,白话用"愈"或"越",上下叠用。例如:

越大越没规矩。(红二〇)

一时越着急越没话,越没话越要哭。(儿四〇)

主张越出越多,头绪愈弄愈繁,办事的人也一天增加一天。(求学)

人有畏影恶迹而去之走者,举足逾数而迹逾多。(庄子)

武士劲卒愈多,愈多愈病耳。(魏志·杜恕传)

入之愈深,其进愈难,而其所见愈奇。(游褒禅山记)

19.72　间或有单在下半句用"愈"、"益"等字的,也可以表示倚变,如:

上问曰:"如我能将几何?"信曰:"陛下不过能将十万。"上曰,"于君何如?"曰,"臣多多而益善耳。"(淮阴)〔=愈多愈

好〕

清之而俞浊者，口也；豢之而俞瘠者，交也。（荀·荣辱）〔=愈清之而愈浊〕

19.73　但多数单用的“愈”字或“益”字，没有继续变化之意，只是单纯的增益，等于说“更加”。和这相联的小句，也许仅仅指示另一件事与此在时间上相关，但很多时候兼有指示原因的作用，这儿的“愈”或“益”就有“因此更加”之意。白话在此等处不单说“越”而说“越发”。此外，白话也用“更”，文言也用“加”和“弥”。例如：

只听桂花阴里又发出一缕笛音来，果然比先越发凄凉。（红七六）

人家恭维了他两句，他就越发得意忘形了。

这更好了，人家本主儿出来了。（儿一七）

丞相遂发病死，错以此愈贵。（史·晁错传）

或遇其叱咄，色愈恭，礼愈至。（送马生序）

少年闻之，愈益慕解之行。（史·郭解传）

西人更益以绘影写光之法，而景状益近于自然。（图画）

燕王知之，而事之加厚。（史·苏秦传）

天下愚者众而贤者希，愚者固忌贤者；贤者又自守，不与愚者合，愚者加怨焉。（王安石：答段缝书）

退而修诗书礼乐，弟子弥众。（史·孔子世家）

19.74　一件事情的变化，可以是与时间并行，即为时间的函数。表示这种关系用“日益”，例如：

法令诛罚，日益刻深。（史·李斯传）

田氏日以益尊于齐。（史·司马穰苴传）

毛血日益衰，志气日益微。（祭十二郎文）

可以注意的是只用“益”，不用“愈”。有时连“益”字也省去，例如：

其友皆好矜奋，创作比周，则家日损，身日危，名日辱。（墨子·所染）

故君子之所以日进，与小人之所以日退，一也。（荀·天论）

这是文言的说法，白话的说法是重复时日词，或兼用“似”字（参阅19.55）。例如：

离大考一天近（似）一天，大家都埋头用起功来。

诸君自己的家况，还是一年好一年呢，还是一年不如一年？（夏丏尊：你须知道自己）

雨短烟长，柳桥萧瑟，这番一日凉一日。（毛滂词）

这种句法很容易和前面讲的“越……越……”的句法相混，可是应该分清：那种句子表两件事情的变化，谓语是动词较多；这里却是表一件事情的变化，谓语是形容词较多。

第二十章　同时·先后

时间背景

20.11　两件事情说在一起,当中多半有时间关系,或是同时,或是先后。但我们不一定注意这个时间关系。例如“我昨天跑了一天,今天又跑了一天”,这两件事情自然是一先一后,可是我们注意的是昨天跑了今天“又”跑,我们把他归入加合关系。又如“昨天冷,今天更冷”,这也是有先后可分的,但我们注意的是今天“比”昨天冷,我们把他归入比较关系。此外如因果关系和假设关系,其中也必然含有时间关系,可是我们同样不注意这个时间关系。可是有很多句子是只有时间关系或是以时间关系为主的。这些句子又可以分为两类:或是以一事为另一事的时间背景,或是两事不分宾主。

20.12　以一事为另一事的时间背景,就是说拿甲事来指示乙事发生的时间,作用等于一个时间补词,所以常常加“……的时候”,把他做成词组的形式。例如:

> 你来的时候,太太动身没有?(儿一七)
>
> 只倒茶的这工夫儿,又进来了两个人。(儿四)

客初至时，不冠不袜。（铁椎）

庭有枇杷树，吾妻死之年所手植也。（项脊）

在这样造成的时间补词头上，可以用“当”、“方”等关系词来连系（参阅13.42-6）。例如：

所以我乘你合人家拧眉毛瞪眼睛的那个当儿，我就把你那把刀溜开了。（儿一九）

到责任完了时，海阔天空，心安理得。（最苦与最乐）

等以后有了好的时候，再送老太太吧。（一只马蜂）

方登场时，观者见其险，咸为股栗……（彭士望：觝戏记）

有时候，我们把第一件事情说了，下面用“这时候”来顶接，文言用“是时”，也可以只用一个“时”字。这时候，两件事情的关系比较松懈，第一事不依附第二事，中间大率断句。例见13.33。

20.13 文言里又可以省说“之时”，只在头上用“方”、“比”、“及”、“至”等字。白话里这种句式限于“到”和“乘”。例如：

到了临走，到底还是闹了这么一场笑话。

欧阳子方夜读书，闻有声自西南来者。（秋声赋）

高祖以亭长为县送徒骊山，徒多道亡。自度：比至，皆亡之。（史·高祖纪）

吾所以有大患者，为吾有身。及吾无身，吾有何患？（老子）

及臣生在，令勇目见中土。（后汉·班超传）〔及=乘〕

人当意气相得时，以身相许，若无难事；至事变势穷，不能

蹈其所言而背去者多矣。(杜环)

迨诸父异爨,内外多置小门,墙往往而是。(项脊)

但这类句子又往往加用“……之(或其)……也”,就仍然变成词组的形式。如:

当余之从师也,负箧曳屣,行深山巨谷中……(送马生序)

方其植樊与木也,折者搌者,日月而计辄十数。(刘叟墓碣)

及圃之得卫而道之著表也,人异而询焉。(同)

比其反也,则冻馁其妻子。(孟·梁惠王下)

20.14　乃至不用“方”、“及”等字,单用“……之……也”,也可以表示这个小句是宾,下面的小句是主。例如:

叟之事农也,黎明督子若佣即田圃,非昕昏不息。(刘叟墓碣)

有功之生也,孺人比乳他子加健。(先妣)

拯之官京师,姊刘在家奉其老姑,不能来就弟养。(课诵图)

20.15　甚至有不用关系词,也不用“之……也”,仍然可以看出是以甲事为乙事的背景的。例如:

轩东故尝为厨;人往,从轩前过。(项脊)

发言,声琅琅;与人辩论,事理必尽,必伸其意。(刘叟墓碣)

20.16　以上各节，两事约略同时；就是有先后可分，所用词语也无明白表示。可是有时候我们在上句之末加用“之后”、“以后”等字，说明乙事发生在甲事之后。要是在头上加用“从”或“自”，就表示后事始于前事之时，虽然不用“从”或“自”不一定没有这个意思（参阅13.51）。例如：

那你就写封信回去，等你接到家里回信之后再说罢。（一只马蜂）

到夏天，大雨之后，你便能听到许多虾蟆叫。（鸭的喜剧）

入山以后，屏绝世事，虽家人不相通问。〔自入山以后〕

受命以来，昼夜兢兢。〔自受命以来〕

吾自戊寅年读汝哭侄诗后，至今无男；两女牙牙，生汝死后，才周晬耳。（祭妹文）

予自束发读书轩中。（项脊）

20.17　反过来，又有以后起之事为前有之事的时间背景的，应用“之前”、“以前”等词语。例如：

他还想在我回南之前得一个回信。（一只马蜂）

我动身之前还要来呢，到那个时候再说罢。

粤汉路通车以前，自汉入粤者不得不取道沪港，循江泛海，费时而伤财。

20.18　还有一种说法是在第一小句用“没”、“未”等字。例如：

前儿我的生日，里头还没喝酒，他小子先醉了。（红四五）

还没说上三句话，他就把人家抓了个稀烂。（儿七）

语未毕，予泣，妪亦泣。（项脊）

先帝创业未半而中道崩殂。（出师表）

又有把这两种句法合而为一的，如：

这些书他没有进大学以前就都看过了。

当乘其未发之前，预为布置。

细想起来，这是不合逻辑的：既是“未发”，即无所谓“之前”，应该说“未发之时”或“未发”，或说“发动之前”。但事实上确有这种说法，而且很普通。

相承：则

20.21　不分宾主的几件事情先后相继，常常可以不用任何关系词来连系，尤其是同一起词相承而下的时候。例如：

急忙放下盆子，撂了竹杖，开了锁儿，拿了竹杖，拾起盆儿，进得屋来，将门顶好。（三侠五义五）

晋太元中，武陵人捕鱼为业，缘溪行，忘路之远近，忽逢桃花林。（桃源）

20.22　有时候在上句用“既”、“已”等字。这些字虽然仍是时间副词，在这种句子里实有连系的作用。例如：

单于既立，尽归汉使之不降者。（史·匈奴传）

老父已去，高祖适从旁舍来。（史·高祖纪）

20.23　但更普通的是在下句用“就”、“便”、“即”等字。这些也是副词，可是连系的作用很明显。例如：

冬儿回来知道了，就不答应。（冬儿）

林尽水源，便得一山。山有小口，仿佛若有光。便舍船，从口入。（桃源）

即闻女子问病……参酌移时，即闻九姑唤笔砚……既而投笔触几，震震作响；便闻撮药包裹苏苏然。（口技丙）

20.24　文言里表先后相承，又常用“则”字。“则”字本来也可以作“即”字讲（也许同出一源），用作副词。例如：

既见君子，我心则降。（诗·召南）

吴有豫章郡铜山，濞则招致天下亡命，益铸钱。（史·吴王濞传）

可是就一般而论，显然是关系词。小句中若标出主语，“则”在主语之前。例如：

幽泉怪石，无远不到。到则披草而坐，倾壶而醉；醉则更相枕以卧。（柳记）

诸儿见家人泣，则随之泣。（先妣）

无何，至醉者之家，则又误叩江西人之门。惊起，知其误也，则江西乡音詈之……比至，则其妻应声出。送者郑重而别。（口技甲）〔“则”在“其妻”前〕

至家则君笑而立于门，诘之则以他语支梧。（林觉民传）〔“则”在“君”前〕

20.25　“则”字所连系的两件事情的时间关系，我们说是“先后相承”，这大体上是对的。但是有应该注意的。如上面所举的“至家则君笑而立于门”，以及 20.13 的“比其反也，则冻馁其妻子”，“笑立”和“冻馁”的动作开始于“至”和“反”之先，而在“至”和“反”之时依然存在，这至少应该算是同时。甚至有“则”字小句里的动作明明是在先的，如：

使子路反见之；至则行矣。（论·微子）

“行”明明在“至”之先。又如：

其子趋而往视之，苗则槁矣。（孟·公孙丑上）

及诸河，则在舟中矣。（左·僖三三）

子灿寐而醒，客则鼾睡炕上矣。（铁椎）

雨止，则天已明矣。（戴名世：北行日记）

这些句子里,也都可以说是二事同时或第二事较早。(有“矣”字与否,语气就不同;“及诸河,则在舟中”和“至家则君笑而立于门”相似,我们的感觉是同时,加一“矣”字就和“至则行矣”相似,我们的感觉是第二事较先。)看了这些例子,我们是不是还可以说“则”字的作用是表“先后相承”呢?还是可以的。因为这些例句里的第二事,有的本来是一种状态,如“槁”、“明”、“在舟中”,有的虽以动作开始,且在第一事之先,但这个动作或继续成为一种状态,如“笑而立于门”、“鼾睡炕上”,或遗留一种状态,如“行”(=已去),而这些状态却是直到第一事发生时才被发现的。所以就心理上说,仍是先有第一事,后有第二事。

可是这儿的“则”字,和白话的“就”字不相当,和上节的例句不同。用白话来说,这些“则”字该是“都”、“可”之类。

20.26　用“则”字表示较后之第一事发生时较早之第二事才被发现,这个意思在下列例句中很明显。这些例句的下句都只有一个词,大半是名词,代表一个省去主语的判断句。

> 比至,则一后生。(健儿)
>
> 就而视之,则赫然死人也。(公羊·宣六)
>
> 陨石,记闻。闻其磌然,视之则石,察之则五……六鹢退飞,记见也。视之则六,察之则鹢,徐而察之则退飞。(公羊·僖十六)

其人之为后生,为死人,其石之为石为五,鸟之为六为退飞,都是在“视”和“察”之先就已经成为事实,可是不到“视”和“察”以后,这些事实不为言者所觉知。

先后紧接

20.31　表示两件事情先后紧接，白话常用"才……就……"之类，文言用"适……已……"（这里虽然用"已"，并不表示后者在前者之先）。例如：

忙什么呢，才来就去？

才说今年过年可以舒服两天了，就出了这么件岔事。

那一回我们后院种的几棵老玉米，刚熟，就让人拔去了。（冬儿）

只是我总觉得没有春和秋……夏才了，冬又开始了。（鸭的喜剧）

陛下之臣虽有悍如冯敬者，适启其口，匕首已陷其胸矣。（汉·贾谊传）

救之，少发则不足；多发，远县才至，则胡又已去。（汉·晁错传）

20.32　上半句不用"才"、"刚"等字，用"一"字，则两事之紧接更有间不容发之概。例如：

容易得很，保管一说就成。

从城里别了这么个好灯虎儿来，一进门就叫人家给揭了。

（儿三八）

大丈夫仗本事干功名，一下脚就讲究花钱，塌了锐气了。（儿一五）

文言用“一”时，下半句大率不用“即”字照应。上句有时也用“一旦”。例如：

一触即发。

一落千丈；一泻千里。

今置将不善，一败涂地。（史·高祖纪）

今括一旦为将，东向而朝，军吏无敢仰视之者。（同）

这一类句子也有兼含习惯性的意思的，例如：

这几天也不知他干什么，一下课就不见他的影子。

从这天起，一吃饭就嚷肚子疼。

这可以和下节的例子比较：“一下课”也可以说“每逢下课”，但是那么一改就不能表示他溜得快。

习惯性承接

20.4　两件事情惯常一同出现，有此即有彼，这就构成习惯性连系。在这类句子里，上半句头上常用“每”（参阅11.92），但不是非用不可。下半句白话仍用“就”，文言多用“即”、“辄”、“必”等字；用“则”字而上句无“每”字，往往不显其为习惯性。例如：

凡是他问的，那先生无一不知，无一不能；他也每见必学，每学必会，每会必精：却是每精必厌。（儿一八）

每阴风细雨，从兄辄留。（先妣）

每一巨弹堕地，则火光迸裂，烟焰迷漫。（巴黎油画）

她打牌是许赢不许输，输了就骂。（冬儿）

师出，即与同学诸儿斗……向酒家饮，醉即猖狂生事。（健儿）

食至则食。（王冕）

更深人寂，辄朗诵之。（同）

相承：而

20.5　“而”字在本质上是个以平联为作用的连系词，已在第十八章讨论过。可是“而”字所连的两件事不一定全是同时的（或无时间关系的），尽可以是一先一后的两件事。例如：

始吾于人也，听其言而信其行，今吾于人也，听其言而观其行。（论·公冶长）

予既烹而食之。（孟·万章上）

狙公赋芧，曰，“朝三而暮四”，众狙皆怒。曰，“然则朝四而暮三”，众狙皆悦。（庄·齐物论）

觉而起,起而归。(柳记)

扣槃而得其声……扪烛而得其形。(日喻)

闻其音而知其姓氏,审其语而知其是非。(盲者说)

日出而林霏开,云归而岩穴暝。(醉翁亭记)

草拂之而色变,木遭之而叶脱。(秋声赋)

“而”和“则”是文言里最重要的两个连系词,又同可以用来连系一先一后的两件事,然则这两个字有什么分别呢?大有分别。上边的例句一部分不能改用“则”字,一部分可改用“则”字而意思不同。又如:

用一人焉,则疑其自私,而又用一人以制其私;行一事焉,则虑其可欺,而又设一事以防其欺。(原法)

这一句里边有“而”有“则”。把这两个字倒换过来,句子一样的通,可是意义有别。原句是说有甲事就有乙丙相联之二事,改句是说有甲乙相联之二事就有丙事;原句是说用人必疑而防之,改句就成了用人而疑(也有不疑之时)则防之。这个分别也许是很微细,可是确确实实的是一种分别。

正如“也”字的语气比“矣”字难把握,因为白话有“了”字和“矣”相当而没有字和“也”字相当;同样,“而”字的作用也比“则”字难懂,因为白话有和“则”字相当的“就”字,没有和“而”字相当的字。我们不妨再用两种测验来分别这两个字的作用。第一,用“而”的句子是连绵的,常常是一气呵成的;用“则”的句子是顿挫的,仿佛是一问一答似的。比如说,“到了怎么样?——则披草而坐。醉了怎么样？——则更相枕以卧。”这是“则”字的神气。假如原来用“而”字的句子也照样作成一问一答，我们就会感觉非改用“则”字不可，如“醒了怎么样？——则起。起了怎么样？——则归。”所以用“而”字则两事合为一事，用“则”字则两事仍为两事。

其次，“而”字所表的关系可以从绝对平行到绝对反背，换句话说，可以旋转一百八十度；而“则”字所表的关系大多数在情理范围之内。所以尽管“觉而不起，起而不归”和“觉而起，起而归”同样的通顺，我们只能说“觉则起，起则归”，不能说“觉则不起，起则不归。”这个测验不能句句适用，但在可以适用的句子里很可以见出这两个字的区别。

总之，“而”字圆而“则”字方：“而”字的基本作用是平列的联络，是粘合，是无情的连系；“则”字的基本作用是上下承接，是配合，是有情的连系。“而”字所连两件事虽然不妨有先后相承的关系，但原则上不一定要有这个关系；“则”字可是以表示先后相承的关系为专职。《马氏文通》把这两个字都归入承接连字，可是又说“而”字的作用在过递，不为无见。（要是拿英语来比较，“则”字表示〔when. . . ,〕then. . . 的关系，“而”字则与 and 及 but 相当而兼有 while, whereas, whereupon 诸字之用。）

先后间隔

20.61　前后两事不很密接，往往说完第一事就作一停顿。底下或用“其后”、“于是”等词接说第二事，例如：

吾妻来归，时至轩中，从予问古事……其后吾妻死，室坏不修。（项脊）

于是约车治装，载卷契而行。（冯谖）

用"于是"、"其后"等词，上句已断，下句另起。用"遂"字则句子仍然连贯，可是不如用"即"字密接。例如：

子孙修业而息之，遂至巨万。（史·货殖传）

乃前拔剑击斩蛇，蛇遂分为两。（史·高祖纪）

少者以醉辞，老者复力劝数瓯，遂踉跄出门，彼此谢别。（口技甲）

"遂"字本是终竟之意，例一仍可见。虽然后来用久了本义已经不显，成为一般的继事之词，毕竟和"即"、"则"不同。白话无与此相当的词，以上边的例句而论，有的可说"这才"，有的可说"就"，可是总觉得或过或不及。

20.62　表示先后间隔的更明显的方式是在第二句头上用表示时间长短的词语，如"一会儿"、"顷之"、"未几"、"久之"等，和上文相接；文言常在这些词语底下加用"而"字。"既而"、"已而"的"既"和"已"虽不表时间长短，但表明前事已了，也有相类的作用。例如：

只见他脸上发青……一会价便手脚乱动，直着脖子喊叫起来。（儿三）

少焉，月出于东山之上，徘徊于斗牛之间。（赤壁赋）

顷之,数犬群吠。又顷,益多……久之,司栅者出启栅。无何,至醉者之家。(口技甲)

众宾团坐。少顷,但闻屏中抚尺二下,满堂寂然,无敢哗者。(口技乙)

忽一人大呼"火起"……俄而百千人大呼,百千儿哭,百千犬吠。(同)

未几,汝颍兵起,一一如冕言。(王冕传)

初习法语,未几而改习英语,又未几改习俄语……初习木工,未几改习金工,又未几而改习制革之工。(有恒)〔"而"字一用于前,一用于后,句法于整齐之中寓变化。〕

庭中始为篱,已为墙,凡再变矣。(项脊)

父怒,挞之,已而复如初。(王冕)

既而声渐疏,帘又响,满室俱哗,曰,"四姑来何迟也?"(口技丙)

母无他子……见孝子哑,始亦悲伤,继而且安之。久之且以为胜不哑子也。(哑孝子)

如入芝兰之室,久而不闻其香。(家语)

有待而然

20.71 有一类句子所包含的不但是一先一后的两件事,并且隐隐含有无甲事则无乙事的意思。例如"老五来了,告诉我大哥已经回家",这只单纯地表示一先一后两件事。换个说法,"老五来了,我才知道大哥已经回家",仍然是一先一后两件事,但是这种说法隐含着"老五不来我还不知道大哥已经回家呢"。"不……不……"的说法是明显的条件句(22.42)，如照原来的正面说法，则浮在表面的仍是时间关系。

这种关系白话多用"才"或"方才"来表示。这个"才"字用在下半句，和用在上半句的"才"(20.31)所表示的关系截然不同。句末常用"呢"。例如：

> 差不多吃了二十年的苦，才把他们带到这么大。(一只马蜂)
>
> 又闹了四五年，这才慢慢的平息下去。
>
> 等我性子上来，把这醋罐子打个稀烂，他才认的我呢！(红二一)
>
> 话虽这等说，只你这眉梢眼角的神情，合那点朱砂痣合两个酒窝儿，也不知费了我多少话才画得成的呢。(儿二九)

20.72　文言里和"才"字相当的是"始"和"乃"，也都是副词。用"始"字，前面可以用"而"字。例如：

> 日影反照，室始洞然。(项脊)
>
> 又复试验八年，而始成佳品。(有恒)
>
> 思悠悠，恨悠悠，恨到归时方始休。(白居易词)

用"乃"字，下接"得"、"能"等字，所含条件之意较重，否则往往甚轻，有时几乎和单纯的先后相承无分别。以下是有待而然的意思较显的例：

孺人中夜觉寝，促有光暗诵孝经；即熟读，无一字龃龉，乃喜。（先妣）

每居小楼上，客至，僮入报。命之登，乃登。（王冕）

一死一生，乃知交情；一贫一富，乃知交态；一贵一贱，交情乃见。（史·汲郑列传）

闻汝丧之七日，乃能衔哀致诚，使建中远具时羞之奠，告汝十二郎之灵。（祭十二郎文）

顶有屋数十间，曲折依崖壁为栏楯，如蜗鼠缭绕乃得出。（晁补之：新城游北山记）

20.73　文言里面，表示这种“有待而然”之意最显著的是用“而后”和“然后”的句子。例如：

昔巴律西之制造瓷器也，积十八年之试验而后成；蒲丰之著自然史也，历五十年而后成。（有恒）

楚人未既济，司马……请击之，公曰，“不可。”既济而未成列，又以告，公曰，“未可。”既陈而后击之，宋师败绩。（左·僖二二）

岁寒然后知松柏之后雕也。（论·子罕）

国人皆曰贤，然后察之；见贤焉，然后用之……国人皆曰不可，然后察之；见不可焉，然后去之……如此，然后可以为民父母。（孟·梁惠王下）

两事并进

20.81　两件事情同时在继续进行，或是一件事情发生时另一件事情在那里进行，有特殊的句法来表示。白话在两句各加“一头”、“一边”、“一面”等词，例如：

> 一头说，一头从搭包内掏出一包银子来。（红二四）
> 一面说，一面禁不住流泪。（红二〇）
> 我一边走一边想：老李必是受了大的刺激。（黑白李）
> 他一行说，众人一行笑。（红五〇）〔主语不同〕

以上是两件事并行的例。也有多到三件或四件的，如：

> 那刘住儿一面哭，一面收拾，一面答应，忙忙的起身去了。（儿三）
> 早见他拿着条布手巾，一头走，一头说，一头擦手，一头进门。（儿三五）

也有虽是两件并行，却只用一个“一边”来连系的。例如：

> 就照着华忠的话，一边问着，替他给那褚一官写了一封信。（儿三）
> 太太一面提鞋，口里还连连的问，“谁跟了你来的？”（儿一

二）

大家死劝着，她才一边骂着走了回来。（冬儿）

20.82 以上例句中，事情虽在进行之中，因为用了“一边”等词，反而可以不用“着”字表示方事相（只有两例用“着”）。反之，不用“一边”，单在两个动词后加“着”，也可以表示并时关系，如：

吃着碗里，望着锅里。

吃着曹操的饭，做着刘备的事。

想着你来又惦记着他。（红二八）

20.83 文言里有类似的句法，用“且……且……”的格式，但不及白话这类句子常见。例如：

险道倾仄，且驰且射。（汉·晁错传）

陵且战且引南，行数日，抵山谷中。（汉·李陵传）

动作和情景

20.91 两个动作之间有时间关系，但我们的注意点不一定在时间关系，已在本章的开头说过。我们现在要讨论一类句子，这里面有两个动作，或同时，或先后，但第一个动作的作用是表示第二个动作的情景（或手段等等）。在白话里，这个关系表示得很明显，多数在第一个动词的后面用“着”，也有用“了”或动态词如“上”、

“下”等字的。这个次要的动作，无论跟“着”字或“了”字，都开始在主要的动作之先，但是用“着”字则在后者出现时前者还在延续（多半和他同时结束），用“了”或别的字则在后者出现时前者已完成。例如：

忽一回身，只见林黛玉坐在宝钗身后抿着嘴笑，用手指头在脸上画着羞他。（红二八）

我比谁不会花钱？咱们以后就坐着花。（红七二）

那骡子便凿着脑袋使着劲奔上坡去。（儿五）

我吓得直哆嗦。谁知道那两个大兵倒笑着走了。（冬儿）

只见他沉着脸，垂着眼皮儿，闭着嘴，从鼻子里吼了一声，把身子挪了一挪，歪着头儿向何小姐道……（儿三〇）

咱们摘了眼镜试试看，谁的眼力好。

你只闭上眼睛想。（儿一八）

没外人在这里，只管盘上腿儿坐着。（儿二〇）

提起笔来想想，又放下笔来想想，还是一个字写不出。

竖起脊梁做事，放开眼孔读书。

20.92　文言里头没有类似“着”、“了”等可以加在动词之后的词，往往就第一动词（及其止词）和第二动词直接，但主从之别仍极明显。例如：

骑驴觅驴。“骑着驴儿找驴儿”

坐食；卧治；驰告；哭诉。

宋将军屏息观之，股栗欲堕。（铁椎）

儿童相见不相识，笑问客从何处来。（贺知章诗）

天阶夜色凉如水，卧看牵牛织女星。（杜牧诗）

红颜未老恩先断，斜倚熏笼坐到明。（白居易诗）

20.93　可是文言里更普通的句法是在两个动词之间加用“而”字或“以”字。形式上很像是上下对等，其实是不然：如果翻成白话，多数要在第一动词后加“着”字或“了”字。有些动词加了“着”字以后已经近似关系词。例如：

鸣鼓而攻之。（论·先进）

弃甲曳兵而走。（孟·梁惠王上）

攀援而登，箕踞而遨。（柳记）

自晨迄暮，不肯少休，抗喉而疾呼。（市声）

微指左公处，则席地倚墙而坐。（左公逸事）

生而眇者不识日。（日喻）

观兵于东夷，循海而归。（左·僖四）〔“沿着”，准关系词。〕

轲自知事不就，倚柱而笑，箕踞以骂。（史·刺客传）

予与四人拥火以入。（游褒禅山记）

老仆尝衣敝衣星出月入以事司徒公。（郭老仆）

冠将军冠，服将军服，以见姚氏。（同）

呼中丞之名而詈之，谈笑以死。（五人墓碑记）

“而”或“以”的用与不用，要看句子的节奏，即修辞上的需要。用“而”字和用“以”字没有多大差别，上边例句内多数可改换，但

"而"字普通些。

20.94　下面的例句在构造上也属于这一类，但因为第一事是否定，就形成一种特殊的句式（比较英语 without—ing）。

不耕而食；不织而衣。
不翼而飞；不胫而走。
不期而遇；不别而行。
不谋而合；不约而同。
不学而能；不知而作。
不问而知；不言而喻。
不劳而获；不战而下。

白话的"不打自招"等语也属于这一个类型。

第二十一章　释因·纪效

时间和因果

21.11　两件事情一先一后发生，可以是偶然的，也可以不是偶然的。如果我们不特别注重其间的因果关系，我们不妨仍然用时间关系词来连系。例如：

> 我不在家，你们就欺负我妈了。（冬儿）
>
> 秦始皇帝曰，"东南有天子气"，于是因东游以厌之。高祖即自疑，亡匿。（史·高祖纪）
>
> 孟尝君使人给其食用，无使乏。于是冯谖不复歌。（冯谖）
>
> 率妻子邑人来此绝境，不复出焉，遂与外人间隔。（桃源）
>
> 侯生视公子色终不变，乃谢客就车。（史·魏公子传）
>
> 吾言已在前矣，吾欲全吾言。（史·赵世家）

这类句子，表面上以时间相连系，但先后两事之间实亦因果相关。这些句子里，如果改用"故"、"以此"（前五例）及"以"、"为"（后一例）等词，因果关系就明确地表示出来了。

21.12　甚至不用关系词，其中也往往可以隐含因果关系。

例如：

天也不早了，咱们也该散了。

看见叶子掉，知道是秋；看见叶子绿，知道是春。（康桥）

夫子时然后言，人不厌其言；乐然后笑，人不厌其笑；义然后取，人不厌其取。（论·宪问）

余嘉其能行古道，作师说以贻之。（师说）

这一类句子甚多。其中也有可以加"故"或"所以"的，但语气自然很有分别。

21.13　下面的例句也是不用关系词而隐含因果关系的，但句子组织的次序不同，先说后果，后说原因。白话里这种先果后因的句子很常见，酌举几例：

下了店不妨，那是店家的干系；走着须要小心。大道正路不妨，十里一墩，五里一堡，还有来往的行人；背道须要小心。白日里不妨，就是有歹人，他也没有大清白昼下手的；黑夜须要小心。（儿三）

他不在家，剪头发去了。（姑姑）

你不用吓得那么样，我不是向你求婚。（压迫）

文言里类似的句子如：

余不能冠，被风掀落；不能袜，被水沃透；不敢杖，动陷软沙；不敢仰，虑石崩压。（袁枚：游黄山记）

打起黄莺儿，莫教枝上啼，啼时惊妾梦，不得到辽西。（金昌绪诗）

21.14　上面两节所举的例，要是加上适当的关系词（不是每句都相宜），因果关系就很明显了。例如：

下了店不妨，因为那是店家的干系。

夫子时然后言，故人不厌其言。

两件事情中间的因果关系，可以有两种说法：或是说甲事为乙事之因（例一），或是说乙事为甲事之果（例二）。前者可以称为释因句，后者可以称为纪效句。

有些句子兼用释因和纪效的关系词（白话里头尤其多），那就不能一定划入哪一类。例如：

虽然云是白的，山也是白的，云有亮光，山也有亮光，只因为月在云上，云在月下，所以云的亮光从背后透过来；那山却不然的……（老残一二）

我一进来，他就要去请你，我因为恐怕你有事，所以没有要他去。（亲爱的丈夫）

以不能取容当世，故终身不仕。（史·张释之传）

高帝已定天下，为中国劳苦，故释佗弗诛。（史·尉佗传）

但大多数句子只用一方面的关系词，所以我们还是可以分别讨论。

原因

21.21　“原因”是个总括的名称，细分起来至少有：(1)事实的原因，如“因为天冷，缸里的水都结了冰”；(2)行事的理由，如“因为天冷，我又把毛线衣穿上了”；(3)推论的理由，如“天一定很冷，因为缸里的水都结了冰了”。普通人说话是不去注意这个分别的，所以用的关系词大致相同，可是也有一部分关系词显然宜此而不宜彼。此外还有“目的”的观念，和行事的理由很相近，但所用关系词有同有不同。

因，以，为，由

21.22　最常用的表示原因（广义）的关系词，在白话是“因为”和“为（了）”，在文言是“以”、“为”、“由”。这些关系词可以引进原因补词，也可以连系原因小句。原因补词通常在主语和动词之间；在原因补词之前，白话多用“为了”，用“因为”较少，文言除上述各词外又用“用”字和“因”字。例如：

> 他为了这件事急得三夜没有睡觉。
>
> 君子不以言举人，不以人废言。（论·卫灵公）
>
> 臣闻，取人以人者，其去人也亦用人。（管·小问）
>
> 因前使绝国功，封骞博望侯。（史·卫青传）

仕非为贫也，而有时乎为贫。（孟·万章下）

原因补词和动词之间有时加用“而”字，例如：

我不杀周侯，周侯由我而死；幽冥中负此人。（世说·尤悔）

古人常有因狎侮而得祸者。（蔡元培：戒狎侮）

21.23　原因小句可以有好几种位置，在后果小句之前或后，或嵌在后果小句的中间，即主语和动词之间，与原因补词同。例如：

因为你没有来，大家的兴致都差了。〔在前〕

我所要介绍的是祥子，不是骆驼，因为骆驼只是个外号。（骆驼祥子）〔在后〕

非不呺然大也，吾为其无用而掊之。（庄·逍遥游）〔在中〕

当是时，诸侯以公子贤多客，不敢加兵谋魏十余年。（史·魏公子传）〔在中〕

不识庐山真面目，只缘身在此山中。（苏轼诗）〔在后〕

21.24　文言里，后置的原因小句常结以“也”字，表语气之决断。先置的原因小句也常常加一“也”字，表语气之顿宕。例如：

左右以君贱之也，食以草具。（冯谖）〔先置〕

先帝属将军以幼孤，寄将军以天下，以将军忠贤，能安刘氏也。（汉·霍光传）〔以下后置〕

出二子命之曰,“鼻以上画有光,鼻以下画大姊”,以二子肖母也。(先妣)

是故秦变封建而为郡县,以郡县得私于我也;汉建庶孽,以其可以藩屏于我也;宋解方镇之兵,以方镇之不利于我也。(黄宗羲:原法)

还有,这类原因小句常利用“其”字和“之”字作成组合式词结,如上举例四之第二及第三中句,这是因为“以”、“为”等字原来都是动词,下面宜于接词组。又如:

隰之役,而父死焉。以国之多难,未汝恤也。(左·哀二七)〔先置〕

孝子无姓名;人以其哑而孝也,谓之哑孝子。亦不悉为何里人;昆明人以其为孝子也,谓之昆明人。(哑孝子)〔先置〕

竹工破之,刳去其节,用代陶瓦,比屋皆然;以其价廉而工省也。(黄冈竹楼记)〔以下后置〕

日之与钟籥亦远矣,而眇者不知其异;以其未尝见而求之人也。(日喻)

夫过者,大贤所不免,然不害其卒为大贤者,为其能改也。(示龙场诸生)

故

21.25　**我们又常常应用“故”字表原因;这里的“故”字都应看**

作名词(缘故),和下节的关系词“故”不同。文言里常用“故也”结束在后的原因小句(有时只是一个补词),例如:

殷礼吾能言之,宋不足征也。文献不足故也。(论·八佾)

莒溃,楚遂入郓,莒无备故也。(左·成九)

窃以为与君实游处相好之日久,而议事每不合,所操之术多异故也。(王安石:答司马谏议书)

郑之从楚,社稷之故也。(左·宣一二)

21.26　白话里和这相同的句法,如:

记得有人翻译英文,误 port 为 pork,于是葡萄酒一变而为猪肉了。这何尝不是眼不到的缘故。

但除此以外还有别种应用“缘故”一词的方式,如:

地球绕日球一周的时间,月球绕地球十二周有余;这就是阴历必须置闰的缘故。

这和前面那个例句形式上很相似,但实质上大异其趣,因果的次序恰恰相反,第一句等于说“因为眼不到”,第二句等于说“所以必须置闰”(这是因为两个“的缘故”的“的”字作用不同:第一句的“的”字是同一性,与文言“之故”同,但第二句的“的”字是领属性。参阅6.2—3)。从这两式又分别产生下列二式:

讲送官，不必，原故，满让把他办发了，走不上三站两站……依就放回来了。（儿三一）〔因为办发了依就放回〕

地球绕日球一周的时间，月球绕地球十二周有余；阴历必须置闰，就是这个缘故。〔所以阴历必须置闰〕

最后一例可以和21.45的“是故……”比较。

21.27　其次，我们又有下面加“故”上面又用“以”、“为”等字的句子。嵌在中间的有时只是一个词，有时是一个小句；因为下面有个“故”字，小句和单词同样都成了加语，形式上很相近了。这个原因小句或补词也有在后果句之前或之后的两种位置，在前的较多。例如：

齐侯为楚伐郑之故，请会于诸侯。（左·庄三二）
青青子矜，悠悠我心，但为君故，沈吟至今。（曹操诗）
乃欲以一笑之故杀我美人，不亦慎乎？（史·平原君传）
以母故，不敢大声语。（杜环）
秦皇帝大怒，大索天下，求贼甚急，为张良故也。（留侯）

所以

21.28　文言常把“所以”或“所为”嵌在前置的后果小句里，小句末又常用“者”字一顿，用此唤起对原因小句的注意。这里的“所以……者”等于“之故”，和白话里用在后果小句头上的“所以”不同。例如：

西洋各国，工艺日精，制造日宏……所以能致此者，恃机器为之用也。（薛福成：机器说）

上所以数问君者，畏君倾动关中。（史·萧相国世家）

这一类句子有时仍在原因小句的头上用“以”、“为”等字，如：

夫燕之所以不犯寇被兵者，以赵之为蔽于其南也。（燕策）

国之所以为国者，以有民也；民之所以为民者，以有谷也；谷之所以丰殖者，以有人功也；功之所以能建者，以有日力也。（潜夫论·爱日）

陛下所为不乐，非为赵王年少，而戚夫人与吕后有郤邪？（史·张丞相列传）

这些句子如果除去“所以”，就成为上面21.24的句法，如“陛下不乐，非为……邪？”同样，那儿的例句也有可以加用“所以”的，如“所以不害其卒为大贤者”。

者，也，是

21.31　文言里用“也”字的句子，本是一种解释的语气，要是用在一个复句的末尾，往往就是用第二小句来解释第一小句。这种解释，可以是一般的说明，例如：

明星荧荧，开妆镜也；绿云扰扰，梳晓鬟也；渭流涨腻，弃脂水也；烟斜雾横，焚椒兰也；雷霆乍惊，宫车过也。（阿房宫赋）

觥筹交错，起坐而喧哗者，众宾欢也。苍颜白发，颓乎其中者，太守醉也。（醉翁亭记）

又可以参阅8.92左传例，那儿是两人对语，一人提出事实，要求解释，另一人即加以解释。

这种解释句法当然也可以用来说明原因。例如：

古者言之不出，耻躬之不逮也。（论·里仁）

南方多没人，日与水居也。（日喻）

凡学之不勤，必其志之尚未笃也。（示龙场诸生）

这类句子，我们为方便计不妨说是隐有"以"、"为"之类的词在第二小句的头上。这种说法有些句子里是可用的，如上面第二例"日与水居也"也可以说成"以其日与水居也"；但在另外一些句子里便觉得勉强。总之，这种句子仍是判断句的形式，解释原因只是判断句的多种作用之一。如下例，明用"此"字做第二小句的主语，就是毫无疑问的判断句。

若事之不济，此乃天也。（赤壁）

这种用"也"字的解释句又常常在第一小句之末用"者"字一提；而有了"者"字以后，"也"字又往往可省。例如：

人君无智愚贤不肖,莫不欲求忠以自为,举贤以自佐,然亡国破家相属而圣君治国累世而不见者,其所谓忠者不忠而所谓贤者不贤也。(史·屈原传)

呜呼曼卿!盛衰之理,吾固知其如此,而感念畴昔,悲凉凄怆,不觉临风而陨涕者,有愧夫太上之忘情。(祭石曼卿文)

这种用"者"字的句子可以方便说是21.28所举例句的省说"所以"的。但也不妨说这个"者"字就是判断句里面主语谓语之间常见的"者"字。

21.32 这种解释原因的判断句也有并列两个原因而分别加以可否的。例如:

非敢后也,马不进也。(论·雍也)

圣王在上而民不冻饥者,非能耕而食之,织而衣之也,为开其资财之道也。(重农贵粟疏)

然今卒困于此。此天之亡我,非战之罪也。(项羽)

先生独未见夫仆乎?十人而从一人者,宁力不胜智不若耶?畏之也。(赵策)

例一只有原因小句(后果为当前之事实,无待陈说)。例二,肯定的原因用"为"字,和上头的"非"字相待,但这个"为"字实是因为之义,不等于"是"。末例的第一原因之否定采取反诘式。

21.33 又有虽不提出其他原因而加以否定,但上面加用"无他"一语,也可以加强表示底下所说的是唯一真实的原因。例如:

今王鼓乐于此，百姓……此无他，不与民同乐也。（孟·梁惠王下）

箪食壶浆以迎王师。岂有他哉？避水火也。（同）

既有“无他”表示唯一之意，下面就可以用“而已”或“耳”字（15.91—2）。这儿的例句虽然没有用“而已”或“耳”，别处却有这样的例子；并且上面不明用“无他”，下面也可以用“耳”字。例如：

天下匈匈数岁者，徒以吾两人耳。（项羽）

又荆州之民附操者，逼兵势耳，非心服也。（赤壁）

其卒能成功者，决心而已。

21.34　我们有时在原因小句头上用“盖”字，但“盖”字并无连系的作用，下例除例一（因下无“也”字）外都可不用。“盖”字本来是大盖之意，所以用“盖”字的原因句比不用“盖”字的语气和缓些。例如：

丘也，闻有国有家者不患寡而患不均，不患贫而患不安：盖均无贫，和无寡，安无倾。（论·季氏）

孔子罕称命，盖难言之也。（史·外戚世家）

今言“华”如华实之“华”者，盖音谬也。（游褒禅山记）

21.35　白话又常常用“就是”、“都是”等词引进解释原因的句子，例如：

昨日已好了些,今日如何反虚浮微缩起来?敢是吃多了饮食,不然就是劳了神思。(红五三)

都是宝姐姐赞的他越发逞强,这会子又拿我取笑儿。(红四二)

麻花儿又拉屎去了。老爷……便说,"这就是方才那碗酪吃的。"(儿三八)

这些例句,方便说法,也可说是省去"因为"二字。但最后一例显然不适用这种解释,因为我们只能说"就是因为方才吃了那碗酪",不能说"就是因为方才那碗酪吃的"。事实上,和文言的例句相同,这也是用判断句式表原因的句法。前边的文言例句有好些翻成白话就要用"是"字。

21.36　原因补词,我们前边已经说过,多用"以"、"为"等词连系。但在形容词及内动词后间或有用"于"字的,补词的位置自然是依"于"字的通例放在后面。例如:

然后知生于忧患而死于安乐也。(孟·告子下)

文倦于事,愦于忧。(冯谖)

业精于勤,荒于嬉;行成于思,毁于随。(韩愈:进学解)

第一例是说"人之生全出于忧患,而死亡由于安乐"(朱注)。第二例的"倦于事"是说"因为事情忙,累坏了",不是说"懒得做事";若照第二种讲法,"愦于忧"便讲不通了。这几句也未尝不可改用"以"、"因"等字,如"以忧患生,以安乐死","以勤而精,以嬉而荒",不过比原句生硬多了。白话里类似的句法是:

这次的事情完全坏在事先准备不足。

后果：所以

21.41　前边讲的是释因句，就是先说后果，然后就后果解释原因或理由的句法（原因小句有关系词的时候，也可以放在头里）。现在要讲纪效句，就是先说原因或理由，接下去陈述后果的句法。

这类句子，在白话里最常用的关系词是"所以"，而这个"所以"很明显的是从文言里变化出来的。文言里用"所以"，除前边21.28节所说句法外，又可以先说原因，然后用"此……所以……也"揭出后果。例如：

亲贤臣，远小人，此先汉所以兴隆也；亲小人，远贤臣，此后汉所以倾颓也。（出师表）

此商人所以兼并农人，农人所以流亡者也。（重农贵粟疏）

21.42　到了白话里，就索性把"此……也"的架子取消，把"所以"的性质改变，简直用作关系词。文言的"所以"必须用在主语谓语之间，因此像前节第二例就不得不两个小句各用一个"所以"；要是改作白话，只要说一个就够了："所以商人就兼并农人，农人就到处流亡了。"换句话说，文言的"所"和"以"是两个词，各有各的作用，配成一个熟语；白话的"所以"只是混然一体的一个复音词，只有单一的作用。白话里用"所以"的例：

一层一层的山岭，却分别不清楚，又有几片白云在里面，所以分不出是云是山。（老残一二）

我们也知道你医院里事情很忙，所以一向不常请你出来。（一只马蜂）

上句用“因为”下句用“所以”的例已见前21.14节。

故，是故，是以

21.43　文言用“故”字，是否也是从名词（21.25）变化而生，还不能说定；就句中用法而论，已经是个纯粹的关系词。例如：

求也退，故进之；由也兼人，故退之。（论·先进）

生亦我所欲，所欲有甚于生者，故不为苟得也。死亦我所恶，所恶有甚于死者，故患有所不避也。（孟·告子上）

我国尚仪式，而西人尚自然，故我国造象……鲜不具冠服者。（雕刻）

21.44　在下句用“故”的句子里，我们又常在前置的原因小句的头上用“惟”字，意思等于“正因为”，用来肯定与一般人意想相反的因果关系。例如一般人以为不争便要输给人，但老子却说：

夫唯不争，故天下莫能与之争。

其余的例如：

惟不信，故质其子。（左·昭二〇）

惟忠故勇。（彭绍升：任公画像赞）

这里面语气重的，往往含有相反的假设句的口气，如："如果信他，倒不必拿儿子来抵押了。"上面用了"惟"字，下面的"故"字有时可省。

语体文里也用"惟其"。口语里在"因为"、"为了"等词上头加"就是"，或只说"就是"、"倒是"，下面多用"才"字应。例如：

惟其最关心，所以也最怕失望，最易怀疑。

就是为了要你好，才要你吃这些苦。

一学者苦读书不记。先生曰，"只是贪多，故记不得。"（朱子语类）

倒是他说得这么动听，我倒有些不放心起来了。

21.45　"是故"和"以故"的"故"字大盖是名词，但也未尝不可说是"如是，故""以此，故"的简省。这两个词的作用都和单用的"故"字相同，但如前面的原因小句头上已有"以"、"为"等字，当然以单用"故"字为宜。"是故"的例：

玉不琢，不成器；人不学，不知道。是故古之王者建国君民，教学为先。（礼记·学记）

夫珠玉金银，饥不可食，寒不可衣……粟米布帛，一日弗得而饥寒至。是故明君贵五谷而贱珠玉。（重农贵粟疏）

“以故”的例：

汉败楚，楚以故不能过荥阳而西。（项羽）

秦法，群臣侍殿上者不得持尺寸之兵……方急时，不及召下兵，以故荆轲乃逐秦王。（史·刺客传）

“是故”必须用在小句的头上。“以故”可以用在主语之后，是补词的普通位置；也可以用在主语前头，关系词的性质更充分。“故”和“以故”可以表示事实的后果，也可以表示事理的后果；“是故”只表示事理的后果（即上句为理由而非原因）。

21.46 文言又常常在后果小句用“是以”、“以此”等词语，作用和“是故”、“以故”相同；不用“故”字，而用“是”、“此”等字代表上面所说的原因或理由。“是以”的例：

纣之不善，不如是之甚也。是以君子恶居下流，天下之恶皆归焉。（论·子张）

天下之至柔驰骋天下之至坚，无有入无间，吾是以知无为之有益。（老子）

“以此”、“以是”、“由是”的例：

良说项王曰，“汉王烧绝栈道，无还心矣”，乃以齐王田荣

反书告项王,项王以此无西忧汉心,而发兵北击齐。(留侯)

录毕,走送之,不敢稍逾约,以是人多以书借余。(送马生序)

先帝……三顾臣于草庐之中,咨臣以当世之事;由是感激,遂许先帝以驱驰。(出师表)

以上例句中,"是以"用在主语前,"以此"等词有主语前和主语后两种位置。"是以"和"是故"相似,只表事理的后果;"以此"等等可以兼表事实的后果。

为之,至于,得

21.51　后果也可以用"为之"来表示,位置必须在主语之后。例如:

昂首观之,项为之强。(记趣)

善诙谐,涉口成趣,一座为之倾倒。(林觉民传)

"为之"的结构和"以此"相似,但是作用不同。"以此"可以兼表事实的和事理的后果,"为之"只表事实的后果,这是一个区别。可是这还不是这两个词的全部区别。前边说过的"故"、"是故"、"以故"、"是以"、"以此"等词,在白话都可以用"所以",语气没有什么出入,"为之"就不能用"所以"来对翻。"为之"多数有"其效果有如此者"的意思,用白话说该是"把颈项都看僵了"等等。

21.52　在上节的例句中,我们可以注意到,用"为之"的小句都具备主语，而这个主语和第一小句（表原因的）的主语不同。这就是说，这类句子用于甲事物的某一行动在乙事物方面产生某一后果。要是甲事物的行动在甲自身产生某一后果，或发展到某一更高阶段，我们用“至”或“至于”来表示。例如：

攻读之勤，至废寝忘食。

君臣相顾，不知所归，至于誓天断发，泣下沾襟。（五代史·伶官传序）

人之不廉而至于悖礼犯义，其源皆生于无耻也。（日知录·廉耻）

“至”字上面还可以加“而”或“以”，这表示此处“至”字还是一个动词，虽然我们也不妨把“而至于”整个作为关系词看。

在小句的头上用“致”、“令”等动词，也可以表示后果。例如：

吸收者浑沦而吞之，致酿成消化不良之疾。（文明之消化）

遂令天下父母心，不重生男重生女。（长恨歌）

21.53　以上是文言的说法。白话里类似的意思，应用“得”字（也写“的”）来表示，把两个小句打成一片，句型与文言大异。例如：

他气的睡去了。（红一九）

黛玉笑岔了气，伏着桌子只叫“嗳哟”；宝玉滚到贾母怀里；贾母笑的搂着叫“心肝”；王夫人笑的用手指着凤姐儿，却

说不出话来。（红四〇）

把个小丫头说的撅着嘴不敢言语。（儿三五）

大兵凶，她更凶，凶的人家反笑了。（冬儿）

这类句子在文言里不尽数可以应用“至于”或“为之”，好些是只能分作上下两句，当中不用关系词。文言的例句也不尽数可以翻成白话用“得”的句子。但在大体上这两方面的句子可以归入一类。

21.54　用“所以”、“故”、“是以”等词的句子，和用“为之”、“至于”、“得”等词的句子，同是表示后果，可是显然是两类：比较“气的很，所以睡去了”和“气的睡去了”可知。这两类的区别何在？扼要地说，前者是议论性，后者是记叙性。前一类句子正好跟前边21.22—28各节解释原因的句子相对，“所以”对“因为”，“故”对“以”（联合使用的例见21.14）；虽然一个是由因推果，一个是由果究因，可都是议论的口气。用“为之”、“至于”、“得”等词，可就不带议论口气，只是当作连贯的事情来叙述。不但如此，两种句子的注意点也不同：前者注意的是乙事“是”甲事之后果，后者注意的是甲事“有”如乙之后果；前者是纯正的因果句，后者是借结果表示程度的句法。“得”字又可以连系单纯的容态或程度限制词，如“这回看的细，这孩子美的很呢，象你”（冰心：分），那又就谈不上后果了（参阅9.88）。

因，以，而

21.61　此外文言里还有一类句子，上下两事也是一因一果，而句子的用意和上面所说两类句子都不同。这第三类句子是记叙性（不强调那个“是”字），和第一类不同；可是也不特别重视那个后果（不强调那个“有”字），又和第二类不同。只是在平铺直叙之中略示上下二事之非偶然相合。

这类句子里头有一部分在第二小句中间用一“因”字。按说“因”就等于“因之”或“因此”，结构和“以此”、“为之”都相似，可是力量薄弱多了。例如：

> 单父人吕公，善沛令，避仇从之客，因家焉。（汉·高帝纪）
>
> 良业为取履，因长跪履之。（留侯）
>
> 及至颓当城，生子，因名曰颓当。（史·韩王信传）
>
> 宅边有五柳树，因以为号焉。（陶潜：五柳先生传）
>
> 予少以进士游京师，因得尽交当世之贤豪。（欧阳修：释秘演诗集序）
>
> 以是人多以书借余，余因得遍观群书。（送马生序）

这些例句里面的“因”字都不妨改用“遂”字；用白话来说，只有后两例勉强可用“所以”，前四句都以“就”字较为恰当。这都可以证明“因”字并不重视因果关系，只是一种轻轻带过的说法。反过来，要是把这些“因”字改作“故”字：“避仇从之客，故家焉”“宅边有五柳树，故以为号”，便变成解释的、说明的、议论的语气，因果关系也就显明起来了。

还有些用“因”字的句子，竟说不上有因果关系，只是“借此”、“乘此”之意（“因”字的动词本义就是凭借，依循，如“因其势而利导之”），例如：

坐之堂下，赐仆妾之食，因数让之。（史·张仪传）

汉兵因乘胜，遂尽虏之。（史·绛侯世家）

故尝喜从曼卿游，因以阴求天下奇士。（欧阳修：释秘演诗集序）

另一方面，"因"字之下又可以加用"而"字，例如：

草木为之含悲，风云因而变色。（黄花冈）

用"因而"比单用"因"字所表因果关系要明确些。

21.62 不但"因"字可以单用，"以"字也可以单用。例如：

发愤忘食，乐以忘忧。（论·述而）

赐也何敢望回？回也，闻一以知十，赐也闻一以知二。（论·公冶长）

正言不讳，以危其身。（卜居）

象有齿以焚其身。（左·襄二四）

或多难以固其国，启其疆土；或无难以丧其国，失其守宇。（左·昭四）

而卒赖其力，以脱于虎豹之秦。（王安石：读孟尝君传）

这些句子里头，上下二事之间有因果关系，这是不成问题的，"以"可说是"以之"之省，和"因"字代表"因之"相类。照说"以之"该和"以是"或"是以"的作用相同，然而这两类句子显然不同。有些句子，如"正言不讳，以危其身"，可以改说"正言不讳，是以危及其身”，可是意思变了；有些句子，如“乐以忘忧”就不能改用“是以”。

“以”和“是以”的不同，正如“因”和“故”的不同，是叙述性和议论性的区别。可是“以”和“因”又不能互换。用“因”的句子，行事相继，多属有意，用“以”的句子，后果之来，纯出自然（且往往是不如意的）。这仍是事理和事实的分别，前节“因”字例句中只有例五例六的“因得”和最后的“因而”，不表行事之理由而表自然之因果。

还有一个区别，“因”字的副词性比较显明，我们没忘记他是代表“因之”这个附加语的；“以”字就不然了，如例六，用了“赖”字已有因缘之意，下面仍用“以”字，已经把他当形式上的连接词看了。“因”字的地位，无疑问的属于下句，“以”字就似乎是两句之间的成分。因此，在诵读的时候，“因”字小句之前无不有一停顿，因为意义上须要停顿；“以”字之前就常常不停，若有停顿，那是因为诵读的方便。从这些地方看来，“以”字的作用已经和“而”字相近；一部分例句竟不妨改用“而”字，如“乐而忘忧”、“闻一而知十”，可说和原句无甚出入。

21.63　事实上，有好些用“而”字连系的句子，上下二事之间确有因果可言。例如：

昔者禹抑洪水而天下平，周公兼夷狄驱猛兽而百姓宁。（孟·滕文公下）

玉在山而草木润，渊生珠而崖不枯。（荀·劝学）

临溪而渔，溪深而鱼肥；酿泉为酒，泉香而酒冽。（醉翁亭记）

则如水渐涸而禾自萎，如膏渐销而火自灭，后患有不可言

者矣。(机器说)

疫疠,昔人所视为神谴者也;今则知为微生物之传染而可以预防。(理信)

这些句子里头的“而”字不能直接改用“以”字,要把句子的构造略改,才有一部分可以用“以”,如“禹抑洪水,天下以平”,“良玉在山,草木以润”。这是因为“以”字不能用在主语之前,多数用“以”的句子都是前后主语相同,“而”字则不论主语的同异都可以用;而且“以”字限于事实的因果,“而”字可兼及事理:一句话,“以”字的应用较狭,“而”字较广泛。所以多数用“以”的句子不妨改用“而”,可是用“而”的句子只有一部分可以改用“以”,并且要改动词序,这又是因果句里“而”、“以”两字同而不同之处。

总之,“而”字虽然用在一因一果二事之间,本质上是个单纯联络的词,第十八章各节及20.5节都已经讨论过。“而”字所联二事在时间上的先后,对于“而”字尚且不是必要,比单纯的先后关系更进一层的因果关系,对于“而”字更是附属的作用了。

目的

21.71　目的的概念和因果的概念有密切的关系。第一,目的和原因(尤其是理由)相通:来自外界者为原因,存于胸中者为目的。例如有人问你“为什么又要找房子?”你回答说:

(a) 因为出不起这个房租;或(b) 打算搬个清静些的

地方。

(a)是原因,(b)是目的。可是你也可以说:

(c) 想省几个房钱;或(d)现在的地方太闹。

(c)是目的,(d)是原因。而实际上(a)和(c)只是一件事,(b)和(d)也只是一件事。这就是原因可以换成目的说,目的可以换成原因说了。因此,目的的表示也常常就用原因的表示法,如上面的四句答语同样都可以在头上加"因为"二字。又如文言里用"……也",也往往不表原因而表目的,如:

遣人立六国后,自为树党,为秦益敌也。(史·张耳传)

永和九年,岁在癸丑,暮春之初,会于会稽山阴之兰亭,修禊事也。(兰亭集序)

白话里"为了"可以表原因,也可以表目的,但"为的是"和"为……起见"都只表目的。例如:

为了把会开好,必须早做准备。

他这么卖力气,就为的是要行家点个头,说个"好"。

为省事起见,就请您便道去邀一邀,我就不另外通知了。

上面说过原因和目的原是一事的两面,但也常常在一句之中从两方面来说明,例如"因为现在的地方太闹,打算搬个清静些的地方。”又如：

然侍卫之臣，不懈于内，忠志之士，忘身于外者，盖追先帝之殊遇，欲报之于陛下也。（出师表）〔“追先帝之殊遇”是原因，“欲报之于陛下”是目的。〕

先茔在杭，江广河深，势难归葬，故请母命而宁汝于斯，便祭扫也。（祭妹文）〔“势难归葬”是原因，“便祭扫”是目的。〕

21.72　**但目的也有专用的表示法。文言里最普通的是用“以”字。例如：**

为之图以示不忘。（侍膳图）。

今七年不饮酒，此后愿日夜倍饮酒以偿之。（郭老仆）

鬻百货于市者，类为曼声高呼，夸所挟以求售。（市声说）

夫卜者多言夸严以得人情，虚高人禄命以悦人志，擅言祸灾以伤人心，矫言鬼神以尽人财，厚求拜谢以私于己。（史·日者列传）

表目的的“以”字和表原因的“以”字（21.23—4）不难区别：这个“以”字常连属上文，不读断（字数多时，间有例外），“以”字小句之末很少用“也”字。可是在这两点上这个“以”字和表后果的“以”字（21.62）都相同，因为都是一贯而下的叙述口气，而非一叩一应的议论口气。这两种“以”字只能从意义上分别：第一，后果是当作既成事实说的，目的是当作未成事实说的；其次，后果是不由自主而生的，目的恰恰是表示主语的意欲。

表目的的“以”字也可以和“所”字合用，如：

季梁请下之，弗许而后战，所以怒我而怠寇也。（左·桓八）
书于石，所以贺兹丘之遭也。（柳记）
所以昭炯戒，激众愤，图报复也。（巴黎油画）

21.73 目的和手段相对，乙事为甲事的目的，甲事即为乙事的手段。但语意可以有轻重，如以上的例句都可以说是以甲事为主，所以显得乙事是甲事的目的（画图做什么？——以示不忘）。以下的例句就似乎偏重乙事，以甲事为乙事之手段（如何得食？——自耕自食）。

自耕以食，自织以衣。
杀人以自生，亡人以自存，君子不为也。（公羊·桓十一）
群无赖用以齮叟，叟货田以免。（刘叟墓碣）

21.74 用“以”字表目的的句法是有限制的：第一，必须上下两动词同一主语；其次，目的小句必须具有积极的行动意义。要是目的小句另有主语，或有否定词（消极目的），或因其他条件不能用“以”字，大率就要利用致使义或希冀义的动词，前者如“使”、“令”、“俾”，后者如“庶”。“庶”和“俾”的普通动词用法已经不大看见，就很有几分关系词的性质了。例如：

布告天下，使明知朕意。（史·文帝纪）
卑之，无甚高论，令今可施行也。（史·张释之传）

敢尽布之执事，俾执事实图利之。（左·成十三）

用“庶”字，前后的主语可同可异，例如：

君姑修政而亲兄弟之国，庶免于难。（左·桓六）

后之人与我同志，嗣而葺之，庶斯楼之不朽也。（黄冈竹楼记）

盖欲与在港当事之人接洽后回闽，庶便于举措，不至牴牾。（林觉民传）

务请认明狮球商标，庶不致误。

以上一、二、三、五诸例的目的小句另有主语；六（后半）、七诸例为消极目的。

从目的小句的应用“以”、“令”、“不致”等词看起来，可见目的和效果这两个概念也很有关系。目的，一方面可以说是内在的原因，一方面也可以说是预期的效果。

21.75　前边讨论的都是文言里表示目的的方式。白话里头没有和“以”字相当的连系词，通常就把表目的的词结紧接在主要动词之后，不分开来自成小句。例如：

打开窗透透空气。

画个画儿留个记念。

不过偶感风寒，吃一两剂药疏散疏散就好了。

你就靠着我得了。我卖鸡子，卖柿子，卖萝卜，养活着你。（冬儿）〔此句应以“养活”为主体，“卖鸡子”等表手段。〕

以上是同主语的例。目的词结若另有主语，还是可以不用关系词，可是有时候就要略作停顿。例如：

叫人端一碗你尝尝。（儿三八）

你两个先抬起头来，我瞧瞧是谁。（儿二〇）

21.76　有时用“好”字表示目的，意思和文言的“庶”字相近；而且和“庶”字一样，不管上下主语相同不相同。例如：

你递给我喝了，你好赶早回去交代了，好吃饭去。（红三五）

回来我可就从角门儿溜回去了，好把车让给你们送亲太太坐。（儿二七）

我找我们伙计去，叫他看着，我好报县。（三侠五义二五）

想请你来，我们好当面道谢。（一只马蜂）

21.77　消极目的用“省得”来表示，和文言的“以免”或“庶不”相当。例如：

从今咱们两个人撂开手，省的鸡争鹅斗，叫别人笑话。（红二一）

所以我带了铺盖来，打算住下，省得一天一趟的跑。（儿一七）

或是把这宴会取消了也使得，省得你太忙累了，晚上又头痛。（冰心：第一次宴会）

第二十二章　假设·推论

假设和条件

22.11　“要是怎么样，就怎么样”，这是假设的句法：第一小句提出一个假设，第二小句说明假设的后果。后者是否成为事实，视前者为转移，也可以说是以前者为条件，所以这种句法也可以称为条件句。

假设句和条件句也未尝不可分为两类，这完全看我们对于“条件”二字作何界说。普通说到“条件”都是指可能实现的事情（未知的，且多数是未来的），要是明明和已知的事实相反，就只说是假设。前者例如：

你要见到他，给我传个信，说我回来了。

要是你不认识他，我可以给你一封介绍信。

后者例如：

我要不相信你，我就不会把这个话告诉你了。

要是我认识他，我何必还来求你介绍。

这个区别在西文里很重要,因为两种句子的动词要应用不同的形式。可是在中文里,对于句法没有多大影响(但“使”、“令”等关系词多用于纯假设,参阅22.33)。

第二种看法是把“条件”当作必不可少的前提。我们普通说,“你要我去,我有一个条件”,就是这个意思。照这种说法,下面这两句话:

> 你请我坐车,我才去。
> 要是今天去不成,就明天去。

就只有第一句是条件句,第二句只是假设句。这个区别倒是有点用处,因为两类句子的句法很有点差异。可是“条件”的定义未免太窄了一点,我们有时候把这个称为“必需条件”(参阅22.41)。

还有一种区别法,是把条件当作原因的别名,要有客观的因果关系存在的句子才算是条件句。如:

> 你要不来,会就开不成了。
> 你要去,这会儿就去。

这两句里头,第一句可以改为“因为你不来,所以会开不成”,第二句可不能改说“因为你要去,所以这会儿去”,所以只有第一句是条件句。这个区别在论理思考上有点用处,可是在语句表达上没有多大关系。

因为条件和假设可以有这种种不同的区分方法,我们索性不去分别，把这种种句子总称为假设句，把假设之辞称为条件，假设的后果简称为后果，两者之间的关系称为条件关系。

22.12　假设句不用关系词，白话和文言都极普通。例如：

你是问道儿的吗？……问道儿，下驴来问啊。（儿一四）

这个大礼儿断错不得；错了，人家倒要笑话。（儿三五）

人无远虑，必有近忧。（论·卫灵公）

无恻隐之心，非人也；无羞恶之心，非人也……（孟·公孙丑上）

众恶之，必察焉；众好之，必察焉。（论·卫灵公）

东风不与周郎便，铜雀春深锁二乔。（杜牧诗）

以上例句，条件小句和后果小句之间都有一个停顿，假设的语气比较明显。以下例句因为字数少，连贯而下，但同样有假设之意：

种瓜得瓜，种豆得豆。

无财作力，少有斗智，既饶争时。（史·货殖传）

刻削之道，鼻莫如大，目莫如小。鼻大可小，小不可大也；目小可大，大不可小也。（韩非子：说林下）

时间关系和条件关系

22.21　两件事情的同时或先后出现，可能是偶然的，也可能是非偶然的：前者是纯粹时间关系，后者就往往含有条件关系，尽管用的连系词还是时间方面的。有几类时间关系句,必然地含有条件关系在内。一是习惯性的(即不止一次的事件)(20.4),如"每见必学",见是条件,学是后果;"每阴风细雨,从兄辄留",风雨是条件,留是后果。

其次是未来之事,如:

等你明儿长大了,自然知道。

吾之大患,在吾有身;及吾无身,吾有何患?(老子)

志之为物,往而必达,图而必成;及其既达,则不可以返也;及其既成,则不可以改也。(辨志)

"长大"是条件,"知道"是后果;"无身"是条件,"无患"是后果。

22.22 又如用"一……"的句子,固然大多数以表示时间上的先后紧接为主,但也往往兼有假设之意。尤其是指未来之事,假设之意甚为明显;有时竟只有假设的作用,不表示紧接。在这种地方,白话常说"一个……",文言常用"一旦"或"一日"。例如:

一开口,人就笑。

这个时候可不能揭盖子,一揭盖子就走了气,一走了气就不好吃了。

他一个不出去,我自然不好出去。(儿四〇)

一个不肯见面,这话又从那里说起?(儿一九)

此鸟不飞则已,一飞冲天;不鸣则已,一鸣惊人。(史·滑稽列传)

彼一见,秦王必相之。(秦策)

朕亲率天下农，十年于今，而野不辟；岁一不登，民有饥色。（汉·文帝纪）

一旦山陵崩，长安君何以自托于赵？（赵策四）

一日不合上意，遣绣衣来责将军，将军之身不能自保，何国家之安？（汉·赵充国传）

22.23　要是两件事情的连带发生，既不限于一次，又不限于过去，现在，未来的任何一个时候，即成为一种一般化的连系，称之为时间的连系也好，称之为条件的连系亦无不可。正如在某种光线底下看某种物体的面，因为角度的不同，时而是这一个颜色，时而是那个颜色。例如：

霜晨雪早，得此周身俱暖。（郑书）

过了这个村儿，没那个店儿。（儿四〇）

戴了眼镜看，是清楚的，可是不戴眼镜的时候，看去糊涂得很。

饥则必食，疲则必卧，迫于物理，无可奈何。（章炳麟：说自由）

今之所谓士者，一凡人誉之，则自以为有余；一凡人沮之，则自以为不足。（韩愈：伯夷颂）

以上例句中，不但无关系词的可加以两种不同的关系词，如“得此之后，周身俱暖”，或“若得此，则周身俱暖”；就是明明用“的时候”或“之后”的句子，也未尝不兼有“倘若”之意。（比较：英语的 when 也常兼有 if 意；德语两种关系同用 wenn 一字。）

就，便，则

22.24　事实上，很多用"就"、"便"、"即"、"则"等词的句子，我们不把它当时间句而把它当假设句看；上面虽无"要是"、"苟"、"若"等词，我们只当它是有这些词一般。这类句子里头的"就"、"便"等字，尤其是"则"字，通常已经承认是条件关系词。这类句子以无时间性的即一般化的为多；要是限于一次，大率为未来之事。例如：

尽得大的责任，就得大快乐；尽得小的责任，就得小快乐。(最苦与最乐)

处处尽责任，便处处快乐；时时尽责任，便时时快乐。(同)

公徐行即免死，疾行则及祸。(项羽)

先即制人，后则为人所制。(同)

木与木相摩则然，金与火相守则流。(庄·外物)

大王与秦，则秦必弱韩魏；与齐，则齐必弱楚魏；魏弱则割河外，韩弱则效宜阳；宜阳效则上郡绝，河外割则道不通；楚弱则无援：此三者不可不熟计也。(赵策)

日与水居，则十五而得其道；生不识水，则虽壮，见舟而畏之。(日喻)

要，若，使，令

22.31　前边的例子，关系词用在后果小句里头。很多假设句常在条件小句里头加用表示假设的关系词，假设句的性质就毫无疑问了。后果句或用"就"、"则"等字相应，或不用。文言里这些关系词可分三类：一是本来的关系词，"若"、"如"、"苟"等，多用在主语之后。例如：

王若隐其无罪而就死地，则牛羊何择焉？（孟·梁惠王上）
竹之为瓦，仅十稔；若重覆之，得二十稔。（黄冈竹楼记）
王如知是，则无望民之多于邻国也。（孟·梁惠王上）
如知其非义，斯速已矣，何待来年？（孟·滕文公下）
故苟得其养，无物不长；苟失其养，无物不消。（孟·告子上）
苟非吾之所有，虽一毫而莫取。（赤壁赋）

22.32　其次，条件小句里头又可以用"果"、"诚"、"倘"、"或"等限制词作关系词，也是用在主语之后为常。这一类句子大率表未定事实，即可能实现的假设。例如：

是以圣人果可以利其国，不一其用；果可以便其事，不同其礼。（史·赵世家）

诚如是也，民归之由水之就下，沛然，谁能御之？（孟·梁惠王上）

信能行此五者,则邻国之民仰之若父母矣。(孟·公孙丑上)

倘一旦追念天下士所以相远之故,未必不悔,悔未必不改;果悔且改,静待之数年,心事未必不暴白天下,士未必不接踵而至执事之门。(与阮光禄书)〔“悔未必不改”,其中条件关系未用关系词。〕

袁史则故御史珍之孙,何为苛罚?脱有奄忽,如何?(谢承:后汉书)

战争,罪恶也;然或受侵略国之攻击而为防御之战,则不得已也。(为群)

以这些字的意义论,“果”、“诚”、“信”为一类,“倘”、“或”、“脱”为一类。

我们又常常可以在条件小句头上看见“有如”、“如有”等词,这儿的“有”字有“或”字的意思。这类句子也是表可能实现的条件。例如:

如有马惊车败,陛下纵自轻,奈高庙太后何?(史·袁盎传)

公叔病,有如不可讳,将奈社稷何?(史·商君传)

22.33　又或在条件小句的头上用“使”、“令”、“假”、“设”等字,这些字原是动词(“使”、“令”二字的头上有时还可以再加“如”、“若”等字),但在这类句子里头可认为关系词。应用这一类字的句子多半表示与事实相反的假设,以下各例只有例一、例三、例九是未定事实的假设。例如:

使生者死，死者复生，生者不食其言，可谓信矣。（费官人）

使天下无农夫，举世皆饿死矣。（郑书）

若使忧能伤人，此子不得复永年矣。（孔融：论盛孝章书）

但使龙城飞将在，不教胡马度阴山。（王昌龄诗）

向使四君却客而不内，疏士而不用，是使国无富利之实而秦无张大之名也。（史·李斯传）

吾马赖柔和；令他马，固不败伤我乎？（史·张释之传）

如令子当高帝时，万户侯岂足道哉！（史·李将军传）

假令仆伏法受诛，若九牛亡一毛，与蝼蚁何异？（司马迁：报任少卿书）

此时帝在即录录，设百岁后，是属宁复有可信者乎？（史·魏其武安侯列传）

“但使”的“但”相当于白话“只要”的“只”。“向使”的“向”即“向者”的“向”，所以“向使”限用于与过去事实相反的假设。

22.34　白话所用关系词，多沿袭文言而常两字合用，借以凑成两个音缀。条件之为可能实现与否，在关系词方面无大差别。例如：

倘若不肯，我也不叫你过于为难。（儿一五）

倘使错过这个机会，又不知哪一天才能会面。

假使没有飞机，怎么能一天之内就从中国到了印度？

假若你不反对，我明天就去通知他。

假如方才这九十岁的老头儿被你们一鞭打倒，他的体面安在？（儿一六）

如果你拿得出办法，他们一定会同意。

你果真爱她，你就应相信她。

果然太太出去，太太走到那儿，还怕我不跟到那儿去吗？（儿四〇）

他但一支吾，我第二句便是这句话。（儿一六）

22.35　**但白话里最常用的是“要”字。这本是一个动词，在下列前二例里还保有动词的力量，但在其余的例句里就是纯粹的关系词了。“要”字的位置，倘若上下小句主语相同，就常常在主语之后，否则大率在主语之前，但是都有例外。例如：**

你要学俄文，必得先明白这不是中文。〔比较“工欲善其事，必先利其器”〕

而且在船上行动自如，要看就看，要睡就睡，要喝酒就喝酒。（乌篷船）

你要不愿意，就把“愿意”两个字抹了去，留“不愿意”；要愿意，就把“不愿意”三个字抹了去，留“愿意”。（儿二六）〔愿意不愿意，不是可以“要”得的，所以这个“要”字已不是动词〕

要姑奶奶在这边帮着，我更放心了。（儿二七）

要是李老四家的船出了门，叫邓祥发家的也可以。（一只马蜂）

只要成全了他，就你我吃些亏也说不得。（儿一六）〔这句的“就”作“即使”讲，见23.25〕

只要人家稍微帮他一点忙，他就即刻请他们吃饭。（北京的空气）

所以什么谎都可以说,只要说得好听;做贼,赌钱,都可以做,只要做得好看?(一只马蜂)〔此句系反诘语气〕

而

22.36　文言里的条件小句还有一种表示法,是在主语和谓语之间用一个"而"字。例如:

相鼠有皮,人而无仪?人而无仪,不死何为?(诗·鄘风)

人而无恒,不可以作巫医。(论·子路)

富而可求也,虽执鞭之士,吾亦为之。(论·述而)

我有子弟,子产诲之;我有田畴,子产殖之。子产而死,谁其嗣之?(左·襄三〇)

君言太谦,君而不可;尚谁可者?(汉·张安世传)

前人往往说这个"而"字等于"若"。其实这只是一种方便说法,这个"而"字虽然有表示条件的作用,可不必当作与常见的"而"字不相干涉的另一关系词。"而"字仍是转折的用法,"人而无恒"是说"人应有恒,而今无恒,则虽巫医之事亦不胜任矣"。此意例一最显,"人而无仪"叠用,第一句是纯粹转折,第二句以转折表条件。其余例句,"富而可求"隐有"富不可求"之意,"子产而死"隐有"子产不可死"之意,"君而不可"隐有"君自可"之意,都可以见出"而"字的转折作用。但用久了也有不含转折之意的。

也,者

22.37　后果小句之后,白话多用“了”字结束。文言也常用“矣”字,但有时也用“也”字,这两个字语气上的差别依照一般原则(15.71—5)。

但文言有时在条件小句后也用“也”字。例如:

是可忍也,孰不可忍也?(论·八佾)

朔之妇有遗腹。若幸而男,吾奉之;即女也,吾徐死耳。(史·赵世家)〔即=若〕

有时候又用“者”字。例如:

客亦何面目复见文乎?如复见文者,必唾其面而大辱之。(史·孟尝君传)

卿能办之者,诚快;邂逅不如意,便还就孤,孤将与孟德决之。(赤壁)

为君计者,勿攻便。(魏策四)

东亦客也,不可以久。图久远者,莫如西归。(祭十二郎文)

“也”和“者”都表示语意未完,但这两个字比较起来,“者”字只是顿住了等下文说明,“也”字多一点悠宕的神气(17.81—2)。

22.38　白话里和“也”字相当的是“啊”,此外又用“呢”、

“罢”等语气词(17.84)。例如:

我要认得外国字啊,我都不来请教你了。

我怕热。听了两出,热的很。要走呢,客又不散。(红三〇)

现在我在街上摆卦摊,好了呢,一天也抓弄个三毛五毛的。(柳家大院)

要说是丢开吧,一时那里丢得开。

22.39　白话里有一个很特别的词语用在条件小句之后,就是“的话”。如:

你要是请客的话,千万别忘记请我。

要是跌倒的话,这二位一定是一齐倒下。(有声电影)

“的话”两字在这里毫无实义,可以算是准语气词;倘若拿来和“也”、“者”两字比较,似乎于“者”字为近。

充足条件和必需条件

22.41　条件有“充足条件”和“必需条件”的区别。充足条件是说具此条件即有此后果,但不具此条件,不一定就无此后果。例如:

胡乱吃东西,就会生病。

但不胡乱吃东西,不一定不会生病。必需条件是说不具此条件,必无此后果,但具此条件,不一定就有此后果。例如:

人不呼吸空气不得生存。

但是呼吸空气不一定就可以生存,因为不喝水不吃饭,光喝西北风,还是活不了。因此往往有从两方面来说,表示条件之为充足而又必要的。例如:

你能吃就吃点儿,不能吃倒别勉强。

话虽这样说,在日常语言里,充足条件也带上必需条件的色彩,必需条件也带上充足条件的色彩,仿佛以此时此地而论都成了唯一的条件了。例如说,“你去我也去”,事实上就有“你不去我不去”的意思,除非接着说个“你不去我也去”。又如说“不吃辣椒不知道辣椒味道之美”,仿佛一吃辣椒就能欣赏辣味似的,其实是尽有人能吃辣而不爱吃辣的。日常说话不能拿严格的逻辑来要求。

我们前边讲的都是充足条件的表示法。其中尽管同时隐含此条件亦为必需之意,表面上是看不出来的。现在要讨论必需条件的表示法。

22.42　必需条件有两种说法,正说和反说。正说是应用“方才”、“然后”等词。这些关系词原是表示时间关系的,但其中皆有有待而然的意思(20.71—3)。有些句子,尤其是第一小句里有“必”、“须”等字的,里面的条件关系比时间关系更显著,例如:

可知这样大族人家……必须先从家里自杀自灭起来,才能一败涂地呢。(红七四)

亲戚们好,也不必要死住着才好。(红七五)

读书须读得不忍舍处,方见得真味。(朱子语类)

每食,必问价乃举箸。

人恒过,然后能改;困于心,衡于虑,而后作;征于色,发于声,而后喻。(孟·告子下)

陷之死地而后生,置之亡地而后存。(淮阴)

世有伯乐,然后有千里马。(韩愈:杂说)

22.43 **其次,在条件小句和后果小句各加否定词,也可以表示条件之为必需。采取这种句法,未尝不可再在条件小句加用"若"、"要"等关系词,但多数例句都不用。如:**

再说,安老爷若榜下不用知县,不得到河工;不到河工,不至于获罪;不至获罪,安公子不得上路;安公子不上路,华苍头不必随行;华苍头不随行,不至途中患病;华苍头不患病,安公子不得落难;安公子不落难,好端端家里坐着,可就成不了这番英雄儿女的情节,天理人情的说部。(儿三)

这里一连七个假设句,只在第一个条件小句用一"若"字,在最后的后果小句用一"就"字。余如:

不到黄河心不死。

不登高山，不见平地。

不经一事，不长一智。

不入虎穴，不得虎子。

不愤不启，不悱不发，举一隅不以三隅反，则不复也。（论·述而）

利不百，不变法；功不十，不易器。（史·商君传）

士卒不尽饮，不近水；不尽餐，不尝食。（汉·李广传）

君非姬氏，居不安，食不饱。（左·僖四）

臣无祖母，无以至今日；祖母无臣，无以终余年。（李密：陈情表）

微夫人之力不及此。（左·僖三〇）

没家亲引不出外鬼来。（红七二）

这一正一反两种说法可以交换，例如“不到黄河心不死”也可以说“定要到了黄河边上心才死”。我们可以比较常在一起说的两句格言：

书到用时方恨少；

事非经过不知难。

又有一件事情连用两种说法的，如：

要下阵雨才得凉快，不下雨不得凉快的。

俟母食，然后食；母未食，不先食也。（哑孝子）

条件隐于加语

22.5　许多句子，表面上不是假设句，但里头实在含有条件的意思，大多数是隐藏在一个加语里。例如我们说：

巧妇难为无米之炊。

表面上并不分成条件和后果两小句，但实际上和

要是没有米，怎么样能干的女人也做不出饭来。

是一个意思，而后者是显明的假设句。又如：

〔吉老太太〕我不相信，一个女人会做了饭，就不会做文章。〔吉先生〕不错，不过困难的不是会做了饭的女人不会做文章，是会做了文章的女人就不会做饭。（一只马蜂）

在这个例句里，吉老太太用的是假设句，但吉先生就把条件隐在加语里。其他的例如：

苍蝇不抱没缝的鸡蛋。（红六一）

离开了土地的花草，离开了水的鱼，能快活吗？能生存吗？（康桥）

文言里也常利用“者”字（间或用“所”字）把条件纳入词组。如汉高祖入关，约法三章，说：

杀人者死，伤人及盗抵罪。（汉·高帝纪）

下半句不用“者”，显然是假设句，但上半句就成了隐含的假设句了。又如：

小负之牛，尚可养成气力，更决雌雄；大负，则杀而烹之。（斗牛）

也是上半句藏条件于词组，下半句便明用假设句。其余的例如：

士志于道而耻恶衣恶食者，未足与议也。（论·里仁）
爱人者人恒爱之，敬人者人恒敬之。（孟·离娄下）
赵孟之所贵，赵孟能贱之。（孟·告子上）
不知子都之姣者，无目者也。（孟·告子上）
适百里者宿舂粮，适千里者三月聚粮。（庄·逍遥游）
食肉者弃其骨，食果者弃其核，未有浑沦而吞之者也。（文明之消化）

这些例句里，要是把“者”字除去，在后句头上加个“则”字，就成了普通的假设句了。

两歧假设

22.61　假设句常常一正一反的叠用：或虽不相反，而意思相对。有时候，尤其是在文言里头，也可以不取严格的假设句式，而采一问一答的形式；但两个这样对立的问答句，自然使人感觉是对立的两个假设。这种句子可以称为两歧假设句，他的作用或是表示两可，或是表示两难，是议论文中常用的句法。先举采用假设句式的例：

这要是个真的，不买可惜；要是个假的，买了又上当。

与之则费难供，不与则失其心。（后汉·班勇传）

贤而多财，则损其志；愚而多财，则益其过。（汉·疏广传）

前日之不受是，则今日之受非也；今日之受是，则前日之不受非也。（孟·公孙丑下）

以下例句，第一和第三小句之末用“罢”、“邪”等疑问语气词，像是问句，但是开头又有“若”、“要”等字，是假设句的标志。我们为方便计，把“罢”和“邪”等词算做假设小句后的停顿语气词。假设句和问句很多相通之处，就因为同是不定的语气。例如：

我要告诉二爷吧，对不起四爷；不告诉吧，又怕把二爷也饶在里面。简直的没法儿！（黑白李）

那时候，我要说愿意罢，一个女孩儿家，怎么说得出口来？

要说不愿意罢，人也得有个天良，是这样的门第我不愿意呀？是这样的公婆我不愿意呀？（儿二六）

若有"意"邪，非赋之所尽；若无"意"邪，复何所赋？（世说·文学）

若以此譬为尽耶，则不尽；若谓本不尽耶，则不可以为譬也。（沈约：难神灭论）

另外有些句子，头上没有"若"字，我们虽然仍不妨把"邪"字或"也"字算做停顿语气词，可是不要忘记他们原是疑问语气。至于用"乎"字和"与"字的，还是认为问句的好。例如：

言君臣邪，固当谏争；语朋友邪，应有切磋。（后汉·马援传）

以我为君子也，君子安可无敬也？以我为暴人也，暴人安可侮也？（韩非·说林下）

我之大贤与？于人何所不容？我之不贤与？人将拒我，如之何其拒人？（论·子张）

以盟为有益乎？前盟口血未干，足以结信矣；以盟为无益乎？君王舍甲兵之威，以武临之，而胡重于鬼神以自轻也？（国语·吴语）

这一类两歧假设句和无论句可以相通，如"贤而多财"例，含有"无论智愚，多财无益"之意，"我之大贤"例含有"无论我之贤不贤，皆不可拒人"之意。

22.62　另有一类句子，形式上也是两歧假设，实际上上句是陪衬，为下句蓄势。第一后果小句白话多用“就罢”，文言多用“则已”。例如：

> 不说话也罢，一说话是鼻子里先带点儿齉音儿，嗓子里还略沾点儿膛腔。（儿三八）
>
> 你不来就罢；既来了，索性等开过会再回去。
>
> 使赵不将括则已；若必将之，破赵军者必括也。（史·廉蔺列传）
>
> 天下常无事则已，有事则洛阳必先受兵。（李格非：书洛阳名园记后）

以下例句，用语略异，作用相同。如：

> 除非不算账，算起账来一个钱也不放松。
>
> 要就不作声，说动了头就没有完的时候。
>
> 你瞧瞧，不喝就不喝，喝起来就得使这么个大盅子。（儿三七）
>
> 有弗学；学之弗能，弗措也。有弗问；问之弗知，弗措也。（中庸）

若夫，至如

22.71　现在讨论几个跟假设的意思有关的熟语。第一是“要讲”、“若夫”、“至如”、“至于”等用法大致相同的几个词。“要”、

“若”两字明为设论之辞，“至”字本身虽无此意，“至如”、“至于”也都有假设的意思。可是这几个词的假设之意甚轻，它们的主要作用在于另提一事。例如：

那时候，要论我的家当儿，再有几个五百，也拿得出来。（儿一五）

要讲说话，我也算得会说的了，不知为什么总说他不过。

此其大略也；若夫润泽之，则在君与子矣。（孟·滕文公上）

诸将易得耳；至如信，国士无双。（淮阴）

夫才德不称，固自知之矣；至于不孚之病，则不才为尤甚。（宗臣：报刘一丈书）

白话里面有时单用一个“论”字，例如：

论画，可比的许只有柯罗的田野；论音乐，可比的许只有萧班的夜曲。（康桥）

文言里又常常不用“若夫”、“至于”等词，而仍然含有这种意思；有在句中用“则”字的，也有不用的。例如：

追惟一二，仿佛如昨，馀则茫然矣。（先妣）〔至于旁的〕

人情，一日不再食则饥，终岁不制衣则寒。（重农贵粟疏）〔论人情〕

骐骥骅骝，一日而驰千里，捕鼠不如狸狌。（庄·秋水）〔至于捕鼠〕

畴昔之羊,子为政;今日之事,我为政。(左·宣二)〔论从前的羊……至于今天的事情……〕

汉之得人,于兹为盛:儒雅则公孙弘,董仲舒,儿宽;笃行则石建,石庆;质直则汲黯,卜式……(汉·公孙弘传)

最后三例,也可以说是表示“方面”的概念。

除非

22.72　其次有“除非”,表示唯一的条件。既是唯一的条件,自然是兼有必需和充足两种性质,但用“除非”的句子,必需之意更为显著。“除非”这个词大致是两个来由凑合而成:一是“非”,即22.43的“非……不……”的“非”;一是“除”,即18.92“除……外”的“除”,但用于条件句,如:

除吾死外,当无见期。(祭妹文)

假如这个分析是对的,则“除非”应该也是表示“若无此条件即无此后果”的,后果小句里应有否定词和“除非”相应。例如:

除非你亲自去请他,他不会来的。

但事实上常看见的句式不是如此。有些是在前面加“若要……”把后果倒换成条件的,如:

若要人不知，除非己莫为。

欲写相思，除非天样纸。（董解元西厢）

若问相思甚了期？除非相见时。（晏几道词）

有些是在后面接上"才……"的正面说法的，如：

只除非得这三个人，方才完得这件事。（水浒一五）

除非少爷赏我个本钱，才可以回家养活母亲。（儒林外史三二）

学者若有丝毫气在，必须进力；除非无了此气，只口不会说话，方可休也。（朱子语类）

应知别后，除非梦里，时时得见伊。（晏几道词）

还有照我们原来的说法，但在当中加"否则"的，如：

除非你亲自去请他，否则他不会来的。

除非是你，换了第二个人，我是不会给他看的。

以这些句式而论，"除非"和"必须"或"惟有"、"只有"同义。

否则

22.73　又其次要讲到"否则"和"然则"。用"否则"的句子也是一种假设句。比如我们说：

你不去我去。
要是你还不来，我就不等你了。

这是普通假设句。假如我们为别种理由把第一小句说成非条件式，而仍然要表示全句的条件意思，我们就用“否则”，如：

最好你去，否则只有我去。
这是你来了，否则我就不等你了。

“否则”二字虽然习惯上连起来说，实在是两个成分组成的：“否”一字代表一个条件小句（倘若不如此），“则”字接上后果小句。在文言里，这两个字还是活的，可分离的，我们有和“否则”同义的“不即”、“不且”，以及和“否”一字相当的“不然”、“非然”、“不者”（此“者”即22.37之“者”）。例如：

凡殖货财，贵其能施赈也；否则守钱虏耳。（后汉·马援传）
齐趣下三国！不且见屠。（史·齐悼惠王世家）
王已属政于执事。使者去！不者，且得罪。（史·越世家）
思深哉，其有陶唐氏之遗风乎！不然，何忧之远也？（左·襄二十九）
盖谓不如是不足以穷其理也。

白话里头“否则”二字已成固定的结合，所以我们可以说“否则我就

不等你”(就=则)。但白话里更普通的还是用“不然”或“不”来代替“否”字。例如:

亏得你告诉我,不然我还在鼓里呢。

是这么着,我就住些日子;不,我可就不敢从命了。(儿二九)

轻易得不着好陈酒,求老太爷这里找几坛,交给回空的粮船带回去。不是,他就叫武生买几坛带去了,说那东西的好歹外人摸不着。(儿三八)

有隐含“否则”之意而不明著其辞者,如:

吾王庶几无疾病与?何以能鼓乐也?……吾王庶几无疾病与?何以能田猎也?(孟·梁惠王下)

然则

22.74　“然则”的构成和“否则”相同,“然”字自为一句(倘若如此),“则”字引出下文。用“然则”的句子的特点是多数用于对话,即顺着对方的语意,接过口来申说应有的后果;即使不是对话,也往往含有说话的本人自为问答的神气。这又可以分为两类:一,“然则”后面取问句的形式,多半是“逗出下文”的语气,但也有真的询问,如例一:

晏平仲端委立于虎门之外,四族召之,无所往。其徒曰:

“助陈鲍乎？”曰，“何善焉？”“助栾高乎？”曰，“庸愈乎？”“然则归乎？”曰，“公伐焉归？”（左·昭十）

大雩者何？旱祭也。然则何以不言旱？言雩则旱见，言旱则雩不见。（公羊·桓五）

故世之言道者，或即其所见而名之！或莫之见而意之，皆求道之过也。然则道卒不可求欤？苏子曰，道可致而不可求。（日喻）

另一类不是问句，如：

庄王曰：“诺，舍而止。虽然，吾犹取此然后归尔。”司马子反曰，“然则君请处于此，臣请归尔。”（公羊·宣一五）

“邹人与楚人战，则王以为孰胜？”曰，“楚人胜。”曰，“然则小固不可以敌大，寡固不可以敌众，弱固不可以敌强。”（孟·梁惠王上）

“子年几何矣？”曰，“年十五矣。”“以何时而眇？”曰，“三岁耳。”“然则子之盲也，且十二年矣。”（盲者说）

不用在对话里的，如：

楚子在城父，将救陈。卜战，不吉。卜退，不吉。王曰，“然则死也。”（左·哀六）

子灿遇大铁椎为壬寅岁，当年三十；然则大铁椎今四十耳。（铁椎）

不用"然"而用"如是"等词的,如:

孟子曰,"否,我四十不动心。"曰,"若是,则夫子过孟贲远矣。"(孟·公孙丑上)

操军破必北还,如此,则荆吴之势强,鼎足之形成矣。(赤壁)

"然则"的构造虽和"否则"相同,但因"否"字建立的是与上述事实(已然的或盖然的)相反的条件,所以"否则"句的条件性甚显;而"然"字建立的条件是肯定的,往往和已经确定的事实相符,所以"然则"句的条件性不显。以上诸例中,一部分可以作"倘若如此"讲,其余的就不如作"既然如此"或"这样说起来"讲更贴切些。换句话说,"然则"的"然"字有时候等于"若然",有时候又等于"既然"。后者,严格说,不能算是假设句,只能算是推理句。

白话里和"然则"相当的是"那么"或"这么说"。例如:

"你我还有什么客气的,收了,收了。"——"那么我就恭敬不如从命了。"

去又不是,不去又不是;那怎么办呢?

这么说,你是不去定了?

推论:既,既然

22.8　前边说过,"然则"有时可作"若然"讲,有时又该作"既然"讲。事实上,有一类句子就把"既"(文)或"既然"(话)嵌在上句中间，和下句连合成一整句。这一个整句可以分为“前提”和“结论”两个小句，结论句中有时用“就”或“则”和“既”相应，又常有“应该”、“自必”等词语，或虽无此等词语，还是有这样的意思。结论句有时也出以问句的形式，和用“然则”的句子相似。例如：

你既受了我的定钱，这房子就算租了给我。（压迫）

我想你应该知道吧？——你既把房子都租了给他。（同）

且既有吸收，即有消化。（文明之消化）

吾辈既以壮士自许，当仗剑而起。（林觉民传）

易曰，“云从龙”，既曰龙，云从之矣。（韩愈：杂说）

但文言里用“既”的句子，也有直叙事实的因果的，如：

朕既不敏，常畏过行以羞先王之遗德。（史·文帝纪）

齐哀王闻之，举兵西……绛侯等既诛诸吕，齐王罢兵归。（史·灌婴传）

“既”字的本义是“已”，和“已”一样，可以用来连接先后两事，表纯粹的时间关系（20.22）。要是先后二事因果相关，如此处最后二例，“既”字又有因果关系词的性质，也和“已”相同（21.11）。但是“既”字又可以用于推论的句子，如前面所举的例，这是“已”字所无的用法。所以文言里头只一个“既”字，到了白话里头就有“已经”和“既然”之分。

假设句,推论句,因果句

22.91　用"要是"和"就"连系的假设句,用"既然"和"就"连系的推论句,用"因为"和"所以"连系的因果句,这三种句法,虽然各有各的用处,所表示的是根本上相同的一个关系:广义的因果关系,包括客观的即事实的因果和主观的即行事的理由目的等等。这三种句法的同异,可以综括如下:

假设句:若甲则乙,甲乙皆虚,理论的,一般的,泛论因果。

推论句:既甲应乙,甲实乙虚,应用理论于实际,推断因果。

因果句:因甲故乙,甲乙皆实,实际的,个案的,说明因果。

虽然假设句和因果句各有一部分例外,以典型的例句而论,这三种句法是彼此相应的,例如:

倘若他天亮就动身,晌午准可以赶到。

这是假设句,前后都是未确定的事实,只说定二者之间有相应而生的关系。假如我们知道他天亮就动身,我们就说:

他既是天亮就动身,晌午准可以赶到。

这是由因推果。假如我们知道他晌午已到。我们就说:

他既是晌午就到,至迟是天亮就动身的。

这是由果推因。这两句是推论句。假如这两者都已确知是事实，我们就说:

　　他天亮就动身,所以晌午就赶到了。

这是直接说明的语气,是纪效句。或是先说事实,然后解释原因,那就是释因句,如:

　　他晌午就赶到,因为天亮就动身。

此外,还有把预期的后果作成条件形式的假设句:

　　他倘若要晌午赶到,至迟得天亮就动身。

这也有因果句和它相应,说明行事的理由或目的:

　　他要晌午赶到,所以天亮就动身。
　　他天亮就动身,为的是要赶晌午赶到。

有了说明事实因果的句子,按说不必再作成假设句,但是我们有时仍然用假设句的形式来特别申述其间的因果关系。假如仍用上面的例句,那就是:

　　他要不是天亮就动身,哪能晌午就赶到。

或是，

亏得他天亮就动身，否则晌午就赶不到了。

这就是我们在本章头上所说条件与确定事实相反的句子。由上所述，可知假设句和因果句息息相关了。

22.92 因为这几种句法的密切相关，所以一方面往往有参互着用的例子，如：

唇竭则齿寒，鲁酒薄而邯郸围，圣人生而大盗起。（庄·胠箧）

夫川竭而谷虚，丘夷而渊实，圣人已死则大盗不起。（同）

与楚则汉破，与汉而楚破。（史·栾布传）

五子哀恋，思念其母。其母既亡，则无五子；五子若殒，亦复无淮。（世说·方正）［淮，郭淮自称］

另一方面，又有些句子，可作假设句讲，也可作推论句讲。例如：

你热心，你就发起。

你不容我进去，我就走。

这里的上一小句，因为不用特殊的关系词，可说是"要是你热心"、"要是你不容我进去"，也可以说是"你既热心"、"你既不容我进去"。

又有些句子，可以作假设句看，也可以作因果句看。例如：

飞鸟尽,良弓藏。

可以说是“要是飞鸟尽了,良弓就要放在一边”,也可以说是“因为飞鸟已经尽了,所以良弓也就放在一边了”。不但此也,无论假设句或推论句或因果句,都是先有“先后”而后有“相因”的,所以必然包含时间关系在内。因此“飞鸟尽”这句还可以讲做“鸟打完了,弓也就收起来了。”反正这三种意思很相近,决不冲突。

甚而至于有可以作这三种讲法而作者用意还在这三种之外的,例如“水落石出”可以是“水落之时石出”,或“若水落则石出”,或“因水落故石出”,但赤壁赋里用这句句子似乎意在平列,是说“水已落矣,石已出矣”。

总之,汉语的语句结构,不像西文非处处用关系词连络不可。有时不妨重复,用了“以”字还可以用“故”字,有了“虽然”再来个“但是”;在不会发生误会的时候却又会全不用关系词,让听的人去理会。

第二十三章　擒纵·衬托

容认

23.11　容认句指应用“虽然”等关系词连系的句子。这是擒纵句法的一种，先承认甲事之为事实（一放），接下去说乙事不因甲事而不成立（一收）。容认句和转折句很相近，同是表示不调和或相违逆的两件事情；所不同者，转折句是平说，上句不表示下句将有转折，而容认句则上句即已作势，预为下句转折之地。例如说“吾尝将百万军”时，并未预示下面将有“然安知狱吏之贵乎？”一转，若说“吾虽尝将百万军”，则我们自然预期下面将有一个转折。

23.12　表示容认的关系词，最重要的是“虽”字，文言单用，白话常说“虽然”、“虽则”、“虽说”。文言的“虽”字可位于主语之前或之后，在后更常见；白话则通例位于主语之后。在第二小句里头，常用“也”、“亦”等字照应。例如：

> 事情虽多，也该保全身子，检点着偷空儿歇歇。（红四五）
>
> 旺儿的那小子，虽然年轻，在外吃酒赌钱，无所不至。（红七二）
>
> 我那时候虽说无靠，到底还有我的爹妈。（儿二六）

我虽则没有见过，也听人说过。

虽君有命，寡人弗敢与闻。（左·隐十一）〔“虽”在主语前〕

此言虽小，可以喻大也。（史·李将军传）

虽无丝竹管弦之盛，一觞一咏，亦足以畅叙幽情。（兰亭集序）

汝时尤小，当不复记忆；吾时虽能记忆，亦未知其言之悲也。（祭十二郎文）

容认小句照例在前，但近来受西洋语法的影响，有放在后面的，如：

没有月光的晚上，这路上阴森森的有些怕人。今晚却很好，虽然月光也还是淡淡的。（朱自清：荷塘月色）

23.13　文言也用“虽然”，但“然”字有实在的意义，不像在白话里只是一个衬字。“虽然”承接上文，自成一顿，等于白话“虽说如此”。（“虽然”一词在文言和白话里用法不同，正如“所以”一样，都是应该注意的。）例如：

微子则不及此；虽然，子弒二君与一丈夫，为子君者不亦难乎？（左·僖十）

及楚，楚子飨之。曰：“公子若反晋国，则何以报不谷？”对曰：“子女玉帛，则君有之……”曰：“虽然，何以报我？”（左·僖二四）

虽然如此，到底该请大夫来瞧瞧是什么病，也都好放心。（红七二）

这种句子的作用,实际全句只等于转折句的下句,如“周勃厚重少文,然安刘氏者必勃也”,即可改作“周勃厚重少文;虽然,安刘氏者必勃也”。

23.14　容认句和转折句的性质既是这样相近,一方面就有不用关系词的句子,我们可以在上句中间加个“虽然”,也不妨在下句头上加个“可是”,如:

实对你说了罢,身子去了,我的心不去。

身子虽然去了,我的心不去。

身子去了,可是我的心不去。

另一方面,又有上句用容认关系词,下句又用转折关系词的句子;这在白话里几乎已成为常例,文言里也常常遇见。例如:

他虽是姑娘家,心里却事事明白,不过是言语谨慎。(红五五)

虽是不差,却也差得一着。(儿一九)

虽是不合他的路数,可奈文有定评,他看了也知道爱不释手。(儿三五)

荆轲虽游于酒人乎,然其为人沈深好书。(史·刺客列传)

楚虽有富大之名,而实空虚;其卒虽多,然而轻走易北。(史·张仪传)

园日涉以成趣,门虽设而常关。(归去来辞)

予虽亲在未敢言老,而齿危发秃,暗里自知。(祭妹文)

23.15　文言里头,除用“虽”字外,又可用“诚”、“信”、“固”等限制词表肯定,即用以为下文转折之地。例如:

贾子厚诚实凶德,然洗心向善;仲尼不逆互乡,故吾许其进也。(后汉·郭林宗传)

子皙信美矣,抑子南夫也。(左·昭元)

固知其为钱,但怪其不在纸裹中耳。(东坡志林)

“固”字在文言里用于这类容认小句的并不多,但“固然”在白话里就很常见。例如:

这张照片固然很好看?但是总不及照片的主人好看。(一只马蜂)

能有,固然最好;没有,也没什么。

有学问的人,固然有有文凭有学位的,也有没有文凭没有学位的。(求学)

用“固然”的句子,固然是表示容认,可不一定全是容认之后继以转折。要是上下两事不很相背,往往就转折之意轻而加合之意重了。

23.16　此外白话还有些词语表示容认:“只管(是)”、“尽管(是)”、“是说(是)”、“别看”等,底下也一样可用转折关系词来呼应。例如:

他只管是这等劝着,却也在那里拿着小手巾擦眼泪。(儿

四〇）

不知怎的，往日这两道眉毛，一拧就锁在一块儿了，此刻只管要往中间儿拧，那两个眉梢儿他自己会往两边儿展。（儿二七）

价钱尽管这么贵，买的还是买。

是说公公准他喝酒，他喝开了可没把门儿人，拦不住。（儿三二）

别看他年纪轻，倒是事事精通。

23.17　白话里表示容认还有一个方式：就是在上句用一"是"字，例如：

雨是下了，天还是不凉快。

人是捉住了，东西可已经出了口，追不回来了。

用这个"是"字，有时更把动词或形容词一先一后重复说两遍，有"要论什么，确然是什么，可是……"的口气。例如：

好可是好，就是咱们驮着往回里这一走，碰见个不对眼的瞧出来呢？那不是活饥荒吗？（儿四）

妙却妙，只是不知怎么变？（红一九）

听是听属了，不过……（压迫）

当中用"是"字本来只是肯定。因为有下文的一转，"是"字才有"虽然"之意。（比较：儿，二"吃是吃饱了，掳是掳够了，算没他的

事了”，无“虽然”意。）但因此也有简直就用“虽然”或“只管”的，如：

但是说虽说了，凭怎的问他那仇人的姓名，可休想他说出来了。（儿一六）

让姑娘吃些东西，哭只管哭，可不要尽自饿着。（儿二四）

我说可只管这么说了，想了想真也没法儿。（儿四〇）

23.18　这种句法，文言里本来也有，当中用“则”字，不用“虽”字。例如：

哀则哀矣，而难为继也。（檀弓上）

臣邻人之女设为不嫁，行年三十而有七子。不嫁则不嫁，然嫁过毕矣。（齐策四）

彼齐云落星，高则高矣，井干丽谯，华则华矣，止于贮妓女，藏歌舞，非骚人之事，吾所不取。（黄冈竹楼记）

23.19　上边的例句中，不但有特殊的句式，并且必用“矣”字一顿。事实上还有单单凭这一个“矣”字表示容认语气的。（参阅17.85）例如：

尽美矣，未尽善也。（论·八佾）

有志矣，不随以止矣，然力不足者亦不能至也。（游褒禅山记）

汉以后，天方大秦之文物稍稍输入矣，而影响不著……自

元以来，与欧洲文明相接触，逾六百年矣，而未尝大有所吸收。（文明之消化）

纵予

23.21　纵予句和容认句属于同类，通常合称为让步句；所谓让步，即姑且承认之意。但容认句所承认的是实在的事实，纵予句所承认的是假设的事实。我们前面说过，大多数转折句，其中下句所表事实和上句所引起的预期相反，这种情形在容认句更容易看出，到了纵予句尤为明显。我们可以说那些转折句及容认句是跟一般的因果句相对，而纵予句是跟假设句相对。因果句和假设句都是表示"有此因方有此果"，而容认句和纵予句是表示"有此因却无此果"或"无此因仍有此果"。比较：

我把地址说了给他，所以他一找就找到。〔因果〕

我虽然把地址说了给他，他还是没有找到。〔容认〕

我虽然没有把地址说给他，他还是找到了。〔容认〕

你要是把地址说给他，他自然找得到。〔假设〕

那是个大地方，你就是把地址说给他，他也不容易找到。〔纵予〕

那是个小地方，你就是不把地址说给他，他也找得到。〔纵予〕

正如假设句之表因果相关比因果句更斩截，纵予句之表前后违异

(不合预期)也比容认句更明朗。纵予句的下句不大用“可是”、“然而”等转折关系词,但常用“也”字呼应(文言用“亦”是后起),又常变成反诘性的问句,这也是和容认句不同处。但纵予句所假设的事实也有容或有之和显属不然之分,前者和容认句的意味就很接近,有时竟很不容易分别。

23.22　表纵予的关系词文言以“纵”字为最显明,白话也说“纵然”。“纵”字只能位于主语之前(因为原是动词),但“纵然”也可以用在主语之后。例如:

青青子佩,悠悠我思,纵我不往,子宁不来?(诗·郑风)

纵江东父兄怜而王我,我何面目见之?纵彼不言,籍独无愧于心乎?(项羽)

纵使长条似旧垂,也应攀折他人手。(唐人诗)

便总有千种风情,更与何人说?(柳永词)〔宋人词中多以“总”为“纵”〕

我纵然有话,从那里说起?(儿一六)

纵然有你这样的能干,也一定不会这样的和善,这样的体贴。(一只马蜂)

23.23　“纵”字是代表的纵予关系词,因为他兼有“假使”和“虽然”两层意思。文言也常常借用“虽”字。这些“虽”字和23.12所说的不同,用白话说就不是“虽然”而是“就是”。例如:

虽鞭之长,不及马腹。(左·宣一五)

虽九死其犹未悔。(离骚)

然而汝已不在人间，则虽年光倒流，儿时可再，而亦无与为证印者矣。（祭妹文）

23.24　更普通的是借用条件关系词“即”、“假”等字。此时我们要注意和他们原来的单纯作用区别。“即”字的单纯条件用法，近代文言里已不大见，所以“即”字就只作“纵”字讲。“藉”字本来等于“假”，可表单纯的条件关系，但“藉曰”也只表纵予，等于白话的“就算”。例如：

即饥寒毒热不可忍，不去也。（报刘一丈书）

即群不亡而已不免于亡，亦较之群已俱亡者为胜。（为群）

摧伤之余，气力可想。假令病尽已，身复壮，悠悠人世，不过为三十年客耳。（柳宗元：与李建书）

人而无自治力，则禽兽也，非人也。藉曰人矣，小儿也，非成人也。藉曰成人矣，野蛮之成人也，非文明之成人也。（论自治）

若由此业自致卿相，亦不愿汝曹为之。（颜氏家训）

23.25　白话里头最常用的纵予关系词“就”、“就是”、“就算”、“就让”等就是“即”、“即令”等词变的。现在语体文里也还用“即使”，而“就”字也早已见于魏晋以后的文言。例如：

法孝直若在，则能制主上，令不东行；就复东行，必不倾危矣。（蜀志·法正传）

就你我吃些亏，也说不得。（儿一六）

大约他要说的话，作的事，你就拦他也莫想拦得他住手住口。（同）

姐姐也自己保重些儿；就是哭出两缸泪来，也医不好棒疮。（红三四）

就算他有本事罢，一个女孩儿家可怎么合你同行同住呢？（儿一二）

满算我教你们装了去罢，我也是个带气儿的活人，难道叫人定了去我会不知道。（儿二六）

即使带着家谱，而上面只有一个名字，并无画像，也不能证明这名字就是我。（鲁迅：说胡须）

季子平安否？便归来，生平万事那堪回首？（顾贞观词）

23.26 **此外白话又用"那怕"表纵予关系，这和前述诸词不属于一个系统。例如：**

那怕毒死了，也要吃尽了。（红四〇）

自己只管其丑如鬼，那怕丈夫弄个比鬼丑的，他也不容；自己只管其笨如牛，那怕丈夫弄个比牛笨的，他还不肯。（儿二七）

23.27 **纵予句又常常不用纵予关系词，这是顺了假设句不用关系词的趋势来的。白话里尤为常见，多数仍在下句用"也"字以为连系，例如：**

不看僧面看佛面。

输理不输嘴，输嘴不输气。

作梦也想不到。

事已至此，怕也无益，哭也无用。（儿二）

姐姐不用哈我，哈我我也是说。（儿二六）

有他也不多，无他也不少。

一日不思量，也攒眉千度。（柳永词）〔“一日”在意义上属下句〕

这回去也，千万遍“阳关”，也只难留。（李清照词）

文言也有类似的句法，如：

人亦有言，“柔则茹之，刚则吐之”。维仲山甫，刚亦不吐，柔亦不茹。（诗·大雅）〔比较：上一句用假设句〕

极端和衬托

23.31　另有一类常见的让步句，文言仍用“虽”字发端，白话也用“就是”，但所引进的不是一个小句而是一个词，因此这类句子的性质介乎单句与复句之间。例如：

就是婶子，见生米做成熟饭，也只得罢了。（红六四）

当日在京，我们彼此都是通家；便是姑娘你小时节，我也曾见过。（儿一九）

一著之失，人皆见之，虽护前者不能讳也。（钱大昕：奕喻）

及左公下厂狱……逆阉防伺甚严，虽家仆不得近。（左公逸事）

中国之画……虽名山水之画，亦多以记忆所得者为之。西人之画……虽理想派之作，亦先有所本，乃增损而润色之。（图画）

23.32　这类句子在白话里还有一种说法，不用"就是"而用"连……也"或"连……都"，较早的白话不用"连"而用"和"。例如：

你怎么发呆，连他也不认得？（红二四）
你管定连门儿也不准他进。（儿一九）
姑姑病了，你怎么连影儿也不见？（姑姑）
你爷儿们今日这几句文儿，连我听着都懂得了。（儿三七）
我同她侄儿举着风筝在前走，连头都不敢回。（姑姑）
无据，和梦也新来不做。（宋徽宗词）

23.33　还有连这个"连"字也省去的，如：

人人都说我那夜叉婆齐整，如今我看来，给你拾鞋也不要。（红六五）

听见人说句外话他都不懂。（儿一）

这可真说得起活老了的都没见过的一个希希罕儿。（儿三八）

一个大钱也没让那些大兵欠过。（冬儿）

冬儿在旁边听着，一声儿也不言语。（同）

文言里也有类似的句子，即省去"虽"字的，如：

叶脱亦无时，随落随生，春时亦摇落满庭。（岭外代答）

行事如此，三尺童子亦将从而窃笑之。

呼尔而与之，行道之人弗受；蹴尔而与之，乞人不屑也。（孟·告子上）〔此句连"亦"字也不用〕

23.34　以上所举各种例句，形式上尽管有些参差，句法是同一类型。就白话论，不但用"连"字的句子"连"字可省，不用"连"字的可加，并且用"就是"和用"连"的句子也多数可以互换；就文言论，用"虽"字的也可以省，不用"虽"字的也可以加，而翻成白话也是可用"就是"可用"连"（或者后者更顺些，因为同样是整句一气呵成，不像用"就是"须要一顿）。

"就是"表纵予，"连"字上头隐含"不但"（18.37），表衬托，何以在这类句子里头可以替换呢？这是因为这类句子的要义是表极端即"甚至"，这个极端的概念用衬托加纵予表示，例如：

自己不但不能料理薪水，连丈夫身上一针一线也照顾不来。（儿二七）

只见那条街上，不但南来北往的车驮络绎不绝，便是本地那些居民，也男男女女老老少少的都穿梭一般，拥挤不动。（儿三八）

不独是对于一个人如此，就是对于家庭，对于社会……都

是如此。（最苦与最乐）

墨子曰，“不唯越王不知翟之意，虽子亦不知翟之意。”（吕氏春秋·高义）

非惟顽固愚陋者不能，即号称贤达有志者亦不能也。（论合群）

不独儿时意象邈难再得，即曩昔家居骨肉聚处之乐亦惝然如梦，不可追忆。（侍膳图记）

单用“虽”或“就是”，是顾着纵予，而言外仍有衬托之意，所以才用“也”用“亦”。例如“就是婶子”，含有“不但老爷老太太”之意。单用“连”字，是顺着“不但”的口气下来，可是纵予之意自在言外，所以才可以改用“就是”。例如“管定连门儿也不准他进”，一方面自然是承“不但不会让他开口”而来，同时也就等于“就是让他进门，你也一定不准”。

而实际上这些句子的要点是表示“甚至”，不但用“连”字的和省“连”字的句子如此，如“甚至他也不认得”、“甚至影儿也不见”；就是用“虽”和“就是”的句子也只是一种“甚而言之”的说法，如“甚至姑娘你，我也见过”。

23.35　后面用“连……也”的句子，前面也可以用“……罢了”来衬托。这儿的“罢了”是“算了”的意思，和“而已”不同。例如：

不想这班人，不肯也罢了，连回话都没得一句。（儿三九）

你只在这里闹倒罢了，怎么连亲戚也都得罪起来？（红五九）

老太太岂不怪你：不管闲事，连一句现成的话也不说？（红四五）〔不管闲事罢了，连……〕

虽然"罢了"的作用和"不但"差不多，如上例也可说"不但不肯"等等，口气却不同，是加以容认而后撇开的说法。所以也有在这种地方用"虽"字的，例如：

如今托我在家照料，我虽不能为力，难道连一句话也不肯说不成？（儿三）

23.36 另一类衬托句，用"别说"、"慢说"等开端，底下不限于用"连"，也可以用"就是"。例如：

慢说别人，连我也不放心。

慢讲模样儿，就这说话儿，气度儿，咱们城里头大家子的孩子只怕也少少儿的。（儿二二）

这会子热剌剌的说一个"去"，别说他是个实心的傻孩子，便是冷心肠的大人也要伤心。（红五七）

这些句子仍有"不但"的意思，就是一浅一深相比较，用浅的衬托深的。

23.37 但如下列例句，就谈不到两件事物的比较，只是先把事实一说，然后撇开，从相反的假设来立论。（比较 22.62 假设句前加衬托句。）

别说我不去，就让我去，你也不能不去。

慢说没花儿，就是有花儿，也犯不上给你。（三侠五义八九）

慢说我没有这样家当，便有，我也不肯这样作法。（儿二）

慢讲照这样办法没有差错，就便有些差错，老爷日后要怪，就算你我一同商量的都使得。（儿三）

有时也可以不用“慢说”等发端，例如：

不见得我这一进场就中，满算着中了，老人家弄到如此光景，我还要这举人何用？（儿三）

我没有一个钱——有钱也不给他，只管叫他告去。（红四四）

文言也有类似的句法。例如：

无论弟不能樵，纵或能之，且犹不可。（张诚）

微论势易时移，今非昔比，即往昔施行此制，亦复议者纷纭。

逼进

23.41　上边几节讨论过的衬托句，又往往可以换一种说法，把前后小句倒换次序。例如：

我有钱也不给他，别说没钱了。

连丈夫身上一针一线也照顾不来，别说料理家务了。

你行动就是坏心，连我也不放心，别说他呀。（红二一）

连他都不知道，别人更不用说了。

我们有时在小说剧本上遇到的字句，尚且要把他记下来，那关于思想学问上的，更是要紧了。

问今是何世；乃不知有汉，无论魏晋。（桃源）

这类句子的构成部分虽然和衬托句相同，而作用大不相同："不但甲，而且乙"，乙事比甲事有更大的意义；"乙尚且如此，别说是甲"，甲事比乙事有更大的理由。衬托句是由浅入深，这类句子则用深证浅，可以称为逼进句。

23.42　白话的逼进句通常用"别说"等，文言的典型的逼进句式则应用"况"或"而况"作成反诘句，如上边"无论魏晋"的例子比较少见（这句当然不能改用"况"）。这类逼进句的上半句常用"尚"、"犹"、"且"等字和底下的"况"字呼应。白话把"况"字说成"何况"，上句也常用"还"或"尚且"。例如：

一夫不可狃，况国乎？（左·僖十五）

吾未闻枉己而正人者也，况辱己以正天下者乎？（孟·万章上）〔更所未闻〕

天地尚不能久，而况于人乎？（老子）

夫罪轻且督深，而况有重罪乎？（史·李斯传）

连校长还让他三分，何况你我？〔更该让他〕

宝姐姐先在家里住着，薛大哥的事他也不知道，何况如今在里头住着呢？（红二八）〔更不会知道了〕

文言也用"矧"字，解同"况"，例如：

夫以子之不遇时,苟慕义强仁者,皆爱惜焉,矧燕赵之士出乎其性者哉?(韩愈:送董邵南序)

求其生而不得,则死者与我皆无恨也,矧求而有得邪?(欧阳修:泷冈阡表)

23.43　文言和白话又都有不用"况"字的说法,下句仍用反诘语气,上句仍用"犹"、"且"、"尚"等字照应,句法大体上和用"况"字的相同。例如:

臣死且不避,卮酒安足辞?(项羽)〔况卮酒乎?〕

民不乐生,尚不避死,安能避罪?(汉·董仲舒传)

他尚自输了,你如何拼得他过?(水浒二)〔何况你?〕

课本还念不过来,还谈什么参考书?

无条件

23.51　用"无论"、"任凭"等关系词连系的句子,表示不同的条件有同一后果,即条件的变动不影响后果,所以可以称为"无条件"。这类句子其实只是假设句扩展的结果,其中有一部分又可以说是纵予句的变型。先说后面的一种。

我们在上面曾经举过纵予句前加衬托句的例:"别说我不去,就是我去,你也不能不去。"这句话可以拆成两句:

我不去，你不能不去。〔假设句，宾〕

我去，你还是不能不去。〔纵予句，主〕

合起来说：

无论我去不去，你不能不去。

“我去”和“我不去”是一正一反两种条件，结果相同，“你不能不去”。所以我们说这种句子表示条件的变动不影响后果。这一类无条件句，白话里有时就用一正一反并列的两个条件句构成，用“也”字连系。例如：

我不去你也得去，我去你也得去。

你此时，依，也是这样办；不依，也是这样办。（儿二六）

干他的事他也作，不干他的事他也作；作得来的他也作，作不来的他也作。（儿一六）

有时在正反条件之后各加“也罢”，把后果总作一句说。例如：

我去也罢，不去也罢，你不能不去。

赚钱也罢，不赚钱也罢，且躲躲羞去。（红四八）

23.52　再进一步，可以把一正一反两个条件也合成一个小句，例如：

你吃饭不吃饭,到底老太太、太太跟前坐一会子,和姑娘们顽一会子再回来。(红二〇)

林之孝说道:“才听见雨村降了,却不知何事,只怕未必真。”贾琏道:“真不真,他那官儿未必保的长。”(红七二)

有时再在头上加用“不管”或“无论”,如:

不管有鬼没有鬼,让我们来看看房子好不好?(压迫)

无论成与不成,你务必给我说到。

以上例句中,形式上正反并列,意思中仍有所偏,“依也是这样办,不依也是这样办”,句意侧重“不依也是这样办”,上句只是一个陪衬。同样,“吃饭不吃饭”等于“就是不吃饭”。所以说这类无论句是纵予句的变型。

23.53　第二类无条件句所提出的条件不是一正一反(即某一条件之有无),而是或此或彼,二者不一定冲突,也不一定不。这类句子也可采取前面那种平列两小句的说法,如:

晴天也是一把伞,雨天也是一把伞。

左想也不妥,右想也不妥。

早也是去,晚也是去;早带了去,早清净一日。(红五二)

又或把条件提在一处,叠用“也罢”以为表示,如:

晴天也罢,雨天也罢,他那把伞老不离手。

你真爱念书也罢,假爱也罢……只作出个爱念书的样子来。(红一九)

反正他挣钱不多,花匠也罢,草匠也罢。(柳家大院)

明天也好,后天也好,总之三天之内你得交这个卷。

这类句子里头,所提两条件要是冲突的,性质和第一类相同,也就是和纵予句相近。如第一例也可作"就是不下雨,也是一把伞不离手",第二例等于"即使不爱念书,也作出个爱念书的样子"。

23.54　这类句子也可以用"不管"或"无论"。"无论"之后或不用连系词,或加用"是……(还)是……",或再在中间用"与"或"或"(18.72)。例如:

不管晴天雨天,他那把伞老不离手。

无论讲意思,讲表现,这首诗都不可多得。

无论中外,也无论古今,大家都要求"老实话",可见"老实话"是不容易听到见到的。(朱自清:论老实话)

不论秋菊与春花,个个能噇空腹茶。(唐人诗)

我们常用的限制词"反正"、"横竖"、"左右"等等也都含有"无论"的意思。即"无论是这样或那样"之意。

23.55　第三类无条件句所提的是一个无限变异的条件,常用无定指称词来表示。例如"无论是谁,都不愿意挨骂",实在代表"你也不愿意挨骂,我也不愿意挨骂,张三,李四,王五,赵六……都不愿意挨骂"的意思,所以我们说这是条件句扩展的结果。"谁"字代表一个无限变异的人物,我们称之为任指性的无定指称词(参阅

11.63）。**这些无定指称词的前面常常加“无论”、“不管”、“不拘”、“任凭”等词语，例如：**

凭你是谁，凭你是怎样合他说着，再也休想他开一开口。（儿二五）

后来我想老太太就要回南，无论怎样忙，都要来陪老太太顽半天。（一只马蜂）

那是我一生最快乐的两个星期——嗳，无论怎样，不会再有的。（同）

不管装什么的，你都每样打几个罢。（红三五）

丫头不拘叫个什么罢了，是谁起的这样刁钻名字？（红二三）

但也常常不加这些词语；虽然不说“无论”，仍然是“无论”的意思。例如：

全有我呢。包管平允：谁也不能吃亏，谁也不能占便宜。（三侠五义九一）

哥儿俩一般儿高，谁也不用说谁。〔此句“谁”字不是绝对无范围〕

到了那个地方儿，吃喝穿戴，甚么都买不短。（儿三八）

天天放得天高的风筝，那天竟怎么放也放不起来。（姑姑）

走遍半个城，哪儿都是一样。

甚么时候说声“走”，我拔腿就走。（儿三二）

你放心好了，哪一天我不在这里住的时候，我通知你就是了。（压迫）

多高的树枝他都上的去。

前面第二类无条件句里，所提交替条件不互相冲突的，性质和这一类相近，如“明天也好，后天也好”等于“无论哪天都成”。

第三类无条件句不一定都有纵予的意思。例如“凭你跑到哪儿”也许可说“你就跑到天上”，“任凭你有多大权力”也许可说“那怕你是皇帝”，但如“谁也知道”，“哪儿也一样”之类就不隐含某一单个事物可作为纵予的条件。

23.56　以上所举都是白话的例。这种种句法，虽不尽数是白话里发展出来的，但白话里较为发达。文言里原来也有正反并列的说法，例如：

从之将退，不从亦退；犹将退也，不如从楚。（左·襄十）〔犹＝均〕

华元曰：“过我而不假道，鄙我也，鄙我，亡也；杀其使者，必伐我，伐我，亦亡也；亡，一也。”乃杀之。（左·宣十四）

是进亦忧，退亦忧，然则何时而乐耶？（岳阳楼记）

23.57　至于“无论……”的说法，文言原来只用“无”字，有主语则必须放在主语之后。例如：

无小无大，从公于迈。（诗·鲁颂·泮水）

吾视郭解，状貌不及中人，言语不足采者，然天下无贤与不肖，知与不知，皆慕其声。（史·游侠列传）

百姓闻之，知与不知，无老壮，皆为垂涕。（史·李将军传）

愚以为宫中之事，事无大小，悉以咨之，然后施行。（出师表）

是故无贵无贱，无长无少，道之所存，师之所存也。（师说）

在句首用“无论”是比较晚起的句法，大概是受了后世口语的影响。例如：

无论事之难易，掉以轻心则必败。〔事无难易……〕

地无分于中外，时不论乎古今，未有不立志不勉力而能有成者也。〔地无中外，时无古今〕

无论服药与否，休养仍为最要。

无论其言有无依据，不可不预为之地。

以上文言诸例和前面所说第一第二两类句法相当。至于利用无定指称词的第三类无论句，近代文言里也有，如：

无论如何区分，皆不免有游移两可之例。

任何社会，不得其平则乱。

但“无论”或“任何”适用的范围仍然很有限制，常常要利用“者”、“所”、“莫”、“事事”、“无事”、“随时”、“所在”等词造成别种句式，表示“无论”之意。

连锁

23.61　连锁句指"谁先到谁买票"这一式的句子。这类句子一方面和倚变句(19.7)相似,因为同是表示甲变则乙变,"我先到,我买票;你先到,你买票"。一方面仍是无论句的变式,因为也可以说"无论谁先到,就把票买了"。

连锁句不用"无论"、"不管"等词语,而在上下两小句叠用同一无定指称词。第一个是任指性的,第二个表面上也是任指的,实际上随第一个为转移,并不是绝对无定,而是相对有定的。例如:

谁和我好,我就和谁好。(红二七)

等到家,横竖还姐姐,那时姐姐爱送谁送谁。(儿二一)

心里有什么,口里说什么。(红三四)

送什么我就收什么,横竖我有主意。(红三六)

我不过是接手儿,怎么来,怎么去,由不得我作主。(红三六)

都照你说的,怎么好,怎么好。(儿三)

你爱和那个姐姐妹妹哥哥嫂子顽,就和那个顽。(红二〇)

你们那天要人,那天现成。(儿四〇)

这个东西禁不住搁,多会儿要,多会儿买就是了。〔现用现买〕

我没有成见,哪儿好玩,就在哪儿多住几天。

说到哪儿做到哪儿。

该搁哪儿搁哪儿。

23.62　以上都是利用无定指称词的连锁句。另有一些,是用数量来连系的,例如:

此刻还不能说定,借到多少算多少。

守着多大碗儿吃多大的饭。(红六)

他的喉咙,要多高有多高;他的中气,要多长有多长。(老残二)

他要几张给他几张,别多给。

治一个,好一个,真好大夫!

实打实,有一句,说一句。(儿三二)

一等货色,一等价钱;一等价钱,一等货色。〔比较:哪等价钱,哪等货色〕

一步一回头。

大家围在窗外偷听,听他哼一声,就知道是挨了一下。

23.63　再还有用时间来连系的,或是表示两事起讫相同,或是表示两事次数相等(上节最后两例也可以归入次数相等类)。例如:

一日不说跪一日。(红六一)

从此后,我活一日,是你给我一日。(红七二)

你只说舅舅见你一遭儿就派你一遭儿不是,你小人儿家很不知好歹。(红二四)

正是了,我们得尽一番心,且尽一番心。(儿一七)

这类连锁句也依然含有“无论”的意思。

23.64　连锁句是白话里发展出来的句法。第一类即利用无定指称词的句子，在文言只有改用其他句式来表达，如“愿与我游者我与之游”，“择所愿赠者赠之”，“胸有所蓄，辄出之口”等等。第二类连锁句文言里虽然也可以见到，如：

一日不作，一日不食。

凡此琐琐，虽为陈迹，然我一日未死则一日不能忘。（祭妹文）

似乎只限于用时日词连系的句子，而且不见很早的例子，显然是从较后的口语里接受过去的。此外又有别种句式来表示这个意思，如“有生之日，戴德之年”，“得尽力时且尽力”，“每见辄加诃责”等等。

常引书名篇名表

论(论语)
孟(孟子)
荀(荀子)
庄(庄子)
左(左传)
齐策,赵策等(战国策)
冯谖(战国策·齐策)
史(史记)
项羽(史记·项羽本纪)
留侯(史记·留侯世家)
淮阴(史记·淮阴侯列传)
西门豹(史记·滑稽列传)
汉(汉书)
后汉(后汉书)
赤壁(资治通鉴·赤壁之战)
过秦论;论积贮疏(贾谊)
重农贵粟疏(晁错)
出师表(诸葛亮)
兰亭集序(王羲之)
桃源(陶潜:桃花源记)
木兰辞(阙名)
师说;原毁;祭十二郎文(韩愈)
封建论(柳宗元)
郭橐驼(柳宗元:种树郭橐驼传)
柳记(柳宗元:柳州诸记)
冷泉亭记(白居易)
阿房宫赋(杜牧)
黄冈竹楼记(王禹偁)
沧浪亭记(苏舜钦)
岳阳楼记(范仲淹)
醉翁亭记;祭石曼卿文;秋声赋(欧阳修)
游褒禅山记(王安石)
赤壁赋;日喻(苏轼)
新城游北山记(晁补之)
岑外代答(周去非)
王冕传;杜环小传;送马生序(宋濂)
先妣(归有光:先妣事略)
项脊(归有光:项脊轩志)
示龙场诸生(王守仁)
陶庵梦忆(张岱)
五人墓碑记(张溥)
廉耻(顾炎武:日知录·廉耻)
与阮光禄书(侯方域)
郭老仆(侯方域:郭老仆墓志铭)
游西湖记(孙嘉淦)
画罗汉记(黄淳耀:李龙眠画罗汉记)
核舟记(魏学洢)
核工记(宋起凤)
口技(甲)(东轩主人)
口技(乙)(林嗣环)
口技(丙);张诚(蒲松龄:聊斋志异)

铁椎（魏禧：大铁椎传）
健儿（李渔：秦淮健儿传）
费宫人传（陆次云）
看桃花记（刘大绅）
哑孝子（刘大绅：哑孝子传）
郑书（郑燮：与弟墨书）
市声说（沙张白）
盲者说；画网巾先生传；乙亥北行日记（戴名世）
辨志（张尔岐）
为学（彭端淑）
示程在仁（汪缙）
左公逸事（方苞：左忠毅公逸事）
登泰山记（姚鼐）
峡江寺飞泉亭记；祭妹文（袁枚）
记趣（沈复：浮生六记·闲情记趣）
侍膳图（朱琦：北堂侍膳图记）
课诵图（王拯：媭碪课诵图序）
斗牛（陈其元：婺州斗牛俗）
巴黎油画（薛福成：巴黎观油画记）
机器说（薛福成：用机器殖财养民说）
记冯婉贞事（近人，阙名）
林觉民传（近人，阙名）
黄花冈（孙文：黄花冈烈士事略序）
刘叟墓碣（张謇：良农海门刘叟墓碣）
云冈（袁希涛：大同云冈石窟佛像记）
图画；雕刻；文明之消化；文明（文明与奢侈）；为群（舍己为群）；有恒（有恒与保守）；自由（自由与放纵）；理信（理信与迷信）；祭中山先生文（以上蔡元培）
毅力；论自治；论合群；权利（论权利思想）；最苦与最乐（梁启超）
记翠微山（林纾）
求学（朱执信：求学与办事）
社戏；鸭的喜剧；藤野先生；读书杂谈（鲁迅）
寄小读者；冬儿；姑姑；分（冰心）
上任；黑白李；牺牲；柳家大院；有声电影（老舍）
一只马蜂；压迫；酒后；亲爱的丈夫；北京的空气（丁西林）
康桥（徐志摩：我所知道的康桥）
荷塘月色；背影（朱自清）
最后五分钟；北风和太阳（赵元任）
水浒（一百二十回本）〔注一〕
红（红楼梦）〔注二〕
儿（儿女英雄传）
老残（老残游记）

〔注一〕七十回本词句大致相同，回数减去一回即得，如一百二十回本之二十回等于七十回本之十九回。

〔注二〕亚东图书馆一九二七年重排本，与通行本词句有出入。

词语索引

以字音为序。数字指章节。

C

Ch

D

E

J

K

L

M

Sh

T

W

X

Y

Z

Zh

吕叔湘先生学术年表*

1904 年（清光绪三十年）

12 月 24 日，生于江苏省丹阳县城内一户比较富裕的商人家庭，父亲吕东如。学名吕湘，因排行第三，后改名吕叔湘。

1915 年

3 月，考入丹阳县第一高等小学。

1918 年

8 月，考入江苏省第五中学。中学时代兴趣广泛，勤奋刻苦，受名师指点，养成了良好的治学习惯。

1922 年

中学毕业，考取国立东南大学外国文学系。

1926 年

大学毕业后在丹阳县立中学教英文，兼授国文文法，以《马氏文通》为教材。开始进一步学习和钻研中国文法，研读叶斯帕森

---

* 本年表由邵敬敏撰写，主要参考以下资料：1. 朱亮编：《吕叔湘重要年表》（1904—1988）；2. 陈大庆编：《吕叔湘先生年表》（1904—1993）；3. 北京语言学院图书馆编、陈忠执笔：《吕叔湘著作年表》（1931—1993）（北京语言学院出版社 1993 年版）；4.《吕叔湘先生年表》（1904—1998）；5.《吕叔湘文集》（商务印书馆 1990—1993 年版）；6.《吕叔湘全集》（辽宁教育出版社 2002 年版）；7. 邵敬敏：《汉语语法学史稿》、《新时期汉语语法学史（1978—2008）》。有所改动。

《语法哲学》等名著。

同年，在吕凤子先生创办的丹阳正则学校兼课。

1928 年

到苏州中学任教。

参加《高中英文选》(中华书局出版)的编注工作。

1931 年

译著《人类学》由商务印书馆出版。

1935 年

考取江苏省公费留学英国名额。

译著《初民社会》由商务印书馆出版；译著《文明与野蛮》由生活书店出版。

1936 年

年初赴英国，先后在牛津大学人类学系、伦敦大学图书馆学科学习。开始研究汉语语法。

1938 年

年初自英返国，任云南大学文史系副教授。

1939 年

结识朱自清先生，并撰写第一篇有关汉语语法的文章《中国话里的主词及其他》，刊《今日评论》第1卷第2期。

暑假后，在云南大学文史系增开中国文法课，并到四川的一个研究所工作，研究方向是近代汉语。

1940 年

暑假后，迁居成都，任华西协合大学中国文化研究所研究员兼中央大学教授。

结识叶圣陶先生。

为《国文月刊》撰稿。《未知称代和任指称代》、《全体和部分》刊创刊号、第1卷第2期。《释您、俺、咱、喒,附论"们"字》、《说汉语第三身代词》(英文)刊《华西协合大学中国文化研究所集刊》第1卷第2、3期。

1941年

在华西协合大学、金陵大学、中央大学等校任职。

《释景德传灯录中"在"、"著"二助词》、《论毋与勿》刊《华西协合大学中国文化研究所集刊》第1卷第3、4期。

1942年

离开华西协合大学,改任金陵大学中国文化研究所研究员。

《中国文法要略》上卷由商务印书馆出版。

《"相"字偏指释例》刊《中国文化研究汇刊》第2期;《结果》刊《国文杂志》第3卷第3期。

1943年

译著《石榴树》由开明书店出版。后改名《我叫阿拉木》,由新文艺出版社出版。

《文言虚字》、《笔记文选读》、《中国人学英文》陆续刊《中学生》、《国文杂志》;《否定词》刊《国文月刊》第24期;《"见"字之指代作用》、《论"底"、"地"之辨及"底"字的由来》刊《中国文化研究汇刊》第3期;《主腰》刊《国文杂志》第3卷第3期。

1944年

《中国文法要略》中、下卷由商务印书馆出版。《文言虚字》由开明书店出版。《笔记文选读》由文光书店出版。

译著《沙漠革命记》由成都建国书店出版。

《比较句》刊《国文月刊》第26期;《和条件观念有关的句法》刊《国文杂志》第3卷第1、2、3期;《文言和白话》刊《国文杂志》第3卷第1期;《与动词后"得"与"不"有关之词序问题》、《"个"字的应用范围,附论单位词前"一"字的脱落》刊《中国文化研究汇刊》第4期(下)。

1945年

《语文杂记》刊《国文杂志》第3卷第3、4期;《将无同》、《莫须有》刊《国文杂志》第3卷第4期。

1946年

抗日战争胜利后，随金陵大学回南京,任中国文化研究所研究员兼中央大学中文系教授。

译著《飞行人》由文光书店出版。

《汉字和拼音字的比较》刊《国文杂志》第3卷第5、6期合刊;《一不作、二不休》、《恶发》、《外后日》刊《国文月刊》第43、44期;《诸家英译中国诗杂论》刊《中国文化研究汇刊》第6期;《从主语宾语的分别谈国语句子的分析》收入《开明书店二十周年纪念文集》。

1947年

参加开明书店的高中国文读本编辑工作，建议把语体文和文言文分开编成两套,被采纳。

《开明中等英文法》由开明书店出版(1962年修订,1980年重订时改名《中国人学英语》,由商务印书馆出版)。编著《英译唐人绝句百首》,由开明书店出版。

译著《妈妈的银行存款》、《南洋土人逛纽约》由开明书店出版。译著《伊坦·弗洛美》由文化生活出版社出版。

《丹阳话里的联词变调》、《赵元任、杨联升合编〈(汉英)国语字典〉评介》刊《中国文化研究汇刊》第7期;《“这”、“那”考原》刊《国文月刊》第61期。

1948年

12月,由南京迁居上海,任开明书店编辑。

《英华集》由正中书局出版(1980年上海外语教育出版社出版时改名《中诗英译比录》)。与朱自清、叶圣陶合编《开明文言读本》,由开明书店出版(改编一册本《文言读本》1980年12月由上海教育出版社出版)。

译著《大的和小的》、《和父亲一块过日子》、《莫特先生在法国》、《母亲和她的房客们》由开明书店出版。

《“把”字用法的研究》刊《中国文化研究汇刊》第8期;《关于中外语文的分系和中文系课程的分组》刊《国文月刊》第67期;《什么叫文言》(选自《〈文言读本〉导言》)刊《中学生》第202、203期。

1949年

新中国成立后随开明书店迁往北京。

译著《马路边上的人》(独幕剧选)由开明书店出版。

《说“们”》刊《国文月刊》第79、80期;《说代词语尾“家”》刊第82期。

1950年

2月,任清华大学中文系教授、东欧交换生语文专修班副主任。

审读《初级中学语文课本》。

《开明文言读本导言》、《中国字》由开明书店出版。

《读报札记》转载于5月21日《人民日报》。

1951 年

2 月，母在上海病逝，回沪奔丧。

与朱德熙合作撰写《语法修辞讲话》。6 月 6 日起由《人民日报》连载，1952 年由开明书店出版。《习作评改》(与周振甫合著)由开明书店出版。

《翻译工作和杂学》刊《翻译通报》第 2 卷第 1 期；《一个句子的分析》刊《语文学习》第 2 期；《指示和替代》、《修饰和补充》、《由简单到复杂》、《种种关系》、《种种语气》分别刊《进步青年》第 236、237、238、239、240 期。

1952 年

高校院系调整，改任中国科学院语言研究所研究员、中国文字改革研究会(1954 年改为中国文字改革委员会)委员。

参与《语法讲话》的撰写工作。《语法讲话》7 月起由《中国语文》连载。

《作为》刊《语文学习》第 2 期。

1953 年

3 月至 5 月，参加中国科学院访苏代表团。

6 月，兼任语言研究所副所长。

7 月，出席学术译名座谈会。

《语法学习》列入中国青年出版社《语文学习》丛书，《〈语法修辞讲话〉正误练习》(与朱德熙合作)由中国青年出版社出版。

《语法三问》刊《语文学习》第 8 期；《词义》、《抽象词语》(均与朱德熙合作)刊《语文学习》第 10、11 期。

1954 年

1 月，被聘为文字改革研究委员会(简称"文改会")委员。任《中国语文》编委。

3月，参与中华人民共和国第一部宪法起草工作，任语文顾问。

7月，出席中国科学院语言研究所学术讨论会，并作《区别汉语词类的原则问题》的报告。出任文改会委员。

《语法学习》日译本《中国文法学习》在日本出版。

《关于汉语词类的一些原则性问题》刊《中国语文》第9、10期；《关于词类和语序的几个小问题答问》刊《中国语文》第10期。

1955年

1月，任中国文改会词汇研究部主任。

4月，出席北京语言界集会，研讨现代汉语规范化问题中的标准音问题。

5月，任《中国大辞典》编纂处副主任。主持汉语规范化座谈会并讲话。

10月，出席文改会第三次全委会议，讨论《汉字简化方案》。出席文改会拼音方案委员会第10次会议、全国文字改革会议。出席中国科学院现代汉语规范问题学术会议，并与罗常培联名作《现代汉语范化问题》的主题报告。任词典计划委员会委员。

《汉语语法论文集》由科学出版社出版（1984年增订本由商务印务馆出版）。

《"停"是词吗？"止"不是词吗？》刊《中国语文》第5期；《略语是不是词儿》刊《中国语文》第8期；《社会主义建设和语文工作》刊《语文学习》第9期；《现代汉语规范问题（提纲）》（与罗常培合作）刊《中国语文》第12期。

1956年

1月，被任命为中央推广普通话工作委员会委员。

5月，发表《语言研究通讯》发刊词。审订初中《汉语》课本（张志公主编）。

7 月至 8 月，出席语法座谈会并讲话。

审读《汉语史稿》（王力著）中册的语法部分。

《中国文法要略》（修订本）由商务印书馆出版。

《现代汉语规范问题》（与罗常培合著）刊《语言研究》第 1 期；《助词说略》（与孙德宣合作）刊《中国语文》第 6 期；《对〈汉语拼音文字实验读物〉的意见》刊《拼音》第 3 期；《语文短评三则》、《怎样在语言科学研究中贯彻“百家争鸣”的方针》，均刊《中国语文》第 8 期。

1957 年

2 月，被推定参加汉语拼音方案委员会。

2 月、5 月，先后出席《中国语文》编委会扩大会议，倡议成立中国语言学会，并为筹备组成员。

5 月 6 日，与王力等人组成拼音化临时委员会。

《重印〈国文法草创〉序》（《国文法草创》，陈承泽著）由商务印书馆出版。

《从文字和语言的关系说起——文字改革笔谈》刊《文字改革》8 月号；《试说表概数的“来”》、《再说“来”，以及“多”和“半”》刊《中国语文》第 4、9 期。

1958 年

1 月 10 日，与罗常培宣传《汉语拼音方案》。

3 月，被文改会常务扩大会议推荐撰写暂行规则，提交拼音方案委员会讨论。29 日，与魏建功、季羡林共同主持语文学科跃进座谈会。

12 月，罗常培逝世，开始主持语言研究所的行政工作。

《拼音字母有哪些用处？》刊1月3日《人民日报》;《语言和语言学》、《文章通病举例》刊《语文学习》第2、3、5期;《报章体的尾巴》刊《新闻战线》第3期;《汉语拼音方案浅说》、《关于“好机会”》、《为语言科学的跃进而奋斗》、《文风偶记》、《语言学课程整改笔谈》先后刊《中国语文》第3、4、5、7期。

1959年

12月13日,出席纪念罗常培逝世一周年集会并讲话。

《十年来的汉语研究》刊《科学通报》第2、3期;《谈谈现代汉语规范化工作》刊1月26日《人民日报》;《汉语里“词”的问题概述》(为苏联《语言学问题》杂志纪念中华人民共和国成立十周年作)俄语译文刊《语言学问题》第9期。

1960年

4月,出席全国政协会议,并作题为《发挥汉语拼音方案的巨大力量，在语文教学上实现多快好省》的发言。

12月,参加中科院哲学社会科学学部委员会会议,并作题为《关于汉语词典的编辑工作》的发言。

担任《现代汉语词典》前期(1960—1962)主编。担任人民教育出版社“十年制学校教材顾问”。

1961年

参与撰述并审定的《现代汉语语法讲话》由商务印书馆出版。

《关于汉语词典的编辑工作》刊《新建设》第1期和《中国语文》第3期;《汉语规范化问题大可争鸣》刊3月11日《光明日报》;《汉语研究工作者的当前任务》、《学习毛主席著作里的语言》先后刊《中国语文》第4、6期;《拼音字母和文风》刊《文字改革》第3期;《关于(拼音字母和文风)的两封信》刊《文字改革》第9期;《给汉字注音应该用汉语拼音方案》刊《文字改革》第 11 期。

1962 年

9 月，参加《汉字简化方案》总结修订小组。26 日，出席并主持全国政协文化教育组语言分组座谈会，讨论汉字简化问题。

10 月，参加简化汉字七人小组研究修订《简化汉字方案》。

《说“自由”和“粘着”》刊《中国语文》第 1 期；《从汉语拼音方案想到语言教学》刊《文字改革》第 2 期；《现代汉语里的单音节和双音节》刊《争鸣》第 2 期；《再论拼音字母和语言教学》刊《文字改革》第 10 期；《关于“语言单位的同一性”等等》、《关于〈语言单位的同一性等等〉补订》刊《中国语文》第 11、12 期。

1963 年

1 月至 3 月，修订《简化汉字方案》。

审阅新编十二年制中小学教材。

《时间 · 地点 · 数目》刊《文字改革》2 月号；《现代汉语单双音节问题初探》刊《中国语文》第 1 期；《关于语文教学的两点基本认识》刊《文字改革》4 月号；《怎样学习语法》刊《语文学习讲座》第 5 辑；《评改一篇谈语文学习的发言稿》、《评改〈澜沧江边的蝴蝶会〉》分刊于《语文学习讲座》第 9、13 辑。

1964 年

《语文常谈》1 月起由《文字改革》连载（1980 年北京三联书店出版）；《关于语文教学问题》刊 2 月 17 日《人民日报》。

1965 年

6 月 12 日，参加人名地名译写统一委员会会议。

《文言虚词例释》（与徐仲华合作）由北京出版社出版。

《语文札记》（三则）分刊于《中国语文》第 4、5 期；《方位词使用的初步考察》、《被字句、把字句动词带宾语》、《“多、少”以及“许多、不少”等等》、《很不……》、《形容词使用情况的一个考察》分别刊《中国语文》第3、4、5、6期;《评改一篇通讯稿》、《评改一份通报》、《评改两篇表扬好人好事的报道》分别刊《语文学习讲座》第23、26、31辑。

1966年

《单音形容词用法研究》刊《中国语文》第2期。

“文化大革命”时期曾被迫离开语言研究工作,至1971年初回北京。

1972年

1月,审读《修辞常识》(杨庆惠等编写)。审稿信以《我对于“修辞”的看法》为题刊《中学语文教学》1984年8月号。

校阅《〈马氏文通〉札记》(孙玄常著),刊误正谬并加批语。(该《札记》1984年由安徽教育出版社出版,署孙玄常著,吕叔湘批校)。

1973年

与王力等陪同周恩来总理会见赵元任一行。

9月,向丹阳县中学捐款一万元,建议为学校建造图书室。

1974年

向丹阳县中学捐赠一批图书,包括二十四史等二百多种。

1976年

受托起草《现代汉语语法提纲》。后部分章节陆续发表:《歧义类例》刊《中国语文》1984年第5期;《疑问·否定·肯定》刊《中国语文》1985年第4期。

1977年

2月12日,访叶圣陶谈《中国语文》复刊事宜。复刊后任主编。

5 月,到芜湖出席安徽省语言学会第二次理事会,作学术报告。在江苏师院演讲,题为《中小学语文教学问题》。应邀到北京语言学院讲演,题为《通过对比研究语法》,后刊北京语言学院《语言教学与研究》试刊第 2 辑。出席南方九省推广普通话座谈会。

6 月,作《语法修辞讲话》再版前言。

9 月,出席北京地区中学语文教学问题座谈会,并以《关于中学语文教学的几点意见》为题作总结发言。

同年,兼社科院研究生院语言学系系主任、教授。后培养 7 名研究生。

同年,审读书稿《说和写》(陈建民著)并写信推荐。

同年,任人民教育出版社新编十年制中小学语文教材顾问。

《谈标点古书》刊《语文学习》第 1 期;《漫谈语法研究》刊《中国语文》第 1 期;《读报随笔》刊《新闻战线》第 1 期;《语文教学中两个迫切问题》刊 3 月 16 日《人民日报》;《关于语文教学》刊 7 月 12 日《光明日报》;《中小学语文教学问题》刊《江苏师院学报》第 2 期;《关于中小学语文教学问题》刊《安徽师大学报》第 2 期;《关于语文教学的几点意见》刊《中国语文》第 4 期;《一点补充意见》、《谈谈中学语文教学》刊《语文教学》第 2、4 期;《应该研究如何提高语文教学效率》刊《语文教学通讯》第 2 期。

1979 年

4 月,被推举为“民族院校汉语教学研究会”名誉理事长。作《现代汉语八百词》前言。

5 月,出席高等院校文科教材协作会议第二次会议,作书面发言。

6 月,作《汉语口语语法》(赵元任著)译后记。

7 月,对教育部调查研究中学语文教学问题极为关切,提出建议。

10 月 24 日,作《中国人学英语》重印本序。

12 月,出席全国语文教学研究会成立大会,被选为会长,发表《关于中学语文教学的种种问题》的讲话。

被聘为《中学语文教学》、《语文学习》顾问。

《现代汉语语法讲话》(与丁声树等合著)在商务印书馆重版。《汉语语法分析问题》由商务印书馆出版。《文言虚字》、《语法修辞讲话》(与朱德熙合著)分别由上海教育出版社、中国青年出版社重印或再版。曾任前期主编的《现代汉语词典》(1973 年曾出"试用本",内部发行)由商务印书馆出版,署名中国社科院语言研究所词典编辑室。

译著《汉语口语语法》(赵元任著)在商务印书馆出版。

《语文刊物漫忆》刊《中学语文教学》第 1 期;《〈通鉴〉标点琐议》刊《中国语文》第 1、2 期;《关于〈通鉴标点琐议〉》、《给一位青年同志的信》刊《中国语文通讯》第 4、6 期。

1980 年

3 月,出席语文教育会议并发言。被国务院任命为文改会副主任委员。

4 月,作《语文常谈》序。30 日,出席文改会主任会议。

5 月,出席普通语言学研究组成立大会并讲话。作《重印〈马氏文通〉序》。出席文改会主任会议。致函祝贺山东省语言学会成立。出席《中学语文教学》编辑部关于其《一封令人忧虑的来信》的座谈会,并宣读了三封读者来信。

6月,出席文改会会议。任《第二次简化汉字方案》修订委员会委员。

7月,出席中国语言学会筹备会议。应邀参加《现代汉语》(黄伯荣、廖序东主编)教材审稿会,并发表了题为《编教材有三难》的讲话。

8月,作《叶圣陶语文教育论集》序。出席《汉语大辞典》第二次编委会,发表了《辞书工作的艰苦与愉悦》的讲话。任该编委会首席顾问。

10月,出席中国语言学会成立大会,并作《把我国语言科学推向前进》的学术报告。应邀到华中师院讲学。当选中国语言学会会长。

11月,参加中学语文教材第二次编写会议。应邀参加浙江省语言学会成立大会并致贺词,作专题学术报告。

12月,《文言读本》(与朱自清、叶圣陶合作)修订本由上海教育出版社出版。受聘为美国语言学会名誉会员、美国《中国语言学报》副主任。担任《汉语学习》、《中学语文》、《语文学习与研究》等刊顾问。

主编《现代汉语八百词》,由商务印书馆出版。《语文常谈》由三联书店与香港三联书店出版。

译著《五个独幕剧》由天津人民出版社重版。

《编教材有三难》刊《中国语文》第6期;《促进高等院校文字改革的教学和科研工作》刊《语文现代化》第1期;《"大多数"问题——略论中小学教育中的"夹生饭"》刊7月10日《人民日报》;《大力开展语文教学研究》刊《教学研究》第3期;《丹阳方言的声调系统》、《丹阳方言的指代词》分刊《方言》第2、4期;《关于中学语文教学的种种问题》刊《语文学习》第1期;《教学中的"趣味"问题》刊《中国语文》第2期;《师生水平低是最大困难》刊《教育研究》第3期;《说"达"》刊《语文战线》第8期;《谈谈学理学文的问题》刊6月7日《北京晚报》;《"题海战术"违背教学规律》刊1月9日《光明日报》;《为什么要研究国外语言学》刊《国外语言学》第1期;《文风问题之一》刊《语文学习》第1期;《要把语法教活》刊《中学语文教学》第4期;《语法研究的三大派》刊《汉语学习》第1期;《语文教学的问题和语文教学有关的一些问题》刊《语文教学研究》第1期;《语言作为一种社会现象》刊《读书》第4期;《在庆祝王力先生学术活动五十周年座谈会上的发言》刊《语文现代化》第4期;《试论非谓形容词》(与饶长溶合作)刊《中国语文》第2期。

1981年

1月,作《中学语文教学的现状和设想》序。出席商务印书馆"编辑出版业务讲座",作《谈谈编辑工作》的发言。

2月,作《张志毅〈简明同义词典〉序》。

3月,发表开展语言美的教育问题书面讲话。电贺河南省语言学会成立。主持召开中国语言学会常务理事会。

4月2日,应邀参加北京市语言学会成立大会,并作《语言学与语言教学》的讲话,被聘为该学会顾问。

5月1日,作《中级英语语法》(修订本)中译本前言。

5月,组织了座谈会欢迎赵元任访问,并陪同邓小平会见。参加语言所现代汉语研究室"语法学术报告会"。

6月,参加北京大学授予赵元任名誉教授称号仪式。应邀在"现代汉语讲座"中作《怎样跟中学生讲语法》的报告。应邀参加"汉语规范化座谈会"。被聘为江苏省语言学会成立顾问。致函祝贺北京市语言学会现代汉语专业组成立。

7 月，参加语法和语法教学讨论会，并作《语法体系及其他》的发言。出席全国高等院校文字改革学会成立大会并讲话。为《语言研究》创刊题词。

8 月，出席北京市中学生口头表达表演赛发奖大会并讲话。

9 月，出席中国文改会全委会。

10 月，主持中国语言学会首届年会，致开幕词和闭幕词。

12 月，同叶圣陶等人讨论《汉语大辞典》的编辑工作。

《把我国语言科学推向前进》刊《中国语文》第 1 期；《关于中学语文教材的几个问题》刊《中学语文教学》第 1 期；《扎扎实实地搞好写作研究—— 同〈写作〉杂志编辑人员的谈话》刊《写作》第 2 期；《辞书工作的艰苦与愉悦》刊《辞书研究》第 2 期；《双音节优势的一种表现》刊《中国语文》第 1 期；《关于中学语文教学问题》刊《语文战线》第 4、5 期；《谈谈编辑工作》刊《出版工作》第 4 期；《怎样跟中学生讲语法》刊《中学语文教学》第 7 期；《读报杂记》刊《新闻战线》第 8 期；《消灭最初级的语言错误——汉语规范化问题座谈会上的发言》刊《语言知识丛刊》第 2 期。

1982 年

1 月，出席文改会主任会议。作《初中生作文选评》序。对上海现代语言学研究会成立表示支持。

3 月，出席文改会主任会议。作《吕叔湘语文论集》序。出席全国学校推广普通话工作会议并作专题报告。

4 月，应邀参加北京市语言学会首届年会并讲话。

5 月，作《现代汉语八百词》序。作《汉语语法论文集（修订本）》序。作《单音形容词用法研究》一文补记。

6月，主持中国语言学会常务理事会。出席语言研究所现代汉语研究室和《中国语文》社联合主办的学术报告会并提交论文《狙公赋芧和语法分析》。作《文言津逮》（张中行著）序。

7月，应聘为上海辞书学会顾问。作《中学语文教学论集》（张定远著）序。

9月，作《汉语修辞学》（王希杰著）序。

10月，出席“怎样开创中学语文教学新局面”座谈会并讲话。参加叶圣陶语文教学思想讨论会，发表书面讲话。出席国务院学位委员会学科评议组召集人会议。

《中国文法要略》作为“汉语语法丛书”之八由商务印书馆出新一版。

《认真推广普通话》刊3月31日《人民日报》；《错字小议》刊《读书》第2期；《汉语大辞典的性质和重要性》刊《辞书研究》第3期；《汉字改革问题》刊《文字改革》第2期；《本色和明净》刊《中学语文教学》第3期；《希望更多的人得“错字过敏症”》刊《读书》第4期；《要千方百计给学生足够的精神食粮》刊《语文教学通讯》第4期；《新版〈敦煌变文字义通释〉读后》刊《中国语文》第3期；《需要一本〈引用语辞典〉》刊《辞书研究》第5期；《狙公赋芧和语法分析》刊《汉语学习》第4期；《从改诗的笑话说起》刊山西《语文报》第15号；《标点古书不可掉以轻心》刊《文献丛刊》第13辑。

1983年

1月，作《文明与野蛮》（罗伯特·威廉著）重印后记。

2月，出席纪念《汉语拼音方案》公布二十五周年座谈会。

3月，出席推广普通话座谈会并讲话。参加“向丁声树同志学习”党员大会并发言。为《汉语口语》(陈建民著)作序。

5月,主持召开了中国语言学会理事会。主持召开中国语言学会第二次年会。主持召开《中国语言学报》编委扩大会议。捐赠积蓄作为中国社科院青年语言学家奖金基金。

6月,出席文改会主任(扩大)会议。

8月,给“注音识字,提前读写”实验工作汇报会写信。与王力、李荣等会见著名美籍语言学家李方桂。

9月,出席文改会主任会议。作《语文杂记》序。作《近代汉语读本》(刘坚著)序。

10月,出席文改会全委会,讨论汉字整理和简化工作。

11月,作《现代汉语句型》(李临定著)序。参加汉语拼音正词法座谈会,作书面发言。

12月13日,任注音识字研究小组组长。

参与主持全国语言学学科“六五”规划会议。改任语言研究所名誉所长。应聘为香港中国语文学会和《字词天地》杂志顾问。

《吕叔湘语文论集》由商务印书馆出版。《中级英语语法》汉译本(陈芳译)由北京出版社出版。《吕叔湘译文集》由上海译文出版社出版。

《在叶圣陶语文教育思想讨论会上的书面发言》刊《语文战线》第1期;《重印〈马氏文通〉序》刊《语言研究》第1期;《语法研究与语法教学》刊《学语文》第1期;《〈汉语拼音方案〉是最佳方案》刊2月10日《人民日报》;《推荐一本实用而有学术价值的教学语法——刘月华等〈实用现代汉语语法〉序》刊《汉语学习》第5期;《〈汉语修辞学〉(王希杰著)序》刊《中学语文教学》第6期;《整理

古籍第一关》刊《出版工作》第4期;《〈汉语口语〉序》刊《汉语学习》第4期;《学文杂感》刊《中学语文教学》第9期;《李临定〈现代汉语句型〉序》收入《语文近著》;《拼音识字可以充分调动儿童学习的积极性》刊《教育研究》第11期;《扎扎实实做好语法研究》刊《语法研究与探索》(一)(北京大学出版社)。

1984年

1月,建议创建语言文字应用研究所。

2月,应聘为《中国大百科全书·语言文字》卷编委会顾问。

3月,作为特邀代表出席全国语言学学科规划小组会议。

4月,与季羡林共同主持中国语言学会第一、二届常务理事会联席扩大会议,并应聘为该学会顾问。作《近代汉语指代词》序。

5月,出席采用电子计算机分析统计汉字结构部件的工作成果鉴定会。

6月,出席《语言教学与研究》创刊五周年座谈会。出席《中学语文教学》编辑部庆祝创刊五周年座谈会。作《年轻的教育改革家——魏书生》序。

7月,提交"现代汉语语法学术讨论会"论文《歧义类例》并作书面发言。

8月,参加黑龙江省"注音识字,提前读写"实验汇报会。作《"注音识字,提前读写"实验的重大意义》的发言并题词。出席全国普通中学语文教改座谈会并讲话。改任文改会顾问。出席沈阳市中学作文教学研讨会并讲话。

9月,作《语法问题探讨集》(邢福义著)序。出席语言文字应用研究所成立大会并讲话。出任语文出版社社长。

10月,出席文字改革工作座谈会,应聘为北京语言学院语言教学研究所顾问。

《汉语语法论文集》(增订本)由商务印书馆出版。《语文杂记》由上海教育出版社出版。

译著《文明与野蛮》由三联书店出版。

《关于〈语言的演变〉的通信》刊《语文学习》第1期;《一致·易字·醒目——关于汉语拼音正词的意见》刊《文字改革》第1期;《大家来关心新词新义》刊《辞书研究》第1期;《〈马氏文通〉评述》(与王海棻合作)刊《中国语文》第1、2期;《汉字和拼音字的比较——汉字改革一夕谈》刊《文字改革》第4期;《关于语法图解的用途及其局限性》刊《中学语文教学》第2期;《读书忆旧》刊《读书》第2期;《现代汉语语言资料索引·序》刊《武汉大学学报》第4期;《歧义类例》刊《中国语文》第5期;《语文教学要变被动为主动》刊《语文学习》第7期;《作文教学臆说》刊《人民教育》第7期;《我对于"修辞"的看法》刊《中学语文教学》第8期;《中学教师的语法修养》刊《中学语文教学》第10期;《由"rose"译成"玫瑰"引起的感想》刊《翻译通报》第10期。

1985年

1月,作《"注音识字,提前读写"——小学语文教学改革的成功经验》序。

清明节,作《浦江清〈清华园日记西行日记〉序》。4月,偕夫人访问香港。出席香港中国语文学会的欢迎茶会,在香港大学讲演《漫谈语言研究》、《普通话书面语的教学》演讲。为香港中国语文学会作《汉语语法的灵活性和节约性》讲座。与香港部分语言学者座谈。

5月,应邀出席"普通话教学与测试研讨会",并宣读论文《普通话书面语的教学》。

6 月,作《汉语成语考释词典》(刘洁修编)序。

7 月,作《民国时期总书目》序。

8 月,向丹阳县中学捐赠书刊,为丹阳师范题词。出席第一届国际汉语教学讨论会并提交论文《含动补结构的句子的语义分析》。出席"语文研究新成果系列讲座"开幕式,并作《文学与语言关系》讲话。

9 月,应邀参加《中学生文库》出版规划会议并讲话,接受记者采访,提出"语文教改的关键在于提高教师的水平"。

10 月,出席上海教育出版社编辑人员座谈会并作《编辑的修养》讲话。出席"注音识字,提前读写"交流经验座谈会,作《新的和旧的语文教学》讲话;出席《中国大百科全书·语言文字》卷定稿会议,并撰写卷首专文《语言和语言研究》。

同年,《中国语文》第 1、2 期推出《庆祝吕叔湘先生从事语言教学与研究六十年》专号。

《近代汉语指代词》(江蓝生补)由上海学林出版社出版。

《〈语法问题探索集〉序》刊《华中师范学院学报》第 1 期;《字形规范答客问》刊《文字改革》第 1 期;《中学语文教学论集·序》刊《语文学习》第 2 期;《汉语文的特点和当前的语文问题》刊《语文学习》第 5、6 期;《语文问题种种》刊 3 月 5 日、10 日《光明日报》;《笑话里的语言学》刊《读书》第 8 期;《做好文字工作不仅仅是文字问题》刊 7 月 23 日《光明日报》;《〈汉语成语考释词典〉序》刊《中国语文天地》第 4 期;《不要白不要,要了也白要》刊《中国语文》第 3 期;《疑问·否定·肯定》刊《中国语文》第 4 期;《读标点本〈晋书〉》刊《语文研究》第 2 期;《吕叔湘先生的书面讲话》刊《语法研究与探索》(三)(北京大学出版社出版)。

1986 年

1 月,出席全国语言文字工作会议。

3 月,作《语文研究新成果选粹》序。

4 月,作《范继淹语言学论文集》序。

《悼念王力教授》刊 5 月 4 日《人民日报》。5 月,离京赴南方。为镇江师专中文系师生及镇江市中学语文教师作报告。为镇江工学院研究生讲学,谈如何学好外语。

6 月,出席国家语委第一次委员会议。就首届青年“现代汉语(语法)讨论会”问题致函邢福义。在北京市语言学会“教学语法系列讲座”作《语法研究的对象》发言。

8 月,作《中国语法史稿》(龚千炎著)序。作《魏晋南北朝小说词语汇释》(江蓝生著)序。

9 月,作首届现代汉语语法学术讨论会书面发言。应聘任《当代中国的文字和文字改革》编委会顾问。为丹阳县中学图书馆题写馆名及对联。

10 月,接待刘国正等,谈语文教学大纲的编写。出席第四次语法讨论会。受聘人民教育出版社特约编审。与江苏特级教师朱泳谈理论与理论教学问题。

11 月,出席编辑工作研讨会并讲话。

12 月,出席汉字问题学术讨论会并发言。受聘中共中央文献研究室顾问。

编著《〈马氏文通〉读本》(与王海棻合作)由上海教育出版社出版。

译著《句法理论基础》(与黄国营合作)由华中工学院出版社

出版。

《漫谈语法研究》刊《中国语文天地》第1期；《汉语句法的灵活性》刊《中国语文》第1期；《利用简化字同形说笑话》刊《中国语文天地》第2期；《关于语文工作的一些感想》刊《镇江师专学报》第3期；《主谓谓语句举例》刊《中国语文》第5期；《语法研究的对象》刊《语文研究》第4期；《对语言文字应用研究所研究生的讲话》刊《语文建设》第5期；《吕叔湘先生谈"语言的演变"》刊《中学语文教学》第6期；《我赞成语文教学要轻装前进》刊《语文学习》第7期；《悼念王力教授》刊《中国语文》第4期；《编辑要把关》刊《语文建设》第4期；《文学与语言的关系》刊《中学语文教学》第1期；《新闻工作二题》刊《新闻战线》第1期；《一个题目，两种写法》刊《语文导报》第9期；《陆志韦〈中国诗五讲〉序》收入《中国诗五讲》（外语教学与研究出版社出版）；《含动补结构的句子的语言分析》收入《第一届国际汉语教学讨论会论文集》（北京语言学出版社出版）。

1987年

2月，出席商务印书馆建馆九十周年纪念大会并讲话。

3月，赴香港。接受香港中文大学荣誉文学博士学位。与香港中国语文学会会员座谈并致词。

6月，作《语文近著》序。出席汉语拼音学术讨论会并讲话。作《〈标点古书评议〉前言》。

8月，参加第二届国际汉语教学讨论会并讲话。出席《语文学习》座谈会并讲话。

9月，作《语言与文化》（罗常培著）再版前言。

10月，重游故乡。在上海谈语文教学问题。《汉语语法论文集》(增订本)荣获吴玉章奖金语言文字学特等奖,接受颁奖并讲话。

11月15日,作《吕叔湘自选集》序。

12月23日,出席倪海曙同志从事语言工作五十周年座谈会。参加中国语言学会第四次年会,作《语文教学既是一门科学,也是一种艺术》书面发言。

《语文近著》由上海教育出版社出版。《吕叔湘论语文教学》由山东教育出版社出版。受托编选的《清华园日记·西行日记》由三联书店出版。

《汉语语法教学中的三个问题》刊《语文建设》第1期;《说"胜"和"败"》刊《中国语文》第1期;《语文工作的过去和现在》刊《语文研究》第1期;《〈中国俗语大辞典〉序》刊《语文研究》第3期;《语文教学既是一门科学,也是一种艺术》刊《课程·教材·教法》第3期;《语言和语言研究》刊《百科知识》第7期;《〈动词用法词典〉序》收入孟琮等编《动词用法词典》(上海辞书出版社出版)。

1988年

2月,参加叶圣陶追思会和遗体告别仪式。

3月,任《现代汉语大辞典》编委会成员。出席庆祝《中国语言地图集(第一分册)》招待会。

4月,作《近代汉语指代词》一书后记。

5月,作第五次现代汉语语法学术讨论会书面发言。

7月,出席"现代汉语研讨班"开学典礼,发表《题外的话,也是题内的话》演讲。

10月,出席傅悠如追思会并致词。被选为中国少数民族双语教学研究会名誉理事长。

11 月，出席《汉语拼音方案》公布三十周年纪念会并讲话。作《语文散论》的前言。作《语文常谈》的后序。为《黎锦熙论语文教育》题写书名，并赋诗《追怀黎劭老》。为《王力先生纪念论文集》题写书名。

《标点古书评议》由商务印书馆出版。《文言读本续编》(与张中行合著)由上海教育出版社出版。

《〈汉语拼音方案〉公布三十周年有感》刊《语文建设》第 1 期；《葛得文其人》刊《读书》第 1 期；《怀念圣陶先生》刊《新文学史料》第 3 期；《“夫人”及其他》刊《读书》第 6 期；《两篇文章和一个错字——书太多了》刊《读书》第 7 期；《关于文风二三事》刊《读书》第 11 期；《南北朝人名与佛教》刊《中国语文》第 4 期；《说“互相”》、《提高教师质量是当务之急》刊《汉语学习》第 1、4 期。

1989 年

1 月 1 日，作《吕叔湘文集》自序。作《跟父亲一块过日子》译注序。为《现代语言学研究——理论、方法与事实》(陈平著)作序。

3 月，就《论“基本属实”》一文选入中学语文课本事，致函《中学语文教学》编辑部吕桂申。

4 月，出席词典编辑培训班开学典礼并讲话。出席丁声树学术追思会，并作《丁声树同志的学风》发言。

7 月，为《中学语文教学》创刊十年、出刊 120 期题词志贺。

8 月，为江苏省徐州市中语会的语文教改实验论文集代拟并题写书名。

10 月，同冰心等共同发起的叶圣陶研究会在北京成立，任顾问。

《吕叔湘自选集》由上海教育出版社出版。

《编辑的任务是把关》刊《中国语文天地》第4、5期；《丁声树同志的学风》刊《中国语文》第4期；《赫胥黎和救世军》刊《读书》第9期；《文风问题杂感》刊《中国语文天地》第2、3期；《未晚斋语文漫谈》刊《中国语文》第1至5期。

1990年

6月，为普通话与方言问题学术讨论会作书面发言。作《倪海曙语文论集》序。

8月，作《王力先生诞辰学术研讨会的书面讲话》。接受编辑《毛泽东选集》（第二版）的咨询工作。

《吕叔湘文集》第1、2卷由商务印书馆出版。

《未晚斋语文漫谈》（13—18）分刊于《中国语文》第1、3、5期；《"唧唧"与促织》刊《语文学习》第2期；《买书·卖书·搬书》刊《读书》第4期；《作文难，改文也不易》刊《中学语文教学》第9期；《评项楚〈敦煌变文选注〉》（与江蓝生合作）刊《中国语文》第4期；《指示代词二分法和三分法》刊《中国语文》第6期；《剪不断，理还乱——汉字汉文里的糊涂帐》刊《读书》第11期；《短论二则：一谈谈写文章，二文学与语言的关系》收入《修辞的理论与实践》；《对当前汉语研究的感想和希望》（与朱德熙合著）刊《汉语学习》第4期；《普通话与方言问题学术讨论会上的发言》刊《语文建设》第4期。

1991年

1月，与中共中央文献研究室工作人员谈有关《毛选》第二版的编辑工作。

2月，为《语文学习》纪念简化汉字公布三十周年题词："简化汉字的公布是汉字发展史上的一件头等大事。"为《语文建设》作

《简化字赞》。

6 月,复函推荐《汉语语法学史稿》(邵敬敏著)入选商务印书馆“第二套汉语语法论著丛编”。

8 月,为《中国成人教育语文论集》题写书名并致信殷焕先。参加中国语言学会第六次年会,作《关键在于一个“活”字》的书面发言,被推举为名誉会长。

《吕叔湘等八位专家呼吁加强国家对语言文字的管理》发表于 1 月 13 日《新闻出版报》头版头条;《未晚斋语文漫谈》(19—25)分刊《中国语文》第 1、4、5 期;《语法教学要在方法上多动脑筋》刊《语文学习》第 2 期;《简论“识繁写简”》刊《课程·教材·教法》第 2 期;《霭理斯论“塔布”及其他》刊《读书》第 3 期;《怎样解决中文信息处理中的繁简对换问题》刊《语文建设》第 4 期;《关于繁简对换的来信》刊《语文建设》第 5 期;《起复繁体字也不是那么轻而易举》刊《语文建设》第 2 期;《四十年间》刊《语文建设》第 8 期;《苏东坡和“公在乾侯”》刊《读书》第 9 期。

1992 年

1 月,作《未晚斋语文漫谈》序。

3 月,题词祝贺全国小学语文“注音识字,提前读写”教改经验推广工作会议。任《中国语言学年鉴》编委会首席顾问,为《年鉴》题书名并起草编写体例。

4 月,为第三届全国现代语言学研讨会致书面祝词。为第三届现代汉语语法研讨会作书面发言。出席“中国语文研究四十年学术讨论会”开幕式,讲话并提交了论文。

8 月,出席中国语文报刊代表大会并讲话。

9 月,为朱德熙教授追思会送挽词,并为《朱德熙先生纪念文集》题写书名。

10月,为张志公语言和语文教育思想研讨会作书面发言。为第七次现代汉语语法学术讨论会作书面发言。任中国辞书学会顾问。再次向丹阳市中学赠书。

11月,为纪念赵元任先生百年诞辰学术座谈会作书面发言。

12月,应聘任中国语文报刊协会顾问。应聘任《语言文字应用》顾问并题刊名。

《笔记文选读》由语文出版社用简化字横排重版。《吕叔湘文集》第3、4两卷由商务印书馆出版。《未晚斋语文漫谈》由语文出版社出版。《吕叔湘译文三种》(英汉对照)由外语教学与研究出版社出版。

《〈汉字文化漫笔〉序》(《汉字文化漫笔》,曹先擢著)刊《语文学习》第6期;《创新和务实》刊《语文建设》第6期;《给第三届全国现代语言学研讨会的祝词》刊《语文研究》第3期;《试论含有同一[-N]两次出现前后呼应的句子的语义类型》刊《中国语文》第4期;《试谈语文现代化》刊《语文建设》第7期;《文学语言不规范现象的三个原因》刊《语文建设》第4期;《学习·工作·经验》收入《语言研究与应用》(商务印书馆出版);《在第三届现代汉语语法研讨会上的发言》刊《汉语学习》第3期;《在张志公语言和语文教育思想研讨会上的发言》刊《民主》第12期。

1993年

1月,任《著名中年语言学家自选集》丛书顾问,参与选定作者,题写书名。

2月,参加《现代汉语规范词典》编写工作会议。

6月,为《中学生作文》题写刊名。为《语文世界》题词"学好语文是学好一切的根本”。应聘任《中国教育报语言文字专刊》顾问。接受《语文世界》采访谈《语法修辞讲话》写作，专访记录刊《语文世界》1994 年第 2 期。

9 月，《语文学习》以“祝贺吕叔湘先生九十华诞”为题发表专栏文章。

10 月，出席吕叔湘九十华诞学术讨论会，作简短发言。《中国语文》发表了长篇综述。商务印书馆出版《中国语文四十年纪念刊文集》，北京语言学院出版社出版《吕叔湘著作年表（1903—1993）》（北京语言学院图书馆编，陈忠执笔）。

12 月，《语文教学通讯》将吕叔湘先生作封面人物，专栏发文章。香港《语文建设通讯》出版“吕叔湘先生九十华诞专号”。《中国语文》出“庆祝吕叔湘先生九十华诞专刊”。

《吕叔湘文集》第 5、6 卷由商务印书馆出版，分别收《语文常谈》、《语文杂记》、《标点古书评议》、《未晚斋语文漫谈》、《未晚斋杂览》和《吕叔湘译文集》。

《例外和错误》刊《中国语文》第 6 期；《在〈现代汉语词典〉出版二十周年学术研讨会上的书面发言》刊《中国语文》第 4 期。

1994 年

3 月，被选为俄罗斯科学院外籍院士。

6 月，因病住北京协和医院，期间为《朱德熙文集》写跋。

10 月，为纪念叶圣陶 100 周年诞辰题词。

1998 年

4 月 9 日，在北京协和医院病逝，享年 94 岁。

吕叔湘《中国文法要略》简述

邵敬敏

20世纪40年代中国语言学界诞生了几部汉语语法著作，影响深远，至今依然是研究汉语语法必读的经典之作。王力的《中国现代语法》和《中国语法理论》，既有规律的描述，又有理论的阐述，从而建立了一个比较完整的汉语语法新体系，尤其在汉语句式分析方面独树一帜。高名凯的《汉语语法论》倾向于汉语语法理论的阐述，观点别具一格，自成一家之言，偏重于思维范畴的表达和句子内部结构关系的分析，哲学气息浓厚，逻辑性强，很能发人深省。吕叔湘的《中国文法要略》则与众不同，包括了从形式到意义与从意义到形式两个角度的描写，既有句子形式的理解，又有语法意义的表达，对汉语语法研究最富有启迪意义，也是迄今为止极受汉语语法研究者推崇的名著。

经历了历史的洗礼，这几部语法专著在汉语语法学史的发展过程中具有承上启下，继往开来的重要地位；其中尤以吕叔湘的学术思想对汉语语法研究产生的影响最为深远。该著作行文严谨，分析细腻，材料丰富确切，见解发人深省，尤其“表达论”从语义切入，角度新颖，观点独到，为后学者提供了继续深入研讨的新的思路和角度，富有启发性。

《中国文法要略》作者吕叔湘,江苏丹阳人。1926 年毕业于国立东南大学外国文学系。1936 年赴英留学,先后在牛津大学人类学系、伦敦大学图书馆学科就学,1938 年回国,先后任云南大学文史系副教授、华西协合大学中国文化研究所研究员、金陵大学文化研究所研究员兼中央大学中文系教授、开明书店编辑。1950 年至 1952 年任清华大学中文系教授,1952 年起任语言研究所研究员,历任副所长、所长,兼《中国语文》杂志编委、主编。吕叔湘研究工作的重点是汉语语法,学风严谨、扎实、细致。语法专著还有:《文言虚字》、《汉语语法论文集》、《语法修辞讲话》、《语文学习》、《汉语语法分析问题》、《近代汉语指代词》等。

《要略》全书共二十三章。上卷 1942 年初版,中、下卷 1944 年初版,由商务印书馆发行;1956 年修改再版;1982 年新版。上卷“词句论”共八章,主要是建立一个语法系统,分别论述字和词、词的种类和配合、叙事句及其起词、止词、补词,表态句、判断句、有无句,句子和词组的转换、繁句、句法的变化;下卷“表达论之上”为“范畴”,共九章:数量、指称(有定)、指称(无定)、方所、时间、正反和虚实、传信、传疑、行动和感情。“表达论之下”为“关系”,共六章,分别论述“离合、向背、异同、高下、同时、先后、释因、纪效、假设、推论、擒纵、衬托”等,内容涵盖单句以及复句。

《要略》语法系统特点有:

一、词类先分为“实义词”(包括名词、动词、形容词三类)以及“辅助词”(包括限制词、指称词、关系词、语气词四类)。

二、实词与实词构成“词组”,其配合关系包括“联合关系”与“组合关系”(附加关系,即偏正词组);结合关系指“词结”(造句关系,即主谓词组)。

三、句子结构分析:1. 句子首先分为“简句”(只含一个词结的句子)与“繁句”(含有两个或更多的词结的句子)。2. 句子的结构分为:主语、谓语;端语、加语以及外位语。3. 句子语义成分根据跟动词的关系分为:起词(动作的起点)、止词(动作的止点)以及补词(与动作有关的人或物)。4. 词在句中地位分为三级:甲级、乙级、丙级。

四、句型:1. 叙事句,2. 表态句,3. 判断句,4. 有无句。

总体来讲,《要略》语法体系和王力的《语法》大同小异。稍加比较,便可发现许多惊人的相似之处。例如:词结(吕)相当于句子形式(王),狭义繁句(吕)相当于包孕句(王),叙事句、表态句、判断句(吕)相当于叙述句、描写句、判断句(王),词的甲级、乙级、丙级(吕)相当于词的首品、次品、末品(王)等等。但是他们又都具有各自不同的特点与详略差异。

尽管《要略》一书在上卷所建立的语法系统有一定特色,但是该书真正的价值则是占全书篇幅三分之二以上的下卷“表达论”。该设想主要来自法国语言学家勃吕诺(Ferdinand Brunot),他认为语言和思想互为表里,学习一种语言,应该既能理解,又会表达,一般语法学只顾理解方面,却往往忽略表达,有很大的局限。吕氏掌握了该学说的精髓,实施从形式到意义以及从意义到形式的双通道,独辟蹊径,增加了“表达论”,这在汉语语法研究上是一个首创,引起了人们广泛的兴趣和注意。

这部分内容实际上相当于语法手段的“同义词典”,与语义学、修辞学的关系甚为密切。《要略》一书之所以能够产生巨大的影响,历久不衰,原因主要有两个方面:

一是该书对汉语语法的研究卓有成效,成绩斐然:

第一,在句子分析时,实行结构与语义的双轨分析:一是指出按结构关系可分为主语、谓语,以及端语、加语、外位语;二是从与动词的语义关系角度又分出“起词、止词及补词”。这是两种不同的分析法:主语可能是起词,也可能是止词,从而有助于搞清楚句子的结构关系和语义关系。

第二,补词的分析已经具有格语法的雏形。吕氏认为:“拿叙述句来说,既是叙述一件事情,句子的重心就在那个动词上,此外见动词之所由起,所终止,以及所关涉的各方面,都是补充这个动作把句子意义说明白,都可以称为补词。”补词进一步分为:受事补词、关切补词、交与补词、凭借补词以及方所、方面、时间、原因、目的、比较等补词。起词也可称为“起词补词”,止词也可称为“止词补词”。这实际上反映了作者“动词中心论”的句法观。

第三,该书明显受到中国传统语文学的影响,作者自己也承认“书成十年之后我才觉察自己无意之中继承了这个传统”,这不仅表现在“类集用例,随宜诠释,稍加贯通”的方法,而且也反映在一些句式的分析上,如特别分析了“致动句”和“意谓句”,并指出它们和古汉语中“致动”、“意动”用法的关系。

而更为重要的是该著作的研究思想在方法论上的启示,具有普遍意义和特殊价值:

其一,开创了汉语语义语法研究的新路子。指出,语法研究不仅可以从形式入手,也可以从意义入手,这是一个双通道。在结构主义重视形式分析,却有意无意忽略语义分析的年代,提出这样的思路是很有学术勇气的,事实证明了这是一条非常有价值的研究思路。该书在论述时也兼有“从外到内”和“从内到外”两方面的特色,例如在谈“交替”这种语法意义时,指出有四种表示法:1. 用关系词“或”,2.用“和”、“与”等表联合关系的词,3.“非甲则乙”,4.用假设句法,先说一事,然后用“(要)不”转入第二事。而在谈“排除”时,则从同一表现形式揭示其内在的不同语法意义,指出它在一般情况下“除……外”表示的是排除,但有时虽然用排除的句法,实际上所包含的却是加合关系,而且多数是递进的。这类分析精细入微,富有启发性。

其二,运用变换分析法,对句子和词组的变换进行了探索性的分析。作者列举了各种句型的句子转换成词组的情况,尤为可贵的是并指出转换是否可行的条件,如注释式的判断句“马,动物也”这类句子不能转成词组,不能说“马动物”,“动物马”或“马之动物”、“动物之马”,而传记式判断句“中国第一大水长江”却有变换的可能,因为这种加语是头衔式加语,“中国第一大水”就是“长江”,是同一性加语。因此朱德熙称赞道:“《要略》应该说是研究汉语句法结构变换关系的先驱。”

其三,全书处处体现出多角度“比较”的方法。作者语重心长地指出:“只有比较才能看出各种语文表现法的共同之点和特殊之点。”(上卷初版序言)比如在分析陈述句的语气词“的”与“呢”时,吕氏就充分利用了比较的手法,一针见血指出:“‘的’字是说事实确凿,毫无疑问,‘呢’字是说事实显然,一望而知;‘的’字偏于自信之坚,‘呢’字偏于叫别人信服。”所言极为中肯,如果不采取比较,根本无法说清楚。作者认为:“要明白一种语文的文法,只有应用比较的方法。拿文言词句和文言词句比较,拿白话词句和白话词句比较,这是一种比较。文言里一句话,白话里怎么说,白话里一句话,文言里怎么说,这又是一种比较。一句中国话,翻成英语怎么说,一句英语,中国话里如何表达,这又是一种比较。只有比较才能看出各种语文表现法的共同之点和特殊之点。”(初版例言)这样的比较首先是古今汉语对照;某种语法意义,现代汉语怎样表达,古代汉语又如何表达;古代汉语这样表达,现代汉语又有什么变化,从这个意义讲,《要略》可说是一部古今比较语法。《要略》有时也引英语比较,如第二十章谈表相承的“则”和“而”;有时引方言材料比较,如第十五章谈语气和语气词用四川话、云南话和北京话作比;至于文言之间、白话之间相比那就更多了,前者如“矣”和“也”作比,指出它们根本区别在于:“‘矣’字表变动性的事实,‘也’字表静止性的事实。”后者如“假设句、推论句、因果句”作比,指出三种句式的同异可以综括如下:“假设句:若甲则乙,甲乙皆虚,理论的,一般的,泛论因果。推论句:既甲应乙,甲实乙虚,应用理论于实际,推断因果。因果句:因甲故乙,甲乙皆实,实际的,个案的,说明因果。”这样的比较说明不仅醒目,而且极有说服力。

其四,该书对许多问题的阐述精细入微,富有启迪意义。因此后人从中常常可以挖掘许多值得深究的研究课题。对此,吕氏自己也并不否认,他说“倘能借此引发读者研究的兴趣,于愿已足”(上卷初版序言)。尤其是下卷“表达论”按意义范畴和关系分门别类详加描述,实质上已初具描写语法雏形,其中不少章节都可单独成篇,对后人进行语法专题研究具有重要参考价值。作者从汉语语言事实出发,摆脱前人的束缚,得出许多有一定深度的规律来。如关于疑问代词,一般语法书只说“代表所不知道的事物”(《新著国语文法》),用于疑问句中,而《要略》则进一步指出:“‘谁’、‘什么’、‘怎么’、‘哪儿’等词平常称为‘疑问指称词’,因为他们的主要用途是询问人、物、情状等疑点。可是这些词也可以不作疑问用……这样用法的时候,可以称之为‘无定指称词’。无定指称词用途有二:表不论的可称为任指,表不知的可称为虚指。"有些规律前人曾谈到过,但不很准确,甚至有错误,作者一一予以补充修正。例如以前不少语法书用英语动词的过去、现在、将来三时来解释汉语中的"了、着、过、将、方、已"等,吕氏则认为:"将"、"方"、"已"等限制词的时间观念已经融化在动作观念里,所以"这些限制所表示的不是'时间',是'动相'",即可以分为表动作之将有,表动作正在进行,表动作已经完成。同时,又进一步指出:"在白话里,除应用这些限制词外,又另外发展出一些专以表示'动相'为作用的词,本身的意义更空洞,已经近于词尾,但把各种动相表示得更加细密。"并分为:方事相"着",既事相"了",起事相"起来",继事相"下去",先事相"去"、"来",后事相"来"、"来着",以及一事相、多事相、短事相、尝试相、屡发相、反复相等。

其五,《要略》十分注重语言材料的搜集、选择、归纳,从中概括出若干规律来。典型例句选择好坏,确实很可以看出研究者功力的深浅厚薄,例如在谈"我们"和"咱们"区别时,作者指出其规律是:"'我们'包括我和其他人,你不在内;'咱们'包括我和你(或你们),有没有第三者在内,没有关系。"接下去举了《儿女英雄传》第七回中一个例:"那和尚庙里不知羞耻的妇人夸说了一阵'人家大师傅'给他穿的怎么好,吃的怎么好以后,说:'咱们配么?'那女子(十三妹)说道,'别咱们! 你!'。"这个例子相当精彩,极有说服力。

《要略》由于时代的局限,也存在着一些不足之处,对此,作者在修订本序中已作了比较诚恳、中肯的自我批评:1. 作者重视句法而忽视词法,认为词类的划分无关紧要,"种种分类都无非是方便说法",划分的标准是"按意义和作用相近的归为一类",但实际上主要还是凭意义分类。2. 作者将词在句中的地位分为甲、乙、丙三级,即在词类和句子成分之间又插入第三者“词级”,这和王力的“三品说”如出一辙,同样存在许多矛盾之处。该书再版时,作者干脆删去了“词的等级”这一小节。3. 作者自己也认识到,对文言和白话虽然“也作了些比较,但是采用了同一间架,这就不能反映汉语的历史发展,不能使读者得到正确的认识。这个缺点特别表现在构词法和词类的处理上。汉语的词的构成古今颇有差异,词类体系也不尽相同,本书都是笼统说去,没有好好分辨”(修订本序)。4. 作者对句子结构的认识也有欠缺之处,词与词的配合关系只归纳为三类:组合(修饰)、结合(主谓)和联合,它们虽然也十分重要,但并不足以概括句法上的一切关系,把“动宾”关系硬塞入“结合”关系。认为是省略了主语,这就显得更为勉强(修订本删去)。5. 语言材料选用上,文言文太多,有的章节几乎全是文言例句,这便造成喧宾夺主局面,使人不能把握现代汉语的语法特点。

《要略》不重理论的说明,而重规律的揭示;不重体系的构拟,而重事实的描述;从而开创了描写语法的一代学风,也是迄今为止对汉语句法全面进行语义分析的唯一著作。《要略》一书最重要的贡献有三点:第一,力图摆脱印欧语的束缚,构拟汉语语法新系统,为探索汉语语法自身规律摸索新的途径。第二,在传统的形式到意义进行研究的基础上,开创了一条从意义到形式新的研究路子,为全面进行汉语语法的意义分析打下扎实的基础。第三,在方法论方面,相当熟练地运用了变换分析法、比较分析法等。

总之,20 世纪 40 年代汉语语法研究取得了丰硕的成果,王力、吕叔湘、高名凯三家各有千秋的语法体系相继问世,在国内外引起了广泛的兴趣和注意,这对改变当时中国语法学界守旧、停滞的局面,进行独创性的汉语语法研究起了巨大的推动、促进作用,是继“文法革新讨论”之后的又一件大事。这三家汉语语法体系共同的特点就在于:都是以普通语言学理论做指导来对汉语语法进行研究;都不满于模仿西洋语法的旧语法体系,主张详尽地占有汉语语法材料,并从中归纳出规律来;都普遍运用比较的办法,进行古今、中外和方言间的语法比较。这几部专著在汉语语法学史的发展过程中具有承上启下、继往开来的重要地位。而三位语法学家中,尤以吕叔湘的巨著行文严谨,分析细腻,材料丰富确切,富有启迪意义。